History of the UNITED STATES

大学で学ぶ
アメリカ史

和田光弘[編著]

ミネルヴァ書房

はじめに

　日本にとって最も重要な盟友であり，日本の約25倍の国土，約2.5倍の人口を擁するアメリカ合衆国は，しばしば若い国，歴史の浅い国などといわれる。本当にそうだろうか。本書の第１章で見るように，ヨーロッパ人との接触以前から，先住民たちが北米の地に営々と築き上げてきた豊かな文化は，当然，そのような見方への反論となるだろう。アメリカの古代史ともいえるこの先住民文化の遺産は，今日，この国のさまざまな場面で目にすることができる。だが，五百数十年前，ヨーロッパ人が「新大陸」に進出し，やがてイギリス人が北米で最初の恒久的な英領入植地，ジェイムズタウンを建設したのはようやく1607年であり，これは，わが国で徳川幕府が開かれた1603年よりもわずかに遅い。つまり白人，とりわけイギリス人を中心とした歴史に限っていえば，確かにその植民地時代のはじまりですら，江戸時代の嚆矢とほぼ時を同じくしている。一方，翻って，アメリカで独立宣言が出された1776年は，日本では江戸時代の中葉をかなり過ぎたころ，いわゆる田沼時代となる。しかし，この独立革命期に制定されたアメリカ合衆国憲法は，その後，奴隷制の廃止や女性参政権の確立など，現在まで計27条もの修正が加えられ（上下両院の３分の２の賛成，さらに４分の３の州の批准という「硬い」修正要件にもかかわらず），時代に合わせて柔軟にこの国のかたちを変容させつつも，たとえば南北戦争下で――ほぼ徳川幕府終焉の時期に当たる――大統領選挙が実施されたように，一貫して揺らぐことなく，国の根幹でありつづけている。

　ワシントンが初代大統領となったとき，人々は，やがて黒人が大統領に選ばれる日が来るとは想像すらできなかったであろう。21世紀に入り，バラク・オバマが第44代大統領に選出されたのは，この国の仕組みの柔軟性の証左であるとともに，初代から第44代まで43人の大統領を憲法第２条に基づいて選びつづけてきた，この国の制度設計の頑強さと一貫性の証でもある。オバマ大統領が１期目の就任演説において，独立革命期に広く読まれたトマス・ペインの『アメリカの危機』の一節を引き，国民に忍耐と団結を訴えたのは非常に示唆

的であろう。また現在、保守勢力の草の根運動の名称として、独立革命期のボストン茶会事件にちなんだ「ティーパーティー（茶会）」が用いられているのも、自国の原点がその時代にある（と人々が考えている）ことを明瞭に示している。政治学者のベネディクト・アンダーソンは、アメリカ合衆国を「最初の国民国家」にカテゴライズしたが、同じ体制の下で220年以上、連綿と国家を運営しているこの国は、日本国憲法下で70年に満たないわが国よりも、相当に古い国家といってよいかもしれないのである。そして人工的に作られたこの多民族国家は、制御された市場原理と西洋文明が揺籃した民主主義原理のもと、人類という種が、いかに均衡のとれた成長と最適な分配、そして平等な生を実現しうるのか、今やその壮大な実験の場を提供しているとみなすこともできよう。

　本書は、このように興味深く、「長い」アメリカ合衆国の歴史を、先住民の世界から超大国の現代まで、簡潔かつ丁寧に概観していく。その際、必修となっている高校世界史の知識に自然に接続、連続する形で、さらに広く、深く、アメリカ史の知識が得られるように工夫している。たとえば、ページのレイアウトも高校世界史の教科書をイメージし、図版を多用するとともに、アメリカ史を学ぶうえでぜひ把握しておきたい語句は太字にしてある。ただしこの太字が意味するところは、当然ながら、やみくもな暗記のための一助ではなく、あくまでも歴史的な思索を深化、展開させる際の重要な手がかりと解していただきたい。さらに本書の叙述は、わかりやすさを最優先させつつも、むろん学問的な水準を犠牲にしてはいない。まずは基礎的な史実を押さえる必要から、叙述は政治的・制度的な側面に比重をおかざるをえなかったが、わかりやすく綴られた文章のなかに、社会史を含む最先端の研究成果がふんだんに盛り込まれているのである。また本書では、合衆国の現代史に十二分に目配りすると同時に、植民地時代から19世紀までの比較的「古い」時代にも大きく紙幅を割いている。前述のように、合衆国の「長い」歴史の連続性に鑑みれば、「古い」時代を理解することが現代のより深い理解に資するのであって、それは歴史学が果たすべき社会的使命のひとつでもあるからである。本書の執筆陣は、むろんいずれもが第一線で活躍する優れた研究者であり、各執筆者の個性がそれぞれの章に投影されている。その意味では、アメリカ合衆国のモットー、「多数からひとつへ」のごとく、執筆者のバラエティがハーモニーを奏で、一書に結実したのが本書だともいえよう。

はじめに

　ここで本書の構成について簡単に述べておきたい。全部で12章からなる本書の各章の冒頭には，その章の内容を簡潔に記した概要（Outline）と，内容に関連する年表がおかれ，各章で学ぶ内容が一目でわかる仕組みになっている。また内容の理解を助けるため，図版や地図を文中に多く挿入するとともに，歴史研究に必須の史料も，重要なものを厳選して掲載した。本文中でとくに相互に関連する事項については，矢印（⇨）で参照先を示している。各章の興味深いトピックに関しては，詳しく解説するコラム（Column）を配し，章末にはさらに各章の理解を深めるための読書案内として，主として日本語の参考文献（文献案内）を掲げた。また，近年は学習・研究にインターネットの利用が不可欠であることから，巻末にアメリカ史を学ぶためのウェブサイト案内をおいている。さらに本書全体にかかわる参考文献（日本語で読めるもの）のリストやさまざまな資料，そして充実した索引などを付して，読者の利用の便に供した。これらを手がかりに，より立体的な理解を得ていただきたいと念じている。

　本書は，同じミネルヴァ書房から1998年に刊行され，好評を博して今日まで版を重ねている野村達朗編著『アメリカ合衆国の歴史』のいわば後輩にあたり，その最新版としての位置づけを有しているが，新しい執筆陣で新しいアプローチを試みているという点で，むろんまったくの別書である。したがって，本書を読む際に，『アメリカ合衆国の歴史』を参照していただくことも，学習上の相乗効果が期待されよう。

　本書の出版は文字どおり難産であったが，その責めはひとえに編者の私が負うべきものである。この間，編集部では，岡崎麻優子氏や安宅美穂氏ら3名の方が順に担当を引き継がれた。3名の方々に深く感謝の意を表したい。なかでも安宅氏は，その卓越した編集能力，実務能力でもって，本書のプロジェクトを完成へと導いてくれた。安宅氏の尽力がなければ，本書の上梓はおぼつかなかっただろう。執筆者一同，厚く御礼申し上げる次第である。

2014年1月

執筆者を代表して　和田光弘

大学で学ぶアメリカ史

目　次

はじめに

第1章　先住民の世界……………………………………内田綾子…1
 1　北米大陸文化の黎明　3
 2　定住と農耕社会　5
 3　地域的多様性　10
 Column 1　アメリカ先住民の創世神話　14

第2章　植民地時代………………………………………森　丈夫…17
 1　近世の大西洋世界と北米植民　19
 2　北米植民地の形成過程　22
 3　対立と共存——17世紀北米植民地社会の性質　28
 4　18世紀における植民地社会の成長　31
 5　イギリス帝国のなかの植民地　34
 Column 2　黒人奴隷の「生」　38

第3章　アメリカ独立革命………………………………和田光弘…41
 1　対立の激化　43
 2　独 立 へ　47
 3　独立戦争の展開　52
 4　合衆国憲法の制定　58
 Column 3　星条旗の誕生　64

第4章　新共和国の建設…………………………………久田由佳子…67
 1　新国家機構の整備　69
 2　「1800年の革命」　75
 3　1812年戦争　81
 Column 4　共和国の母　80

目　次

第 5 章　市場革命と領土の拡大……………………………森脇由美子…87
　　1　市場革命　89
　　2　民主化とジャクソン政治　98
　　3　西部の拡大と南北の対立　106
　　Column 5　「ギャング・オブ・ニューヨーク」　110
　　　　　　──ニューヨークのもう一つの顔

第 6 章　南北戦争と「再建の時代」………………………貴堂嘉之…115
　　1　南北対立の激化と連邦分裂　117
　　2　南北戦争　122
　　3　再建政治　126
　　4　再建の終了　131
　　Column 6　奴隷解放後の「人種」──異人種間混交とホワイトネス　134

第 7 章　金ぴか時代から革新主義へ………………………大森一輝…139
　　1　金ぴか時代の社会とその動揺　141
　　2　労働者と農民の夢　145
　　3　北米大陸征服の完了と海外膨張　149
　　4　移民・女性・人種「問題」と革新主義　154
　　Column 7　イシ　157

第 8 章　第一次世界大戦と黄金の1920年代………………山澄　亨…161
　　1　革新主義の時代　163
　　2　第一次世界大戦とアメリカ　166
　　3　第一次世界大戦後のアメリカ　171
　　4　第一次世界大戦後のアメリカ外交　174
　　5　繁栄の1920年代　175
　　Column 8　映画『ジャズ・シンガー』,『風と共に去りぬ』とアカデミー賞　180

第9章　ニューディールと第二次世界大戦　………………山澄　亨…183

1　大恐慌　185
2　ニューディール政策　187
3　1930年代のアメリカ社会　191
4　アメリカと国際危機——第二次世界大戦　194
5　第二次世界大戦中のアメリカ　199
Column 9　スペイン内戦とアメリカ　196

第10章　第二次世界大戦後から1970年代までの内政と社会
　………………………………………………………片桐康宏…205

1　戦争における勝利と平和の喪失　207
2　物質的豊かさとアメリカ的信条の危機　210
3　小革命の嵐と社会変革のうねり　216
4　大国としての驕りと自信喪失　223
Column 10　黒人公民権運動に対する南部白人の抵抗　221

第11章　冷戦とアメリカ外交　………………………………小野沢透…231

1　冷戦の出現　234
2　冷戦の「北」と「南」　240
3　覇権再編の試み　245
4　新冷戦から冷戦の終焉へ　252
Column 11　朝鮮戦争とベトナム戦争　250

第12章　1980年代から21世紀へ　……………………………阿部小涼…259

1　1980年代型保守主義の台頭　261
2　21世紀転換期のリベラル政権　268
3　ネオ・コンサバティブ政権の誕生　273
4　グローバリゼーションのなかのアメリカ　280
Column 12　大統領選挙（2000年・2004年）の混迷　274

　　　　　　　　　　　　　　　　　　　　　　　　　　　　　目　次

　アメリカ史を学ぶためのウェブサイト・文献案内…………笠井俊和…287
　　　1　アメリカ史を学ぶためのウェブサイト案内　　288
　　　2　アメリカ史を学ぶための文献案内　　294

資 料 編　　299
図版・史料出典一覧　　315
人名索引　　319
事項索引　　322

ix

第1章

先住民の世界

カホキア（1100〜1150年）

年	事　項
〈紀元前〉	
1万4000〜	アジアからベーリング陸橋を渡って人類が移動
1万1000〜	パレオ・インディアン期，クローヴィス文化
9500〜	フォルサム文化
8000〜	アーケイック期，プラーノ文化，気温上昇・氷河後退
7000〜	デザート文化，コチース文化
5000〜	狩猟とともに漁労・採集・農耕，オールド・コッパー文化
3500〜	大平原のバイソン狩猟
3000〜	メキシコから南西部へトウモロコシ伝播，レッド・ペイント文化
2500〜	土器製作開始
2000〜	メキシコから南西部へ豆とカボチャ伝播
1700〜	ポヴァティ・ポイント建設
1300〜	マウンド文化
1000〜	アデナ文化
700〜	定住期
100〜	ホープウェル文化，バスケット・メーカー期
〈紀元後〉	
0〜	モゴヨン文化
100〜	南西部から東部へトウモロコシ伝播
500〜	北西沿岸文化の発展
700〜	プエブロ期，農耕の集約・集落の拡大
800〜	ホホカム文化
900〜	アナサジ文化，プエブロ・ボニート
1100〜	ミシシッピ文化，メサ・ベルデ
1200〜	ナヴァホ・アパッチの高原地帯への南下，カホキア神殿
1250〜	大平原農耕村落
1400〜	狩猟採集民と農耕民の交易発達
1492	コロンブスがアメリカ大陸に到着
1500〜	ヨーロッパからの伝染病により先住民人口減少
1598	南西部でスペインの植民地開始

第 1 章　先住民の世界

Outline ●

　ヨーロッパ人の入植以前の北米大陸は，悠久の時を経て，先住民の歴史が古層をなしている。彼らの祖先は，厳しい自然環境に適応をはかりつつ，栄枯盛衰を繰り返してきた。気温上昇と氷河の後退によって紀元前5000年頃，狩猟とともに漁労・採集・農耕が営まれ，前2500年頃に土器製作がはじまった。紀元1世紀前後には南西部やミシシッピ川流域で農業が集約化し，トウモロコシが主食となった。次第に集落が拡大して都市が形成され，宗教儀礼を行う建造物やマウンドが築かれた。その後，北部・西沿岸部や山間地帯（大盆地・高原地帯），南西部，大平原，東部森林地帯の各地域で，独自な生活様式が発展した。狩猟民と農耕民は，交易を通じて相互関係を築く場合があった。しかし，15世紀末以降のヨーロッパ人の入植と進出は，先住民世界に急激な変容を迫ることになる。今日伝わる創世神話には，先住民独自の世界観をうかがうことができる。

● ●

1　北米大陸文化の黎明

（1）　北米大陸の人類

　北米大陸には，15世紀末にヨーロッパ大陸から移住者が到来するまで，1万年以上の間，先住民の世界が広がっていた。後に**アメリカ・インディアン**と呼ばれることになる先住民の歴史が紆余曲折を経ていたのである。「インディアン」という呼称は，1492年にコロンブスがインディアスにたどり着いたと思い込み，先住民をインディオと呼んだことに由来する。推定によれば，北アメリカには当時，約200万～700万人の「インディアン」が居住していた。

　アメリカ大陸への人間の移住がいつ，どのようにはじまったのかは定説がない。しかし，およそ2万年以上前の氷河期に海の水位が下がり，現在のシベリアとアラスカの間に約1600キロメートルに及ぶ**ベーリング陸橋**（ベーリンジア）が現れた。先住民の祖先たちは，紀元前1万4000～1万2000年頃にこの陸橋を通ってアジア大陸の東北部から今日のアラスカへ渡り，前9000年頃には南アメリカ大陸南端まで達していたと考えられる。当初，これらの人々は**狩猟採集民**で人口も少なく，社会組織も複雑ではなかった。その他に，海を渡って北米大陸に人類が移住した可能性も考えられる。一方，先住民の間に伝わる神話では，彼らの祖先は北米の大地で生まれたといわれている（⇨14頁 Column 1）。

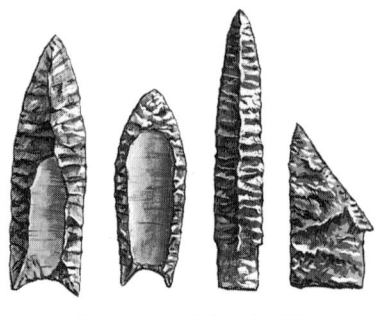

図1-1　各文化の尖頭器

（2）　パレオ・インディアン期
　　　——紀元前1万1000〜前6000年

　前8000年まで，北米の先住民文化は比較的，同じ生活様式であったと推定される。元来，石器は素朴なものだったが，徐々に狩猟技術が発展し，マンモスなどの大型動物を狩るための岩や石でできた尖頭器(せんとうき)がつくられるようになった。そして前9000年からは，より発達した人工の遺物が広く見られるようになった。代表的な初期狩猟文化として，次の3つがある。

　第1に，**クローヴィス文化**（前1万1000〜前1万年）では，遠方から獲物にむかって槍(やり)をより早く正確に投げることができる発射器が使われ，技術が発達した。1932年にニューメキシコ州のクローヴィスで，この尖頭器が発見された。第2の**フォルサム文化**（前9500〜前8000年）では，投げ槍に使用される尖頭器に縦溝彫りが施されているのが特徴である。1926年に同州フォルサムの付近で，古代の地層からこのタイプの尖頭器が，絶滅した大型野牛の肋骨(ろっこつ)の間に突き刺さった形で発見された。前9000年までには，各地で異なる文化が発達してきた。第3の**プラーノ文化**（前8000〜前6000年）は大平原地域に見られ，氷河期の大型獣が絶滅した後，バイソン（バッファロー）やシカを狩るためにさまざまな尖頭器がつくられた（図1-1）。

（3）　アーケイック期——紀元前8000〜前700年

　前8000年頃から気温が上昇して氷河が後退し，マンモスなどの大型動物が絶滅した。それとともにこの時期には，環境への幅広い適応が行われた。動物や魚，草の実や果実を食料として，季節ごとに移動生活がなされた。前5000年以降，先住民は狩猟のみでなく，漁撈・採集，そして後に農耕を組み合わせて適応していった。北米大陸へ人口が拡散するにつれ，生活様式も採集・狩猟・漁撈・農耕へと分化した。主食も多様化し，カリブー（トナカイの一種），バイソン，サケ，野生の種子類，**トウモロコシ**などを食料源とするようになった。それぞれの神話や造形芸術がつくられ，各地で文化の諸形態が生み出された。

東北アジアからアリューシャン列島に移り住んだ人々は、アリュート（アレウト）と呼ばれるようになった。後にベーリング海峡を渡り、北米の北極地方と亜北極地方に広がった人々は、**エスキモー（イヌイット）**文化を形成した。北西沿岸部では、サケやタラ、海獣・陸獣などの豊富な食料源に恵まれ、前2000～前1000年に人口が急増した。西部のシエラネバダとロッキー山脈の山間地帯では大型動物が少なく、植物が食料源として最大限に利用された。植物を加工し、調理する石皿などの道具が発達し、初期採集文化の遺跡が発見されている。

西部大盆地から南西部砂漠地帯にかけては、前7000年頃から**デザート文化**が見られた。ここでは、小型尖頭器を用いた狩猟とともに採集も行われ、植物からバスケットや紐類、サンダルなどがつくられた。このデザート文化の生活から後に農耕社会が成立した。

また南西部では、前7000年から紀元にかけて、今日のアリゾナ州南部で**コチース文化**が見られた。石器類には、狩猟用のみでなく、植物をすりつぶす道具や平らな磨石などが発見されている。この文化はいくつかの段階を経て、後の**モゴヨン文化**へと発展した。

前5000～前3000年には、五大湖地方で**オールド・コッパー文化**が広がり、自然銅を圧延して装身具や矢じり・ナイフ・斧・槍先などの道具が作られた。これは、世界でも金属を用いた初期文化のひとつである。東北部には、前3000～前1000年に赤鉄鋼を利用した**レッド・ペイント文化**が興った。南東部では、小集団ごとに多様な食料資源を探し求め、余剰の食料を貯蔵して遠距離交易も行われるようになった。また、次第に平等な社会構造から階層化が生じた。

2　定住と農耕社会

（1）　マウンド文化

前1700年頃には、ミシシッピ川下流（今日のルイジアナ州東北部）で**ポヴァティ・ポイント**の建設がはじまり、後700年頃まで栄えた。縦横約200メートル、高さ23メートルの鳥の形をした**マウンド（墳丘）**付近に1.6平方キロメートルにわたって多くの住居が建ち、2000～5000人が暮らしていたと考えられる。この地は洪積台地のため石がなく、料理をするために焼かれた粘土玉が付近で発見

図1-2　主要な文化圏と跡地

されている。最盛期の前1500年頃，ポヴァティ・ポイントは北米最大の交易地として繁栄し，住民は幅広い交易網によって銅や石製品も入手していた。

ミシシッピ川支流のオハイオ川流域に起こった**アデナ文化**（前1000〜後100年）では土を盛った埋葬用のマウンドがつくられた。身分の高い死者は，銅やビーズ，布など多くの副葬品とともに葬られた。後のミシシッピ川支流全域に見られた**ホープウェル文化**（前100〜後500年頃）では，より大型のマウンドが建設された。多くが丘陵やピラミッド型だが，熊や蛇，鳥，トカゲ，ワニといった動物の形をしたものも数多くつくられた。

北アメリカ最古の土器は前2500年頃に出現するが，農耕は伴っていなかった。その後，前700〜後700年にかけての定住期に土器は北米東部に広まった。後100年頃にはメキシコから南西部を通じて東部へトウモロコシが伝わり，800〜1000年頃に主食となった。こうして後700年〜16世紀半ばにかけて，北米東部では農作物への依存度が高まった。

（2）ミシシッピ文化

アーケイック期から定住期に移行するにつれ，社会組織が発達して階層社会

が形成された。広範囲な交易網が張りめぐらされ，大規模なマウンド建設が盛んになった。東部の大きな河川流域に高度に発展した社会は**ミシシッピ文化**と呼ばれ，1100〜1300年頃にかけて栄えた。内陸では農耕の生産性が高く，水陸両方のルートで交通が便利であった。

　ミシシッピ文化では，神殿マウンドを中心とした都市が各地に建設された。このころ，北米の先住民の間では，族長制社会や国家がつくられ，巨大な建築物を備えた都市が生まれた。現在のミズーリ州セントルイスの東に位置するイリノイ州コリンズビルに，北米で最大の遺跡**カホキア**がある（本章扉図参照）。カホキアには7世紀頃に定住がはじまったが，マウンドはミシシッピ文化初期の12世紀になって造られた。8.9平方キロメートルにわたる跡地には，住居や交易所とともに120以上のマウンドが存在し，中でも長さ約300メートル，幅約200メートルの基壇で高さ30メートル以上のモンクス・マウンドは，北米のマウンドとして最大である。

　ダイヤモンド型の都市カホキアは当時，ミシシッピ川とミズーリ川の合流点に位置する交易地であり，1万〜3万人が暮らしていたと推測される。現在のノースダコタ州やサウスダコタ州などの大平原地域から，メキシコ湾に及ぶ幅広い交易網の拠点であった。マウンドの上にそびえていた神殿では，王が日の出とともに詠唱の儀式を行ったとされている。そこから見下ろす広場では<ruby>政<rt>まつりごと</rt></ruby>が行われ，神官や王の親族・氏族の長・平民などの階層関係が見られた。神官も務める官僚は，食料や物の生産管理と分配，宗教的・政治的行事を統括した。神殿や他の祭壇の周囲には100〜1000人規模の集落があり，屋根を葺いた家屋が整然と並んでいた。当時，カホキアはリオグランデ川以北で最大にして唯一の都市であった。

　ミシシッピ文化の人々は，トウモロコシ，タバコ，カボチャ，豆などを栽培していた。トウモロコシや豆は南西部から導入された。牛や馬など家畜を用いず，肥沃な河川の付近やミシシッピ川の蛇行でできた自然堤防を<ruby>鍬<rt>すき</rt></ruby>で耕し，畑をつくるという農法をとった。トウモロコシを豆と一緒に植えることで，雑草の繁殖と土地の乾燥を防ぐなど，年月を経て得た合理的知識も持っていた。祖先崇拝や埋葬，収穫・狩猟での成功や戦争勝利のための祭祀活動が重要な役割を果たし，土器や銅・貝製品などの儀礼に関する遺物が多く見つかっている。族長が亡くなると，多数の人身御供が一緒にマウンドに埋葬された。

史料1　ルパージ・デュ・プラツ『ルイジアナの歴史』
（入植者デュ・プラツが18世紀初頭、ナチェズの神殿の守護者から聞いた言葉より）

　神殿を建てるよう指示した者や入念に灯している火の由来、祭礼をはじめた者について、わたしは尋ねた。すると、彼〔神殿の守護者〕は応えた。「私がみな知っているので、お話しよう。よいかな。はるか昔、我々の間に、ある人と妻が太陽から降りてきた。太陽の子ではないが、あまりに光り輝いていたので、太陽からやってきたに違いないと我々は思った。この人は、我々の指導者が不在で統治がうまくいかず、傲慢に人を支配しようとしているのを天から見て、よりよい生き方を教えるために降りてきたという。
　人々を治めるには自己を律する必要があり、安寧に暮らして神を喜ばせるよう順守すべきことがあると語った。自分の命を守るとき以外、人を殺してはならない。妻以外の女と通じてはいけない。他人のものを盗んではならない。嘘をつき、酔っ払ってはいけない。欲を捨てて自分のものを進んで他人に差し出し、必要とする者に寛大に食べ物を分け与えねばならない。（中略）
　そして、この人は、教訓を忘れないよう我々に神殿の建立を指示したのだ。太陽族の王子と王女のみがそこで神と交信できる。太陽からもたらされた火を永遠に灯し、樹皮をはいだ薪をくべ、国から選ばれた8人の賢者が昼夜それを見守る。守護者の長が監視し、義務を怠った者は処刑される。国の反対側に別の神殿をつくって同じ火を灯し、一方で火が消えたら、他方の火を灯すようにいわれた。火が消えると、次に灯されるまで国中で死者が出るだろうと知らされた。

　カホキアは神殿の形態や社会構造から、アステカ王国の首都テノチティトランのように住民を治めていたが、強大な軍隊と政治力は持っていなかった。1050～1250年にかけて栄え、トウモロコシを中心とした農業の集中によって土地が枯れてきたため、14世紀までに衰退したと考えられる。
　ミシシッピ文化の影響は、16世紀にスペイン人が北米南東部を訪れたころにも、まだ見られた。現在のミシシッピ州南西部に位置する**ナチェズ**の場合は、18世紀までその文明の名残をとどめていた（史料1参照）。しかし、その後、フランス人の進出とともに**疫病**が人口を激減させ、ミシシッピ文化は崩壊した。

（3） モゴヨン・ホホカム文化

北米南西部には，メキシコからトウモロコシの栽培が前3000年頃，豆とカボチャが前2000年頃に伝わり，後に綿花も入ってきた。今日のニューメキシコ州南部からメキシコ北部の山岳地帯には，紀元前後から1100年頃にかけて**モゴヨン文化**が興った。200年頃までに土器が作られ，食料の貯蔵や準備に用いられた。モゴヨン文化は白黒の彩文土器を作ったが，1100年頃までに衰退した（図1-3）。また，アリゾナ州南部のソノラ砂漠地帯には，800〜1400年の間に**ホホカム文化**が栄えた。紀元前後には，険しい崖のふもとに灌漑設備がつくられ，短期間の集中的降雨から雨水を集めた。作物を貯えて村落が拡大したが，1300年頃には干ばつと土壌の変化によりホホカム文化は衰えた。

図1-3 モゴヨン文化の壺の柄

（4） アナサジ文化

前100〜後700年頃にかけての**バスケット・メーカー期**には，農耕の開始によって人口が増加し，集落が定着した。人々はトウモロコシやカボチャ，豆の栽培を行い，**土器**や**籠細工**のすぐれた技術を持っていた。その後の**プエブロ期**（後700〜1700年頃）では農耕が集約し，村落が拡大した。**プエブロ**とは，スペイン語で「村」を意味する。半分地下に埋まった円形の部屋がつくられ，これがプエブロの建造物**キヴァ**の祖型となった。キヴァでは宗教儀式が行われ，雨をもたらす神々である**カチナ**を表す仮面が使用された。現在のニューメキシコ，アリゾナ，コロラド，ユタの四州にまたがる高原地帯には，900年頃，**アナサジ文化**が登場し，1100〜1300年にかけて最盛期を迎えた(1)。人口が増加した1300年頃から17世紀末にかけてプエブロの人々は膨大な数の岩絵（ペトログリフ）を残した。

---

(1) アナサジとは，ナヴァホ語で「遠い昔の人々，敵」という意味である。

3　地域的多様性

　このように北米で発展してきた先住民文化は，ヨーロッパからの植民者の到来以前，各地域の環境に適応して，独自の生活様式を築いていた。次の5つの主な文化領域の区分のうち，(3) 南西部地帯，(4) 大平原地帯，(5) 東部森林地帯では，農耕が発達した。

(1)　北部・西沿岸地帯

　アラスカの海岸地帯では，エスキモーの祖先が伝統的にサケ・マスの漁撈やクジラ・アザラシ，カリブーの狩猟を行ってきた。ツンドラに覆われた厳しい気候で，ハスキー犬のそりや**イグルー**（雪のブロックをドーム状に積み上げた家）などの住居を生み出した。内陸部ではアサバスカン系・アルゴンキン系の先住民が熊やカリブー，ムースなどの狩猟とともに河川・湖沼の漁労を生業としてきた。交通手段として白樺の皮でカヌーが作られた。住居は深い竪穴式であり，大きな竪穴の場合は直径20メートルに及んだ。

　北西沿岸部では，サケやタラ，貝やアザラシ，打ち上げられたクジラを食べた。川ではサケやマス・ウナギを捕獲し，ドングリを挽いてパンが作られた。農耕や土器製作は行われなかったが，紀元後500年頃から豊かな天然資源を背景に**北西沿岸文化**が発展した。ハイダ，クワキウトル，トリンギットなどの部族が安定した大きな村落を形成した。他の地域の先住民に見られる強固な氏族関係ではなく，財産や経済的地位による階層社会が築かれた。木造大家屋やトーテムポールが建立され，**ポトラッチ**(2)などの儀式とともに独自な文化様式が発展した。

　さらに南下した現在のカリフォルニア地域でも農業ではなく，サケ漁やシカ猟，堅果類の採集が行われた。次第に人口密度が増し，集落の規模が拡大して社会形態が複雑化した。18世紀後半にスペインの植民地になるころには，カリフォルニアには80万人以上の先住民が暮らしていた。

---

(2) 北西沿岸部の先住民による贈与の儀式。誕生会や結婚式，成人式，葬式などの宴会で，主人は客に惜しみなく贈物をしたり財物を壊し，地位や財力を誇示した。

（2） 山間地帯（大盆地・高原地帯）

　北西部内陸の高原地域は，シエラネバダとロッキー山脈に囲まれた，今日のワシントン・オレゴン各州の東部とアイダホ州を含む地域である。乾燥草原地帯が広がるが，山麓地帯にマツ科の樹木が茂る。また，コロンビア川とフレイザー川の上流域にはサケが遡上し，季節的にサケの漁労や交易が行われた。ネズパースやフラットヘッド，クテナイなどの部族がシカやヤギ，ビーバーの狩猟や野生植物の種子採集で暮らしていた。冬には竪穴住居に，夏は平地の家屋で生活した。

　大盆地地帯は高原地帯の南に位置し，一般に樹木の乏しい草原の乾燥地帯である。人口密度は低かったが，ショショーニやユート，パイユートの各部族が種子類の採集と小型動物の狩猟を生業としていた。とくにピニョンという松の実は栄養価が高く，2～3年間貯蔵できたため，主食となった。1200年頃まで大盆地地帯には，アナサジ文化が波及したと考えられている。その後，乾燥化によって農耕を行うプエブロの人々が姿を消し，ソルトレイク地域には北方からの狩猟民族が暮らすようになった。彼らは非農耕民であるが，大平原北部の諸部族のような土器をつくった。さらにその後は，ネバダ西部・南西部に暮らしていたショショーニ諸部族が領域を広げ，この地域へやってきた。

（3） 南西部地帯

　モゴヨン・ホホカム・アナサジ文化の影響を受けて，リオグランデ川渓谷にはプエブロが形成され，トウモロコシを主食とする文化が築かれた。代表的なものに，現在のニューメキシコ州の**チャコ・キャニオン**がある。ここには，10以上の町と200以上の村落が形成され，5000～1万5000人が暮らしていた。10世紀頃に断崖の前に造られた半月形の**プエブロ・ボニート**は，数百もの部屋を備え，北米最古の巨大集合住宅である。この地域には余った食料を共有するために数百キロメートルに及ぶ道路が建設された。交易にはトルコ石が用いられ，プエブロ・ボニートなどが交易や儀式の中心となった。その他，現在のコロラド州南東部には，13世紀半ばまでメサ・ベルデが栄えた。外敵から自衛するため，崖の窪みや高い**メサ**（岩山）の上に集合住居がつくられた。石積みの家屋や**アドービ**（日干し煉瓦）建築の集落も見られる。プエブロは農耕民としてトウモロコシ，マメ，カボチャを栽培し，水と灌漑は不可欠であった。灌漑シス

テムを維持するために近隣の村々との協力関係が築かれ、親族関係以外の社会組織が形成された。この組織はプエブロの信仰生活にもかかわり、コミュニティで重要な役割を果たしていた。そして、ひどい干ばつに対処できなくなると、プエブロの集落は衰退した。1270年代からは20年以上にわたってほとんど雨が降らず、**リオグランデ渓谷**以外のプエブロはメサ・ベルデを含めて大部分が廃墟と化した（図1-4）。

図1-4　メサ・ベルデ

　南西部にはプエブロ諸族をはじめとして、ピマ、パパゴ、アサバスカン系の先住民が暮らしていた。アサバスカン系のナヴァホやアパッチ族が13〜14世紀頃に北方から南下し、高原地帯を中心に居住するようになった。ナヴァホは火を用いて焼畑の技術を駆使し、狩で獲物を追い込んだ。住居には、木と土でかまくらのような**ホーガン**を建て、病を癒す儀式のために呪医が着色した粉を使って**砂絵**を描いた。

（4）大平原地帯

　ロッキー山脈からミシシッピ川までの大平原地帯（グレート・プレーンズ）は大部分が草原であり、小規模な農耕と大型草食獣のバイソン猟、球根類の採集も行われていた。ミズーリ川とその支流の沖積平野では、トウモロコシを中心とする農耕定住生活が築かれていた。大平原地帯中部と西部では干ばつが起きやすく、農耕生活に不向きであったため、バイソンは貴重な食料源であった。また、バイソンの皮の交易が行われ、**ティーピー**（半円錐形の住居）のテントや衣服、**モカシン**がつくられた。大平原地帯の先住民は、スペイン人が**馬**を導入する数千年前から、弓矢や槍によるバイソン狩猟の技術を発達させていた。平原部族が馬に乗ってバイソンの群れを追い、ティーピーに暮らす移動生活を行うようになるのは、18世紀になってからである。スー、シャイアン、クロウ、ブラックフィートなどは、定住生活から狩猟民へと移行した。馬以外には、運

搬手段として，ティーピー用の丸太に籠をつけて犬に引かせる**トラヴォイ**が用いられた。東部にヨーロッパ人が入植すると，毛皮を求め，あるいは他部族との衝突を避けるために東部森林地帯から西方へ移動した部族もある。18世紀末には，約12万人の平原インディアンからなる20ほどの部族が大平原地帯に暮らしていた。

（5） 東部森林地帯

東部森林地帯は，大西洋沿岸からミシシッピ川までの地域に相当する。ミシシッピ川沿いには，前述のミシシッピ文化期のカホキア神殿のようにピラミッド状マウンドを持つ安定した集落が形成された。

一方，五大湖地方の東部では，部族代表による合議体によって調停されていた。政治では女性が重要な役割を果たし，一族の母を長とする母系制社会を構成していた。先住民社会では，一般に女性が家族や政治，経済生活において重要な役割を果たしてきた。夫は妻の家庭に暮らし，子供は母方の氏族に属した。母親が亡くなると長女が氏族の長を引き継ぎ，男女や老若のそれぞれが役割を担っていた。各氏族の長である女性が男性の代表を指名し，部族の会議に派遣した。氏族との協議を経て，さまざまな問題が会議で討議された。氏族のメンバーが死ぬと，戦闘で捕虜を受け入れることによって氏族全体の力を維持した。

オランダやイギリスの植民者が到着する以前に，モホーク，オネイダ，セネカ，オノンダーガ，カユーガの五部族は**イロクォイ連合**（ホーデノソーニー）という部族同盟を形成していた。中央集権的な機構を持たなかったが，ヨーロッパ諸国の外圧は五部族を団結させ，内部の結束を促すことになった。彼らは，**ロングハウス**と呼ばれる住居に暮らし，ラクロスのようなスポーツを行った。また，文字の代わりに**ワムパム**という紫や黒，白色の貝殻を連ねたベルトの図柄によって記録を残していた。これは，他の部族や後に植民地代表との交渉や条約締結，歴史の朗唱の際に用いられ，通貨にもなった。

（6） 狩猟と農耕

先住民は平原で定期的に火を放ち，大規模な野焼きを行っていた。下草を燃

---

(3) 馬は本来，北米大陸で数十万年前に進化し，氷河期にベーリング陸橋を渡って世界各地に広がった。その後，北米では絶滅し，入植者がヨーロッパから家畜の馬を再導入した。

Column 1

アメリカ先住民の創世神話

　アメリカ先住民の口承伝説では，彼らの始祖は北米の大地に生まれた。文字を持たなかった先住民の間には，世界や人間，動物，植物，鳥や他の生き物などの創造に関する数多くの伝承が存在する。各地の地理や気候条件に加え，部族によって言語や生活様式，信仰が異なり，多様で独特な創世神話が見られる。他方，一定の共通した物語の筋や要素も存在しており，これは，集団間の接触や交渉によって伝播したものと推定される。

　代表的な創世神話として，はじめは海や湖などの水が広がり，動物や人間などが水の底にもぐり，拾ってきた砂・泥をもとに大地が創造された，というストーリーがある。これは，アラスカやニューメキシコ・アリゾナを除く地域に広く伝わっている。潜った者はすぐに戻らず，死体で浮いてくる場合もある。拾ってきた土は，創造主が種や他のものと混ぜてこね，海の上におくと，徐々にパンのようにふくらみはじめる。すると，創造主はこの広がる大地の四隅を柱や石で留め，動物を放ち，徘徊してその広さを調べる。ときに，動物（コヨーテ，ワタリガラス，ハゲタカなど）が羽をはばたかせて山をつくり，創造主から罰を受ける。白いワタリガラスが黒くなり，死体をついばむようになったのは，このためと伝えられる。

　他の典型的な創世神話では，善悪を代表する二人の創造主（兄弟，姉妹，父と息子，叔父と甥など）が力を競い合う。イロクォイ神話では，大地が創造されると二人の兄弟が生まれ，どちらがより優れたものをつくれるか，いかに生き延びて死後に復活できるかを競争する。それぞれの特性が武器となるが，最終的に善の神が悪の神に勝利をおさめる。カリフォルニア北東部の部族による創世神話の場合，善を体現する創造主と悪を象徴するコヨーテが競い，世界や人間・動物・行動規範をつくりあげる。太陽や火・水をめぐって神と英雄が競争する場合もある。さらに，世界はクモによって創造されたり，巨人の死体からつくられたとする物語もある。

　先住民の起源に関する神話では，祖先が空の穴から降りたり（北西部），地中の世界を這い登って大地に暮らしはじめたとされている（ニューメキシコ・アリゾナ・平原地域）。また，父なる空と母なる大地から生まれたというストーリーもある（南カリフォルニア・アリゾナ・ニューメキシコ）。これらの創世神話は，人間と自然，動物との関係をめぐって，古代から先住民が培ってきた独自な世界観を反映しているといえよう。口承伝説の要素やテーマは，先住民作家による文学作品や絵画などの芸術作品，建築など，現代の先住民文化のなかに息づいている。

（内田綾子）

やして，草食動物やその捕食動物が増えるよう狩猟場をつくり変えていた。狩りでも動物を追い込むために火を利用した。一般に，アメリカ先住民は狩猟民族のイメージが強いが，元来，彼らの多くは農業を営んでいた。トウモロコシやジャガイモなどをはじめとして，今日，一般的に食されている作物の多くは，ヨーロッパ人の到来以前に北米先住民が栽培していた。なかでもトウモロコシは前5000年にメキシコ高地で栽培されて以来，南北アメリカで主食として広まった。トウモロコシに関する信仰や儀式，歌や踊り，神話は各地の部族の間に見られる。

　狩猟民と農耕民はそれぞれの食料を定期的に交換し，相互依存の関係を築く場合もあった。北米大陸では，スペイン人到来の100年ほど前に狩猟採集民と農耕部族民の間で緊密な交易関係が発達していた。南西部のプエブロ農耕民と大平原南部のバイソン狩猟民も食料の交換を行い，双方にとって貴重な栄養源を補っていた。畑の収穫期になると，アパッチなどの平原部族がバイソンの干し肉や毛皮，脂をトラヴォイによって，タオスやペーコスなどのプエブロの元へ運び，トウモロコシや土器，綿の毛布と交換した。15世紀には，土器や黒曜石などの工芸品とともに，バイソンの毛皮が重要な交易品目になった。1598年に南西部でスペインの植民地統治がはじまると，スペイン人が平原狩猟民との交易に着手し，彼らに馬と金属を提供した。これによって平原とプエブロ間の交易システムは変化していったが，その後も結びつきは維持された。

　ヨーロッパ人の入植後，疫病の多くはヨーロッパから持ち込まれた家畜を介して広がった。中でも豚は繁殖が早く，鹿や七面鳥，ヒトへと感染を広げた。天然痘，麻疹(はしか)，腺(せん)ペスト，インフルエンザ，発疹(はっしん)チフス，猩紅熱(しょうこうねつ)などヨーロッパからの疫病によって先住民人口は急減し，経済活動が落ち込んで飢餓が起こった。とくに狩猟採集の移動生活を送っていた部族よりも，定住農耕民はその影響が甚大だった。ヨーロッパ人の到来によってわずか数百年の間に，北米大陸において1万年以上つづいてきた先住民の歴史は，急激な変容を遂げるのである。

　文献案内

　ヨーロッパ人の入植前の北米大陸の歴史と先住民の世界については，グレッグ・オブライエン（阿部珠理訳）『アメリカ・インディアンの歴史』（東洋書林，2010年），小塩

和人・岸上伸啓編『アメリカ・カナダ（朝倉世界地理講座 大地と人間の物語 13）』（朝倉書店，2006年），ヨラン・ブレンフルト編集代表（大貫良夫編訳）『新世界の文明——南北アメリカ・太平洋・日本（図説人類の歴史 8）』（下）（朝倉書店，2005年），チャールズ・C・マン（布施由紀子訳）『1491——先コロンブス期アメリカ大陸をめぐる新発見』（日本放送出版協会，2007年）を参照。また，先住民の遺跡については，徳井いつこ『インディアンの夢のあと——北米大陸に神話と遺跡を訪ねて』（平凡社新書，2000年）がカホキアやチャコ・キャニオンなどを取り上げ，読みやすい。

さらに，先住民の口承伝説や神話については，金関寿夫『アメリカ・インディアンの口承詩——魔法としての言葉』（平凡社ライブラリー，2000年），R・アードス／A・オルティス編（松浦俊輔ほか訳）『アメリカ先住民の神話伝説』（上・下）（青土社，1997年）などがある。

（内田綾子）

第 2 章

植民地時代

ブーケイ大佐にイギリス人捕虜を引き渡す先住民（1764年）

年	事項
1492	コロンブス，バハマ諸島に到達
1532	スペイン，インカ帝国を征服
1565	スペイン，フロリダに植民開始
1583	ハンフリー・ギルバート，ニューファンドランド植民地建設を試みる
1585	ウォルター・ローリー，ロアノーク植民を実行するが失敗
1588	イギリスとスペインの戦争（アルマダ海戦）で，イギリスの勝利
1607	ヴァージニア会社，チェサピーク湾岸にジェイムズタウンを建設
1608	フランス人シャンプラン，第三次探検でケベック砦を建設
1612	ヴァージニアでタバコ栽培の開始
1619	ヴァージニアで最初の植民地議会開催。はじめて黒人が輸入される
1620	ピルグリム・ファーザーズ，ケープコッド到達。プリマス植民地建設
1622	ヴァージニアでポウアタン族と植民地の戦争勃発
1626	オランダ，ニューアムステルダム建設
1630	ジョン・ウィンスロップ率いるピューリタン移住者，マサチューセッツ到着
1632	ボルティモア卿，メリーランド植民地建設の特許状を得る
1637	ニューイングランドで先住民と入植者の戦争（ピークォート戦争）勃発
1651	イギリス議会で最初の航海法制定
1660	イギリスの王政復古。航海法制定
1663	航海法制定
1664	イギリス軍，ニューアムステルダムを占領し，ニューヨークと改名
1673	航海法制定
1675	ニューイングランドでフィリップ王戦争勃発（～76年）
1676	ヴァージニアでベーコンの反乱勃発
1681	ウィリアム・ペン，ペンシルヴェニア植民地を創設
1686	ジェイムズ2世，マサチューセッツなどの植民地を併合し，王領化（～89年）
1689	イギリスの名誉革命に呼応して，各地で反乱（～91年）
1696	航海法制定。本国政府が商務院の設置
1701	イロクォイ5部族連合，フランス，イギリスの間で講和条約
1702	アン女王戦争の開始（～13年）
1704	植民地最初の新聞『ボストンニューズレター』発行
1715	サウスカロライナでヤマシー戦争勃発
1718	フランス，ニューオリンズを建設し，ミシシッピ川流域に進出
1732	オーグルソープら，ジョージア植民地建設の特許状を受ける
1737	ジョナサン・エドワーズ『大覚醒の始まり』出版
1739	「ジェンキンズの耳戦争」開始。サウスカロライナで奴隷反乱（ストノ反乱）
1744	ジョージ王戦争開始（～48年）
1755	オルバニー会議で植民地連合案の検討。フレンチ・インディアン戦争の開始
1763	パリ条約締結。ペンシルヴェニアでパクストンボーイズの反乱
1764	イギリス，砂糖法（アメリカ歳入法）を制定

第 2 章　植民地時代

Outline ●

　北米にイギリス人の植民地が建設されてから独立にいたるまでの期間を「植民地時代」と呼ぶ。この時代はアメリカ合衆国の土台がつくられる時代である。1607年にヴァージニア植民地を建設してから，イギリス人入植者は各地で先住民を征服しつつ，新たな社会を形成していった。各植民地では自治が営まれ，多くの白人成年男子が選挙権を行使するなど民主的な政治制度も定着した。黒人奴隷制度が南部を中心に成立したのもこの時代である。だが，この時代は，後の合衆国とは大きく異なることにも注意せねばならない。個々の植民地は独自の発展を遂げ，政治，経済，社会のいずれにおいても統一性は強固ではなかった。また，北米植民地はイギリス帝国の一部であり，政治・軍事，経済，文化などの幅広い面で本国イギリスの統制・影響を受けつづけた。このように複雑な要素が織り成す過程にこそ，植民地時代の独自性が見られるといえよう。

● ●

1　近世の大西洋世界と北米植民

（1）　北米植民地の歴史的世界

　17世紀初頭，イギリス人が小さな入植地を建設して以降，北米大陸の北東部沿岸には急速にヨーロッパ人の入植地が展開していった。その拡大の凄まじさは，合衆国建国までの170年間で，イギリス領北米植民地の総人口が約250万人に達したという数値が物語る。こうした北米植民地の発展は後のアメリカ合衆国の準備段階に当たり，自治の発達や諸産業の成長に焦点が当てられることも多い。だが本章では，北米に展開した，この時代，この地域に固有の歴史的世界に目を向けてみたい。あるエピソードからはじめよう。

　1767年，本国と北米植民地の間でイギリス帝国の統治原理をめぐる議論の応酬がはじまったころ，南部サウスカロライナの辺境で，ある農民集団が暴力的な自警活動を開始した。農民たちは，頻繁に農場を襲って誘拐と窃盗を繰り返す盗賊たちを捕まえては木に縛り，太鼓やバイオリンで囃し立てながら，鞭打ちで懲罰したのであった。彼らの活動は植民地政府を巻き込む大事件に発展し，**レギュレーター運動**として知られるようになるが，興味深いのは農民そして盗賊の横顔である。農民はアイルランドからの移民を筆頭に，事件のわずか10年ほど前から辺境に移住した人々であった。他方，盗賊は戦争被害などで零落し

た農民，逃亡した黒人奴隷，混血黒人から構成されていた。

　北米植民地の歴史は，「イギリス人」が北米で入植，開拓を推し進め，政治・経済の体制を構築していく物語として語られることが多い。だが，植民地時代を通じて広く見られた，上記のような紛争が示すのは，むしろ多様な人々から構成された植民地社会の姿である。ヨーロッパからの移民，西アフリカから強制移住させられた黒人，侵略によって多大な犠牲を被った先住民もまた，北米植民地社会を構成する重要な要素であった。そもそも「イギリス人」と呼ばれる人々ですら，階層，出身地，宗教的信条などに関して雑多な出自の人々であった。北米植民地は，このような人々が，自らの目的達成や自立・生存を模索するなかで，暴力的な対立や支配を伴いつつ織り成した歴史的世界として理解できるのである。

（2）　大西洋世界のダイナミズムと北米植民地

　他方，北米植民地の発展が，ヨーロッパ，アフリカ，中南米などの諸地域と密接にかかわっていたことも，この時代を理解するために重要である。これら大西洋沿岸部の諸地域は，15世紀後半にはじまるヨーロッパの進出・侵略以降，政治的・経済的に密接な関係を持ち，ヨーロッパを基軸にして，各地の人・モノの流れや政治的動向が相互に影響を及ぼしていた。「**コロンブスの交換**」と呼ばれる大陸間の生物・モノの移動は，その最も顕著な現象であろう。アメリカ大陸のタバコ，カカオなどがヨーロッパで新たな風俗・食習慣として定着する一方，アメリカ大陸には天然痘などの病原体，雑草，家畜がヨーロッパから持ち込まれ，先住民の大量死や生態系の劇的な変化を引き起こした。

　とりわけ大西洋沿岸の全地域にまたがって，巨大な分業ネットワークである「**近代世界システム**」が構築され，北米もその構成要素に組み込まれたことは，北米植民地の歴史を大きく左右した。多くの北米植民地はアフリカや中南米から連行された黒人奴隷の労働力も使用しながら，「**中核**」たるヨーロッパへと一次産品の供給を担い，かつその製品市場となる「**周辺**（**辺境**）」ないし「**半周辺**（**半辺境**）」に位置づけられた。こうした構造上の位置は，北米植民地社会の発展の方向性と人々の行動の選択を大きく決定した。

　また，ヨーロッパの政治や社会の動向も，北米植民地の歴史的展開に強い影響を及ぼしていた。16世紀以降に台頭した**主権国家**と呼ばれるヨーロッパ諸国

家による政治，通商，宗教などのヘゲモニー（覇権）をめぐる激しい抗争の影響は，領土獲得戦争や移民の流入など，さまざまな形をとって北米植民地に現れた。ヨーロッパにおける商品経済の活発化，新たな文化，宗教，学問，政治思想の誕生といった現象からも北米植民地は無縁ではなかった。巨視的に見れば北米植民地の歴史は，大きな歴史的変動の渦中にある大西洋世界の一場面という側面も持っていたのである。

（3） 北米植民地の成立の背景

　16世紀末にはじまるイギリスの北米植民もまた，大航海を発端とする大西洋世界の歴史的変動が生んだ現象であった。とくに大きな影響を与えたのは，**コロンブスのアメリカ到達以降，中南米を急速に征服したスペインの動向**である。16世紀，スペインは巨大なアメリカ植民地を建設するが，大規模な開発事業は大西洋沿岸部の諸地域で経済活動の活性化を招き，ヨーロッパ諸国に新たな富の可能性を感じさせた。一方，植民地が生む富はスペインの国家財政を潤わせ，ヨーロッパの勢力図を塗り替える意味も持っていた。16世紀はヨーロッパ全体が**宗教改革**をめぐる深刻な対立に見舞われた時代であり，スペインはカトリックの盟主として，イギリスを筆頭とする**プロテスタント国家・勢力**の存続に多大な脅威を与えたのである。**エリザベス1世**（1533-1603，在位1558-1603）の時代にイギリスが北米植民を開始した背景のひとつには，アメリカ大陸がもたらす富を手中にし，激化する国家間の対抗関係を勝ち抜くことがあった。

　イギリスの北米植民は国内的な事情によっても促されていた。16世紀後半以来，猛烈な人口増加と主要産業である毛織物の輸出不振によって，失業，貧困，犯罪などの社会問題がイギリスを覆っていた。危機に瀕したイギリス社会を救済すべく，国内各地では「実験企業」と呼ばれる新産業の育成が試みられるが，北米植民はその延長線上に構想された。この点は，植民活動のスポークスマン，**リチャード・ハクルート**の『**西方植民論**』に明瞭に示されていよう（史料2参照）。もっとも，**ハンフリー・ギルバート**（1539-83）のニューファンドランド植民（1578年），**ウォルター・ローリー**（1552-1618）のロアノーク植民（1585年）など，初期の冒険的な入植活動はいずれも悲惨な末路をたどった。

　こうした背景の下，17世紀にイギリスの北米植民は本格化する。だが，イギリス国家全体が総力をあげ，大きなリスクを伴う植民事業に乗り出したわけで

> **史料2　リチャード・ハクルート『西方植民論』(1584年)**
>
> 　女王陛下およびわが国が西方航海とその地方の植民にとりかかれるよう要望し、その理由をまとめて簡単に列記する。
>
> 　6．……錨綱やあらゆるロープ類の上手な造り手や、世界で最高の技術を持った熟練した船大工を集めて、彼らをこの海の王者たちとし、フィリップ王の西インド艦隊に打撃を与え、毎年ヨーロッパに財宝をもたらす彼の航路を奪うことができる。その結果、スペインとローマにいる反キリストの強大な支持者の誇りはうちくだかれ、彼はまわりの王公たちと同列の地位に引き下げられる。そうなれば、フィリップ王が有するインディアンの財宝が特別膨大であることから全ヨーロッパにもたらされる共通の害悪を、断ち切ることになる。
>
> 　13．船の建造、それに必要な材料の収集、錨綱やロープ類の製造、ぶどうやオリーヴの栽培、ワインやオリーヴ油の製造、そのほかこの土地ですべきことは実に多くある。イギリスの無数の人に仕事を与えることができる。そうすれば、国の保護に頼っている人を抱えている現在の重荷は軽減するであろう。
>
> 　14．海岸では製塩に、内陸ではワイン、オリーヴ、オレンジ、レモン、いちじくなどの生産に適している。また製鉄に適していることも期待される。……そうすれば、フランス人、スペイン人、ポルトガル人、また敵どもや信用のおけない友人どもの高慢な鼻をへし折って彼らの富と勢力を減じ、わが国に莫大な富を蓄えることができる（大下尚一訳）。

はない。植民事業を担ったのは、北米に新たな可能性を求め、国王から領土と統治の権限を委任する**勅許状**を受けた一握りの団体や諸個人であった。この点はイギリスの植民活動の特徴であり、かつ植民地の歴史を左右する要因となる。

2　北米植民地の形成過程

（1）　タバコ植民地の成立と展開

　北米にはじめて成立したイギリス領の恒久的な植民地は、ロンドン商人を中心とする事業家たちが設立した**ヴァージニア会社**によるものであった。同会社はハクルートの構想を基本とした事業計画を立て、1607年、北米東南部チェサピーク湾岸のジェイムズタウンで植民に着手した。もっとも、杜撰な計画によ

る食料不足が原因で入植者の大量死を招き，当初は先行する入植事業と同じ失敗が繰り返されたのである。

ヴァージニアの存続を可能にしたのは，タバコという大西洋貿易による莫大な富を生み出す作物の導入であった。1612年ころにジョン・ロルフが西インドから栽培方法を伝えると，ヴァージニアは空前の**タバコブーム**に沸き，早くも1638年には約300万ポンドのタバコを輸出する大生産地となった。タバコはアメリカ発の新風俗として16世紀末からヨーロッパで人気を博しており，栽培にかかる元手が少ないという条件もブーム出現を促した原因であった。1632年，中世的な荘園を理想として**ボルティモア卿**がヴァージニアの北に建設した**メリーランド**植民地も，急速にタバコ・プランテーション（農園）に覆い尽くされた。

図2-1 ヴァージニア入植の宣伝文書

その結果，両植民地では，タバコ生産の拡大を最優先する開拓民の世界が出現した。タバコ農民は輸出に便のよい河川沿いに競ってプランテーションを作る一方，都市，道路，教会など公共施設の整備は停滞した。また彼らは労働力の確保に力を注ぎ，渡航費と引き換えに4年程度の契約を結んで強制労働に従事する**年季契約奉公人**という労働者を本国から多数呼び寄せた。厳しい労働，粗末な衣食住，環境への不適応によって年季契約奉公人は過酷な境遇を強いられ，彼らの約半数が移住後1年以内に死亡したという。粗末なプランテーションが分散して広がる光景や死亡率の高さは，本国イギリスで植民地の悪評を招くほどであった。

タバコ植民地には，成功を求める商人・職人のほか，高いリスクを負ってでも機会を求める失業者や農業労働者が数多くひきつけられた。多くの農業労働者は年季契約奉公人として植民地へと移住し，1670年代までの約10万人の移民の3分の2を占めた。当初は成功の機会が開かれていたものの，いち早く富裕

図2-2　タバコ畑の開墾をする奴隷

となったタバコ農民による土地や公職の独占などもあって、しだいに縮小していく。下層民の不満は、1676年、ヴァージニアで起こったベーコンの反乱という大規模な反乱の素地にもなった。17世紀末までには白人の年季契約奉公人に替わって黒人奴隷が労働力として導入され、ヴァージニア、メリーランド両植民地では、人種差別を基礎とする北米南部社会特有の社会・経済体制の基礎が築かれていった。

（2）ニューイングランド植民地の誕生と自立的な社会の展開

　チェサピーク湾岸に上記の植民地が建設されて間もなく、北部の地にもイギリス人の入植がはじまっている。ニューイングランドと総称される一群の植民地は、1620年に設立されたプリマスを嚆矢とし、1629年にマサチューセッツ（湾）植民地が成立して、後にロードアイランド、コネティカット、ニューハンプシャーなどの植民地が複雑な過程を経て分岐した。

　植民地建設の主体となったのは、ピューリタンという、プロテスタント体制の強化をめざし、イギリス各地で宗教・社会改革を実践したカルヴァン派の信徒であった。中産階級が多かったピューリタンにとって、貧困の蔓延など17世紀初頭のイギリスには不安材料が多かったが、いっそう彼らの懸念を強めたのが国王チャールズ1世（1600-49、在位1625-49）の親カトリック政策であった。彼らは、厳しい迫害を受けたヨーロッパのプロテスタント教徒に自らを重ね、カトリックによって世界征服がなされて宗教改革が挫折させられることを危惧しており、彼らにとって国内の親カトリック政策はその前兆に他ならなかったのである。北米はこのような危機から逃れ、理想に基づく社会を建設する「約束の地」と想像された。とくに指導者ジョン・ウィンスロップ（1588-1649）が「丘の上の町」と表現したマサチューセッツは、多くの人々に訴えかけ、1630年代には約1万4000人が集中的に移住した。

　こうした経緯のもと、ニューイングランドでは高い自立性を持つ植民地が発

展した。マサチューセッツでは**会衆派**が正統な教会となり，政治体制も本国の干渉を排し，「共和国」を自称した。こうした自立を根底で支えたのは，**タウン**と呼ばれる共同体である。入植者はよりよい信仰生活を送るための緊密な社会関係の維持や，本国で失われた共同体の再建といった理念を共有しており，数十家族単位で土地の分与を受けてタウンを設立し，開拓を行った。タウンの住民は，開拓地の整備や教会・学校の運営をはじめ，社会の維持に必要な行政を自ら担った。大多数の入植者はタウン内で自給的な農業や熟練職を営み，経済的にもタウンは北米の新たな環境において自立した社会が創出される基盤となったのである。

とはいえ，ニューイングランドは大西洋世界から孤立していたわけではない。ピューリタン指導者たちは宗教改革の前線として北米を位置づけ，本国やヨーロッパのプロテスタントと密な連携を保っていた。他方，輸入品を得るための産物を持たないニューイングランドは，大西洋の通商に経済発展の活路を見出していった。とくに1660年代以降，ワインや砂糖などの単一作物生産が展開したアフリカ沿岸の島々や西インド諸島へと，食肉，魚，木材を輸出し，成功を収めた。自立を志向する一方で，ニューイングランドは成長する大西洋の分業システムの歯車に組み込まれていくのである。

（3） 王政復古期の植民地

植民地建設の第2の波は，1660年の**王政復古**とともに訪れた。その要因は，先行する植民地の定着と大西洋貿易の発展を受け，本国で植民活動の評価が高まったことにあった。本国政府も北米に目を向けはじめ，その結果，北東部ハドソン川沿いに新たな植民地が設置された。同地域には1620年代からオランダがニューネーデルランド植民地を建設し，先住民から仕入れる毛皮やチェサピーク産タバコの輸出拠点となっていた。1664年，イギリスはこれらの貿易の独占を主目的に同植民地を軍事占領し，国王**チャールズ2世**（1630-85，在位1660-85）の弟であるヨーク公（後のジェイムズ2世⇨28頁）を領主とする**ニューヨーク植民地**へと改変した。占領後，オランダ系住民の公職追放などイギリス化政策が行われたものの，元来，ニューネーデルランドは「18の言葉」が語られるほど多元的な文化が交錯する社会であり，ニューヨークでは複雑な文化，宗教，利害の対立・共存をはらむ社会がつづくことになる。

他方，王政復古期には，宮廷に近い貴族・ジェントリが領地を下付され，南部にカロライナ（1663年），中部にニュージャージー（1664年），ペンシルヴェニア（1681年）といった領主植民地を創設した。これら領主は自らの理想の実現を求めていた。カロライナの植民事業の中心となった**アンソニー・アシュリー＝クーパー**（1621-83）の場合，中世的な領主支配の再現を目的とした。ペンシルヴェニアの領主**ウィリアム・ペン**（1644-1718）は，自らも信徒であった**クエーカー教徒**（フレンド派）のほか，ヨーロッパ全域で迫害されたプロテスタントの避難所として，「**聖なる実験**」と呼ばれる植民地の建設を企図した。ただし，彼らにとって大西洋貿易や開拓のもたらす利益も植民地建設の魅力であった。領主植民地では信仰の自由が盛んにアピールされたが，それは他の植民地やヨーロッパから入植者を集める目的も持っていたのである。

　こうした領主の試みは，それぞれの植民地に独特な大西洋沿岸地域とのつながりを持つ社会を育んだ。カロライナには，奴隷制プランテーションが展開した西インドの**バルバドス島**から多くの移民が到来した。彼らは先住民奴隷，毛皮，コメなどの輸出を軸とした経済体制を築き，それは18世紀にサウスカロライナで大規模な黒人奴隷制度が展開する背景となった。他方，ペンシルヴェニアはクエーカー教徒のほか，**メノナイト**，**アーミッシュ**などヨーロッパの少数派プロテスタントをひきつけた。ペンシルヴェニアには平坦で肥沃(よく)な土地が多く，自営農民による小麦生産が急速に発展し，西インドやヨーロッパなど広範囲な大西洋市場との貿易が発達した。信仰の自由と経済発展というペンシルヴェニアの特性は，以降もさまざまな宗派，エスニック・グループの流入を招く素地となる。

（4）イギリス帝国の胎動——植民地の包摂の試み

　17世紀の後半には，個別に発展した北米植民地を，統一した政治・経済システムに包摂する試みが本国によって開始され，独立革命まで続く「イギリス第一帝国」（⇨44頁）の制度的枠組みが整えられていった。それは，貿易や外交をめぐるイギリス，オランダ，フランスなどヨーロッパを代表する主権国家間の対立の激化という，歴史的状況の所産でもあった。

　試みのひとつは「**航海法体制**」と呼ばれる貿易統制である。いわゆる**航海法**は，1651年にはじめて制定され，1696年まで4度の改定を経るが，その目的は

表 2-1　イギリス領北米植民地の展開

植民地		社会契約に もとづく植民地	特許状にもとづく植民地		王領植民地
			自治植民地	領主植民地	
北部植民地	プリマス	1620			併合 1691
	マサチューセッツ		1629		1691
	メイン			1629	併合 1691
	ニューハンプシャー			1629	分離 1691
	※マサチューセッツへの併合と分離を繰り返すが，1691年，最終的に分離・王領化				
	コネティカット		1639　　　1662		
	ニューヘイヴン		1637　併合1664		
	ロードアイランド		1644（1663）		
	プロヴィデンス		1636　併合1643		
中部植民地	ニューヨーク			1664　　1685（1691）	
	ニュージャージー			1664　東 1674 　　　西 1674	合併 1702
	ペンシルヴェニア			1681	（1692一時王領化）
	デラウェア			1701	
南部植民地	メリーランド			1632	
	ヴァージニア		1607		1624
	ノースカロライナ			1663　1712	1729
	サウスカロライナ			1712	1719
	ジョージア		1732		1752

注：ドミニオン・オブ・ニューイングランド期（1686～89年）は除く。

増大しつつあるヨーロッパと北米植民地との直接貿易を本国に限定し，本国の国力強化に最大限に活用することであった。植民地貿易からオランダなど外国勢力を排除して本国の貿易を発展させ，また関税収入により国庫の充実をはかることがめざされたのである。加えて，貿易の増大に伴う船舶・船員数の増加が，海軍力の強化をもたらすことも期待された。

　このような経済政策の方向性は，植民地統治政策にも反映した。1670年代以降，本国政府は航海法の厳格な施行などを目的に植民地の統制に乗り出した。1686年にはニューイングランドからニューヨークにおよぶ広大な領域が，本国直轄下の**ドミニオン・オブ・ニューイングランド**に編成替えされた。同政策は失敗するが，1688年の**名誉革命**以降，英仏の対立がはじまると，植民地の物的・人的資源を活用するため，自治・領主植民地の王領化などの政策が推進された（表2-1）。王領植民地には強力な行政権を持つ**総督**が派遣され，1696年からは植民地政策の諮問機関として設置された**通商拓殖院**（**商務院**）に，各植民地で制定された立法，人口，資源，対外関係などの状況報告が義務づけられ

た。報告された植民地立法は枢密院(すうみついん)の審査を経て，有効性が認められることとなった。

　だが，必ずしも本国の統制は行き届いたわけではない。主にフランス領植民地を相手とした植民地商人の密貿易は頻繁に行われており，むしろ，密貿易が外貨獲得などで植民地の経済発展に寄与する場合は，本国の「**有益なる怠慢**」政策の下，放任されていたのである。政治的な統制も同様であった。名誉革命以降の本国政府は，植民地の自立志向にも配慮し，主に立法権，総督の給与支出権を含めた課税にかかわる諸権限を持つ**代議会**の存続・設立を認めたため，総督の権限は大きく制約されていた。イギリス帝国は，18世紀に本国と植民地の経済や文化の統合が進むにつれ，ようやく実体化するのである。

3　対立と共存──17世紀北米植民地社会の性質

（1）　騒乱の時代

　17世紀の北米各植民地に共通した特徴は，政治対立や戦争などによる社会不安が恒常的だったことである。植民地政府や領主などの権力に対する入植者の武力抗争のみならず，ニューイングランドのように宗教的少数派への迫害が起こる場合もあった。こうした社会不安は，社会・経済・政治システムの未成熟という新たな入植地ゆえの問題に加え，北米植民地社会の成り立ちに由来した。入植者は経済的利益，信仰の自由，社会的自立を求めて移住するが，北米は先住民を含め他の集団が居住する空間でもあり，かつ領主など上位の権力も存在した。北米植民地は，自らの目的の実現を求める入植者と，利害の異なる集団や権力との対立という構造的な問題を抱えていたのである。

　一連の騒乱は，本国政府が植民地への統制をはじめるといっそう高まった。ドミニオン・オブ・ニューイングランドの総督**エドマンド・アンドロス**（1637-1714, 在職1686-89）は，ニューイングランドを敵視し，新税の付加，国教会の設置，タウンの自治廃止などの政策を行い，人々の不満を惹起(じゃっき)した。そして，1688年に本国で名誉革命が起こり，国王ジェイムズ2世（1633-1701, 在位1685-88）が追放されると，複数の植民地で一挙に反乱が発生した。マサチューセッツやニューヨークでは市民が民兵隊を結成し，総督と本国役人を逮捕・追放する事態にいたった。ニューヨークの事件は「**ライスラーの反乱**」と呼ばれ，従

来からくすぶっていたエスニック・宗教・利益集団の対立が先鋭化した性格も併せ持っていた。

　入植者の目的追求の姿勢は，植民地間の関係にも影響した。大きな武力紛争こそ発生しなかったものの，貿易や領土などをめぐる植民地間の争いは絶えなかった。隣り合った植民地が戦争などの苦境にあっても，植民地議会は救助要請を拒否することも多く，しばし本国政府が相互協力の命令を発せねばならないほどであった。

（2）　入植者と先住民の対立

　だが，北米植民地における最大の対立は，入植者と先住民の間にあった。当初は先住民との共存が試みられたことも事実である。未知の環境で生存するための食料，技術，環境の知識を得る必要性からも，入植者には先住民の協力が不可欠であった。プリマスの入植者がトウモロコシの栽培法を教わったことへの返礼として先住民を招いた祝宴が，現在の「**感謝祭**」の起源となったことは神話的エピソードであるが，同様の文化伝達はどこでも起こっていた。

　しかし，各地で入植・開拓が進むと，領土，貿易，生活圏をめぐる争いを原因に戦争が頻発した（表2-2）。約4分の1のタウンが破壊されたニューイングランドの**フィリップ王戦争**（1675年）を筆頭に，しばしば先住民との戦争は入植者に莫大な被害を与え，入植者は開拓・生存への脅威として先住民を怖れた。とはいえ，疫病によって人口の激減した先住民に対し，形勢は強力な火器を持つ入植者に優位であった。また，北米植民地が大西洋の通商ネットワークの末端に位置していたことも，先住民を制圧する有効な手段として機能した。先住民に火器，酒，日用品を供給し，**先住民奴隷狩り**を促すというカロライナで行われた戦術は，その極端な事例である。こうして北東部沿岸地域では，先住民諸部族は消滅するか植民地の保護下におかれ，見知らぬ内陸の土地へと移住を強いられる部族も多数にのぼった。

（3）　入植者と先住民の協調関係

　しかしながら，入植者と先住民の間ではさまざまな形で協調関係も模索された。入植者の多くは，敵対する先住民やヨーロッパ勢力からの防衛のため，先住民との同盟を構築する必要性を認識していた。他方，先住民にとっては，侵

表2-2 植民地時代における主要な先住民 - 植民地間戦争

戦争名	場所	年	植民地側	先住民側	備考
ポウアタン戦争	Va	1622, 44	Va	ポウアタン族	
ピークォート戦争	NE	1637	マサチューセッツ、プリマス、コネティカット、ナラガンセット族、モヘガン族	ピークォート族	ピークォート族虐殺
フィリップ王戦争（メタカムの戦い）	NE	1675-76	マサチューセッツ、プリマス、コネティカット、モヘガン族、ピークォート族、イロクォイ族	ワムパノアグ族、ニプマック族、ナラガンセット族	NE先住民の制圧
ベーコンの反乱	Va	1676	ヴァージニア植民地反乱軍（ベーコン派）	サスケハナ族、オカニーチー族、パマンキー族	先住民討伐戦争
ウエストー戦争	SC	1680-83	カロライナ入植者、サバンナ族	ウエストー族、カロライナ領主	奴隷狩り戦争
アン女王戦争	NE	1702-13	マサチューセッツ、コネティカット、モヘガン族	アベナキ部族連合、ヒューロン族、フランス	「ディアフィールドの襲撃」
タスカローラ戦争	NC	1712	NC, SC, ヤマシー族、クリーク族、カトーバ族	タスカローラ族、パムリコ族、コリー族、ニュース族	タスカローラ族イロクォイへ
ヤマシー戦争	SC	1715	SC, Va, チェロキー族	ヤマシー族、カトーバ族、クリーク族、チョクトー族他	
ダマー戦争	NE	1722-25	マサチューセッツ、コネティカット、ニューハンプシャー	アベナキ部族連合	

注：略記 Va＝ヴァージニア、NE＝ニューイングランド、NC＝ノースカロライナ、SC＝サウスカロライナ。

略のなかで生存・自立を確保するためにも、入植者との協調は避けられなかった。北部の**ワムパノアグ族**のように、入植者が持ち込んだ豚や牛を飼育し、市場向け食肉生産に乗り出すことで、財源を確保する戦略もそのひとつである。また入植者への協力によって、自治や領土の保証を得る方法をとった部族も多い。

　この点で代表的なのは、ニューヨークの奥地に居住し、北東部最大の先住民勢力であった**イロクォイ5部族連合**である。彼らは17世紀初頭からオランダと接触していたが、ニューヨーク建設以降には、同植民地と同盟（「**盟約の鎖**」）を結んだ。その結果、イロクォイは、イギリスと敵対するカナダのフランス勢力との戦争の矢面に立ち、莫大な被害を受けた。だが一方で、彼らは長期にわ

たってイギリス領植民地からの侵略を防ぐことに成功し，さらにはニューヨークとの間で毛皮貿易を繁栄させるなど経済的な利益も手にしたのである。

　だが，入植者との協調や接触は，先住民全体の衰退を推し進める原動力でもあった。疫病の蔓延に加え，自部族の領土と貿易の利権を確保するため，先住民間の戦争が頻発し，先住民人口は急速に減少した。減少した人口を埋め合わせるため，イロクォイなど諸部族が行った「喪の戦争」と呼ばれる捕虜獲得戦争もまた，自立を求める戦略が先住民全体の衰退を加速させる皮肉な結果を招いた。彼らの苦境は，18世紀に植民地社会が成長するとともに深まるのである。

4　18世紀における植民地社会の成長

（1）　人口と経済の発展

　1690年にマサチューセッツに派遣されたあるヴァージニアの役人は，各地が先住民との戦争や内紛で緊張下にあり，彼も「よそ者」としてボストンで逮捕された辛い経験を描いている。75年後，1765年に北米を旅した本国の軍人の体験は違っていた。「文明化された」先住民への人々の警戒心は薄く，また彼はボストンなど各地で手厚い歓迎を受けた。こうした旅行記の記述の変化から，北米植民地社会が18世紀に大きく変容したことが垣間見える。この短い事例からも，入植者の先住民への優位の確立，社会の安定，他者への態度の変化などが伺えよう。実際，北米植民地が新たに見せた様相はさまざまである。粗末だった人々の生活に茶や陶磁器といった贅沢な輸入品が現れ，各地に荘厳な邸宅も見られるようになった。「世界の驚異」と絶賛されたペンシルヴェニアの首都フィラデルフィアのような都市の発展も顕著になる。以下，具体的にその歴史的変化を見ていこう。

　18世紀に最も顕著な現象は，**人口の急増**と**入植・開拓の進展**である。世紀の初頭，約25万人であった人口は加速度的に増え，1775年には約250万人に達した。その要因は複雑であるが，死亡率の低下，男女比のバランスの改善，女性の多産傾向，移民の増加などがあげられよう。人口の増加は北東部全域で急速に開拓が進む原動力となった。17世紀には入植者の居住地域は海岸線50キロ以内に限られていたが，山間部にまで拡大し，1760年代には3倍に広がったのである。

図 2-3　18世紀のフィラデルフィア

　人口増加と入植・開拓の進行は，経済活動の拡大を招いた。1700年にイギリスの約 4 %にすぎなかった北米植民地の総生産額は，1770年には約40%に達している。北米植民地は約95%の住民が農村部に住む圧倒的な農業社会であり，経済活動の拡大は新開拓地における農作物の生産拡大，そして豊富な資源を活用した新産業の導入によっていた。生産物の多くは世帯内消費や近隣市場向けであったが，向上した生産力の下，大西洋沿岸各地への輸出も拡大した。森林資源に恵まれた北部においては**林業**や**造船業**が発達する一方，南部ではタバコとコメの生産量が急増し，カロライナでは**藍**，**船舶資材**の生産も広がった。この時代，ボストン，フィラデルフィア，ニューヨーク，チャールストンなど港湾都市が急成長したのも，北米植民地の経済発展の結果であった。

（2）　政治と社会の安定——植民地生まれのエリートの支配

　経済活動の拡大は，さまざまな社会的変化を招いた。最も顕著なのは，各地で富裕層が台頭し，安定した社会的・政治的権威を獲得したことである。北・中部の貿易商や大地主，南部の大プランターといった人々がそれに当たる。彼らの多くは17世紀後半から台頭した家門であり，18世紀に都市や農村に現れた大邸宅は，彼らが本国の貴族やジェントリを模倣して，新たに獲得した権勢を表現する手段のひとつであった。

　各地の富裕層は各植民地内で縁戚関係をつくりつつ，内政を持続的に支配する**名望家層**を形成した。その多くは代議会の議員となり，一部は**参議会**など政府の上級公職を得て，土地分配など経済政策でも強大な力を有した。また，18世紀の名望家層の特徴は，庶民から敬意を受け，安定した秩序を保った点にあった（「**敬意の政治**」）。彼らは学歴・学識，服装，邸宅など上流文化を顕示する一方で，民兵召集，選挙，祝祭といった地域社会の集まりで住民を供応・指導

する気配りを欠かさなかった。こうして、**選挙権**が普及した北米植民地であっても、名望家は「人民の保護者」と呼ばれ、常に政治・社会の指導者として認知されていた。その典型をヴァージニアの**ウィリアム・バード2世**（1674-1744）に見ることができよう。

　土地や財産を得る人々が増える一方で、不安定な社会層が徐々に増加したのも18世紀の特徴であった。とくに古くから入植の進んだ沿岸部では、土地の相続にあずかれず、また土地を購入できない多くの若者が借地農や労働者へと転化した。18世紀半ばに北米植民地全土を巻き込んで発生した宗教運動（**大覚醒**）は、こうした社会変動の所産であった。

（3）　植民地社会のエスニック的多元化

　経済や入植地の拡大に伴って植民地社会が**エスニック的な多元性**を強めたのも、18世紀の大きな変化であった。実際、18世紀には本国からの移民が減って、他のヨーロッパ人やアフリカ出身の黒人が北米への移住者の多数を占めるようになり、世紀末には非イングランド系人口が過半数を占めるようになったとする統計もある。

　なかでも最も急激に増加したのは、大多数が奴隷身分であった黒人である。1680年に黒人は全人口の約5％にすぎなかったが、1770年には約20％にのぼった。彼らの圧倒的多数が居住したのは南部の植民地であった。本国からの年季契約奉公人の移住が減少したことに加え、輸出作物の生産拡大が黒人奴隷の輸入を急増させたのである。黒人人口の増大は、北米植民地社会全体が新たな人種的緊張を内部に抱える社会となったことを意味した。実際、黒人奴隷が1割程度にすぎないニューヨークですら、1712年や1741年に黒人奴隷の蜂起の噂で大きなパニックが起こった。反乱への不安は、各地で黒人に対する厳格な統治体制を根付かせ、その後の人種問題の素地をつくっていく。

　他方、スコットランド系アイルランド人やドイツ南西部出身者など非イングランド系移民も急増した。彼らの北米移住は、戦争による土地の荒廃、増税、人口増加など、ヨーロッパの社会変動に起因する人口移動の一環であった。移民の大多数は小農民が占め、おのずと移住目的は独立自営農場を経営するための土地の獲得となった。彼らの多くはペンシルヴェニアの辺境へと向かい、ヴァージニア、カロライナの辺境へと移住を重ねる場合も多かった。19世紀南部

を代表する政治家カルフーンの祖父は，このルートをたどった典型的なアイルランド人移民であった。だが，辺境には各植民地政府の行政・司法サービスが行き届かず，また先住民の領土やフランス領植民地に近いこともあり，移民には経済的困難や戦争の脅威が重くのしかかっていた。彼らの不満は，レギュレーター運動や**パクストンボーイズの反乱**（1763年）となって各地で噴出し，北米植民地社会の急速な拡大が矛盾を内包していることを示したのである。

5　イギリス帝国のなかの植民地

（1）　本国イギリスとの経済・文化の緊密化

　18世紀における北米植民地社会の大きな変化のひとつは，海運の増大や通信網の整備によって，大西洋沿岸諸地域との経済的関係やコミュニケーションが緊密さを増し，社会発展に多大な影響を及ぼしたことである。とりわけ重要な意味を持っていたのは，本国イギリスとの関係の緊密化である。18世紀のイギリスは，商工業の発展による経済的繁栄，娯楽・芸術・学問・出版文化の成長，茶など舶来の消費物資の普及による生活習慣の変化（**消費革命**）といった目覚しい変貌を遂げていた。その一方で，イギリスは世界各地で政治・通商ヘゲモニーの確立をめざして，外交・戦争を行う政治・軍事大国へも成長していた。こうした本国の動向は，北米植民地の経済，政治，文化，自己・他者認識が大きな変容を遂げる要因となったのである。

　実際，18世紀に北米植民地の輸出量が拡大の一途をたどったのも，植民地物産への本国の旺盛な需要が寄与していた。北部・中部植民地の場合も，イギリス市場向けの砂糖生産に特化した西インドへの貿易から利潤を得ており，北米植民地全体の経済発展が本国の繁栄と結びついていた。他方，北米植民地は，本国の商業・製造業の重要な市場となり，1700年から60年間で，本国からの輸入は価格にして実に約3倍に伸びている。ベンジャミン・フランクリン（1706-90）が輸入品の陶磁器と銀製品が食卓に現れた日の驚きを記しているように，本国からの輸入の増大は，植民地人が，「洗練」，「贅沢」を重視する新たな消費活動を行うようになった結果であった。こうしたイギリス帝国内の経済的相互依存の確立は，北米の各地で，イギリス帝国への帰属が植民地に利益をもたらすという意見も生んでいった。

本国で流行する商品の急速な消費拡大は、先進国となった本国に対する植民地人の憧れの反映でもあった。18世紀に植民地を訪れた本国の旅行者や商人の記録には、茶など本国で流行する消費物資をひけらかす植民地人の姿が活写されている。「**イギリス化**」とも呼ばれるこうした現象は、植民地の風俗・習慣を大きく変容させるとともに、個別に発展を遂げてきた各植民地が共通の文化的基盤を持つ素地となった。後に独立革命の指導者となる（⇨第3章）北部のジョン・アダムズ（1735-1826）、南部のジョージ・ワシントン（1732-99）といった人々が、若き日に熱烈に本国で流行する商品を求め

図2-4　富裕な植民地人と輸入品

たのはその象徴的な出来事であろう。対仏共同防衛のため、1754年に植民地同盟をめざした**オルバニー連合案**が頓挫するなど、植民地間の政治的分裂はつづいたが、文化・習俗の類似性は高まっていたのである。

（2）　植民地の文化と政治思想の成熟

　本国との経済的・文化的関係の深まりは、雑誌や書籍など出版文化の流入をもたらし、植民地の知的・文化的状況が発展する契機ともなった。イギリスで流行した文学や学問は、すぐに植民地でも享受された。各地の富裕層はイギリスの人気作家の本を収集し、『スペクテーター』誌など本国の上流階級向けの雑誌も講読された。1740年代に書かれた北米旅行記には、「田舎の哲学者」がニュートンの理論を説く光景すら登場する。もっとも植民地の知の発展は、各地における大学の設立、新聞の発刊、都市の社交場の登場など、文化的基盤の整備と連動していた。1764年には植民地全体で21の新聞が発刊されていたが、その多くは本国や外国の記事に地方の記事を加える形式を採用しており、読者が広い世界のなかで北米植民地を認識する媒体となった。フランクリンや**トマス・ジェファソン**（1743-1826）など、ヨーロッパの文化、科学、政治について

図2-5　北米植民地（1750年代）

　幅広い知見を持ちつつも，北米の特質を強く意識した**啓蒙知識人**が18世紀に登場するのは，こうした知的環境が基礎にあったからである。

　本国の潮流と結びついて発展したのは政治思想も同様であった。出版文化を通じて流入したジョン・ロック（1632-1704）や**ホイッグ左派**など本国の急進的

表2-3 ヨーロッパと北米における英仏（英西も含む）戦争

期間	戦争名（ヨーロッパ）参戦国	戦争名（北米）	北米における主要な戦闘（　）は主要部隊	条　約
1689～97	アウクスブルク同盟戦争　英・蘭 vs 仏	ウィリアム王戦争	NY, NE 辺境攻撃（仏，先住民）ケベック・アカディア攻撃（NE）	ライスワイク条約
1702～13	スペイン継承戦争　英・蘭・墺 vs 仏・西	アン女王戦争	NE 辺境攻撃（仏，先住民），アカディア（ノヴァスコシア）占領（英，NE）カナダ侵略（英，植民地連合）スペイン領フロリダ攻撃（SC，先住民）	ユトレヒト条約
1743～48	オーストリア継承戦争　英・蘭 vs 仏・普	ジョージ王戦争	ルイスバーグ占領（NE）NE 辺境攻撃（仏，先住民）スペイン領フロリダ攻撃（SC，ジョージア）	エクス・ラ・シャペル条約
1756～63	七年戦争　英・普 vs 仏・西・墺・露	フレンチ・インディアン戦争	オハイオ・五大湖周辺（英・植民地，仏）ルイスバーグ・ケベック占領（英）ペンシルヴェニア辺境攻撃（仏側先住民）	パリ条約

注：略記 NY＝ニューヨーク，NE＝ニューイングランド，SC＝サウスカロライナ。

な政治思想は積極的に受容され，植民地の政治理論の支柱を形成した。なかでも重要なのは，名誉革命後に王権の抑制が進み，議会こそ「人民の自由と財産を守る砦（とりで）」とする憲政論が台頭したことであった。多くの植民地では，総督と代議会の間で対立が頻発していたが，憲政論は，植民地人がこのような政治状況を「自由を守る」代議会と専制政府との対立と解釈し，北米植民地がイギリスの政治体制の良質な部分を継承しているとする思想を育んだのである。こうした政治思想もまた，北米の各植民地に住む人々を本国イギリス，そして他の植民地と結びつける新たな絆（きずな）であった。

（3）　帝国戦争と北米植民地

　18世紀に本国の動向が植民地に及ぶようになったことを最も劇的に示したのは，1688年から1763年の間に4度戦われた**英仏の帝国戦争**である。名誉革命後，イギリスはヨーロッパの政治的ヘゲモニーや海外の領土・貿易利権をめぐって断続的にフランスとの戦争を行い，呼応して北米でもフランス領植民地との戦争が多発した（表2-3）。もっとも，主な戦場は植民地の辺境であり，戦争の物理的な被害が及んだ地域は少なかった。だが，帝国戦争はさまざまな形で植民地社会に影響を与え，その変化を推進する要因のひとつとなった。

　そもそも，北米において帝国戦争が派生的に起こったのも，植民地社会の発

Column 2

黒人奴隷の「生」

　イギリス領北米植民地では経済発展の多くの部分が，黒人の生を犠牲にする非常に苛酷な黒人奴隷制度に支えられていた。スペインなど他のヨーロッパ諸国の植民地と比べても，イギリス領植民地は，奴隷の解放や行動に関する法的制約の厳しさ，人種混淆のタブー，黒人への劣等視などが際立っていた。そのため奴隷制度の実態や成立の背景は詳しく解明されてきたものの，人間としての生が剥奪されたことを前提とする黒人奴隷の「生」は，ややもすれば単調に描かれてきたことは否めない。

　しかしながら，近年の黒人社会史研究は，困難な状況の下での黒人奴隷の「生」を明らかにしつつある。とりわけ，黒人奴隷を取り巻く環境が奴隷制度の発展段階，居住地域の経済構造，白人と黒人の人口比率などの諸条件によって異なり，彼らの「生」もそれに応じて多様に展開したという指摘が重要である。たとえば，サウスカロライナでは，家内労働，荷役，手工業などの職業について白人と親密に接する都市の奴隷と，集団で労働するプランテーションの奴隷は生存・自立の戦略において大きな違いがあった。前者が白人の知・慣習を身につけ，白人世界に入ることで地位や特権を確保しようとしたのに対し，後者は白人からの距離を保ち，経済的・文化的自立をめざすという戦略をとったのである。こうした差異は，北・中部と南部ではいっそう顕著であったが，それぞれの地域においても，外部環境の複雑な変化に黒人奴隷は柔軟に対応した。白人社会への同化が進んだ北部であっても，18世紀半ばにアフリカから大量の奴隷が輸入されるに伴って黒人たちにアフリカ的な過去が想起され，「黒人選挙デー」などアフリカに由来する祝祭が各地で見られるようになったという。

　近年の重要な発見は，北米に連行される「世代」が黒人奴隷の「生」を大きく左右したということであろう。「大西洋クレオール」と称される，主に17世紀にアフリカから来た奴隷は，元々アフリカ沿岸で白人社会と接触し，ヨーロッパ諸言語，法，宗教，通商慣行に通じており，その知的技能を北米での生存や権利の確保に役立てられた。一方，多くがアフリカ内陸部から連行された18世紀の奴隷は，白人文化に疎遠であり，自らの技能や文化の活用が不可能に近かった。もっとも北米生まれの彼らの子孫は，新たな文化を持つ「世代」を形成していく。

　黒人奴隷の「生」という視点から見れば，北米植民地時代史とは，彼らが，苛酷な環境での生存，仕事の習得，コミュニケーションの困難さなど多大な課題を克服していく過程であったともいえるのである。
　　　　　　　　　　　　　　　　　　　　　　　　　　　　（森　丈夫）

展と大きな関係がある現象であった。人口が増大する植民地にとって、隣接するフランス領植民地は植民地の防衛、また領土・通商の拡大に対する最大の障害として認識されていた。そのため、帝国戦争の勃発は、植民地の安全の確保と利益の拡大にとって好機とされたのである。加えて、帝国戦争は「プロテスタント」対「カトリック」、「自由な政治体制」対「専制」の戦いと宣伝され、植民地が英仏の体制をめぐる決戦の一翼を担うという意識を人々に与えた。

その結果、多くの植民地は積極的に戦争に加担し、その勝利に熱狂した。とりわけ世界各地でイギリスが勝利し、カナダからフランスを撤退させた**七年戦争（フレンチ・インディアン戦争）**の勝利の際には、各地で「イギリス帝国の優越」が叫ばれた。軍事費の増大によって各植民地には税負担が重くのしかかったものの、新聞や植民地議会の非難は戦争自体にではなく、「イギリス帝国の大義」に消極的な一部の植民地に向けられた。七年戦争後、フランクリンが自らを植民地人であると同時に「イギリス人」であると述べたように、帝国戦争は帝国への帰属意識を強化する大きな契機となったのである。

だが、帝国戦争は植民地と本国の齟齬を深める最大の要因でもあった。オーストリア継承戦争後の**エクス・ラ・シャペル条約**において、植民地軍が占領したカナダの**ルイスバーグ**（ルイブール）が外交戦略上の配慮からフランスへ返還され、植民地人が猛烈に反発したように、本国の政策は植民地人の利害や願望とは別の原理で動いていた。多くの植民地人を熱狂させた七年戦争後、イギリス政府がとった政策がどのような歴史的展開を招くかは次章で触れることになろう。

文献案内

植民地時代を巨視的な視点から理解するためには、まず歴史学研究会編『「他者」との遭遇（南北アメリカの500年①）』（青木書店、1992年）が重要な論文集である。この点に関する最新の理解は、B・ベイリン（和田光弘・森丈夫訳）『アトランティック・ヒストリー』（名古屋大学出版会、2007年）を参照。植民地時代の北米大陸全体を視野に収めた概説としては Alan Taylor, *American Colonies: The Settling of North America*, (Penguin Books, 2001) が優れている。池本幸三・布留川正博・下山晃『**近代世界と奴隷制――大西洋システムの中で**』（人文書院、1995年）は、近代世界システム論的な視野から大西洋地域全体の社会変容の過程を考察している。S・E・モリソン（西川正身翻訳監修）『**アメリカの歴史 1――先史時代～1778年**』（集英社文庫、1997年）は、北米植民地

の歴史に関する詳細な事実を盛り込んだ概説書として大いに参考になるだけでなく，本国や他のヨーロッパの植民地も含めた同時代的視点から北米植民地を理解するには格好の素材である。川北稔『民衆の大英帝国──近世イギリス社会とアメリカ移民』（岩波現代文庫，2008年）は，近世イギリスにおける北米植民地の社会経済的位置づけを明らかにした優れた研究である。

　個別の地域に関しては北部と南部の研究が充実している。南部については，近代世界システムから黒人奴隷制の展開を論じた池本幸三『近代奴隷制社会の史的展開──チェサピーク湾ヴァジニア植民地を中心として』（ミネルヴァ書房，1987年），計量経済学的手法を用いてチェサピーク植民地社会の発展を分析した，和田光弘『紫煙と帝国──アメリカ南部タバコ植民地の社会と経済』（名古屋大学出版会，2000年）が代表作である。北部については，まずピューリタンを軸とした植民地の形成と展開を叙述した大西直樹『ニューイングランドの宗教と社会』（彩流社，1997年）が有益。D・ホール（大西直樹訳）『改革をめざすピューリタンたち──ニューイングランドにおけるピューリタニズムと公的生活の変貌』（彩流社，2012年）は，ニューイングランドの政治・社会の革新性を論じた最新の研究である。また金井光太朗『アメリカにおける公共性・革命・国家──タウン・ミーティングと人民主権との間』（木鐸社，1995年）は，タウンという小さな世界に焦点を当て，植民地社会の成立と変容をダイナミックに叙述する。さらに，W・クロノン（佐野敏行・藤田真理子訳）『変貌する大地──インディアンと植民者の環境史』（勁草書房，1995年）もぜひ参照されたい。同書は，先住民と入植者の生活世界の対立と北米の環境の変化を叙述した独創的な書物である。

　Column 2で紹介した黒人奴隷の社会史については，I・バーリン（落合明子・大類久恵・小原豊志訳）『アメリカの奴隷制と黒人──五世代にわたる捕囚の歴史』（明石書店，2007年）で詳細に扱われている。

　最後に，植民地時代という現在から時間的に離れた時代の社会に触れるには，当時の史料を読むことが最善であろう。その代表は，遠藤泰生編『史料で読むアメリカ文化史①　植民地時代──15世紀末‐1770年代』（東京大学出版会，2005年）である。同書では，詳しい解説も付記され，植民地時代の魅力を十分に伝える史料を読むことができる。

（森　丈夫）

第3章

アメリカ独立革命

ボストン茶会事件を描いた19世紀中頃の版画3葉

年	事　項
1763	2-10 パリ条約締結。10-7 国王宣言線設定
1764	4-5 砂糖法（アメリカ歳入法）制定
1765	3-22 印紙法制定
1766	3-18 印紙法撤廃，宣言法制定
1767	6-29 タウンゼンド諸法制定
1768	10-1 イギリス軍，ボストン駐留開始
1770	3-5 ボストン虐殺事件。4-12 タウンゼンド諸法撤廃（茶税を除く）
1772	11-2 ボストンに通信委員会設立
1773	5-10 茶法制定。12-16 ボストン茶会事件
1774	3-31 ボストン港閉鎖決定。6-22 ケベック法制定。9-5 第一次大陸会議開催（〜10-26）。10-18 大陸連盟結成
1775	4-19 レキシントン・コンコードの戦い。5-10 第二次大陸会議開催。6-15 ワシントン，大陸軍総司令官に任命。6-17 バンカーヒルの戦い。7-6「武器を取る理由と必要の宣言」。7-8 オリーヴの枝請願。8-16 アメリカのカナダ侵攻
1776	1-10『コモン・センス』刊行。3-17 イギリス軍，ボストンから撤退。7-2 大陸会議，独立を決議。7-4 独立宣言採択。9-15 イギリス軍，ニューヨークを占領。12-26 ワシントン，トレントンの戦いで勝利
1777	6-14 星条旗に関する決議。9-26 イギリス軍，フィラデルフィア占領（〜78年6-18）。10-17 大陸軍，サラトガの戦いで勝利。11-15 連合規約採択。12-18 ワシントン，ヴァリーフォージで冬営開始
1778	2-6 米仏，友好通商条約および同盟条約締結。7-10 フランス，イギリスに宣戦
1779	6-21 スペイン，イギリスに宣戦
1780	2-28 ロシア，武装中立同盟提唱。3-1 ペンシルヴェニア，奴隷制漸進的廃止。5-12 イギリス軍，チャールズタウン（チャールストン）を占領。10-7 キングズマウンテンの戦いでアメリカ側勝利。10-25 マサチューセッツ邦憲法発効
1781	1-17 カウペンズの戦い。3-1 連合規約全邦批准，発効（以後，連合会議）。3-15 ギルフォード・コートハウスの戦い。10-19 米仏連合軍，ヨークタウンの戦いで勝利
1782	4-19 オランダ，公式に合衆国を承認。6-20 連合会議，国璽制定。11-29 米英，講和予備条約調印
1783	4-15 連合会議，講和予備条約批准。9-3 パリ条約調印。11-25 イギリス軍，ニューヨークから撤退。12-23 ワシントン，大陸軍総司令官を辞任
1784	1-14 連合会議，パリ条約批准。12-23 ニューヨーク，連合の暫定的な首都となる
1785	5-20 公有地条例制定
1786	1-16 ヴァージニア，信教自由法制定。8 シェイズの反乱（〜87年2）9-11 アナポリス会議開催
1787	2-21 連合会議，連合規約改正の会議開催を決定。5-25 フィラデルフィアで憲法制定会議開催（〜9-17）。7-13 連合会議，北西部条例制定。9-17 憲法制定会議，合衆国憲法案採択。12-7 デラウェア，最初に憲法を批准
1788	6-21 合衆国憲法，9邦の批准を獲得。7-2 連合会議，憲法の発効を宣言。7-26 ニューヨーク，合衆国憲法批准。9-13 連合会議，第1回連邦議会の日程などを決定

第3章　アメリカ独立革命

Outline •

　象徴的にいうならば，アメリカ独立革命とは，1763年と1783年の2つのパリ条約に挟まれたおよそ20年間の出来事である。七年戦争の結果，前者のパリ条約によってイギリス第一帝国はその威容を完成させたが，後者のパリ条約でアメリカ合衆国が正式に独立し，第一帝国は瓦解した。さらにこの20年間は，1773年末のボストン茶会事件を境に，前半と後半に分けてとらえることができる。すなわち，本国との対立が断続的に生じた前半の約10年間，そして第一次大陸会議の開催以降，状況が切迫して戦争がはじまり，革命の本格的な展開を見た後半の10年間である。ただし，その後の合衆国憲法制定，批准にいたる5年間も，新国家の制度設計の時期として独立革命に含めうる。かくして1763年から1788年まで，およそ10年／10年／5年の段階を経て，1789年にワシントン政権の下で新たな連邦国家が船出するのである。

• •

1　対立の激化

（1）　革命と独立

　七年戦争がパリ条約によって終結した1763年に，12歳になった少年がいた。彼がボストン茶会事件の報に接するのは22歳，イギリスがアメリカ合衆国の独立を認めたパリ条約は32歳，そして合衆国憲法制定は36歳のときの出来事となる。憲法草案作成の中核を担って（⇨60頁）「合衆国憲法の父」と称され，のちに第4代大統領となったジェイムズ・マディソン（1751-1836）がその人である。彼の若き日々は，革命の激動の時代と重なり合っていたといってよい。

　わが国で一般にアメリカ独立革命と呼称されるこの歴史事象は，原語の英語では，その後のフランス革命やロシア革命と同じように，**アメリカ革命**と呼ばれる。だが独立革命という言い方も，その内容を適切に表していよう。そもそも革命の名のゆえんはそれまでの王制からの離脱，そして共和制の採用にあると考えられるが，同時に，世界最古とされる成文憲法のもと，新しい仕組みの独立国家が船出することになったからである。フランス革命のつくりあげた第一共和政は第一帝政へと変貌し，ロシア革命を契機に建国されたソヴィエト連

---

(1)　「アメリカ革命」の語が大陸会議の議事録にはじめて現れるのは，独立宣言から3年近くものちのことである。なお，イギリス英語では**アメリカ独立戦争**という表記も好まれる。

邦の命脈は1世紀も保たれなかったが，独立革命の血の海のなかから誕生したアメリカ合衆国は，今日まで連綿とつづいている。その意味で，アメリカ独立革命について知ることは，今日のアメリカを知ることに直接つながっているのである。

（2） イギリス第一帝国の完成

　英仏の対立を軸とする七年戦争の終結によって，「新世界」はどのように変わったのか。そもそもこの戦争は，当時，世界規模で戦われた国際戦争であった。北米ではフランス軍が先住民とともにイギリス軍に対峙したことから，フレンチ・インディアン戦争（⇨39頁）と呼ばれ，イギリス側の勝利の結果，フランスによるカナダなどの植民地支配は終焉を迎えた。かくして新大陸を中核とするイギリスの植民地帝国，「**イギリス第一帝国**」がその頂点にいたったのである。植民地においてもイギリス帝国の一員としての自負心，すなわちイギリス人意識が一層の高まりを見せた。

　しかし，イギリス本国と植民地の共通の敵であったフランスの軍事的脅威が北米から消え去ったことで，本国は植民地に対して規制を強化することが可能となった。若き国王ジョージ3世（1738-1820，在位1760-1820）は，自らに親しい政府とともに，従来の「有益なる怠慢」（⇨28頁）の政策を見直し，パリ条約締結の年にさっそく**国王宣言**を発して，植民地人がアパラチア山脈を越えて西方へ移住することを規制しようとした。また，翌1764年には，通商規制を強化し，関税収入の増加をはかって**砂糖法**（アメリカ歳入法）を制定するとともに，**通貨法**を定めて，植民地の紙幣発行に制約を課そうとした。本国政府はそれまでの戦費を回収するためにも，植民地統治の経済的負担を植民地に求めたのである。しかしこれらの政策は植民地人の反発をまねき，一部の地域ではイギリス製品の不買運動も発生した。さらに翌年，印紙法の制定が大規模な抵抗運動の引き金を引くことになる。つまり，七年戦争の勝利がもたらした第一帝国の完成は，皮肉にもその崩壊の序曲であり，独立革命のはじまりとなったのである。

---

(2) フランスはミシシッピ川以東のルイジアナもイギリスに譲ったが，ニューファンドランド島沖の小さな島々の支配権は保持し，今日，これらの島群はフランスの海外準県となっている。

(3) 旧帝国ともいわれる。19世紀にはインド支配を中心とする「イギリス第二帝国（新帝国）」が成立する。

第3章　アメリカ独立革命

（3）「代表なくして課税なし」

1765年、グレンヴィル内閣の方針に沿って、本国議会は植民地に対して**印紙法**を定めた。新聞などの印刷物や証書類、トランプにまで印紙を貼ることを義務付けた法律で、それは消費革命がもたらした植民地の消費活動の高まりに接した本国の役人たちが、さらなる課税が可能であると考えたためでもあった。印紙を用いたこの課税は、すでに本国では導入されていたが、これ

図3-1　トランプに貼られた印紙（複製）

までのような関税ではなく、植民地内の諸活動に直接介入する内国税であるとして、植民地側は反発を強めた。代表を送っていない本国議会によるこのような恣意的な課税は、植民地人が持つイギリス人としての固有の権利を侵害しているととらえたのである。「**代表なくして課税なし**」の論理であり、北米植民地全体で抵抗運動が活発化した。9つの植民地から代表が集まって印紙法反対の決議を行い、また「自由の息子たち」と呼ばれる組織の活動も盛んになって、運動に一定の方向性が示された。直接的な暴力行為も見られたが、民衆の抵抗運動にはイギリスの伝統的な民衆文化・政治文化に根ざし、それを転用したものも多く、たとえば、戴冠式をもじって本国側の人物にタールを塗り、羽毛を貼り付けたり（「タール・アンド・フェザー」）、その人物になぞらえた人形を燃やしたりしたのである。結局、グレンヴィル内閣は倒れ、1766年、印紙法の撤廃が決まった。ただし本国議会は同時に**宣言法**を制定し、植民地に対する立法権を引きつづき主張した。

翌1767年、本国政府の蔵相チャールズ・タウンゼンド（1725-67）により、植民地に対する新たな課税が提案、制定された。紙、塗料、ガラス製品、茶など、本国や東インド会社の製品・産物である日用品の輸入に関税を課す、いわゆる**タウンゼンド諸法**である。印紙法の教訓から、形の上ではこれらの税は内国税ではなく、あくまでも関税とされたが、通商規制を目的とした外国製品への関税とは異なり、増税策であることは明らかであり、税関の強化策とも相まって、植民地全域で反発を招いた。とりわけ不買運動が活発化し、茶や服飾など、本

45

国からもたらされるさまざまな商品に対してボイコットが発動される一方で、植民地産品をもっぱら用いようとする動きも強まった。このように消費面でのイギリス化を否定し、逆手にとる行動によって、本来中立的なはずの商品に政治的な意味合いが付与され、消費という個々人の日常の行為が、新聞などの活字メディアの報道を通じて、植民地全体にとって意味を持つ行為へと変貌を遂げたのである。こうして13植民地全体、また社会層全体が政治的に動員されることで、「アメリカ人」としての意識がしだいに浮かび上がってきたといえよう。この間、1770年3月にボストンに駐留したイギリス軍が民衆に発砲し、黒人も犠牲者となる事件が発生した（**ボストン虐殺事件**）。本国側でも貿易商人などが法律の見直しを迫り、かくしてタウンゼンド諸法は、本国議会の至上権の象徴であり、重要な財源でもあった茶税を残して、同年4月に撤廃された。

（4） 第一次大陸会議の開催

以後3年間、比較的穏やかな時期を経て、1773年に本国議会は新たに**茶法**を制定する。東インド会社の経営を助けるため、本国に関税を納めずに茶を北米へ直送することを許したこの法律により、むしろ茶の価格は下がると考えられたが、茶を密輸していた植民地の商人たちを中心に、本国の一方的な政策に対する反対の動きが広がった。サミュエル・アダムズ（1722-1803）らが反対運動を活発化させていたボストンでは、1773年末、先住民に扮装した人々が東インド会社の荷を積んだ船を襲い、茶箱を海に投じる事件が発生した。ボストン港が巨大なティーポットとなったとされたことから、のちに**ボストン茶会事件**と称されたこの出来事は、確かに違法行為ではあったが、やはり民衆の伝統的な抗議行動の類(たぐい)といえた。これに激怒した本国議会は、翌1774年に「**強圧的諸法**」と呼ばれる4本の法律を矢継ぎ早に制定し、ボストン港の閉鎖など、マサチューセッツ植民地に対して懲罰的な政策を打ち出した。また同年には**ケベック法**を通過させ、ケベック植民地の領域を拡大するとともに、同植民地でカトリックを公定教会と認めた。これら一連の法律を植民地人は「**耐えがたき諸法**」と総称し、反発を強めた。事態は新たな段階へと突入したのである。

---

(4) 「ボストン茶会」は当初、単に「ボストン港での茶の投棄」と呼ばれた。たとえば、章扉の版画3葉のタイトルもすべてそのように記されており、1葉のみ、「ボストン茶会」の語が併記されている。

この状況に北米植民地全体で対応する必要が叫ばれ，同年9月から10月にかけてフィラデルフィアで**第一次大陸会議**が開催された。そこにはジョージアを除く12の植民地の代表が集まり，急進派の主導のもと，パリ条約以来の本国の対植民地政策を強く批判する宣言を発し，「耐えがたき諸法」の撤廃を要求した。また本国への対抗措置として，貿易の停止をうちだし，そのための**大陸連盟**の結成をうたった。さらに大陸連盟の趣旨を実行に

図3-2　第一次大陸会議が開かれたカーペンターズ・ホール

移すため，各地に査察委員会の組織づくりを求めた。こうして第一次大陸会議は，来年の開催を決定して，いったん解散した。だが，ヴァージニア植民地の指導者のひとり，パトリック・ヘンリー（1736-99）が述べた「自由か，しからずんば死を」の謂が，いまや現実のものになろうとしていた。戦争の足音が間近に迫っていたのである。

2　独　立　へ

（1）　戦争の勃発と第二次大陸会議

1775年4月のある夜更け，ポール・リヴィア[5]（1735-1818）ともう1人の使者が，ボストンに駐留するイギリス軍の動きを知らせるため，レキシントンへと馬を走らせた。ミニットマンと呼ばれる地域の民兵（ミリシア）が参集し，夜が明けるとイギリス軍との戦闘がはじまって，大きな打撃を与えた。マサチューセッツ植民地で勃発したこの**レキシントン・コンコードの戦い**により，独立戦争の幕が切って落とされたのである。5月には当初の予定どおり，フィラデ

---

[5]　その活躍はのちに虚構を交えて詩に謳われ，有名になった。

ルフィアに各植民地の代表が集まって**第二次大陸会議**が開催され、以後、事実上の中央政府として機能し、革命推進の常設機関となった。大陸会議は、最大の人口を擁するヴァージニア植民地の参戦を促す目的もあって、ただちにジョージ・ワシントンを大陸軍の総司令官に任命した。武装した一般市民からなる従来の民兵組織は、地域の防衛には役立っても、自らの属する植民地を離れてイギリス正規軍と対峙することは期待できないため、各植民地に兵員数を割り当て、正規軍たる大陸軍を創設したのである。ワシントンは文民統制の原則を守りつつ、その重責を果たすことになる。一方、各植民地では旧来の植民地政府が次々と機能を停止しはじめ、総督も退去を余儀なくされていく。これまでの植民地議会に替わって、当初は非正規の組織だった**植民地会議**や**革命協議会**が各植民地の臨時政府となり、大陸連盟の査察委員会が再編された保安委員会は、植民地会議の執行部として行政部門を担った。

　1775年6月にはボストン近郊の**バンカーヒルの戦い**で、民兵を主体とした部隊がイギリス軍に勝利を許したが同時に大きな損害を与え、7月には大陸会議が「武器を取る理由と必要の宣言」を発する一方、本国との和解の道を求めて「オリーブの枝請願」を採択した。だが本国の態度は硬く、植民地は反乱状態にあるとの国王宣言が発せられ、請願も実効はなかった。ここにいたり、従前の「有益なる怠慢」の状態への復帰が困難であるとの認識が広まっていく。翌1776年3月にはワシントン指揮下の大陸軍が、イギリス軍をいったんボストンから追い出すことに成功した。

　このようにニューイングランドを中心に戦闘・対立が長期化するなか、植民地の人々の意見も大きく割れていた。本国との戦争、ひいては本国からの独立もやむなしとする**愛国派**、イギリス人意識にこだわって国王に忠誠を誓い、独立に反対する**忠誠派**、どちらとも決めかねている人々、の3者にそれは大別できる。愛国派の人々は本国の政治状況になぞらえて、自らをホイッグ派、忠誠派をトーリー派と呼ぶこともあった。本国と結びついた支配層を中核とする忠誠派の人々は、イギリス軍の存在なしには特定の地域で支配的な勢力となることができず、その全人口に占める割合は、高く見積もっても3割程度だったと

---

(6) ジョージアは数カ月遅れて出席し、最終的に13植民地の代表が集まった。
(7) 正確には大陸陸軍。小規模ながら大陸海軍もつくられ、ジョン・ポール・ジョーンズ（1747-92）がイギリス近海で敵艦を拿捕するなど、活躍した。

考えられている。

（2） 独立宣言

　独立について態度を決めかねている人々が依然多かったなか，イギリスからアメリカに渡ってきた**トマス・ペイン**（1737-1809）が1776年初頭に出版した小冊子『**コモン・センス（常識）**』の内容は衝撃的であった。同書は世界史の事例に即して王政や世襲制の害を説き，イギリス国王の統治の正当性を否定するとともに，「野獣でもわが子をむさぼり食おうとはしない」のに，今や本国イギリスは植民地を圧殺しようとしており，独立はやむをえないだけでなく，逆に多くの利点があると主張したのである。この小冊子は多くの人々が手にとったり，その内容を耳にしたりして，独立の世論形成に大きな役割を果たした。ただ，大陸会議が最終的に独立に踏み切る決断を下したのは，本国の軍事的攻勢によるところも大きい。ボストンから撤退してカナダで待機していたイギリス軍が，本国からの増援を得て大艦隊となり，アメリカへと迫り来るなか，大陸会議は議論の末，独立宣言草案作成のための委員会を任命する。6月末には大艦隊がニューヨーク沖に到着したとの知らせが届いた。今や決断の時であった。7月2日に独立の決議，そして4日に**独立宣言**が採択されたのである。したがって独立宣言は，本国に対しては宣戦布告，各植民地に対しては臨戦態勢づくりの要請という意味合いを持った。

　のちに第3代大統領となる**トマス・ジェファソン**が主に起草したこの独立宣言文は，3つの構成要素からなる。有名な前文（史料3の前半部分）は，**ジョン・ロック**が『**統治二論**』で論じたように，自然法に基づく革命権を主張しており，つづく本文（主文）はジョージ3世の悪政を何項目にもわたって列挙し，後文は本国からの分離・独立を結論として高らかに宣言している（史料3の後半部分）。普遍的な原理としての前文を一種の公式にたとえるならば，本文の具体的な事実をその公式に代入することによって，独立という解が導き出される仕組みである。ただしこの場合の独立とは，あくまでも13の植民地が個々の**ステイト**（邦）として，一緒に独立するという意味にすぎなかった[8]。また，奴隷制に関する文言は，ジェファソンの草案から最終的に削除されている。

　7月4日の採択を受けて直ちに独立宣言が印刷され，各地に届けられて兵士や民衆の前で読み上げられたり，新聞に転載されたりした。人称代名詞を多用

した独立宣言文は，本国との抗争を擬人化して人々に愛国派の視点を共有させ，植民地内に向けて強力なメッセージを放った。呼応した人々のなかには，国王の肖像画や騎馬像を破壊し，人形を焼却することで儀礼的な「王殺し」を行うものもあった。今日，首都ワシントンの国立公文書館に展示されている独立宣言書は，羊皮紙に手書きで清書され，8月2日から各植民地の代表たちが署名をして出来上がったものである。[9]大陸会議議長のジョン・ハンコック（1737-93）は，ジョージ3世がメガネなしでも読めるようにと，大きく署名をしたという。反逆者として処刑される事態をも覚悟しつつ，独立宣言へ自らの名を記した56名の

図3-3 国立公文書館のホール中央に祭られた独立宣言書（ホール改装以前の様子）

「署名者(サイナー)」たちは，アメリカ史上，特別な存在として称えられている。独立宣言文を読み上げるというセレモニーは，この年の7月4日からほぼ1カ月以内に各地で実施されて独立記念日の祝祭の雛形となり，新聞を通して急速に拡大した。さらに後年，3人の大統領（アダムズ，ジェファソン，モンロー）が7月4日に死去するにおよんで，[10]この記念日はいっそう神秘的な色彩を帯びることになる。

（3） 邦憲法と連合規約の制定

　大陸会議による独立宣言を受けて，その年から翌年にかけて多くの邦が**邦憲法（州憲法）**を制定した。そのなかには革命終結までに改定されたものも多か

---

(8) 今日，「州」と訳される「ステイト」は，アメリカ合衆国憲法成立以前の独立革命期には独立性がより強かったため，「邦」と訳する習慣があり，本書もそれに従う。したがって独立宣言に記された「ユナイテッド・ステイツ」の語は，「連合諸邦」（もしくは「諸邦連合」）と訳しうる。ただし合衆国憲法制定・批准をめぐる議論の際に，「州」と「邦」を訳し分けることが困難であるとして，一貫して「州」もしくは「ステイト」と訳する向きもある。
(9) ただし独立宣言書は当初，後述する党派対立の影響もあって，必ずしも重要な文書とはみなされておらず，のちにナショナリズムの高まりとともに，称えられる存在となっていった。
(10) アダムズとジェファソンは共に独立宣言の50周年，モンローは55周年に死去した。

第3章 アメリカ独立革命

> **史料3　独立宣言（抜粋）**
>
> われわれは，次の真理は自明のものと信じている。すなわち，人はすべて平等に造られている。人はすべてその創造主によって，誰にも譲ることのできない一定の権利を与えられており，その権利の中には，生命，自由，そして幸福の追求が含まれている。……いかなる形体の政府であれ，こうした政府本来の目的を破棄するようになった場合には，人びとはそうした政府を改変あるいは廃止する権利を有している。……現国王の歴史は……権利侵害と簒奪とを繰り返し行ってきた歴史に他ならない。……諸植民地の善良なる人民の名と権威とにおいて，以下のごとく厳粛に公布し宣言するものである。すなわち，これら連合諸植民地は，それぞれ自由にして独立な国家であり，また権利として当然そうあるべきである。……われらが生命，われらが財産，われらが神聖な名誉にかけて，この宣言を支持することを，相互に誓うものである（斎藤眞訳）。

ったが，当初は戦闘地域が限られており，各邦には邦憲法制定の時間的余裕があった。植民地時代の特許状など，成文法による統治の伝統を下敷きとしつつ，邦憲法は統治に関する憲法条項の部分と，人権に関する条項（権利章典）から構成された。通常の議会で作った邦憲法の批准に失敗したマサチューセッツ邦は，あらためて特別な憲法制定会議で制定しなおして成功し，これがひとつのモデルを提供した。こうして各邦がそれぞれ最高法規に裏付けられた政府を持つようになると，事実上の連邦政府にすぎない大陸会議の権威は，むしろ低下していくことになる。

　大陸会議はこの13邦の結合に確固たる法的正当性を付与するため，1777年末に**連合規約**を制定する。最初の連邦憲法ともいうべきこの連合規約は全13条からなり，第1条には「この連合の名称」を「ユナイテッド・ステイツ・オブ・アメリカ」と定めるとの条文がおかれたが，その実態はいまだ「アメリカ合衆国」と訳すには程遠く，依然として「アメリカ連合諸邦」の訳を当てる方がふさわしいものであった。すなわち連合規約は各邦の主権を認め，大陸会議を改称した**連合会議**では，従来通り各邦1票の方式を採用し，重要な決議は9票の多数決とした。連合会議は戦争を含む外交の権限を有するとされたが，課税権はもちろん，対外通商・邦間通商の規制権も与えられておらず，財政は各邦の

拠出金に頼らざるをえなかった。それゆえ、連合規約は13邦の軍事同盟にすぎないとの見方もある。強力な本国政府の支配から逃れようと戦っている人々にとって、新たにまた強力な中央政府をつくることには強い違和感があったといえよう。連合規約の発効には全邦の批准が求められたため、これには3年以上もの年月がかかることになった。とりわけ西部の土地の帰属をめぐって各邦間で対立が生じ、西方の境界が明確に定められていなかった邦は、自邦の領域をさらに西に向かって伸ばそうとし、それが不可能な邦はこれに強く反対した。最終的に、各邦が西方領土の権利を放棄して大陸会議の管轄下におく方向へと向かうこととなったため、1781年に全邦の批准が成立した。以後、大陸会議は正式に連合会議と呼ばれるが、その権限の脆弱さは、やがて大きな問題を引き起こすことになる。

3　独立戦争の展開

（1）将軍ワシントンの戦い——独立戦争の前半戦

　独立革命の政治的側面が展開する一方で、その帰趨は戦局によって左右された。すなわち独立革命とは、当時最強を誇るイギリス軍に敢然と挑んだ独立戦争にほかならず、軍事的勝利なくして革命の成功は見込めなかった。にわかづくりの大陸軍の規模は平均して1万人前後で、常に兵員や物資の不足に悩まされつづけ、他方、本国は、18世紀中最大規模の軍を動員するとともに、ドイツからも傭兵部隊を送り込み、植民地人を恐怖させた。

　戦いの前半戦は、北部・中部が舞台となった。1776年7月に独立宣言が発せられたのち、巨大なイギリス軍がニューヨークに上陸した。ワシントンが指揮する大陸軍はこれに対峙したが、平地での戦いに不慣れなこともあり、敗北を喫した。ニューヨーク市は以後、独立戦争終結まで英軍が常駐

図3-4　ワシントンの肖像（鉄製カメオ）
1800年頃につくられたオリジナルで、ある独立宣言署名者の家系に代々伝えられたもの。

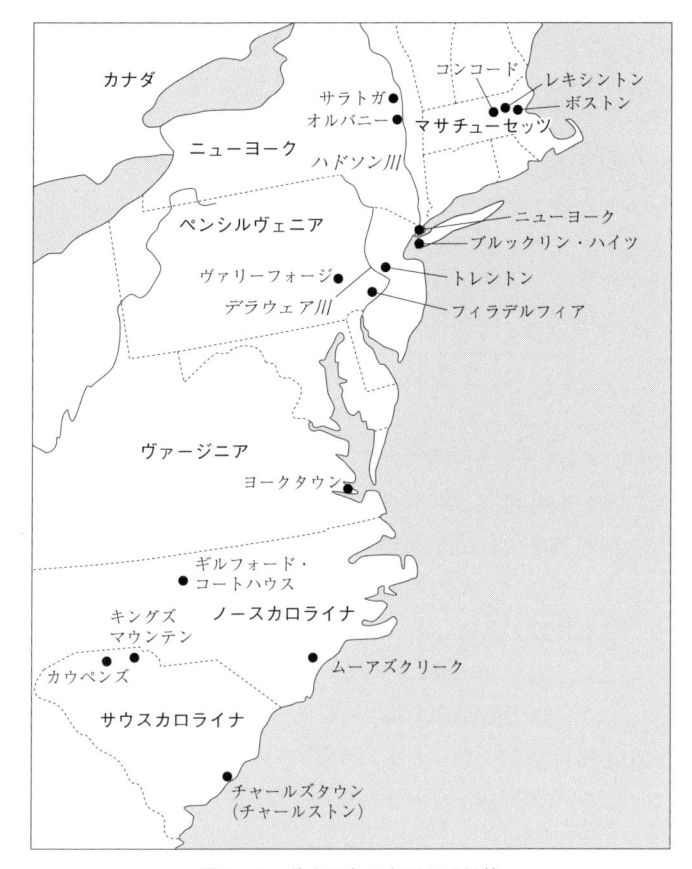

図3-5 独立戦争の主要な戦場等

することになる。大陸軍は英軍の追撃をかろうじてかわしてペンシルヴェニアまで退却し、同年のクリスマスの夜、凍てつくデラウェア川を渡って反撃を試み、ドイツ人傭兵部隊を急襲して勝利した（**トレントンの戦い**）。この渡河作戦を前に、ワシントンの命令で読み上げられたペインの文章は、「今こそ人間の魂にとって試練の時である」と説いて兵士たちを鼓舞したという。

　翌1777年、イギリスのジョン・バーゴイン（1722-92）は、ニューイングランドを他の地域から分断するため、カナダから英軍を率いてニューヨーク邦のオルバニーに向けて南下しようとしたが、ニューヨーク市駐留の英軍は、大陸会議が居を定める首府フィラデルフィアを攻略する作戦を優先した。そのため、

バーゴインの軍はニューヨーク市から北上する援軍を期待できないまま，最終的に**サラトガの戦い**で敗れ，アメリカ側が大きな勝利を手にした。(11)他方，首府防衛にワシントンは失敗し，脱出した大陸会議は別の地に避難せざるをえなくなった。この1777年から78年にかけての冬，ワシントンの指揮する大陸軍はフィラデルフィアから少し離れた**ヴァリーフォージ**で冬営し，寒さや物資不足に苦しみながらも，プロイセンからの義勇兵**シュトイベン**（1730-94）らの力も借りて，部隊を立て直した。彼のほか，アメリカ側に身を投じた義勇兵として，フランスの貴族**ラファイエット**（1757-1834），ポーランドの軍人**コシチューシコ**（1746-1817）らがいる。英軍は首府を占領したものの，取り立てて大きな成果が得られず，翌1778年，ニューヨークに撤退し，大陸会議はフィラデルフィアに戻った。

　サラトガの戦いの勝利は，アメリカを取り巻く国際関係を一変させた。そもそもイギリスへの復讐，対抗を目論むフランスは，この勝利でアメリカ側の実力を認識するとともに，イギリスが和平へと傾くことを恐れ，さらにフランクリンのフランス宮廷での活躍もあって，1778年，**友好通商条約**と**同盟条約**をアメリカと締結した。同じブルボン朝のスペインもフランス側に立ってイギリスに宣戦布告したが，新大陸に有する広大な植民地への影響を恐れ，アメリカとは直接，同盟を結ばなかった。オランダはアメリカ独立を認めてイギリスと対峙し，またロシアの**エカチェリーナ２世**（1729-96，在位1762-96）は1780年，**武装中立同盟**を提唱してスウェーデン，プロイセンなどのヨーロッパ諸国がこれに参加したため，イギリスはヨーロッパで孤立し，外交的に厳しい状況におかれることになった。

（２）　ヨークタウンへ——独立戦争の後半戦

　独立戦争の後半戦は，主に南部が舞台となり，一部地域では，愛国派と忠誠派の地域住民による内戦の様相を呈した。1780年に南部の奥地，両カロライナの境界付近で勃発したキングズマウンテンの戦いでは，民兵が中心となって英軍を山頂に追い詰めて撃破し，南部で敗戦がつづいていたアメリカ側の士気を高めた。翌1781年には，ライフル隊を率いるアメリカのダニエル・モーガン

---

(11)　この戦いでアメリカ軍の指揮をとったホレイショ・ゲイツ（1727？-1806）は，一時，大陸会議から高い評価を得たが，後に南部での戦いで敗走した。

(1736-1802) の活躍により，カウペンズの戦いで勝利し，同年，南部方面の大陸軍を指揮する**ナサニエル・グリーン**(1742-86)[12]と，イギリスの**チャールズ・コーンウォリス**(1738-1805) とが正面から激突したギルフォード・コートハウスの戦いでは，グリーンの巧みな戦術により，イギリス側に甚大な被害を与えた。これら一連の戦いの末，コーンウォリスのイギリス軍はヴァージニアのヨークタウンに入り，川を背に陣を構えることとなった。ニューヨークから援護に向かったイギリスの艦隊は，フランスの艦隊に阻まれ，英軍の海への脱出が不可能になる一方，ワシントン指揮下の主力軍は，ロシャンボー (1725-1807) 率いるフランス軍とともに密かに戦場に急行し，英軍を囲んだ。追い詰められたコーンウォリスは降伏し，**ヨークタウンの戦い**（1781年）はアメリカ側の大勝利に終わった。奇しくもサラトガの戦いのちょうど4年後のことであった。降伏時，イギリスの軍楽隊は，「世界がひっくり返った」の調べを演奏したという。

図3-6　ギルフォード・コートハウス古戦場に立つグリーン将軍像

　この戦いにより戦争全体の趨勢がほぼ決まり，イギリス側は将来の関係構築をにらんで，アメリカに寛大な条件で講和を結ぶべく，フランクリンらアメリカ側の使節とパリで交渉を開始した。1782年，米英間で単独講和の予備条約が成立し，翌83年，正式に**パリ条約**が調印された。この条約でイギリスはアメリカの独立を認め，ミシシッピ川以東の領土を割譲した[13]。同年，イギリス軍はニューヨーク市から撤兵し，一方，ワシントンは総司令官を辞任し，大陸軍は最

---

[12] 平和主義を重んじるクエーカー教徒であったが，ワシントンの信任が厚く，南部方面軍司令官に任命されて活躍し，「戦うクエーカー教徒」と呼ばれた。

[13] 英仏間の条約で，フランスはイギリスから若干の領土を得たが，莫大な戦費に見合うものではなく，これがフランス革命の遠因のひとつとなった。また，スペインはイギリスからフロリダを取り返した。

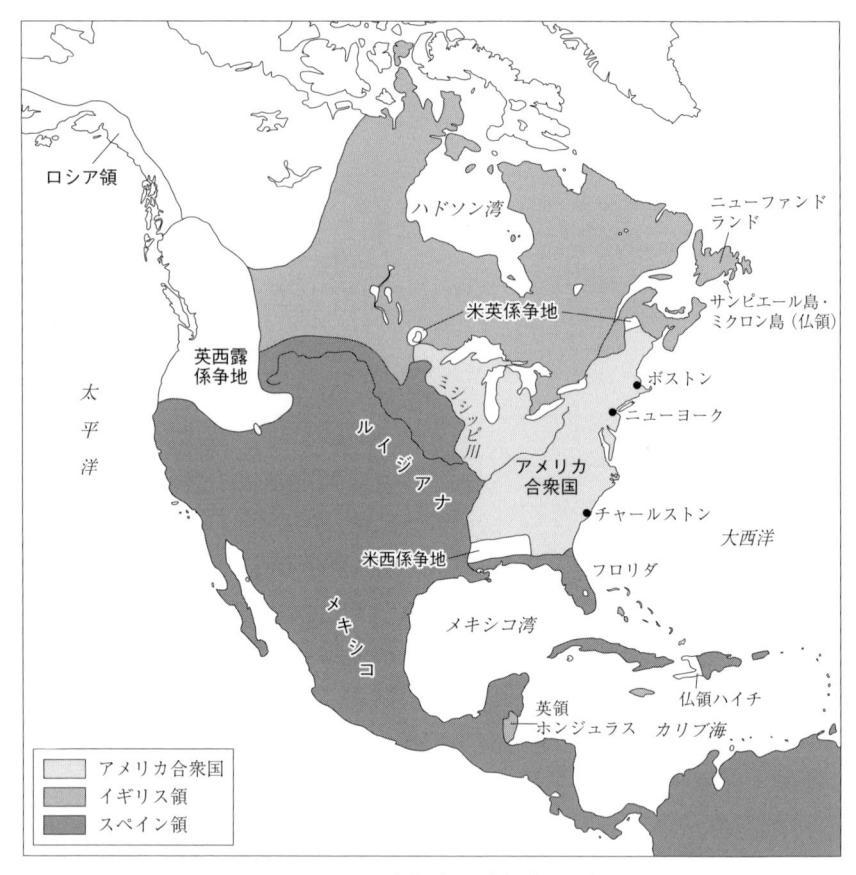

図 3-7　パリ条約（1783年）後の北米

小限の兵力を残して解体されることになった。

(3) 革命期の経済と社会

戦争中，大陸会議は戦費などの調達のため，ドルの額面を持つ政府紙幣（**大陸紙幣**）を大量に発行した。当時，大西洋世界で広く流通していた硬貨は，主としてスペイン領植民地で造幣された8レアル銀貨であり，これがスペインドルと呼ばれ，兌換に用いられる正貨とされた。この8レアル銀貨をまねて，革命中に硬貨（大陸ドル）も少量ながら鋳造された。このようにアメリカドルは，近世大西洋世界の基軸通貨ともいえるスペインドルから誕生することになった。

第3章　アメリカ独立革命

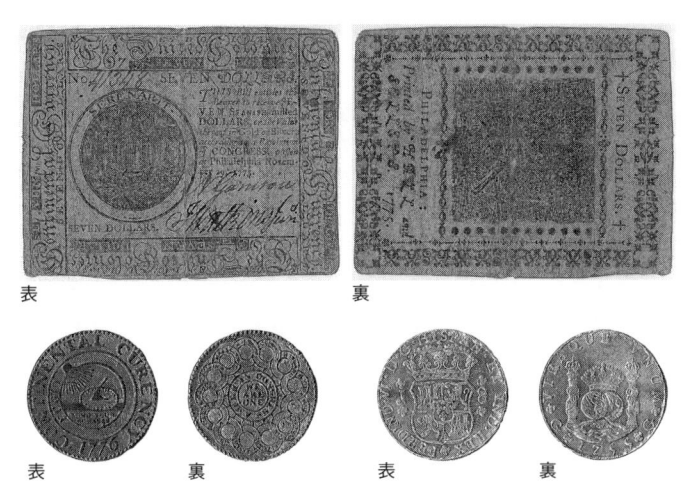

図3-8　大陸紙幣（上）と大陸ドル（左下），8レアル銀貨（右下）
大陸紙幣（94mm×73mm）と8レアル銀貨（39mm）は実物，大陸ドルは複製。

　ただし，財政基盤の脆弱な大陸会議は，兌換に十分に応じられる規模の正貨を保有してはおらず，また大陸紙幣に偽造対策は施していたものの，偽札の横行とも相まって，大陸紙幣の価値は暴落していった。(14)さらに各邦が邦紙幣を乱発したこともあり，インフレーションが進行し，価格統制の試みも失敗して，経済的な混乱が長引いた。(15)

　独立革命はまた，社会的な変化をもたらした革命でもあった。政教分離のもとで信教の自由が推し進められる一方，軍事行動への参加などを通じて社会の平等志向が惹起され，「敬意の政治」（⇨32頁）が衰えるとともに，白人男性納税者全体への参政権拡大の動きが見られた。ただし白人女性については，やはり軍事行動への間接的貢献は認められたものの，参政権どころか，依然，既婚女性に財産権はなく，革命による変化は見出しにくかった。ニュージャージー邦では一時，邦憲法の条文の文言が女性を排除していないとされ，実際に一部の女性が参政権を行使したが，やがて条文が改訂されて参政権は否定された。

(14)　大陸紙幣の発行は1780年4月に停止されたが，その後も市場での下落はつづき，1787年の市場価値は正貨のわずか0.4％となった。最終的に1790年の決議で，大陸紙幣を1％の価値の国債と交換することが定められた。
(15)　大富豪のロバート・モリス（1734-1806）（⇨70頁）は北アメリカ銀行を設立するなどして，革命を財政面から支えた。

57

のちに第2代大統領となるジョン・アダムズの妻，**アビゲイル・アダムズ**（1744-1818）は，夫に対して女性の権利に配慮するよう説き，フェミニズムの先覚者の一人とされる。だが独立後のアメリカにおいて女性は「**共和国の母**」として，徳を持った市民を家庭で育てる母親の役割が強調されたのである（⇨80頁 Column 4）。

　黒人奴隷は独立戦争において，まずイギリス側が忠誠派の兵力として利用した。愛国派側は最初，黒人に武器を与えることを躊躇したが，やがて彼らを動員し，最終的にアメリカ側の兵力の1.6％程度を占めるにいたった。数万人ともいわれた忠誠派の黒人は戦後，カナダや西インド諸島などの英領植民地に移動する一方，愛国派側の黒人兵士には自由が与えられることもあった。また戦争中に逃亡して自ら自由を手にした奴隷も多かった。奴隷の輸入については，すでに革命前から禁じていた植民地もあり，革命後には多くの邦（州）で禁止された。奴隷制そのものは，1780年にペンシルヴェニア邦でその漸進的廃止が決まるなど，ニューイングランドや中部では18世紀末までに，おおむね廃止の方向に向かっていったが，奴隷に依存していた南部では廃止は困難であった。全国レベルでの奴隷制撤廃は南北戦争を待たなければならない。なお，先住民は独立戦争中，多くがイギリス側について辺境地域でアメリカ側と戦い，戦禍を被ったため，戦後，アメリカ人のさらなる西部進出に拍車をかける結果となった。[16]

4　合衆国憲法の制定

（1）　連合政府の限界

　1781年に発効した連合規約下で，すでに述べたように権限は弱いながらも，連合会議は正式に各邦を束ねる政府のごとき役割を果たすようになったため，**連合政府**とも呼ばれる。実際，連合会議の下には，外務，財務，軍務など多くの委員会がおかれ，不完全ながら行政的な責務を分けて担った。しかし政府の財政基盤の脆弱さはいかんともしがたく，課税権を新たに付与しようとの意見も出されたものの，全邦の同意が必要とされたため，実現しなかった。このよ

---

[16] モホーク族はジョセフ・ブラント（タイエンダネギー）（1742?-1807）をリーダーとしてアメリカ側と戦ったが反撃にあい，蹂躙されたイロクォイ連合の勢力は衰えた。

うに不完全な連合政府ではあったが，パリ条約の調印・批准ののち，この国の将来に大きな影響をおよぼす重要な制度設計を行った。連合の管轄下におかれた西方領土，とりわけオハイオ川とミシシッピ川に挟まれた旧北西部をめぐる2つの立法がそれである。

　1785年に制定された**公有地条例**は，旧北西部の公有地の測量・売却にあたり，その手続きを定めたものである。6マイル平方の正方形（タウンシップ）に土地を区分し，さらにそれを36のセクション，すなわち1マイル平方（640エーカー）の土地36筆に分け，1エーカー1ドル以上でセクション単位で競売に付し，16番目のセクションを公立学校の設立場所および原資とした。売却単位が大きかったため，一般民衆には手が届かず，土地投機会社などがもっぱら落札した。以後，公有地の売却は，売却単位・単価の縮小へと向かい，ホームステッド法（1862年）にいたって，一定条件のもとに無償となる（⇨119頁）。一方，1787年の**北西部条例**は，連合会議の選任した知事らによる旧北西部の統治を定めるとともに，その地に奴隷制を禁じ，さらに自由成人男性の人口が5000を超えると自治権を認め，自由人人口が6万に達した時点で，承認を経て邦（州）へ昇格できるとした。こののちも西方の領土に対しては，基準を満たした地域は**準州**（准州）から州へ昇格し，旧来の州と完全に同等の資格で連邦に加わる仕組みが継続して適用され，かつての本国のように，従属的な植民地として支配する伝統的手法とはまったく異なる原理が確立したのである。

　だが，独立戦争が終結して一層求心力を失い，定足数を満たすことすらままならなくなった連合会議にとって，悪化する経済状況と政治的な混乱への対応は，困難をきわめた。1786年にはマサチューセッツで西部農民たちが経済の緩和策を要求し，大規模な反乱を起こした（シェイズの反乱）。これを沈静化させる一方，強力な中央政府の必要を痛感した人々はアナポリスで会議を開催し，**アレグザンダー・ハミルトン**（1755-1804）の提案で，連合の見直しのための会議をフィラデルフィアで開催することを決めた。かくして1787年5月末から4カ月近くにおよぶ暑い日々がはじまる。**憲法制定会議**である。

（2）　憲法の制定と批准

　フィラデルフィアの会議には，ロードアイランド邦を除く12邦の代表55名が集まった。ジェファソンが「半神半人」と称えた彼らの平均年齢は42歳と比較

図3-9 憲法制定会議の議場（インディペンデンス・ホール内）
第二次大陸会議や連合会議もここで開かれた。

的若く，多くの者が大陸会議の議員を経験していた。ただし，ジェファソンとアダムズはヨーロッパに使節として赴いていて不在で，ハミルトンも地元のニューヨーク邦が会議に懐疑的だったため，参加は限定的にならざるをえなかった。またこの会議は，連合規約の改正という当初の目的を大幅に逸脱し，新憲法の制定にまで踏み込んだこともあって，議事内容は秘密とされた。すでに神格化の途上にあったワシントンが満場一致で議長に選ばれ，最年長81歳のフランクリンも大所高所から議事を見守った。そのなかで最も精力的に議論をリードしたのが，36歳の若きジェイムズ・マディソンである。彼が起草した**ヴァージニア案**は，ナショナルな政府や人口比に応じた議会の設立を提案し，議論の基調となった。大胆な変革を求め，大きな邦に有利なこの案に対して，小さな邦の利害を酌み，各邦平等の代表権を主張する**ニュージャージー案**が出され，議論の末，連邦議会の上院を各邦（州）平等，下院を人口比とする妥協が成立した。また人口の計算には，黒人奴隷を多く擁する南部に有利にならないよう，黒人奴隷1人を白人の5分の3と数えることが決まった。一方，奴隷貿易については1808年までの存続が定められた。ただしこれらの条文では「奴隷」の語は巧みに回避され，婉曲的な表現が用いられている。

　最終的に採択された憲法案は全7条からなり，第1条に連邦議会，第2条に大統領，第3条に連邦最高裁などに関する規定が盛り込まれ，当時の啓蒙思想家たちが思い描いた**三権分立**のデザインを見事に実体化させた。その権力の分立は「**抑制と均衡**」に基づくもので，たとえば大統領は議会に対して拒否権を行使できるが，同時に議会による弾劾の対象となるように，それぞれが権力の一部を共有し，互いの主張を展開することによって均衡が確保される仕組みで

---

(17) 連合会議への拠出金の計算にこの方式を用いることが以前に提案されており，その例に倣った。

第3章　アメリカ独立革命

> **史料4　アメリカ合衆国憲法（前文）**
>
> 　われわれ合衆国の人民は，より完全な連邦を形成し，正義を樹立し，国内の平安を保障し，共同の防衛に備え，一般の福祉を増進し，われわれとわれわれの子孫の上に自由の祝福の続くことを確実にする目的をもって，アメリカ合衆国のために，この憲法を制定する（有賀貞訳）。

あった。羊皮紙に清書された憲法には39名の代表が署名をし，そのひとり，フランクリンは，議長のワシントンが座っていた椅子の背に刻まれた太陽の意匠について，沈みゆく太陽ではなく，昇りゆく太陽であることが今わかったと述べたという。ただしこのとき，政党の発生は皆の想定の外にあった。憲法はただちに連合会議に送られ，受理されたのち，各邦の批准に回された。

　全邦批准を条件とした連合規約の発効が大幅に遅れたことも念頭に，合衆国憲法は9邦の批准をもって発効する旨，第7条に規定していたが，各邦ではさまざまな議論が巻き起こった。この間，憲法の批准に賛成する人々は「ナショナル」の語が刺激的だとして「連邦」の語を積極的に用いて，自らを連邦派（フェデラリスト）と称し，一方，強力な中央政府を嫌って憲法批准に反対する人々は反連邦派（アンチ・フェデラリスト）と呼ばれ，両者の対立はやがて第一次政党制へと展開していくことになる。批准が難航したニューヨーク邦では，連邦派のハミルトンやマディソンらが『ザ・フェデラリスト』を執筆して批准を訴えた。(18)憲法には州の権限が明確でないことや，権利章典がないことを問題視する向きもあり，それらの追加を条件に批准した邦もあった。1788年6月には9邦の批准を得て憲法が発効するが，さらに引きつづいて，地理的にも経済的にも重要なヴァージニアとニューヨークが批准をし，安定した新政権の船出が可能となった。ノースカロライナとロードアイランドは，ワシントン政権の発足後に，ようやく憲法を批准して連邦に加わった（⇨70頁）。

---

(18)　マディソンはのちにハミルトンと袂を分かち，連邦派（フェデラリスト党）と対立する共和派（リパブリカン党）の領袖の一人となる（⇨72頁）。

（3） 独立革命像の変遷

　本章の最後に，アメリカ独立革命が歴史学の立場からどのようにとらえられてきたのか，ごく簡潔に見ておこう。アメリカにおいて専門的な歴史研究が定着・興隆する19世紀末から20世紀前半にかけて，革命史研究の主流となった**革新主義学派**は社会経済的側面に注目し，革命によるアメリカ社会の非連続性・断絶を強調した。憲法制定を階級的利害に基づく一種の反動と断じて広く衝撃を与えたC・A・ビアード（1874-1948）らである。これに対して，第二次世界大戦後の冷戦構造のなかで，アメリカはその植民地時代から特殊で自由な社会だと主張する**コンセンサス（新保守主義）学派**は，独立革命前後での連続性を説き，社会内部における対立・変革よりも，本国からの独立達成に革命の意義を認めた。1960年代以降は，「新しい社会史」が急速に台頭する一方で，思想史のアプローチが新たな展開を見せる。B・ベイリン（1922-）に代表される独立革命の思想史研究は，言説の実体性を強調しつつ，中心テーマたる**共和主義**をめぐって議論を先鋭化させた。そもそも革命において選択され，憲法において明確に定められたこの共和政体は，当時の人々にとって，どのように統合を保証しうると考えられたのか。広大な領土を支配する「新共和国」の存続の困難さを憂慮した政治指導者たちは，「有徳の市民」が私益ではなく公益を優先させることでシステムの暴走を防げるとの見通しを抱いていた。公共善の防衛を謳う共和主義の主張であり，その思想的系譜はイギリス本国，さらには**マキァヴェリ**（1469-1527）に遡るとされる。このような見方に対して，ジョン・ロックの系譜を引く**自由主義**を強調する研究者との間で「共和主義論争」が戦わされた。

　近年は，大西洋世界の相互連関のなかで独立革命をとらえようとする**大西洋史**（アトランティック・ヒストリー）のアプローチが大きな支持を集めている。これまでも，アメリカ革命，フランス革命，ラテンアメリカ諸国の独立などを**環大西洋革命**として把握しようとする見方はあったが，大西洋史はそれをさらに時間的にも空間的にも敷衍する立場といえる。このように今後，アメリカ独立革命史は，アメリカという国の枠を超えて，いっそう広い視座から考究されていくことになろう。

> 文献案内

　アメリカ独立革命に関する主要な文献として，斎藤眞『アメリカ革命史研究――自由と統合』（東京大学出版会，1992年），有賀貞『アメリカ革命』（東京大学出版会，1988年），五十嵐武士『アメリカの建国――その栄光と試練』（東京大学出版会，1984年）があげられる。また，独立革命の全体像を広く見通すには，五十嵐武士・福井憲彦『アメリカとフランスの革命』（中公文庫，2008年），川北稔編『環大西洋革命（岩波講座・世界歴史17）』（岩波書店，1997年），George Brown Tindall & David Emory Shi, *America : A Narrative History*, 8th Edition（New York: Norton, 2009）が大いに参考となる。

　独立革命期の人物に関しては，まずワシントンについて，本間長世『共和国アメリカの誕生――ワシントンと建国の理念』（NTT出版，2006年），D・ヒギンボウサム（和田光弘・森脇由美子・森丈夫ほか訳）『将軍ワシントン――アメリカにおけるシヴィリアン・コントロールの伝統』（木鐸社，2003年），ジェファソンについては，明石紀雄『トマス・ジェファソンと「自由の帝国」の理念――アメリカ合衆国建国史序説』（ミネルヴァ書房，1993年），フランクリンは，G・S・ウッド（池田年穂・金井光太朗・肥後本芳男訳）『ベンジャミン・フランクリン，アメリカ人になる』（慶應義塾大学出版会，2010年）などが重要である。

　独立革命期の個別のテーマについては，金井光太朗『アメリカにおける公共性・革命・国家――タウン・ミーティングと人民主権との間』（木鐸社，1995年），大森雄太郎『アメリカ革命とジョン・ロック』（慶應義塾大学出版会，2005年）などを参照。研究史の把握には，C・A・ビアード（池本幸三訳）『合衆国憲法の経済的解釈』（研究社，1974年），B・ベイリン（和田光弘・森丈夫訳）『アトランティック・ヒストリー』（名古屋大学出版会，2007年）が有益であろう。D・アーミテイジ（平田雅博・岩井淳ほか訳）『独立宣言の世界史』（ミネルヴァ書房，2012年），秋田茂『イギリス帝国の歴史――アジアから考える』（中公新書，2012年）は，世界史的な規模で独立革命を把握するのに役立つ。

　さらに，T・ペイン（小松春雄訳）『コモン・センス』（岩波文庫，1976年），A・ハミルトン／J・ジェイ／J・マディソン（斎藤眞・中野勝郎編訳）『ザ・フェデラリスト』（岩波文庫，1999年）などの重要な史料にも目を通したい。

　　　　　　　　　　　　　　　　　　　　　　　　　　　　　（和田光弘）

Column 3

星条旗の誕生

　アメリカ合衆国の国旗，星条旗の誕生の経緯には謎めいた部分が多い。星条旗のプロトタイプは，独立革命初期に作られた「大陸旗」（図1）で，左上の部分（カントン）にイングランドとスコットランドを表象する十字の組み合わせをあしらい，13本の赤と白のストライプを持つ。このストライプのデザインは，革命組織「自由の息子たち」（⇨45頁）の9本縞の旗（図2）に倣ったといわれる。イギリス人意識が13植民地を相互に結びつけていた状況を如実に示す大陸旗の意匠，とりわけカントンのデザインは独立宣言後，不評となり，新しいデザインが求められたものの，その決定は先送りされる。当時，国旗は必ずしも国家のアイデンティティ確立に不可欠なものとされておらず，むしろ国璽の制定が急がれたからである。

　しかし海軍御用達商人らの要請もあって，1777年6月14日，海軍関係決議の1つとして新国旗が制定される（今日，6月14日は国旗記念日となっている）。もっともこの決議の文面は，星条旗のデザインについて詳らかでない。カントンに13個の五芒星を円形に配した意匠が当時の典型例のごとくいわれるが，それはベッツィ・ロスの伝説に基づくものである。伝説によればワシントンら3名は，優れた裁縫の技術を持つベッツィのもとを訪れ，国旗の制作を依頼したという。その依頼に応じてベッツィがつくりあげたのが，この「最初の」星条旗だというのである。ベッツィは実在の人物であるが，ストーリー自体は独立革命から1世紀も後に創られたもので，とりわけ，星条旗の誕生を描いた想像画（1893年のシカゴ万博に出品されて好評を博したC・H・ワイスガーバー作「我らが国旗の誕生」）が，フィラデルフィアにある「ベッツィ・ロスの家」の買い取り・復元を推進した団体の会員証（図3）にカラーで刷り込まれ，伝説の「普及」に大いに貢献したとされる。たとえば後年の絵などにも，同様のシーンが繰り返し現れる（図4）。かくしてこの伝説は，ヴィジュアルなイメージを伴って全米に広がり，今日にいたっている。そして，国父ワシントンとは対照的に，ベッツィは国のシンボルを生み出す母なるイメージを喚起するのである。

　実際の星条旗の発案者としては，大陸会議のメン

図1　大陸旗

図2　「自由の息子たち」の旗の一例

バーだったフランシス・ホプキンソンの名があげられることが多い。だが，初期の星の配置は多様であり，むしろストライプの方が注目され，「条星旗〔ストライプス・アンド・スターズ〕」の語もしばしば用いられた（15本にまで増やされたストライプは，1818年にオリジナルの13本に戻されている）。人々への浸透の進捗も遅々としていたが，19世紀に入るとフランシス・スコット・キーの「星条旗」（⇨84頁史料５）など，愛国的な歌や文学などに顔を出すようになり，州の増加とともに星の数を増やしつつ，南北戦争で確固たる地位を得る。さらに19世紀末から20世紀初頭にかけて公立学校に設置され，「忠誠の誓い」で讃えられるようになった。1912年には公式に星の配置が定められ，第一次世界大戦後の1923年・24年には，在郷軍人会などの働きかけで国旗会議がワシントンで開かれて，星条旗の取扱い等に関する礼式

図３　「アメリカ国旗の家ならびにベッツィ・ロス記念協会」の会員証（1911年発行）

図４　ベッツィ・ロスが縫った最初の星条旗を見るワシントン（1927年制作）

が規定されたのである。このような星条旗の歴史についてより詳しく知るには，S・M・グインター（和田光弘・山澄亨・久田由佳子・小野沢透訳）『星条旗——1777-1924』（名古屋大学出版会，1997年）が参考になる。　　　　　　　　（和田光弘）

第4章

新共和国の建設

初代〜第3代大統領の邸宅
ワシントンの「マウントヴァーノン」(上)，アダムズの「ピースフィールド」(左下)，ジェファソンの「モンティチェロ」(右下)。南部ヴァージニアの大プランターであったワシントンとジェファソンの邸宅は，いずれも広大なプランテーション内に建ち，別棟には台所や洗濯室などの家内奴隷の労働・居住空間がおかれていた。北部マサチューセッツの自営農民の家に生まれたアダムズは，外交官としての任務を終えることになった1788年にこの家を購入し，その息子で後に第6代大統領となるジョン・クインジー・アダムズを含めて4世代がこの家で生活した。

年	事　項
1789	2-4 大統領選挙。3-4 第1回連邦議会開催予定日。4-6 連邦上下院，定足数充足。ワシントン，大統領に選出。4-30 大統領就任式。7-4 関税法制定。7-14 フランス革命勃発。9-24 裁判所法制定。9-25 連邦議会，合衆国憲法修正条項として権利章典採択。11-21 ノースカロライナ，合衆国憲法批准
1790	1-9 ハミルトン，『公信用に関する報告書』提出。3-1 初の国勢調査施行。4-5 スレイターら，合衆国初の水力紡績工場を設立。5-29 ロードアイランド，合衆国憲法批准。7-16 恒久的連邦首都をポトマック河畔に決定，暫定的にフィラデルフィアを首都とする。12-13 ハミルトン，『合衆国銀行に関する報告書』提出
1791	2-25 第一合衆国銀行法制定（1811年3-4までの期限付き）。3-4 ヴァーモント州，連邦加入。8-22 仏領サンドマングで黒人奴隷蜂起（ハイチ革命勃発）。12-5 ハミルトン，『製造業に関する報告書』提出。12-15 権利章典発効
1792	4-2 鋳貨法制定。4 フランス，オーストリアに宣戦。6-1 ケンタッキー州，連邦加入。12-5 大統領選挙（ワシントン再選）
1793	1-21 フランス国王ルイ16世処刑。2 フランス，イギリスとオランダに宣戦。第一次対仏大同盟結成。4-22 ワシントン，フランス革命戦争に対する中立表明。12-31 ジェファソン，国務長官を辞任。ホイットニー，綿繰り機発明
1794	3-4 憲法修正第11条採択。7-16 ウィスキー反乱勃発。7 フランスでテルミドール反動，ロベスピエール派処刑。11-19 イギリスとジェイ条約を締結
1795	2-7 憲法修正第11条成立。10-27 スペインとピンクニー条約締結。10 フランス，総裁政府成立
1796	6-1 テネシー州，連邦加入。9-19 ワシントン，告別の辞を新聞に発表。12-7 大統領選挙（アダムズ当選）
1797	10 XYZ事件
1798	6-18 帰化法制定。6-25 外国人法制定。7-6 敵性外国人法制定。7-14 治安法制定。11-16 ケンタッキー決議。12-24 ヴァージニア決議
1799	11-9 フランスでブリュメールのクーデタ（12 統領政府成立）。12-14 ワシントン死去
1800	12-3 大統領選挙，共和派への政権交代確実に
1801	1-1 イギリス，アイルランド併合，連合王国成立。1-20 アダムズ，最高裁首席判事にマーシャルを任命。2-27 連邦議会下院，ジェファソン大統領，バー副大統領を選出。5 トリポリ，アメリカに宣戦
1803	2-24 マーベリー対マディソン事件，裁判所法（1789）に対する違憲判決。4-30 フランスからルイジアナ購入。2-19 オハイオ州，連邦加入。12-9 憲法修正第12条採択
1804	1-1 ハイチ共和国誕生。5-14 ルイス＝クラークの探検（～1806年9-23）。6-15 憲法修正第12条成立。12-5 大統領選挙（ジェファソン再選）
1807	3-2 奴隷輸入禁止法制定（禁止は1808年から）。12-22 出港禁止法制定
1808	8-17 フルトンの蒸気船，ハドソン川航行。12-7 大統領選挙（マディソン当選）
1809	1-9 出港禁止法撤廃。3-1 通商禁止法制定
1812	4-30 ルイジアナ州，連邦加入。6-18 イギリスに宣戦（1812年戦争はじまる）。12-2 大統領選挙（マディソン再選）
1813	2-25 マサチューセッツ州ウォルサムでボストン商人らが合衆国初の水力紡織一貫工場を設立
1814	9 キー，「星条旗」作詞。12-15 ハートフォード会議開催（～1815年1-5）。12-24 ガン条約調印

第 4 章　新共和国の建設

Outline ●

　第 1 回合衆国連邦議会の開催とワシントン政権の誕生から，1812年戦争（米英戦争）の終結までのおよそ25年間は，新国家機構が整備され，「ハミルトン体制」と呼ばれる体系的な経済政策がとられた時代である。国外に目をむければ，ヨーロッパではフランス革命が国際戦争に発展し，またカリブ海域ではフランス領サンドマングで奴隷蜂起をきっかけとするハイチ革命が勃発していた。ハミルトンの経済政策，およびこうした海外情勢に対する外交政策に関する連邦議会内の見解の相違は，「第一次政党制」の出現につながった。この時代に誕生した 4 人の大統領と次章で登場する第 5 代大統領のうち，北部マサチューセッツ出身の第 2 代大統領ジョン・アダムズを除く全員が，南部ヴァージニア出身の大土地奴隷所有者であった。「ヴァージニア王朝」と呼ばれるゆえんである（扉図参照）。

● ●

1　新国家機構の整備

（1）　ワシントン政権の誕生

　第 1 回連邦議会は，1789年 3 月にニューヨークで開催されることになり，当時，まだ合衆国憲法を批准していなかったノースカロライナとロードアイランドを除く11州の代表が参集する予定であった。ようやく 4 月に上下両院とも定足数に達すると， 2 月に行われていた大統領選挙の開票が行われ，大統領には満場一致でジョージ・ワシントン（在職1789-97），副大統領には次点のジョン・アダムズが選出された。合衆国憲法には行政部についての具体的な規定がなかったため，外務，陸軍，財務の 3 つの省を設ける法律を通過させた。その後，外務省は国務省に変更され，ワシントンは，国務長官にトマス・ジェファソン，財務長官にアレグザンダー・ハミルトン，陸軍長官にヘンリー・ノックス，司法長官にエドモンド・ランドルフを任命した。

　第 1 回連邦議会の最大の功績は，今日から見れば**権利章典**の制定である。権利章典は，ヴァージニア州選出の下院議員ジェイムズ・マディソン（⇨のちの第 4 代大統領, 82頁）を中心に作成され，最終的に採択された12条からなる憲法修正案は，各州で批准されることになった。しかし，この12条項にわたる憲法修正案は10条項のみ批准され，最終的に1791年12月に権利章典として憲法修正第 1 条から第10条が成立した。この間に，合衆国憲法を批准していなかったノ

ースカロライナとロードアイランドも，1789年と90年にそれぞれ憲法を批准した。

（2）ハミルトン体制

第1回連邦議会において緊急かつ重要と考えられていたのは，むしろ**債務償還問題**であった。連邦政府が引き継いだ独立戦争期の債務は，延滞利子も含めると，フランスその他の外国に対する対外債務が約1170万ドル，内国債務が約4440万ドルにのぼっていた。財務長官任命後，下院から債務償還プランの策定を要請されたハミルトンは，1790年1月に『公信用に関する報告書』を提出した。これは，対外・内国債務とも，利子も含めて額面どおり満額償還するだけでなく，利子を含めて2500万ドルと推計されていた各州の債務も連邦政府が肩代わりするという，大胆なものであった。この債務償還の財源には，既存の輸入関税などに加えて，国産の蒸留酒，茶，コーヒーなどへの課税も提案された。

対外債務に関しては異論がなかったものの，内国債務と各州の債務償還については論争を巻き起こした。公債を本来所有していた者の多くは，1780年代の生活難のなかで額面より安い価格で売却したか，物々交換で手放しており，さらにハミルトンの提案が発表されると，投機家たちがその差益を狙って公債を購入しはじめたからである。各州の債務償還問題は最も異論が多く，債務が少額か，すでに償還しつつある南部諸州といまだ多額の債務を抱える北部諸州との間で不公平感が生じた。しかもこの提案は，北部が賛成，南部が反対という**セクション間の対立**にもつながった。

最終的に債務償還問題は，首都問題とともに妥協がはかられた。ヴァージニア出身のジェファソンとマディソンは，地元に近いポトマック河畔に恒久的な連邦首都をおくことを条件に，各州の債務を連邦政府が肩代わりすることに同意し，さらにペンシルヴェニア出身のロバート・モリスは，新首都建設まで，**フィラデルフィアを暫定的首都とする条件で**，ハミルトンの提案を支持したの

---

(1) 修正第1条では，政教分離，信教の自由，言論・出版の自由，集会の自由，請願権が保障されている。修正第2条は，現在，個人の銃所有を認める法的根拠とされるが，制定当時にはそのような憲法解釈はなかった。私有財産の保護を定めた修正第5条は，1865年に憲法修正第13条が成立するまで奴隷所有を認める法的根拠となり，奴隷制即時廃止論者にとっては最大の障害となっていた。国民および州に留保された権利を規定した修正第10条は，これまで連邦の権限拡大を制限するために利用されてきた。なお当時，批准されなかった2条項のうちのひとつは，200年以上経った1992年に憲法修正第27条（連邦議員報酬の変更）として承認された。

である。連邦議会での投票は接戦であったが、最終的には可決され、1790年12月の連邦議会はフィラデルフィアで開催された。

ハミルトンはこの公債問題以外に、**合衆国銀行**、貨幣、製造業など多岐の分野にわたって、いくつかの報告書を連邦議会に提出した。こうしたアメリカ合衆国の経済的発展をうながす体系的な経済政策は、「**ハミルトン体制**」と称されている。1790年12月、ハミルトンがイングランド銀行をモデルとして提案し

図4-1 第一合衆国銀行（フィラデルフィア）
1791年に設立された合衆国銀行は、1797年からこの建物に本店がおかれたが、1811年に特許の更新が認められず、閉鎖となった。その後、1816年に第二合衆国銀行が設立されたので、これと区別して「第一合衆国銀行」と呼ばれるようになった。

た合衆国銀行法案は、合衆国憲法が連邦議会に対して、銀行やその他の法人組織に特許状を付与する権限を与えていないという理由からマディソンの反対を受けたが、翌91年2月に賛成多数で可決された。

1792年制定の鋳貨法では、前年にハミルトンが提出した『造幣局設立に関する報告書』を基礎とし、合衆国の貨幣単位を「ドル」とすることが確認され、金銀比価が定められた。しかし十進法に不慣れな一般民衆は、1820年代ごろまで「ペンス」や「シリング」などの単位を帳簿上で使用する者も多かった。

また、『**製造業に関する報告書**』（1791年）においてハミルトンは、製造業部門と商業部門を中心とした経済発展に基づくアメリカの繁栄を展望し、機械の導入、移民や子ども、女性の労働力の活用、銀行からの資本調達を通じて、製造業の発展が促進されると論じた。彼はさらに、保護関税の導入や原料輸出制限、産業を奨励するための助成金制度、道路や運河などの国内交通網の整備などを主張した。

（3） **連邦派と共和派の対立**

ハミルトンの打ち出した経済政策、とくに合衆国銀行をめぐっては、ジェファソンら、南部の利害を代弁する者からの反対を受け、やがて両者の対立は今

日「第一次政党制」(2)と呼ばれるものへと発展した。ハミルトンとその政策の支持者は**連邦派**（フェデラリスト党），ジェファソンやマディソンらは**共和派**（リパブリカン党）(3)と呼ばれた。連邦派は，アメリカがヨーロッパ諸国に対抗できるように，強力な連邦政府のもとで商工業を発展させることをめざしたのに対し，共和派は，州の権限を重視し，経済的に自立した公共心を持つ農民を中心とする農業国を理想とした。1789年に勃発した**フランス革命**とその後の国際情勢は，この両者の対立を鮮明にし，ジェファソンは93年12月に国務長官の職を辞任することになる。

1792年，フランスがオーストリアに宣戦布告し，翌93年1月にフランス国王ルイ16世（1754-93，在位1774-92）が処刑されると，イギリス，オランダをはじめとするヨーロッパ諸国は対仏大同盟を結成した。こうしてフランス革命が国際戦争に発展すると，アメリカの立場が問われることとなり，1778年に結ばれた米仏同盟の解釈をめぐる連邦派と共和派の対立が明確になった。連邦派は，1778年の米仏同盟がフランス国王とアメリカとの間で結ばれたものであり，国王の死去に伴って同盟関係が消滅したと主張したのに対し，ジェファソンを中心とする共和派は，同盟はフランス国家とアメリカとの間で締結されたものであり，依然として有効だと主張したのである。

最終的にワシントンは，1793年4月にこの戦争に対する中立を表明した。しかしイギリスは，中立国とフランス領西インド植民地の間の貿易を禁じ，アメリカ船を拿捕しはじめたことから，ワシントンは翌94年11月にイギリスと**ジェイ条約**を結んだ。この条約により，イギリス軍の北西部地域からの撤退，1793〜94年にかけてアメリカの船舶から押収された物品に対する補償，英領西インド諸島との貿易は認められた。しかし，イギリス海軍によるアメリカ人船員の強制徴用の廃止は盛り込まれず，アメリカの中立国としての権利は制限されるなど，イギリスに有利な条約であったため，国内で厳しい批判を受けた。

他方，国内ではハミルトンの経済政策が，**ウィスキー反乱**と呼ばれる農民反乱を引き起こすことになった。ペンシルヴェニア州西部辺境（フロンティア）の農民は，余剰農産物のライ麦やトウモロコシをそのまま東部の市場に出すに

---

(2) この時代の政治は，政党政治を前提とはしておらず，1820年代末に登場する「第二次政党制」の政治とは，大きく異なっている。
(3) 民主共和派（デモクラティック・リパブリカン党）と呼ばれることもある。

は，山越えなど輸送コストがかかりすぎて採算がとれないため，従来，ウィスキーに蒸留して，遠隔地市場に出荷したり，地元で貨幣代わりに用いたりしていた。こうした中で，1791年制定の**内国消費税法**により，国産ウィスキーに対する課税が決まると，農民たちは激しく反発した。彼らにとってウィスキーに対する課税は，植民地時代にイギリスが日用品に課税したのと同じであり，印紙法暴動のときと同様に徴税官に対する暴行事件や脅迫事件が多発した。にもかかわらずウィスキー税徴収にむけて法整備が進められたため，これに反発したスコッチ・アイリッシュ系を中心とする農民が，1794年7月にウィスキー税徴収監督官の住宅を襲い，死傷者を出す事件へと発展した。反乱の参加者は，数百人から，最終的には数千人にもふくれあがり，やがてその矛先は，ウィスキー税反対運動に批判的だったピッツバーグの町に向けられた。同年8月，ワシントンは布告を発表し，反乱者たちに解散を命じる一方，反乱鎮圧のために軍隊を招集する用意があることを明らかにした。9月に入っても事態が好転しないと判断したワシントンは，ペンシルヴェニアを含む4州から1万人以上の民兵を招集し，反乱鎮圧を命じた。しかし現地に軍隊が到着するころには，反乱者のほとんどは逃亡しており，反乱の指導者を見つけることはできなかった。首謀者と目されて拘留された者の大半は，生活の基盤を失った農民か，土地を持たない不熟練労働者であり，有罪判決が言い渡された者も後に赦免された。こうして事件そのものは終結したが，農民の不満はその後の大統領選挙で共和派の支持基盤をつくりだす結果となった。

（4）　アダムズ政権の発足

　1796年9月，大統領2期目が終わりに近づいたワシントンは，フィラデルフィアの新聞に「告別の辞」(4)を発表し，引退を表明した。同年の大統領選挙では，連邦派で副大統領だったアダムズ（在職1797-1801）が当選し，3票の僅差で破れた共和派のジェファソンは，当時の憲法規定に従って，副大統領に就任した。1797年3月に発足したアダムズ政権が最初に対処せねばならなかったのは，ワシントン政権から引き継いだ複雑な外交問題であった。

　1794年のテルミドール反動後，総裁政府が成立していたフランスは，1796年

---

(4) このワシントンの文章は，「告別演説」と訳されることが多いが，口頭発表されたものではない。

7月，イギリスがかつてそうしたように，中立国であるアメリカの船舶を拿捕しはじめた。ワシントンは，親仏派のアメリカ公使ジェイムズ・モンロー（のちの第5代大統領，1758-1831）（⇨98頁）を解任し，**チャールズ・C・ピンクニー**（1746-1825）を後任に指名したが，フランスがこれを拒否したため，フランスとの外交関係が決裂していたのである。1797年10月，アダムズは，ピンクニーを含む3人の特使をフランスに派遣したが，フランス外相**タレーラン**（1754-1838）は，フランス政府への多額の借款と賄賂などを要求し，アメリカ側の特使はこれを拒否した。「**XYZ事件**」(5)として知られるこの事件がアメリカ国内に伝えられると，対仏感情は悪化し，アメリカとフランスは，正式な宣戦布告のないまま戦争状態に突入した。タレーランは全面戦争を回避すべく，和平工作に乗り出し，アダムズもそれに応じる構えを見せたが，連邦派内部からの反対にあい，アメリカからフランスに特使が派遣されたのは1799年のことであった。このときフランスでは，ブリュメールのクーデターを経て，**ナポレオン・ボナパルト**（1769-1821）が権力を掌握する統領政府が成立していた。

　宣戦布告なき対仏戦争の最中，連邦議会では1798年に帰化法，外国人法，敵性外国人法，治安法の4つの法律（**外国人・治安諸法**）が制定された。フランス革命戦争で中立国となったアメリカには，ヨーロッパ諸国から貴族制支持派とフランス革命支持派双方の移民が相次いだ。また，カリブ海のイスパニョーラ島に位置するフランス領**サンドマング**では1791年の黒人奴隷蜂起をきっかけに**ハイチ革命**が起こり，これを逃れた多くのフランス系移民もアメリカに流入した。そのため，帰化に必要な居住年限を5年から14年に延長する**帰化法**は，連邦派・共和派双方から支持された。**外国人法**では，「危険分子」と見なされる外国人に対して大統領が国外退去を命ずることを認め，**敵性外国人法**は，戦時下で大統領が敵性外国人の国外退去や投獄を命ずることを可能にした。

　この一連の法律制定は，フランス革命の恐怖政治に代表されるような暴力がアメリカに持ち込まれることを恐れた連邦派による，共和派の勢力拡大を阻止するための方策であった。共和派は，XYZ事件のころからフランスに通じていると目されており，また，この時期にアメリカに渡ってきたアイルランド系移民には，イギリスの圧政に抵抗していた政治亡命者も含まれたため，反英的

---

(5) この事件が連邦議会に報告された際，3人のアメリカ特使に接触したフランス側の使者3人は，それぞれX・Y・Zという匿名にされたため，この名で呼ばれている。

なアイルランド系移民が共和派の支持基盤になりうると見なされていた。**治安法**は，大統領や政府に対して批判的な文書の出版を禁じたものであったが，これによって共和派の新聞編集者などが次々に逮捕された。ジェファソンとマディソンは，それぞれ「**ケンタッキー決議**」，「**ヴァージニア決議**」を起草し，共和派の影響力の強かった両州議会に働きかけて，この外国人・治安諸法の違憲性を訴えた。両決議は，それぞれ1798年11月と12月に州議会を通過した。

2　「1800年の革命」

（1）　1800年大統領選挙

　1800年の大統領選挙が近づくにつれて，これまでの連邦派の政策に対する不満は高まっていった。同選挙では，連邦派の大統領・副大統領候補として現役のアダムズとピンクニーが，共和派の候補にはジェファソンと**アーロン・バー**（1756-1836）が指名された。結果は，65票のアダムズを押さえて，ジェファソンとバーが同数の73票を獲得し，共和派への政権交代が明確となった。しかし当時の規定では，大統領選挙人は大統領と副大統領を区別しない2名連記による投票を行い，最高得票者を大統領，第2位を副大統領とすることになっており，得票数が同じであったジェファソンとバーのどちらを大統領に選出するかは，合衆国憲法の規定に従って連邦議会下院に委ねられた。連邦議会下院における州単位の決選投票は1801年2月11日からはじまったが，いずれの候補も過半数票を獲得できない状態がつづき，大統領選出は困難を極めた。同年2月27日，第36回目の投票でようやく大統領にジェファソン（在職1801-09），副大統領にバーが選出された。この選挙を教訓に**憲法修正第12条**が1804年に成立し，正副大統領はあらかじめ区別して選挙されることとなった。これは今日の大統

---

(6)　大統領選挙は，原則として各州独自の方法で選出された大統領選挙人が無記名投票によっておこなう間接選挙である。選挙人は当初，州議会で選出される場合が多かったが，19世紀になると次第に州の有権者による一般投票で選出されるようになった。なお現在では，投票用紙に選挙人の氏名が記載されていない（大統領候補者氏名が記載されている）場合が多く，選挙人選挙は形式的なものとなっている。

(7)　2期目の大統領選で副大統領候補に推薦されなかったバーは，ニューヨーク州知事選に出馬するも落選した。大統領選の時と同様，この選挙戦でも長年の政敵アレグザンダー・ハミルトンから誹謗されていたことを知ったバーは，1804年にハミルトンと決闘にいたり，バーの銃弾を受けたハミルトンは死亡した。

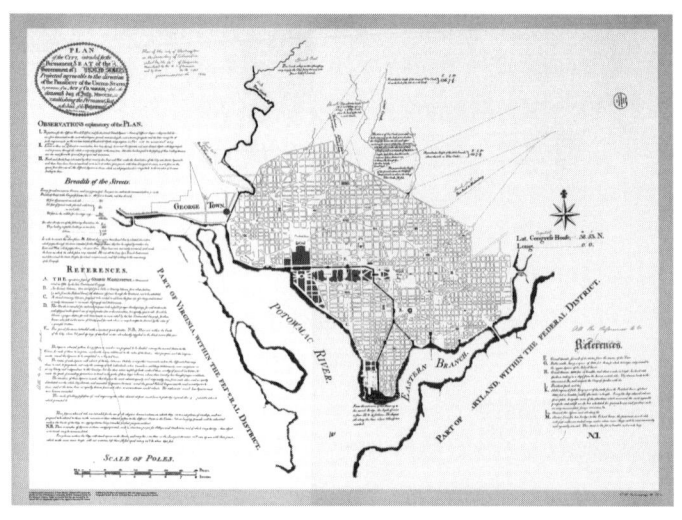

図 4-2　ランファンの首都計画図（1791年）
1991年に手稿原本をもとにコンピュータで復元された図面（現寸74×103cm）。

領選挙にも引き継がれている。

　1801年3月4日，ジェファソンは，**首都ワシントンで就任した最初の大統領**となった。前年に遷都されたばかりの首都ワシントンは，フランス人技師**ピエール・ランファン**（1754-1825）が1791年に作成したバロック様式の都市計画図をもとに建設が進められていたが，いまだ建設途中であった。ランファンは独立革命に将校として参加し，当時の大統領ワシントンから委託を受けて設計図を作成したが，計画半ばで解任された。その後，計画は若干変更されたものの，連邦議会議事堂と大統領府を中心とした碁盤目状の道路とそれに交差しながら放射状に広がる道路，「モール」と呼ばれる公園広場などは，ランファンが設計したものである。

（2）　ジェファソン政権と連邦派

　ジェファソンは，「1776年の独立の精神は，今ようやく実態を伴った」と自負し，後に1800年の選挙結果を「1800年の革命」と呼んだ。ウィスキー税をはじめとする消費税や外国人・治安諸法は廃止された。消費税廃止に伴って，連邦政府の財源は関税収入と北西部領地の売却収入に依存することになったが，いずれも歳入は増加した。また，アダムズ政権下での軍備増強を批判していた

第4章　新共和国の建設

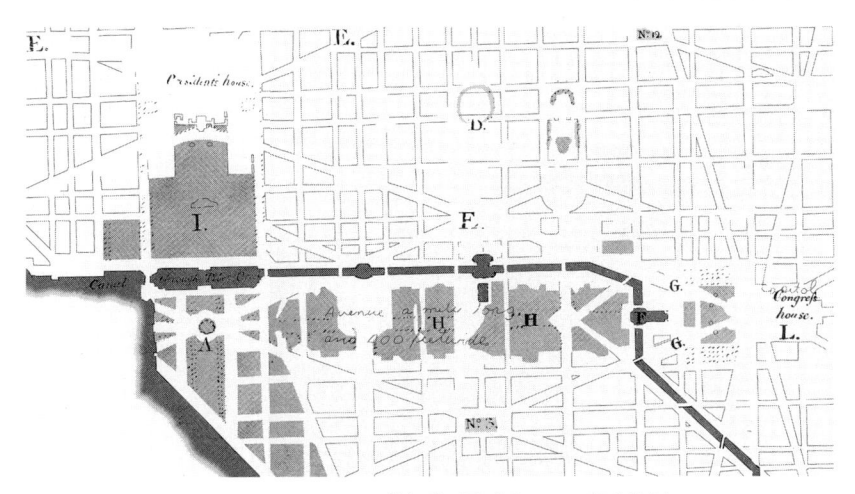

図4-3　ランファンの首都計画図（図4-2の部分拡大）
ジェファソンによる鉛筆書きの注釈が見られる。大統領府の南に庭園（I），ワシントン記念塔（A）と連邦議会議事堂を結ぶように幅400フィート，長さ1マイルの大通り（H）が配置され，記念碑や教会（D），噴水（E）などが設置されている。

　ジェファソンは，緊縮財政をめざして一時常備軍を縮小したが，後に起こった**第一次バーバリ戦争**（トリポリ戦争）[8]に対応するため，最終的には再び海軍を増強することになった。

　ジェファソンの就任演説にある「我々はみな共和派であり，みな連邦派である」という一節からもうかがえるように，ジェファソン政権は連邦派の政策を継承する一面もあった。しかし，アダムズが任期満了直前に指名した判事については，ジェファソンが辞令交付の保留を国務長官マディソンに命じたことから，「**マーベリー対マディソン事件**」として知られる訴訟事件に発展した。ウィリアム・マーベリーは，任期満了直前のアダムズから首都ワシントンの治安判事に指名されながらも，政権交代によって辞令を交付されなかったため，最高裁に対して，マディソンに辞令交付を命じるよう「職務執行命令」の発令を

---

(8) 独立後のアメリカは，地中海を航行するアメリカ商船に対して私掠行為を行っていたアルジェ，チュニス，トリポリなどの北アフリカ諸勢力とそれぞれ条約を結び，多額の貢納金，宝石・貴金属等の貢物，武器・船舶必需品の供与などを約束した。しかし財政その他の問題を抱えるアメリカは，速やかに北アフリカ諸勢力の要求に答えることはなかった。とりわけこの間に台頭したトリポリは，1801年2月に当初の条約を不服とし，新たな条約の締結と貢納金の増額を要求したが，アメリカがすぐにこの要求に応じなかったため，同年3月トリポリはアメリカに対して宣戦布告した。地中海南岸を舞台とするこの戦争は，1805年にアメリカが勝利して終結した。

77

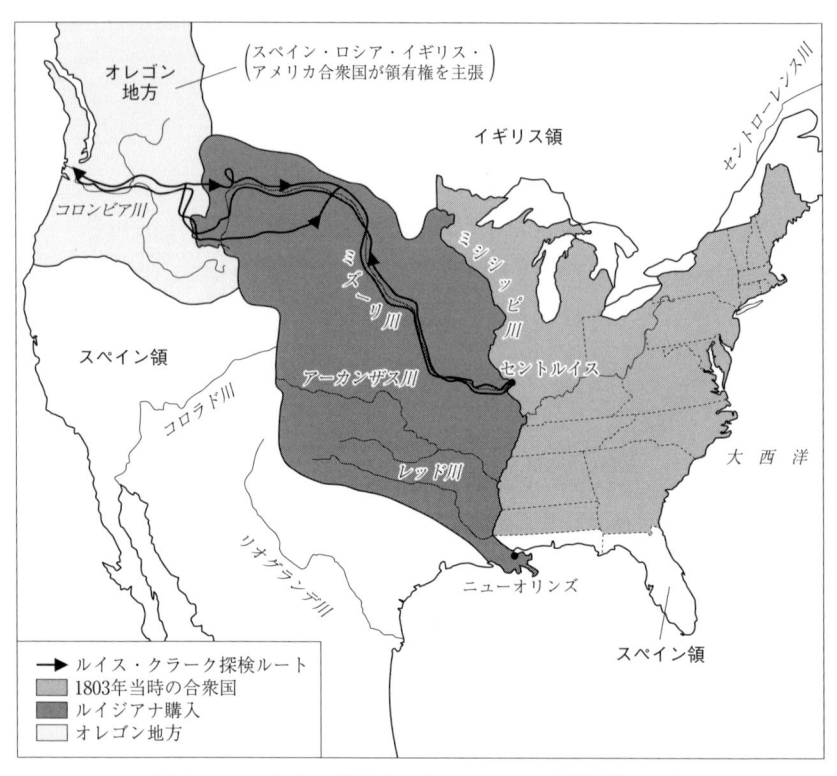

図4-4　ルイジアナ購入とルイス・クラーク西部探検ルート

求めたのである。アダムズの任期満了1カ月前に最高裁首席判事に任命された**ジョン・マーシャル**（1755-1835，在職1801-35）は，マーベリーに辞令交付要求の権利があることを認めつつも，「職務執行命令」を発する権限を最高裁に認めた1789年裁判所法の規定そのものが違憲であるとして，マーベリーの訴えを退けた。最高裁の**違憲立法審査権**についての規定は合衆国憲法にはないが，1803年のこの最高裁判決によって確立されたのである。

（3）　ルイジアナ購入とルイス・クラークの探検

　かつてフランスが領有していた「**ルイジアナ**」のうち，ミシシッピ川からロッキー山脈にいたる広大な西部の土地は，七年戦争（⇨39，44頁）後，スペインに割譲されたものの，1800年にスペインとフランスの密約により，再びフランスに委譲されることになった。1801年，ジェファソンはこの事実を知り，危

機感を募らせた。ミシシッピ川とその河口のニューオリンズ港は西部や南部の物資輸送に不可欠であり、従来、スペインはその航行権や港の使用をアメリカに認めていたが、フランスもスペイン同様に認めるかどうかが疑問視されたためである。そこでジェファソンは、フランスからニューオリンズを購入しようと画策したが、事態は思わぬ方向に向かった。1803年、アメリカは、このルイジアナの地全体を総額およそ1500万ドルで購入することとなり、国土を2倍近くに広げたのである（**ルイジアナ購入**）。

　ナポレオンがアメリカにルイジアナ購入を持ちかけたのは、ハイチ革命をフランスが鎮圧できなかったこと、またヨーロッパで展開されている戦争遂行のための戦費をフランスが必要としていたことによる。フランスは、カリブ海の砂糖植民地サンドマングで起きた黒人奴隷蜂起（⇨74頁）の指導者**トゥサン・ルヴェルチュール**（1743?-1803）を逮捕したものの、結局のところ植民地奪還に失敗し、同植民地は1804年に**ハイチ共和国**として独立した。フランスは、収益性の高いサンドマングを中心に、17世紀以来の植民地帝国を復活させようとしていたが、サンドマングなくして、ルイジアナの存在は無意味となったのである。

　ルイジアナ購入条約によって合衆国領土に編入されたルイジアナは、スペインおよびイギリス領との境界が曖昧なままであった。そこで、その領土を測量し、明確な境界線を画定する必要があった。また、内陸の先住民についての情報収集や、ミズーリ川流域の気候・自然に関する学術調査、ルイジアナから太平洋へ抜ける「北西通路」の調査もジェファソンにとって大きな関心事であった。1804年5月、**メリウェザー・ルイス**（1774-1809）と**ウィリアム・クラーク**（1770-1838）を指揮官とする探検隊が、ルイジアナに派遣された。彼らは、ミズーリ川上流と太平洋岸での2度の越冬を経て、1806年9月に帰還した。この探検隊のたどった道はあまりに険しく、その後の西部開拓の主要なルートとはなりえなかったものの、彼らのもたらした豊富な情報は、その後のアメリカ人の西部移住を促すことになった。この「**ルイス・クラークの探検**」では、フランス系の毛皮交易商人の妻でショショーニ族出身の先住民サカジャウィアが、通訳として雇われた夫とともに途中から加わり、現地の先住民との交渉や食糧供給など、さまざまな面で探検隊に貢献した。彼女の物語は半ば神話化され、その肖像画は2000年以降、1ドル硬貨に使われた。

Column 4

共和国の母

　英領北米植民地では，英国慣習法に従って，女性は，結婚すると財産権をはじめとする法的権利を失い，その権利は夫に移行するという原則が適用されており，独立革命後も女性に財産権や参政権などの法的権利が保障されることはなかった。しかし，女子教育をめぐる状況は，革命後に変化が見られた。教育の普及の指針となりうる識字率は，植民地時代の白人女性の場合，白人男性に比べて，総じて低かったが，18世紀末から19世紀にかけて上昇したことが複数の研究で明らかにされている。

　当時の啓蒙思想の影響と相まって，新しい共和国においては，全ての市民が公共善に寄与するために教育が必要であるとの考え方が普及し，また，人々が市場経済に組み込まれていく中で，教育の重要性も高まった。中間層やエリート層を対象とする「アカデミー」と呼ばれる私立学校が各地に設立されるなかで，女子アカデミーも設立され，マサチューセッツのように公立の初等学校に正式に女子を受け入れた州もあった。また南部の場合，プランター層は男性の家庭教師を雇って，男の子に教育を与えるケースが多かったものの，19世紀に入るころには，男女両方の子どもに教育を与えるために，北部出身の若い女性家庭教師が雇われるケースも現れはじめた。

　最もよく知られる女子アカデミーは，1780年代にフィラデルフィアで開学されたヤング・レディズ・アカデミーである。子どもに対する母親の影響を重視する考え方は，インクリース・マザーなど植民地時代の一部の牧師の説教のなかにも見られるが，独立宣言の署名者の一人であり，医者で教育者のベンジャミン・ラッシュを中心に，将来，子どもの母親となる可能性のある若い女性に対する教育の重要性が強調されるようになった。当時のこうした考え方は，歴史家リンダ・カーバーを中心に「共和国の母」論と名付けられ，その後，多くの研究者がこの概念を用いるようになった。なお，カーバーと同時期に研究を発表したメアリー・ベス・ノートンは，カーバーと同様の指摘をしながら，母以外の女性の役割を考慮して，「共和国の女性」という語を使っている。

　「共和国の母」論は，女性の役割を家庭のなかに限定するイデオロギーとして機能し，後にこれがヴィクトリア的女性観につながったとする見解がある一方で，「共和国の母」論に対する見直しもはじまっている。たとえば，フィラデルフィア・ヤング・レディズ・アカデミーのカリキュラムや生徒のスピーチなどを分析した研究者は，アカデミーの教師も生徒自身も，必ずしも「良き妻」や「良き母」を意識していたわけではなく，むしろアカデミーでの学びを知識の修得や徳を高める手段としてとらえていた点を指摘している。

（久田由佳子）

3 1812年戦争

(1) ヨーロッパの戦争と出港禁止法

　1792年にはじまったフランス革命戦争は，その後，第二次対仏大同盟の崩壊と1802年のアミアン講和条約により一度は終息に向かったが，1803年にアミアンの講和が破れると，フランスとイギリスの戦争が再びはじまった（**ナポレオン戦争**）。1806年，ナポレオンは大陸封鎖令を出し，同盟国にイギリス製品やイギリス経由の商品の輸入禁止を強制したが，アメリカ商船は，中立国の立場を利用して，英仏双方のカリブ海植民地と英仏両国の間の貿易に従事し，利益を得た。そこで英仏両国ともアメリカ商船を拿捕の対象と見なすようになった。イギリス海軍は，アメリカ人船員に対する強制徴用を再開し，1807年末までに6000人以上のアメリカ人船員を徴用した。

　こうした現状に対応し，かつイギリスとの戦争を回避するため，1807年12月に**出港禁止法**が制定された。同法は，アメリカ商船の国外への出港を禁じることによって，独立革命期のイギリス製品不買運動のような打撃を英仏両国に与えることを目的としていた。しかし両国ともアメリカの海運業に対する依存度が高くはなく，この目算は大きく外れた。逆に1806～08年の間に，アメリカの総輸出額は約80％減少した。これにより貿易商人のみならず，海外向け生産に従事していた農民や漁民も大きな痛手を受けた。同法は，その後1809年1月に撤廃され，英仏両国との貿易のみを禁じる**通商禁止法**が同年3月に制定された。

　同じころ，連邦議会は，外国からアメリカへの**奴隷輸入禁止**についても議論を重ねていた。合衆国憲法では，1808年以前において奴隷の輸入を禁止しないことが定められていたが，1807年3月に成立した法律によって，1808年1月1日以降の国際奴隷貿易が禁止されたのである。同法案は上院通過後，下院において圧倒的多数で可決されたが，これは，国内の奴隷人口の自然増によって奴隷制度を維持できるという南部の確信と，ハイチ革命に影響を受けた奴隷反乱が国内外で頻発していたことに対する不安を反映していた。

(2) 1812年戦争とその影響

　1808年の大統領選挙では，出港禁止法に対する批判にもかかわらず，ジェフ

図4-5　星条旗の翻るマックヘンリー砦（メリーランド州）

ァソン政権下の国務長官で共和派のマディソンが大統領に当選し、1809年3月に就任した（在職1809-17）。連邦議会は1810年5月に通商禁止法に代わる法律を制定し、英仏いずれかがナポレオン戦争下の中立国アメリカの通商権を尊重すれば、通商禁止を解除し、尊重しない場合は引き続き通商禁止措置をとることとした。フランスは表面上、アメリカの主張を受け入れたが、イギリスは受け入れなかったため、マディソンは1811年2月にイギリスに対する通商禁止声明を発表した。その後、西部フロンティアで先住民との戦争が起こると、先住民とイギリスの共謀説が流布し、米英関係は悪化した。

　西部では、連邦政府が先住民諸部族と条約を締結して格安で土地を買収し、多くのアメリカ人がアパラチア山脈を越えて入植していた。先住民のなかには、チェロキー族のように連邦政府の推進する「文明化」を受け入れる部族がある一方、白人を排除して伝統的な生活を取り戻そうとする動きも起こっていた。ショーニー族の族長**テカムセ**（1768-1813）とその弟で宗教的預言者のテンスクワタワは、こうした運動の指導者で、テカムセは先住民諸部族に連帯を呼びかけ、白人居住地への攻撃を計画した。彼らの拠点プロフェッツタウンには、テカムセの留守中、1811年11月にインディアナ準州知事の**ウィリアム・ヘンリー・ハリソン**（1773-1841）率いる軍隊が進軍したが、テンスクワタワの指示により先住民数百人がハリソンらの野営地を攻撃した。しかし逆に反撃にあい、最終的にプロフェッツタウンは焼き払われた（ティピカヌーの戦い）。その後、西部フロンティア各地で、複数の先住民部族が白人居住地を攻撃するなど戦争状態はつづいた。

　一方、連邦議会では、ケンタッキーの**ヘンリー・クレイ**（1777-1852）やサウスカロライナの**ジョン・C・カルフーン**（1782-1850）（⇨102頁）ら、「**好戦派**」と呼ばれる、独立革命期生まれの西部や南部出身の若手議員が多数選出され、

政治家の世代交代が起こっていた。外交で行き詰まったマディソンは，1812年6月，イギリスに宣戦布告を行う法案に正式に署名し，ここに**1812年戦争**（**米英戦争**，**アメリカ・イギリス戦争**）が勃発した。この戦争について，連邦議会では南部と西部が賛成，北部が反対という図式になったが，マディソンを支持したのは「好戦派」の議員たちであった。彼らは，この戦争をイギリス領カナダとスペイン領フロリダを合衆国に併合する好機ととらえていた。他方，反対票を投じた北部議員の出身地では，この戦争とマディソン政権に対する反対運動が展開された。ニューイングランド諸州は，民兵の派遣を拒否するなど，戦争に非協力的な立場をとり，1814年12月には，コネティカット州ハートフォードでニューイングランド諸州の代表者会議が開催された（ハートフォード会議）。この会議では，連邦からの脱退を主張する強硬派もいたが，多数の穏健派は，南部出身の大土地奴隷所有者がつづけて政権を握ることのないよう，連邦憲法改正を支持し，改正案が採択された。

「第二次独立戦争」とも呼ばれ，「マディソン氏の戦争」と揶揄されたこの戦争は，2年半つづいた。戦場となった主な地域は，イギリス領カナダとの国境付近，深南部，チェサピーク湾地域である。イギリス領との国境では，テカムセをはじめとする多くの先住民部族がイギリスの軍事行動に加わったが，深南部においては，先住民諸部族はアメリカとイギリス側に分裂して戦った。首都ワシントンは，1814年8月にイギリス海軍に攻略され，大統領官邸や連邦議会議事堂が焼き討ちされたが，続くボルティモアの戦いでは，9月13日～14日の早朝にかけての戦闘のなか，連邦軍事施設マックヘンリー砦が死守された。これに感動した弁護士の**フランシス・スコット・キー**（1779-1843）は，「星条旗」と題する1篇の詩を書き（史料5参照），後にイギリスの酒宴の歌「天国のアナクレオンに捧ぐ」のメロディーとともに愛国歌となって人気を博した。[9]

他方，現在のベルギーにあたるフランドル地方のガンでは，英米の和平交渉がはじまり，最終的に1814年12月24日，**ガン条約**が締結された。しかし，条約締結の知らせがアメリカに届く前の1815年1月8日，**アンドルー・ジャクソン**（1767-1845）がニューオリンズの戦いでイギリス軍に勝利し，一躍国民的英雄となった。戦争の終結とニューオリンズでの勝利のニュースは，ハートフォー

---

(9) この愛国歌は，1931年にアメリカ国歌となった。

> **史料5　フランシス・スコット・キー「星条旗」**
>
> おお　見えるか　曙(あけぼの)の光の下
> 我らが黄昏のなかで誇りに満ちて歓呼した旗を
> その広き横縞と輝く星は　危険に満ちた戦いをかいくぐり
> 我らが見つめる砦の上に　雄々しく翻り
> 狼煙の赤い光と砲弾の炸裂は
> 夜じゅう　我らが旗がそこにある証しとなりき
> おお　星をちりばめたる旗は　まだたなびいているのか
> 自由なる者の土地に　勇敢なる者の故郷に

ド会議での憲法改正要求をかき消し，ナショナリズムをいっそう高揚させた。

　1812年戦争自体は，新領土の獲得が叶わぬどころか，首都炎上を許すなど，アメリカにとって軍事的失敗も多く，ヨーロッパでの戦争を第一に考えていたイギリスにとっては付随的な戦争でしかなかった。しかし，この戦争がアメリカ社会に与えたインパクトは大きかった。第1に，キー作詞の「星条旗」の人気に表されるように，ナショナリズムを高揚させる契機となった。(10) 第2に，この戦争で勢力の巻き返しをはかろうとした先住民諸部族は，この戦争以降，外国からの援助を受けることもなく，弱体化していくことになった。第3に，出港禁止法以降，英国工業製品の流入に歯止めがかかり，一部の国内製造業，とくに繊維産業が成長を遂げるきっかけとなった。他方で商業や農業，漁業は大きな損失を被るなど，アメリカ経済に大きな影響を与えた。第4に，ニューイングランド諸州は戦争への非協力という形で州権を行使することとなったため，その地を勢力基盤としていた連邦派は力を失った（⇨98頁）。また，この戦争の活躍によって人気を得たジャクソンやハリソンは，後に大統領の座に就く（⇨100頁，108頁）など，政治的影響も小さくなかったのである。

---

(10) この戦争はまた，イギリス領だったカナダの住民の間にアイデンティティ形成を促すことになった。

第4章　新共和国の建設

> 文献案内

　ワシントン政権から1812年戦争にかけての時代をより広いアメリカ史の文脈のなかでとらえるには，安武秀岳『大陸国家の夢』（講談社現代新書，1988年），C・A・ビアード（斎藤眞・有賀貞訳）『アメリカ政党史』（東京大学出版会，1968年）などが参考になる。またこの時代に関する包括的な文献としては，Gordon S. Wood, *Empire of Liberty: A History of Early Republic, 1789-1815* (Oxford University Press, 2009）がある。

　この時代の政治家に焦点を当てたものとしては，本間長世『共和国アメリカの誕生——ワシントンと建国の理念』（NTT出版，2006年），石川敬史『アメリカ連邦政府の思想的基礎——ジョン・アダムズの中央政府論』（渓水社，2008年），明石紀雄『モンティチェロのジェファソン——アメリカ建国の父祖の内面史』（ミネルヴァ書房，2003年），B・ベイリン（大西直樹ほか訳）『世界を新たに　フランクリンとジェファソン——アメリカ建国者の才覚と曖昧さ』（彩流社，2011年），中野勝郎『アメリカ連邦体制の確立——ハミルトンと共和政』（東京大学出版会，1993年）がある。

　個別研究では，ハミルトン体制については，田島恵児『ハミルトン体制研究序説』（勁草書房，1984年），ハミルトン（田島恵児ほか訳）『アレグザンダー・ハミルトン　製造業に関する報告書』（未来社，1990年），ハイチ革命と米仏関係については，浜忠雄『ハイチ革命とフランス革命』（北海道大学図書刊行会，1998年）などを参照されたい。また，ルイス・クラークの探検については，明石紀雄『ルイス＝クラーク探検——アメリカ西部開拓の原初的物語』（世界思想社，2004年）が詳しい。この時代の先住民史については，富田虎男『アメリカ・インディアンの歴史』（雄山閣，1982年），W・T・ヘーガン（西村頼男ほか訳）『アメリカ・インディアン史』（北海道大学図書刊行会，第3版，1998年），工業史としては，T・C・コクラン（天川潤次郎訳）『経済変革のフロンティア』（ミネルヴァ書房，1987年）がある。1812年戦争については，Alan Taylor, *The Civil War of 1812: American Citizens, British Subjects, Irish Rebels, and Indian Allies* (Alfred A. Knopf, 2011）などがある。女性史では，Linda K. Kerber, *Women of Republic: Intellect and Ideology in Revolutionary America* (University of North Carolina Press, 1980), Mary Beth Norton, *Liberty's Daughters: The Revolutionary Experience of American Women, 1750-1800* (New York: Harper Collins, 1980）が先駆である。

（久田由佳子）

第5章

市場革命と領土の拡大

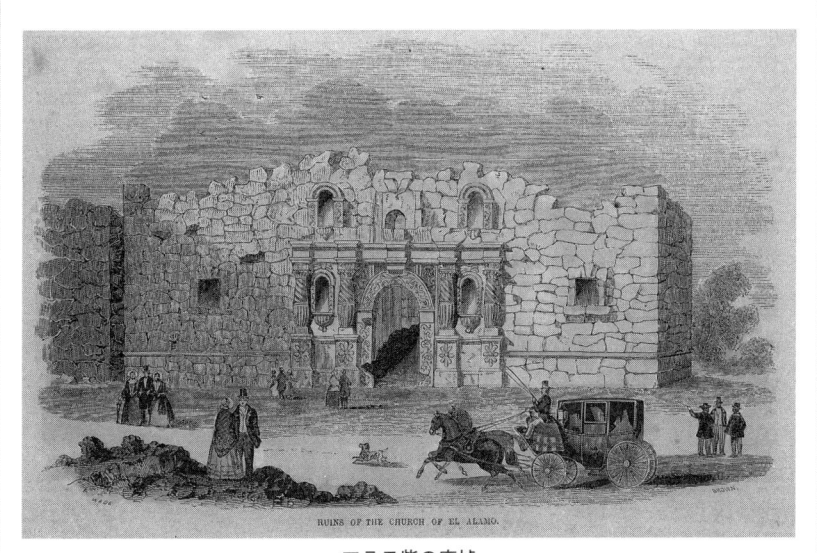

アラモ砦の廃墟

年	事　項
1816	4-10 第二合衆国銀行，フィラデルフィアに設立。12-4 大統領選挙（モンロー当選）
1818	4-7 第一次セミノール戦争，フロリダに進攻
1819	2-22 アダムズ・オニス条約によりスペインからフロリダを買収
1820	3-3 ミズーリ妥協。メイン，マサチューセッツから分離し州に昇格。12-6 大統領選挙（モンロー再選）
1821	8-10 ミズーリ，州に昇格
1823	12-2 モンロー教書（モンロー宣言）
1824	3-30 ヘンリー・クレイ「アメリカ体制」提唱。12-1 大統領選挙（J・Q・アダムズ当選）
1825	10-26 エリー運河開通
1828	5-19 1828年関税法成立。12-19 大統領選挙（ジャクソン当選）
1830	5-24 ボルティモア・オハイオ鉄道開通。5-24 インディアン強制移住法制定
1832	5-21 リパブリカン党（共和派），民主党に党名を変更。7-10 第二合衆国銀行の特許更新をジャクソン大統領が拒否。11 サウスカロライナ州，合衆国関税法の適用拒否，12-5 大統領選挙（ジャクソン再選）
1833	4-14 国民共和党，ホイッグ党に党名変更
1836	2-23 アラモ砦の攻防戦（3-6 陥落）。3-2 テキサス共和国，独立を宣言。12-7 大統領選挙（ヴァン・ビューレン当選）
1838	チェロキー族，インディアン・テリトリーへ強制移住
1839	11-13 奴隷制反対を唱える政党，自由党が結成
1840	12-2 大統領選挙（W・H・ハリソン当選）
1841	4-4 ハリソン大統領死去。副大統領タイラーが大統領に就任。9-4 公有地先買権法成立
1842	4-18 ロードアイランド州，ドーアの反乱（～5-18）
1844	11-4 大統領選挙（ポーク当選）
1845	12-29 テキサス併合
1846	4-26 アメリカ・メキシコ戦争勃発。6-15 イギリスとの条約によりオレゴン領有。8-8 メキシコからの割譲地への奴隷制導入を禁止するウォルモット条項が下院に提案される
1847	9-14 アメリカ軍，メキシコシティ占領
1848	1 カリフォルニアで金鉱発見。2-2 グダルーペ・イダルゴ条約によりアメリカ・メキシコ戦争終結。7-19 ニューヨーク州セネカフォールズで女性の権利のための大会開催。8-18 ニューヨーク州バッファローで自由土地党，党大会。11-7 大統領選挙（テイラー当選）
1849	カリフォルニアでゴールドラッシュはじまる
1850	9-9～20 「1850年の妥協」，カリフォルニアを自由州として連邦加入

Outline

1812年戦争後，西部への人口移住が本格的に進み，それに伴って道路，運河，鉄道などが建設された。交通網の整備によって，アメリカ各地が市場に深く結び付けられ，社会は大きな変貌を遂げていく。北東部では工業化が進み，西部では輸送網の発達によって商業的農業が展開し，南部は「綿花王国」と呼ばれるまでに綿花栽培が繁栄を極めるが，これらは相互に深く結びついた現象であった。政治における最大の変化は，選挙権が拡大し，1830年代に白人男子の普通選挙が実現したことである。しかしこのような民主制の進展の一方で，先住民の強制移住が実行されたことも忘れてはならない。とめどなく続く西部への入植者の波は，西部への領土拡張の欲求を高めた。テキサス併合，オレゴン領有によって順次領土を獲得し，さらに1848年にはアメリカ・メキシコ戦争に勝利して，合衆国は大西洋から太平洋にいたる広大な領土を擁する国家となった。しかし，この新たな西部の領土は，奴隷制をめぐる北部と南部の深刻な対立を生みだすことになる。

1　市場革命

18世紀後半に共和国として誕生したアメリカ合衆国は，19世紀半ばには大西洋から太平洋までの広大な領土を持つ大陸国家へと成長する。1812年戦争（⇨81頁）の終結後，西に領土が拡張するのに伴い，アメリカは内陸開発（インターナル・インプルーブメント）を進めることになるが，それは同時に市場社会への急速な移行のプロセスでもあった。交通の発達や工業化，資本主義的農業の発展など，この時代に経験した多様な社会経済的変化は，市場社会の浸透に伴う大きな社会変動として「市場革命」という言葉でとらえられる。

（1）交通網の発達

対英戦争が終結すると，アパラチア山脈以西の地への移住が急速に進行し，1820年にはアパラチア以西の人口が200万人を超えるまでに増加した。北米では開拓の最前線のフロンティア[1]が常に西へと移動し，常に新しい入植地が西に形成されたが，この現象は西漸運動と呼ばれ，19世紀はまさにその最盛期であ

---

[1]　国勢調査局による定義では，1平方マイル当たり2人以上6人以下の地域がフロンティアとされ，その地域と未定住地との境界がフロンティア・ラインとなる。

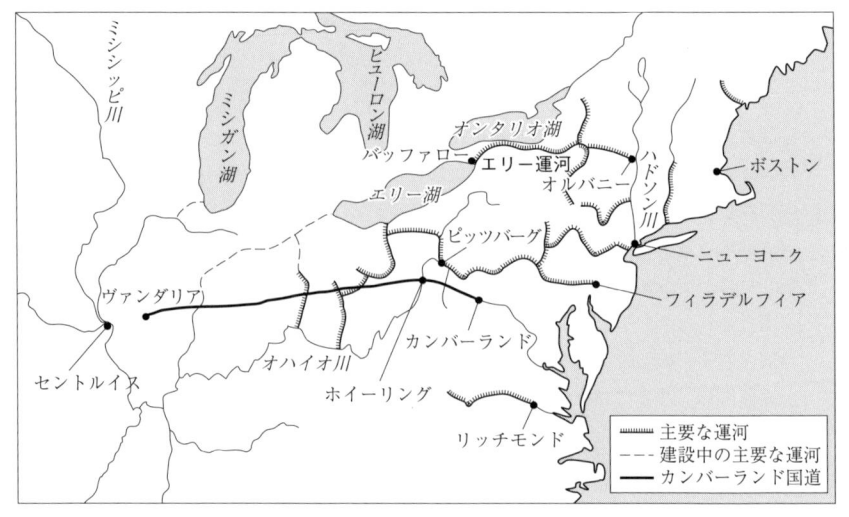

図5-1　主要な運河と国道（1840年）

った。アパラチア以西への開拓が本格化すると，アパラチア山脈を越えて大西洋沿岸部に結びつける交通手段の建設が切望されるようになった。内陸部を開発するには交通手段の整備が何よりも重要であった。19世紀初頭から半ばにかけては，道路や運河，鉄道などの交通・運輸手段の建設が進み，これらの交通手段の著しい発展は**交通革命**と呼ばれている。

　物資の輸送はこれまで，河川や湖など天然の水路が主に利用されてきたが，奥地に広がった西部の開拓地と大西洋岸の地域を結ぶ交通手段として，最初に建設が進んだのは道路である。連邦政府は1811年にポトマック川上流からアパラチア山脈の分水嶺を越えてオハイオ川にいたる道路の建設に着手し，19年にはポトマック川河畔のカンバーランド（メリーランド州）とオハイオ川河畔のホイーリング（ヴァージニア州，後にウェストヴァージニア州）とを結ぶ**カンバーランド国道**が完成した。この国道はその後延長され，1838年にはイリノイのヴァンダリアにいたる幹線道路となる。道路網の建設は各州においても，特定の個人や会社に州政府が特許状を出して出資者を募る形で進められ，各地に有料道

---

(2) 連邦議会は1818年にミシシッピ川河畔のセントルイスを通ってミズーリ川上流のジェファソンシティまで延長することを認めていたが，38年にヴァンダリアまで完成したあと，連邦予算を支出することを止めている。

第5章　市場革命と領土の拡大

路（ターンパイク）が建設された。これらの有料道路は敷石や砂利で路面が強く固められ，また水はけをよくして雨が降ってもぬかるまないよう配慮されており，道路網の発達によって荷馬車による陸上輸送量が増加した。

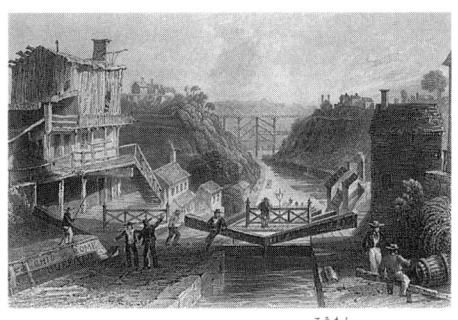

図5-2　エリー運河の閘門
閘門とは高低差を堰の開け閉めによって調整する装置のことで，エリー運河では50カ所以上も必要とされた。

　しかし，道路の整備以上に大きなインパクトを与えたのは運河の建設であった。西部で生産される重量の大きい農産物は，陸上で荷馬車を用いて運ぶよりも船舶による水上運送の方がはるかに効率がよく，これまでも自然の河川が輸送に利用されてきた。**ミシシッピ・オハイオ水系**は早くから運輸の動脈として機能し，西部の農産物の多くはオハイオ川とミシシッピ川を下り，メキシコ湾から大西洋岸やヨーロッパへと送られた。1807年には**ロバート・フルトン**（1765-1815）がニューヨーク州のハドソン川で蒸気船の実用化に成功し，1810年代には蒸気船がミシシッピ川で実際に使用されるようになって，輸送量が飛躍的に増大した。オハイオ・ミシシッピ水系は西部における大動脈の役割を果たしたのである。

　一方，アパラチア山脈の北方では，18世紀末に提案されたハドソン川上流とエリー湖とを結ぶ運河の建設が19世紀に入って着手される。ニューヨーク州は1817年に多額の資金を投じて，ハドソン川上流のオルバニーからエリー湖畔のバッファローまでを結ぶ**エリー運河**の建設をはじめ，20年にユティカからシラキューズまでの中間区間が開通し，25年にはついに全線が完成した。ここに大西洋岸の大都市ニューヨークと西部とを直接結ぶ大動脈が誕生したのである。港湾都市ニューヨークは西部の農村地域と運河で直接結びついたことで，他の大西洋岸の都市との競争において優位に立ち，急速にアメリカにおける経済的な中心都市としての地位を築いていくことになる。このエリー運河の成功によって運河建設ブームが起こり，1830年代には各地で運河の建設が計画された。ニューヨークに対抗して，フィラデルフィアはピッツバーグまでを結ぶペンシルヴェニア幹線運河を計画し，アパラチア山脈を横断する難工事に多額の費用

が投じられたものの，この運河はエリー運河ほどの成功は収められず，結局，採算はとれなかった。しかし競うように進められた運河建設は，交通・運輸網の著しい発展を推し進め，輸送コストを大幅に低減させた。

とはいえ，運河の建設は高低差など地理的条件が大いに影響し，どこにでも開通させられるものではなかった。また，運河の建設には莫大な費用が必要とされたため，1830年代後半の不況期になると，経営的な見地から運河に代わって鉄道の建設に多くの資金が投じられるようになる。1837年に建設された**ボルティモア・オハイオ鉄道**の13マイルを皮切りに，40年代になると鉄道の建設が急速に進み，50年にはその総延長はほぼ9000マイルに達し，運河をはるかにしのぐ距離に達していた。鉄道は当初，都市とその周辺，あるいは比較的短距離の都市間をつなぐものとして建設されたが，1850年代に入ると技術的な進歩に加えて景気の回復によって，長距離の輸送手段として活用されるようになった。1853年にはニューヨーク・シカゴ間が鉄道で結ばれ，ミシシッピ以東においては，鉄道網が内陸の町や大西洋岸の都市などを縦横に結びつけた。アメリカにおける移動手段は，いまや運河から鉄道の時代へと移り変わったのである。

鉄道の発達はまた，情報手段の発達を促した。1837年に**サミュエル・モース**（1791-1872）が電気を使った通信の実験に成功し，43年には連邦政府の資金援助を得てボルティモア・オハイオ鉄道の沿線に電信線が敷設された。その後は，鉄道沿いに電信線が敷設されるのが通例となり，鉄道の発達とともに電信網も広がり，こうした通信手段の発達は，工業化による印刷・出版の普及と並んで，人々の情報世界を格段に広げた。たとえば西部の住民にとっても，大西洋岸の都市の相場の情報は重要なものとなった。情報手段の進歩は「**コミュニケーション革命**」と呼ばれ，人々は情報の量および伝達速度の飛躍的な進歩によって便利さを得ると同時に，市場の影響を直接受けるようになり，市場に包摂されるようになっていったのである。

以上のような交通手段や情報手段の発達は，西漸運動によって内陸へと入植が進む西部を，市場社会へと組み込む役割を果たしたが，また逆に，いっそうの内陸開発を推し進める役割も果たしたのである。西部開拓地は決して自給的世界ではなく，これらの交通網や情報網を通じて市場と結合し，大西洋岸の都市やさらに大西洋の向こう側に麦やトウモロコシなど穀物を供給する市場志向型の農業が展開する地となっていったのである。

（2） 工業化する北部

　1812年戦争後，大西洋岸の北部では工業化（産業革命）が急速に展開していくが，このような製造業の発展も市場革命という大きな枠組みのなかでとらえることができる。生産された製造業のさまざまな製品は，全米各地が市場網に組み込まれるなかで，南部や西部などの農業中心の地域にも輸送され，商品として購入された。たとえば，ニューヨークで製造された衣料や靴，家具などの消費財は，南部との交易を通じて奴隷制プランテーションにも送られたが，エリー運河を経由して内陸部に輸送され，西部の小さな雑貨店や行商人を通して西部の農民の手に渡ったのである。大西洋岸の都市における製造業も，交通手段の改善に伴う後背地の拡大により製品市場が拡大し，その成長が飛躍的に増加した。広大な西部を有するアメリカの場合，入植地が西へと拡大する西漸運動は工業化の進展を刺激する要因でもあった。西部への人口移動は，西部において広大な農地で農業生産を拡大させると同時に，新たな需要を生み出したからである。衣料や家具など西部住民の生活を支えるさまざまな製品に加え，農器具などの機械類や狩猟のための銃器などの需要が増加し，合衆国における製造業の発展に大いに寄与した。

　初期工業化を牽引した綿工業は，アメリカでは18世紀末にロードアイランド州で，**サミュエル・スレイター**（1768-1835）が商人の資金援助のもと，イギリスの紡績機を模倣して紡績工場を設立したことにはじまった。スレイターがはじめた工場は紡績部門中心の小規模なものだったが，1812年戦争開始の翌年，ボストンの商人グループ，**ボストン・アソシエーツ**が，有望な投資先としてボストン近くの**ウォルサム**に紡織一貫工場を建設すると，その後マサチューセッツ州のメリマック川沿いに多数の工場が建設され，飛躍的な発展を遂げた。なかでも**ローウェル**は複数の工場が立地する綿工業の中心都市として栄えた。これらの工場で労働力を担ったのは，主に近郊の農村からやってきた農家の若い女性たちで，彼女たちの多くは工場に併設された寄宿舎に住んで働いた。これらの工場では，仕事場のほか日常生活の場においても女工たちのモラルを管理する方策がとられ，また女工たちの緊密な共同体が仕事場で必要とされる技術の伝達に利用されるなどしたため，このような初期の寄宿制は生産性の向上に寄与する役割も果たした。

　しかし機械生産が大規模に導入された綿工業以外でも，市場革命の進展は競

争を確実に激化させた。たとえば、全米一の人口を抱えたニューヨークは、18世紀末にはすでに貿易や金融業だけでなく多種多様な製品を市場に供給する製造業都市として発展し、全米一の規模を誇ったが、1830年代に入るとこれらの仕事場は大きく変質した。ただし市場での競争にどのように対応したかは業種によって異なり、機械の導入へと向かった出版業のような業種もあれば、機械化よりも徹底した分業化や下請制度、賃金の安い外部労働者の利用などによって生産効率の向上をはかろうとした仕立業や製靴業のような業種もあった。

　1840年代末には、アイルランドやドイツなどから移民が多数流入し、低賃金の移民労働力が職人の地位低下をさらに速めた。市場革命は職人の徒弟制度を解体させ、自らの技術を独立性の拠り所にしてきた職人も賃労働化の途をたどった。彼らの多くは、もはや賃下げの憂き目にいつあわないとも限らない従属的な労働者にすぎなかった。このような労働者の目から見れば、北部の自由労働とは、雇用主がいつでも労働者を解雇できる自由を保障している体制にすぎなかった。合衆国ではこの時代に、賃金労働者階級が形成されたといえる。

（3）綿花王国の誕生

　北部で工業が進行するのと同じころ、南部では**綿花プランテーション**が広範に拡大した。奴隷制度が植民地時代から深く社会に根を下ろしていた南部では、革命によって独立を勝ち取ったのちも、奴隷制は引き続き社会の重要な基盤でありつづけた。確かに、奴隷制プランテーションの最大の作物であったタバコが、土壌の荒廃や国際競争にさらされ利益を上げにくくなると、南部の奴隷制度は早晩衰退するとの観測もあった。しかし工業化の開始によって綿花の需要が高まり、さらに**イーライ・ホイットニー**（1765-1825）による綿繰り機の発明によって、内陸部でも生産可能な短繊維の綿花を効率的に利用できるようになると、奴隷制はこの新たな産物を得て息を吹き返したのである。綿花栽培の中心地は当初の大西洋岸から西方へと移動し、とくにミシシッピ流域はその土壌が綿花栽培に適していたことから、1840年代になると一大生産地となった。かくして綿花栽培は南西部へと拡大し、その最前線はテキサスにまで達した。奴隷制下で生産された綿花は、アメリカ最大の輸出品となり、南部は綿花生産によって繁栄を謳歌し「綿花王国」と呼ばれた。

　綿花とともに西へと拡大した奴隷制は、まさしく不自由労働の西漸運動とい

えるのだが，この南西部のプランテーションの奴隷の多くは，南部に張り巡らされた奴隷交易のネットワークを通じて，ヴァージニアやメリーランドなどの大西洋岸の州から売られてきた。内陸部への綿花栽培の拡大と発展は，工業化による綿花需要の高まりによるもので，アメリカ全土で展開する市場革命の重要な部分とみなすことができるが，一方で，南西部の社会は，奴隷制度を基盤とした旧来の南部社会と本質的に同質であった。南部奴隷制社会では，奴隷は一部のプランターに集中し，奴隷を所有しない白人人口の方が多かったにもかかわらず，プランター階級の社会全般への支配力は維持されつづけたのである。

　南部経済を支えた奴隷制に対しては，北部を中心に1830年代に広がった**ウィリアム・ギャリソン**（1805-79）らの**アボリショニスト**（奴隷制廃止論者）のほか，西部への奴隷制拡大に反対する運動や，アフリカへの再植民を進める活動などさまざまな形の反対運動が展開した。19世紀前半に奴隷制問題への解決策として多くの支持者を集め，資金を得たのは，解放された自由黒人を西アフリカ（後のリベリア）に植民させる事業を推進した**アメリカ植民地協会**で，これには有力な政治家のほか，自由黒人の増大を恐れた南部人の賛同者も多かった。しかし，このリベリアへの植民は問題の解決となるものではなく，植民地の実態も協会の理想とはほど遠かった。また奴隷自身による抵抗としては，逃亡や反乱などがあげられる。「地下鉄道」と呼ばれる奴隷逃亡の補助網が1820年代ごろから発達し，数多くの奴隷を北部へと逃亡させた。その逃亡を手助けする「車掌」として，元奴隷の**ハリエット・タブマン**（1820-1913）らが活躍した（⇨118頁）。**フレデリック・ダグラス**（1818？-95）（⇨133頁）も1838年に北部に逃亡し，奴隷制反対の活動を精力的に行った。さらにヴァージニアでは，1831年に50名以上が加わった奴隷自身による反乱，**ナット・ターナーの乱**が起きたが，これは奴隷の起こした反乱としては奴隷制廃止以前の合衆国で最大規模のものであった。

（4）　西漸運動

　1790年から1840年の間に，450万もの人々がアパラチア山脈を越え西へと移住した。とりわけ1812年戦争の終結後は，移住の波が一層高まり，西部人口が急増した。この人口増加に伴い，インディアナ，イリノイ，ミズーリ，ミシシッピなどの新たな州が次々と創設された。西部への移住者の多くは通例，近接

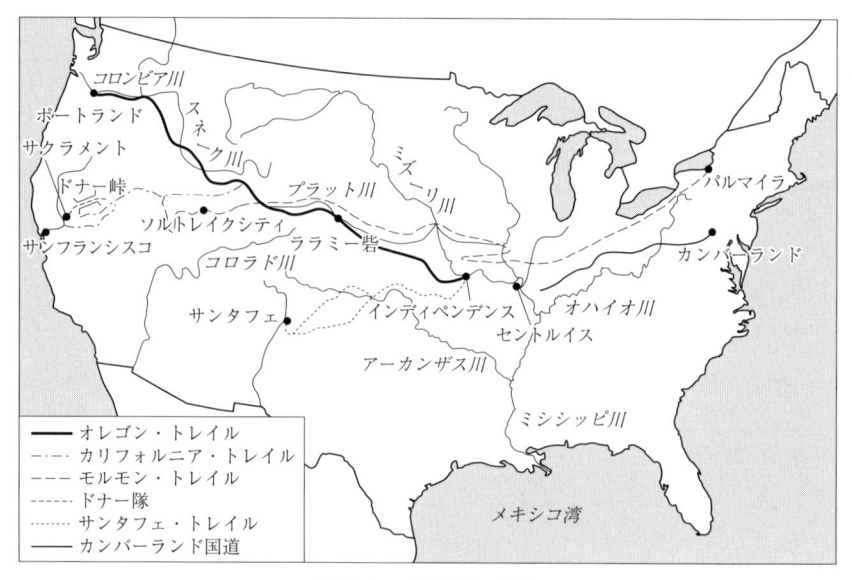

図5-3　大陸横断の経路

している東部側の州，北西部ではニューイングランドやニューヨーク，ペンシルヴェニアなど，南西部は南部の州などの出身であったため，彼らは移住先でも出身地域と類似した社会を形成する傾向があった。ミシシッピ川流域やテキサス東部などの南西部は綿花栽培の大規模な展開が見られ，興隆する「綿花王国」のまさに中心的な部分を成した。

　一方，北西部は家族経営を中心とする入植者が多く，いわゆる開拓農民たちのフロンティアが展開する「西部」であった。新たに領土に編入された土地は，連邦政府が所有する公有地とされ，連邦政府は払い下げによって得た資金を重要な歳入としてきたが，19世紀に入ると，払い下げ単位の縮小をはじめ制度の見直しがはかられた。それでも一般の農民が払い下げを受けるのは容易ではなかったため，1830年代には西部の土地をより入手しやすくする**土地改革運動**が北部を中心に賛同者を集め，1841年に160エーカーに限って実際に耕作している人に低価格で買い取る権利を与える**先買権法**が制定される。こうした政策は西への移住の刺激となり，北西部への自営農民の移住を促した。連邦保有の広大な公有地を利用し，西部に多くの自営農民をつくりだそうとする運動はさらにつづけられ，南北戦争中には実際の耕作者に一定の土地を無償で払い下げるこ

第 5 章　市場革命と領土の拡大

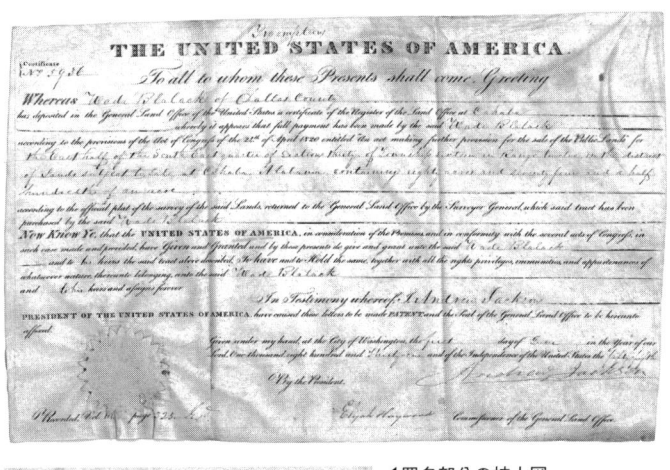

◀署名部分の拡大図

図 5-4　ジャクソン大統領の直筆署名入り公有地譲渡証書（1831年6月1日付）

とを定めたホームステッド法（1862年）（⇨119頁）が成立することになる。

　19世紀のアメリカは入植の最前線が絶えず西へと移動したが，この西漸運動は先住民（インディアン）の土地を奪うことで進められたといってよい。オハイオ川は早くから西部へ向かう移住者に利用され，周辺の平原は農地へと変えられていった。輸送手段が十分に確保されていない時代は，アパラチア以西の地で生産される農作物の多くはオハイオ川やミシシッピ川を経由し輸送された。西部は南部と同じく農業生産地であり，またこうした輸送経路から長らく南部との結びつきが強かった。しかしエリー運河や鉄道の建設により輸送手段が改善されると，西部は直接，北部の市場と結合することになった。西部は生産物である穀物を大消費地の大西洋岸の都市に輸送できるようになり，開拓にさらに拍車がかかり，広大な穀倉地帯へと姿を変え，また逆に，拡大する西部は北部の都市で生産された工業製品の市場ともなった。西部への奴隷制拡大に対する反対運動は，南部の奴隷制度そのものにはそれほど関心を持っていなかった中道派の人々を，奴隷制反対の運動に引き入れる役割を果たした。1840年代末には**自由土地党**（フリーソイル党）が奴隷制拡大の阻止を主張して登場し，西部のオハイオ州を含め複数の州で連邦議会の議席を獲得している。

図5-5　オレゴン・トレイルを進む幌馬車隊

1840年代にはロッキーを越え、さらに西方のオレゴンやカリフォルニアへ向かう移住がブームとなり、「大西部」の入り口に当たるミズーリ州のインディペンデンスから多数の幌馬車が隊を作って西へと向かう光景が見られた。通常、草の生える春に出発し、寒くなる前にオレゴンやカリフォルニアに到着するように予定が立てられたが、道中はロッキーの山越えなどの難所もあり、また、不慮の事故が生じる可能性もあって容易な道のりではなかった。1846年にインディペンデンスを出発したドナー隊は日程が遅れ、シエラネヴァダ山中で遭難して越冬を余儀なくされた結果、多数の犠牲者を出し、遭難者の間で食人すら行われるという陰惨な結末を迎えたことで知られる。しかしこのような悲劇的事件にもかかわらず、1848年にカリフォルニアに金鉱が発見されると、大西洋岸への移住はさらに加速することになる（⇨112頁）。

2　民主化とジャクソン政治

（1）「好感情の時代」

　1812年戦争に反対した連邦派（フェデラリスト党）への支持が急速に衰えると、共和派（リパブリカン党）の政権下、戦争終結によるナショナリズムの高揚とともに際立った党派の対立は見られなくなった。この時代は「好感情の時代」と呼ばれ、内陸開発の推進が最大の関心事となった。戦争後、マディソン大統領につづいて政権に就いたジェイムズ・モンロー（在職1817-25）（⇨74頁）は、ウィーン体制下という当時の国際環境のなか、1823年の年次教書でヨーロッパからの外交的孤立を説き、その主張は「モンロー主義」として後世に広く知られることになるが、彼の政権では先住民との戦いと領土拡張が一貫して積極的に遂行された。内陸開発の推進は、この時期のアメリカの膨張主義に裏打ちされていたといってよい。

第5章　市場革命と領土の拡大

　1812年戦争による貿易の断絶は，合衆国の経済的自立の必要性を痛感させることになった。高関税政策によって国内産業を保護するとともに，その歳入を用いて道路や運河などを整備し，西部開発を連邦政府が積極的に進めるという政策が，北部以外でも一定の支持を得た。戦争によって悪化した財政および信用の回復を目的に，**第二合衆国銀行**が1816年に設立されており，モンロー政権の経済政策の多くはハミルトンの政策を引き継ぐものといえた。こうした高関税を前提とする政策は，1824年にヘンリー・クレイ（1777-1852）が関税率をさらに引き上げる法案を連邦議会に提出し，「**アメリカ体制**」という用語を用いて語られることになるが，24年の高関税法成立以前の段階では，北部以外からの支持もある程度は得られていたといえる。

　合衆国の政治制度は，この時期，ヨーロッパ諸国に先んじて急速に平等化が進んでいく。選挙権は建国当初からヨーロッパの国々と比較すると広く付与されていたといえるが，19世紀に入ると財産制限を撤廃する州が増加した。投票権の規定は州が定めていたため時期にばらつきがあるものの，1820年代に多くの州では**白人男子**の**普通選挙**が導入され，1830年になっても財産制限を設けていたのはニュージャージーやヴァージニアなど一部の州に限られた。1830年代には白人男子の普通選挙がほぼ実現しており，イギリスの男子普通選挙の導入が20世紀に入ってからであるのと比較すれば，導入時期の早さは際立っていた。ただし，このような政治的平等性の拡大はあくまでも白人男性に限定されたもので，選挙権の資格から黒人や女性の排除が明記されるようになった州も多く，白人男性以外の政治参加の道はむしろ閉ざされる傾向にあった。

　このなかで行われた1824年の大統領選挙は複数の候補者が争い，一般投票では1812年戦争の英雄アンドルー・ジャクソン（⇨83頁）が1位であったものの，上位3人によって行われた連邦下院の大統領選挙人投票で**ジョン・クインジー・アダムズ**（1767-1848，在職1825-29）の当選が決定した。大統領に就任したアダムズは，国務長官クレイが提唱する「アメリカ体制」に沿った政策を進め，北部製造業の保護を実行した。ただし，1824年の高関税法によって南部の不満

---

(3) このいわゆるモンロー宣言の当初の意図は，アラスカから太平洋岸を南下するロシアを牽制することにあった。さらに，ウィーン体制下のヨーロッパ諸国がラテンアメリカ諸国の独立に干渉する動きを示したため，これに対抗して，ヨーロッパとアメリカ大陸の相互不干渉，非植民地主義が打ち出された。

は一気に膨らみ，関税法は成立したものの，この論争によって連邦議会における地域間の対立があらわになった。

（2） 先住民の強制移住政策

1828年の大統領選挙では，選挙権の拡大の波が選挙結果に決定的な影響を及ぼした。ほとんどの州で有権者による一般投票が選挙結果に反映されるようになり，対英戦争の「英雄」として人気の高かったジャクソン（在職1829-37）が大統領に選出されたのである。そのため，かつてジャクソンの時代は「民主主義の時代」であるとされ，「ジャクソニアン民主主義」という用語がこの時代の政治に付与されていた。しかしその実，ジャクソンが行った政治は必ずしも「民主主義」という言葉で表現できるものとはいえない。ノースカロライナ州奥地に生まれ，独立後に連邦に編入されたテネシー州でその地歩を固めたジャクソンは，確かに前大統領のような東部エリート層出身者とは異なり，西部の「たたきあげの男（セルフ・メイド・マン）」というイメージを彷彿とさせた。しかし現実のジャクソンは，テネシー州に広大な綿花プランテーションを所有し，新興とはいえ奴隷制を基盤とする典型的な南部プランターの一人であった。決闘を好んだ荒々しい気性も，「名誉」を重んずる南部ジェントルマンの伝統といえなくもない。確かに彼は「生産者」対「金権貴族」というレトリックを好んで用いたが，彼のいう「生産者」には南部プランターも含まれており，南部利益の保護にはことのほか熱心な人物だったのである。

ジャクソンは大統領に就任すると，一般教書において東部地域の先住民を移

図5-6　アンドルー・ジャクソン追悼のリボン（1845年頃）

住させる方針を述べ，これを受けて議会は翌1830年に**インディアン強制移住法**を可決させた。ジャクソンは1812年戦争中，将軍としてフロリダのクリーク族を徹底的に攻撃しており，彼の先住民に対する容赦ない態度はこの時すでに示されていたといえる。強制移住法によってチカソー，セミノール，チョクトー，チェロキー，クリークのいわゆる「東部文明五部族」をはじめ，ミシシッピ川以東に居住していた先住民諸部族をミシシッピ以西の「インディアン・テリトリー」へ強制移住させることが決まった。このような政策に対して，先住民の諸部族も武装闘争を試みたり，法廷闘争を行ったりして抵抗したものの，政策が覆ることはなかった。領土拡張期のアメリカにおいて，先住民たちを入植地から取り除くことは南部プランターや西部開拓農民の利益に適っており，先住民の強制移住は彼らにとって「望ましい」政策といえた。一方，強制移住は先住民に大いなる悲劇をもたらした。移住の道中は寒さや病気がしばしば多くの命を奪い，なかでも次期大統領の**マーティン・ヴァン・ビューレン**（1782-1862，在職1837-41）の政権下で実行されたチェロキー族の強制移住では，あまたの死者が出たことから，彼らのたどった道は「涙の旅路」と呼ばれている。

（3） 無効化宣言と銀行戦

　ジャクソン政権中の連邦政治における重大な問題に，関税政策をめぐる対立があった。前政権中に成立した1828年の関税法は，輸入製品に対して平均25％の高関税を課すものであった。これは1812年戦争後に工業化が始動した北部では，幼弱な製造業を護る保護関税として機能したが，多くの製品をヨーロッパから輸入していた南部においては著しく利益を損ねるものとみなされ，「唾棄すべき関税」と呼ばれた。アダムズからジャクソンに政権が引き継がれると，高関税政策が撤回されて関税率が早晩引き下げられるものと期待された。実際，1832年の関税法では関税率がやや引き下げられ，北部のほとんどの州と南部の一部はこの妥協を受け入れる一方で，製造業がほとんど発達していないサウス

---

(4) インディアン・カントリーとも呼ばれ，当初，ルイジアナ購入地のうち未組織の領土の広い範囲が含まれていた。連邦政府が各部族と結んだ条約では先住民以外の移住が禁止されたが，実際には白人の入植が進み，準州が設置されるとともに領域は縮小し，南北戦争直前には現在のオクラホマ州周辺のみとなった。1887年のドーズ法（⇨149頁）後は多数の入植者が入り込み，1890年にこの地の西部にオクラホマ準州が設けられ，さらに1907年には残されていたインディアン・テリトリーと合わせて州に昇格し，インディアン・テリトリーは消滅した。現在，オクラホマ州内には先住民の保留地が置かれている（⇨150頁）。

> **史料6　第二合衆国銀行の特許更新に対するジャクソン大統領の拒否教書（1832年7月10日）**
>
> ……（第二）合衆国銀行は政府の行政部門の代理機関のごとく設立され、その合憲性はかかる基礎の上に維持されている。だが本議決の妥当性に関しても、本法〔連邦議会上下両院を通過した第二合衆国銀行の特許状更新法〕の諸規定に関しても、行政府は何ら相談にあずからなかった。かかる特権を付与され、かかる免除の恩恵に浴する機関を行政府は必要とせず望みもしないことを、これまで表明する機会はなかったのである。……この法律を誕生せしめたものが、どのような利害または勢力であろうと、それが公的なものであろうと私的なものであろうと、そこには行政府の要請も必要性も見出すことはできない。これをもって、本議決は時期尚早であり、当該機関に付与される権限は不必要であるばかりか、わが政府やわが国にとって危険であると考える。……（須藤功訳一部改）

カロライナ州では長引く不況のなか、税率の引き下げが不十分だとして反発が激しく、州議会は翌年に、この関税法は合衆国憲法違反であるとして州内では無効にするという州法案を可決した。このサウスカロライナの**無効化宣言**は、もしも連邦法が憲法に違反しているならば、州はその法律を無効にする権利を有するという強固な州権論の主張に立つものであった。(5)しかしジャクソンの目には、サウスカロライナ州の行為は連邦を破壊するものに映った。連邦軍派遣の準備がなされ、軍事的衝突の危機すら生じた。結局、サウスカロライナ州が無効化を実行する以前に連邦議会は関税率を引き下げる法案を成立させ、同州も無効化を取り下げることで、この危機は終息した。

　ジャクソン大統領の1期目におけるいまひとつの争点は、第二合衆国銀行（以後、合衆国銀行）の特許状延長をめぐる問題であった。合衆国銀行は、1812年戦争によって生じた連邦政府の財政悪化と信用不安を打開すべく設立されたもので、民間銀行でありながら連邦政府資金の預託や送金などが独占的に認められていた。同行はこのような特権から多額の利益を手中にする一方、連邦政

---

(5) ジャクソン政権の副大統領ジョン・カルフーンは「無効化論」の提唱者として知られる。彼は2期目の1832年にサウスカロライナ選出の上院議員に転身し、副大統領の職を辞していたが、この時の州議会の行動には距離をおいていた。

府との関係を利用して通貨量の調整も行うなど，中央銀行に近い機能も果たした。連邦政府から与えられた特許状は20年間で，1836年にその期限を迎えることになっていたのである。

　合衆国銀行はフィラデルフィアの本店のほか多数の州に支店を構え，合衆国の預金量の3分の1を扱うほどの大銀行であり，市場革命を牽引する役割を果たしていた。拡大する市場には不可欠の通貨の供給や信用システムの発達に大いに寄与し，成長著しい経済を支えたが，その一方で，増大する影響力に懸念の声も高まっていた。1812年戦争後，連邦政府が提唱した内陸開発による好景気には，土地投資のための資金を大量に供給していたが，ブームが過熱しすぎると一転して金融の引き締めにかかった。土地投機に資金を大量につぎ込んできた多くの銀行は，たちまち資金難に陥り，倒産の憂き目に合う銀行も少なくなかった。こうした合衆国銀行への反感は，その批判の矛先を同行が持つ特権的地位へと向かわせた。他方，一般の人々の間では，銀行が発行する紙幣が倒産などによりしばしば兌換不能に陥ったことから，銀行全般に対する不信感が根強かった。合衆国銀行を率いるニコラス・ビドル（1786-1844）は1832年，特許権の期限切れを待たずに連邦議会に特許権の延長を申請し，この期限延長は上下院で可決された。しかし，かねてから紙幣に不信感を抱いていたジャクソンは，連邦議会が少数者の利益を優先し，合衆国銀行の特許権延長を認める法案を可決したとして「拒否教書」を出し（史料6参照），この特許状の更新に対して拒否権を発動した。ジャクソンは，銀行は労働することのない「非生産者」であり，アメリカ社会を支える「生産者」の農民や職人から利益を不当に貪っていると合衆国銀行を非難した。結局，第二合衆国銀行は，1836年の特許状切れによってその特権的地位を失い，41年には倒産している。

　この銀行戦と呼ばれる第二合衆国銀行をめぐる対立は，特権に対する民主主義の勝利としてとらえる向きもあるが，実はそれほど単純ではない。州が認可した数多くの州法銀行は信用の拡大とインフレを進行させ，さらにこれらの資本は西部などの投資先も貪欲に追い求めた。結局，市場革命による「悪影響」を排除するのではなく，さらなる市場化を推し進めたといえる。資本主義的発展の見地に立てば，合衆国銀行を消滅させたジャクソンの行為は，不合理な「時代遅れ」の政策に見える。合衆国銀行は，民間企業の形こそとっていたものの，通貨量の調整や信用の統制など中央銀行としての機能を果たしていたか

らである。各銀行が独自の銀行券を発行していた当時,信用力を超えた紙幣の発行を防いで通貨を安定させることは,国民経済を発展させるうえでは有益であった。しかし,一私企業が中央銀行の役割を果たすと同時に,その特権的地位によって莫大な利益をあげるという合衆国銀行の仕組みは,「民主主義」を脅かす存在として非難の対象とされた。西部開発などの事業で多額の資金需要がある状況では,合衆国銀行による金融市場への規制は好まれず,「特権」への批判は多くの支持を集めたのである。

　この合衆国銀行をめぐる対立は,通貨などの経済政策のみならず,議会や大統領の権限についての考え方にも関係していた。ジャクソン大統領は,白人男子に限定されてはいたものの,事実上はじめての普通選挙で選出された大統領であり,それゆえ,議会よりも彼自身の方が国民全体の意思を直接代表していると自負していた。しかしこうした彼の態度は,大統領権に対する抑制を失わせ,「独裁者」を生みだすとして危惧する声も大きく,反対派はジャクソンを「国王アンドルー1世」と呼んで批判した。ジャクソン派,反ジャクソン派はそれぞれ民主党とホイッグ党として党組織を固め,この2つの政党からなる**第二次政党制**が形作られていく。

　新たな政党制度では,選挙権の拡大によって多種多様な選挙民から票を集めることの重要性が増し,二大政党による組織化が地方レベルにいたるまで進められた。これによって集票組織に精通した新しいタイプの政治家が台頭し,選挙に勝った陣営が官職を独占する**猟官制度**（スポイルズ・システム）が普及した。(7)大衆政治の普及に伴うこれらの現象は,ボス支配や腐敗として批判を招くことになる。

（4）改革運動

　この時代のアメリカ社会は市場革命や民主化の影響から大きな変化を経験したが,このような変化に対して社会の改革を求める声が高まった。普通教育の

---

(6) ジャクソン政権の金融政策は,結果として信用膨張やその急速な引き締めをもたらし,信用経済を不安定化させる要因ともなった。綿花ブームや西部開発などに伴う信用拡大,消費の急増によって,1830年代半ばに一大好景気が訪れるが,1837年には一転,深刻な恐慌（要因としてはイギリスなど海外の影響も大きい）に見舞われ,1840年代半ばまで不景気が続くことになる。
(7) 政党の集票組織は,20世紀に入ると「マシーン」と呼ばれて政治腐敗の温床として批判が強まった（⇨158頁）。ただし,都市に流入した移民などの貧しい人々にとって,職業の斡旋や生活支援など,ボス政治家の援助は,アメリカで生きるのに必要なものでもあった。

普及を求める教育改革や，南部で拡大する奴隷制に反対する奴隷制廃止運動，女性の権利拡大を求める運動，信仰復興運動と結びついたモラル改革（禁酒運動，安息日厳守運動など），ユートピア運動，都市の貧困や衛生の改善を求める運動など，新たな時代の到来に対応するさまざまな改革運動が展開したのである。これらの改革運動は担った人々に重なりや関係は見られたが，その目的や方向性は多様であり，ひとつの傾向に還元することはできない。しかし，これらの運動の背景として，民主化・平等化による新たな価値観の普及に加え，市場革命が人々の暮らす社会を大きく変容させたことへの懸念が広く共有されていた点を指摘できる。

　1830年代には，公教育の普及を求める運動が北部の州を中心に展開した。マサチューセッツ州は1837年に**ホーレス・マン**（1796-1858）を教育委員長に据え，公教育の普及を中心とする教育の改革に乗り出し，マンの改革は他州にも影響を及ぼした。彼は公教育の普及を推進する理由として，一般の人々が大衆民主主義の導入によって選挙権を得る以上，教育によって大衆を責任ある国民に教化する必要があると訴えた。奴隷制廃止を求める運動はすでに植民地時代から存在していたが，19世紀に入ると国際的な反奴隷制の気運の高まりに加え，市場革命によって奴隷制が拡大する状況のなか，北部の州を中心に運動が活発化した。ボストンで奴隷制反対の新聞『リベレーター』を発刊したギャリソン，ニューヨークの**タッパン兄弟**（アーサー〔1786-1865〕，ルイス〔1788-1873〕）など，奴隷制の即時廃止を求めるアボリショニストに加えて，拡大した西部の領土において奴隷制と自由労働とが争うなかで，奴隷制拡大に対する反対運動への賛同者が増加し，1840年代終わりには**自由土地党**（フリーソイル党）が第三政党として結成された。また，奴隷制反対の運動には女性の参加も多く，彼女たちのなかには女性の権利拡大を求める活動を行う者も現れた。1848年にはニューヨ

---

(8) 1800年代から30年代にかけて，プロテスタント福音派を中心に信仰復興運動が起こり（第二次大覚醒），とりわけニューヨーク州中西部はその影響が強く，「焼き尽くされた地域」と呼ばれた。
(9) ユートピア共同体の建設をめざす運動で，社会主義的な共同体もあれば，宗教的な情熱に導かれた共同体もあった。1830年にニューヨーク州西部で設立されたモルモン教もそのひとつで，信者を増やしていったが，周辺の住民との摩擦が起きたため，1847年にブリガム・ヤングを中心に集団で現在のユタ州に移住した。
(10) その代表的な人物は，グリムケ姉妹（セイラー〔1792-1873〕，アンジェリーナ〔1805-79〕）やルクレシア・モット（1793-1880），エリザベス・スタントン（⇨133頁）などであった。モットとスタントンはセネカフォールズ会議の開催に尽力した。

ーク州のセネカフォールズで女性の権利拡大を求める会議(セネカフォールズ会議)が開催され,所感宣言⁽¹¹⁾が採択された。

　これらの社会改革運動は,確かに黒人や女性などの地位向上に力を注いだといえるが,その一方で,これらの運動を担った人々は,禁酒運動や安息日の厳守などモラル改革の提唱者も多く,社会秩序の維持や労働者の社会統制に熱心であったことも忘れてはならない。労働現場の状況を改善する必要を認めていた労働改革の提唱者もいるにはいたが,多くの改革者にとって,工業化と移民流入のただなかにあった北部の都市で起こる労働運動や暴動は,社会を脅かす危険な兆候であり,モラル改革によって抑制するべき問題ととらえられた。この時期の社会改良運動は,企業家などを含む中産階級の人々の立場を代弁する側面も強かったのである。

3　西部の拡大と南北の対立

(1)　膨張主義の時代

　アメリカでは植民地時代より入植地の拡大がつづいていたが,19世紀こそ領土拡張への衝動が頂点に達したと時代といってよい。19世紀初頭にフランスからルイジアナを購入して領土を倍増させ,さらに1812年戦争後にフロリダを獲得すると,西方へ領土の拡張を望む声がなおいっそう高まった。この膨張への欲求を端的に示すものとして,**ジョン・オサリヴァン**(1813-95)が1845年に雑誌『デモクラティック・レヴュー』でテキサス併合について論じるなかで用いた「**マニフェスト・デスティニー**」という言葉がある。オサリヴァンによれば,合衆国の市民が大陸に広がっていくのは神が定めた明白な運命であって,他国はこれを妨害することはできないという。彼の用いたこの言葉自体が衆目を集めるようになるのはむしろ後世のことであるが,このような領土の拡大を強く求める膨張主義の主張は,当時のアメリカ人の信条をよく表した言葉であった(史料7参照)。

　こうして次々に獲得した西部の広大な土地には,入植の波が押し寄せたが,西へと移動したのは家族経営中心の西部開拓農民ばかりではなかった。むしろ

---

(11) アメリカ独立宣言の文言を援用し,男女の平等を謳った。

第 5 章　市場革命と領土の拡大

> **史料 7　ジョン・L・オサリヴァン「併合論」**
>
> ……テキサスの連邦への併合問題は，われわれの党派対立といった低次元の問題から，国家という高次元の問題へと引き上げられるのが当然である。これに介入してきた諸外国のやり口は，たとえ他に理由がなくとも，問題のレベルを引き上げる根拠として十分であろうし，また事実，多くの事柄がそのことを証明している。〔介入してくる〕これらの国々は，見え透いた目的をもってわれわれに敵意を抱き，われわれと当事者との間に入り込もうとしてきた。諸外国はわれわれの政策を阻み，われわれの力を押しとどめ，われわれの国土の広がりに制限を付すことを狙っており，年々増えつづける何百ものわが国民が，その自由な発展のために，神によって与えられた大陸に広がっていくという明白なる運命を実現させまいとしているのである。……

　19世紀に入ると，工業化の進行とともに需要の高まった綿花の栽培が南西部へと拡大し，プランテーションの拡大によって奴隷制が西部のルイジアナ購入地に持ち込まれた。この西部における奴隷制の拡大は，北部と南部の対立をこれまで以上に深刻化させることになる。

　1819年にミズーリ準州の連邦加入案が連邦下院に提出されると，ルイジアナ購入地の奴隷制の扱いをめぐって論争が巻き起こった。ミズーリを**奴隷州**（奴隷制を認める州）として連邦に加入させれば，これまで保ってきた連邦上院における奴隷州と**自由州**（奴隷制を禁止した州）の均衡を崩すことになり，奴隷制が西部全域に拡大するとの恐怖が北部州選出議員の間に広がった。結局，連邦議会は1820年，ミズーリを奴隷州として連邦に加入させる代わりに，マサチューセッツの一部だったメインを分離して自由州として昇格させることによって奴隷州と自由州の数の均衡をはかり，さらにミズーリの南の州境である北緯36度30分以北では今後奴隷制を認めないとする妥協がはかられた（**ミズーリ妥協**〔ミズーリ協定〕）。奴隷制をめぐる南北の対立はやがて連邦そのものを引き裂く南北戦争を導くことになるが，しばらくの間は，こうした南北の均衡を保つ妥協が，連邦政治における深刻な対立を回避するための回路として機能することになる。

　南西部への西漸運動は，国境を超えてメキシコ領のテキサスにも進行した[12]。

1821年にアメリカ人実業家がメキシコ北部の国境付近，テハス（テキサス）の開拓に入植者を募って以来，プランターを含む多数のアメリカ人入植者がテキサスに移住した。開拓地の住民は中央集権的政策を進めたメキシコ政府に反発して自治権を要求し，ついには分離独立を求めて武力衝突におよんだ。アラモ砦（とりで）を護っていた守備隊ほか独立派の義勇兵や市民たちが，アントニオ・ロペス・デ・サンタ・アナ（1794-1876）が率いるメキシコ軍に包囲されて砦に立てこもり，13日間の激しい戦闘の末に全滅した出来事は，その自己犠牲的闘いが後世においても称揚され，アラモ砦の攻防戦としてとみに有名である。⑬この攻防戦後，１カ月余りで独立派が勝利を収め，テキサス共和国として独立を勝ち取った。新たに誕生したこの共和国は，アメリカの一州として連邦への加入を望んだが，ミズーリ妥協以来，奴隷制をめぐる地域間対立を極力表面化させないことに腐心してきた連邦政府は，テキサスの併合によってこの問題が再燃することは避けたかった。そのうえ，テキサスを併合すれば，メキシコとの戦争は回避できず，テキサス併合にはジャクソン大統領も次のヴァン・ビューレン大統領も慎重にならざるをえなかった。しかし，1840年代に入って膨張主義の風潮がさらに強まると，第10代大統領ジョン・タイラー（1790-1862, 在職1841-45）⑭が任期末期の1844年にテキサス併合条約を締結し，翌年に連邦加盟法案が議会で可決され，テキサスは合衆国に編入された。

（２）　オレゴン領有とアメリカ・メキシコ戦争

　一方，北西部への拡大は太平洋岸のオレゴンへと向かった。ロシア領アラスカとメキシコ領との間に位置するオレゴンは，1812年戦争後は英米の共同統治となっていたが，1830年代になるとこの地への移住者が増加した。太平洋を臨むこの地は，かねてから各国の領土的野心がぶつかる場であり，英米間の国境線の画定は懸案の事項であった。1844年の大統領選挙で民主党のジェイムズ・K・ポーク（1795-1849, 在職1845-49）が全オレゴンとメキシコの領有を訴えて当選を果たすと，膨張主義の気運は一気に高まった。しかし，ポークが就任す

⑿　メキシコは1821年にスペインから独立した。
⒀　トール・テール（民間伝承のほら話）のヒーローとして有名だったテネシー州選出の元議員デイビー・クロケットもこの戦いで命を落とした。
⒁　第９代大統領ウィリアム・H・ハリソン（1774-1841, 在職1841）は，就任して１カ月後に病死したため，副大統領のタイラーがアメリカ史上初めて大統領職を引き継いだ。

第5章　市場革命と領土の拡大

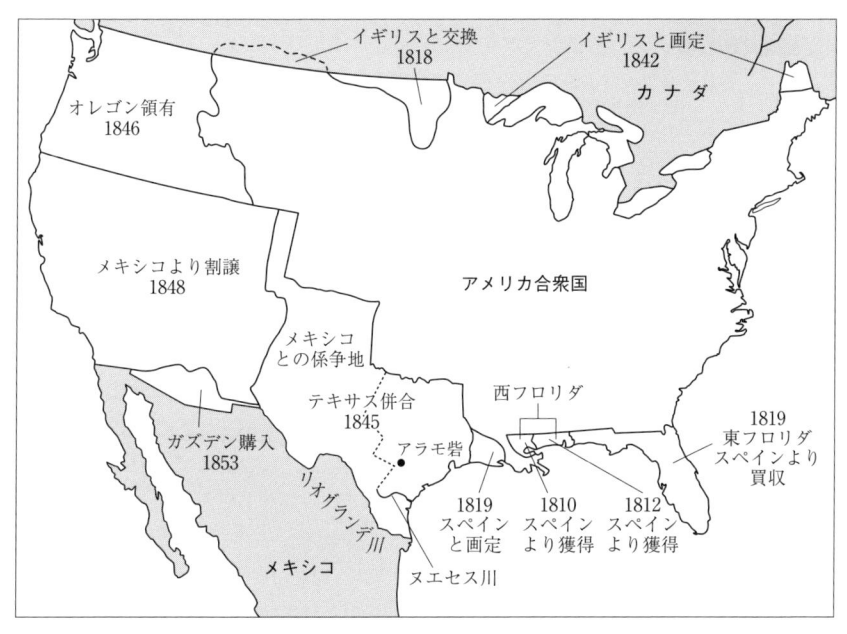

図5-7　アメリカ合衆国の領土拡大（1810～53年）

る直前に連邦議会がテキサス併合を決定し、メキシコとの武力衝突が不可避となったため、大統領に就任したポークは、オレゴンについてはイギリス側が従来提示していた北緯49度を国境とすることでイギリスと合意した。強硬派は「54度40分、さもなくば戦争」と声高に叫んだが、このような形での**オレゴン領有**は、同時に2カ国との武力衝突を避けるための決断といえた。

　1845年にテキサスを併合した際、アメリカ側はリオグランデ川以北をアメリカ領と見なしたが、メキシコ政府はテキサス（テハス）の範囲をヌエセス川までと主張しており、両国の国境線をめぐる見解には相違があった。ポークは1846年にリオグランデ川までの地域を実効支配すべく連邦軍にヌエセス川を越えて進軍させ、メキシコ軍との間で武力衝突にいたった。5月には両国とも正式に宣戦を布告し、この戦争は**アメリカ・メキシコ戦争**（メキシコ戦争、米墨戦争）と呼ばれる。宣戦布告後、アメリカ軍はロサンゼルスなどを占領し、カリフォルニアおよびニューメキシコを支配下におき、さらに中央メキシコにまで進軍してメキシコシティを陥落させた。1848年に講和条約（**グァダルーペ・イダルゴ条約**）が締結され、合衆国はメキシコからカリフォルニアとニューメキシ

109

Column 5

「ギャング・オブ・ニューヨーク」——ニューヨークのもう一つの顔

　1812年戦争が終わると，ニューヨークをはじめ，大西洋岸の都市は，合衆国国内やヨーロッパからの人口が流入し，ヨーロッパの都市と比肩する規模へと成長した。なかでもニューヨークは，国内のみならず外国からの移民によって人口が急増し，合衆国最大の都市へと発展した。しかしそれは同時に，ヨーロッパの都市と同種の問題がアメリカでも顕在化することを意味した。「アメリカには階級は存在しない」との論理がしばしば企業家側から展開されたものの，その実，都市では富の偏在は誰の目にも明らかであった。ニューヨークの瀟洒な目抜き通りブロードウェイと，労働者の街バワリー・ストリートは，富者と貧者の2つの世界が一つの都市の中に存在することを示していた。ニューヨークの貧困が最も凝縮されていたのは，市の南部に位置するファイブポインツである。中心部に五辻（ファイブ・ポインツ）があることからその名が付いたこの地域は，かつて貯水池があり，水はけが悪くじめじめした場所であったため，土地が安く，それゆえニューヨーク最大の貧民街となった。移民の流入によって，この地にさらに多くの貧民が溢れるようになると，不衛生や病気，犯罪などの社会問題の深刻さがたびたび指摘され，社会秩序の不安定要因と見なされた。とはいえ，こうした貧民街は，メトロポリスへと発展を続けていたニューヨークのもうひとつの顔といえる。

　当時，社会の「病理現象」として注目を集めたのは，街を徘徊する若者たちの集団，ギャングであった。彼らはのちの「マフィア」などと違ってプロの犯罪者集団ではなかったが，「風紀を乱す」歓楽街や「危険な」貧民街の象徴とされ，治安の悪化と結び付けられた。その奇抜な格好やライバル集団との小競り合いで人目を引き，夜の街を徘徊する彼らのライフスタイルは，好奇の対象ともなった。なかでも，アメリカ生まれのギャング集団バワリー・ボーイズの顔役で「ビル・ザ・ブッチャー」と呼ばれたウィリアム・プールが，1855年2月，アイルランド系ギャングの顔役ジョン・モリシーの子分に酒場で銃殺された事件は，人々の関心を大いにかき立てた。プールとモリシーはともにボクシングの名手として知られ，両者の激しい対立は衆知の事実であり，人々の好奇心はいやがうえにも高まった。しかしそれ以上に事件を有名にしたのは，移民の増加とともに勢いを増していたネイティヴィスト（移民排斥主義者）政党のノーナッシング党（⇨119頁）が，この事件を取り上げ，アイルランド移民の危険性を喧伝したためである。彼らによれば，臨終に「真のアメリカ人として死ぬ」との言葉を残したプールは，「アメリカの美徳」を汚すアイルランド移民と戦った勇者であった。彼の葬儀には大勢の市民が参列し，彼を主人公とする芝居すら上演されたほどで，彼はアメリカ生まれの英雄に祭り上げられた

のである。

　現実のプールはどのような人物であったのか。彼は以前からたびたび暴力沙汰を起こし，常日頃，銃を持ち歩いており，お世辞にも社会秩序に貢献するような人物ではない。むしろ，移民排斥主義者から悪漢と見なされたモリシーと同様，都市のアンダーグラウンドに属する人物といえるのだが，労働者階級の人々にとって決して遠い存在ではなかった。プールは確かにギャングの一員ではあるが，精肉職人を生業とする傍ら，素手ボクシングの名手として名を馳せ，かつ，消防団の一員でもあり，ニューヨークに住む貧しい人々にとっては身近な憧れの対象であった。プールのような，自らの両腕の力で敵と戦う拳闘家は，現実の世界では力を持てない彼らに，一時のカタルシスを与えたのだといえよう。そして，貧しい階級の英雄「ビル・ザ・ブッチャー」は，21世紀の映画『ギャング・オブ・ニューヨーク』のなかで，主人公のアイルランド移民の敵役，ウィリアム・カッティングとして甦えることになる。
　　　　　　　　　　　　　　　　　　　　　　　　　　　　　（森脇由美子）

ニューヨークの貧民街ファイブポインツ

コとを獲得し，メキシコは多くの領土を失うことになった。

（3） ゴールドラッシュと1850年の妥協

　こうして合衆国はテキサス以西に新たな領土を獲得し，大西洋から太平洋までにいたる広大な領土を擁する国家となった。アメリカ・メキシコ戦争によって合衆国に割譲された領土は，当初，乾燥した岩と砂ばかりでさほど有用な地とは思われていなかった。しかし，講和条約締結（1848年）の直前にカリフォルニアのサクラメントで金が発見されると，事態は一変した。金鉱発見のニュースは瞬く間に伝わり，翌年の1849年には金を求めて多くの人がカリフォルニアに押し寄せ，**ゴールドラッシュ**がはじまった。この時，一攫千金をねらって集まった人々は**49年者（フォーティーナイナーズ）**と呼ばれるが，これを機に太平洋岸への移住は一気に進んだ。サンフランシスコはたった2年間で，テント村から人口2万5000人の都市へと成長したのである。[15]

　しかし急激な人口の増加の結果，連邦議会でカリフォルニアの州昇格問題がにわかに取り沙汰され，奴隷制をめぐる地域間対立が議会で再燃することとなった。西部の土地に関する奴隷制の扱いをめぐっては，ルイジアナ購入地についてはミズーリ妥協が存在したものの，メキシコ割譲地に対しては何の取り決めもなかった。カリフォルニアは北部からの移住者が多かったことから，自由州として昇格することを望んだが，カリフォルニアを自由州として加盟させれば，上院における自由州と奴隷州の均衡が崩れる恐れがあり，しかも当面，新たな奴隷州の昇格の予定はなかった。結局，連邦議会において練達の政治家クレイを中心に，「**1850年の妥協**」と呼ばれる案がまとめあげられた（⇨117頁）。

　この1850年の妥協は確かに南北間の決定的な対立を回避させることに成功した。しかし，膨張主義が追い求めた広大な西部は，自営農民たちの西部をつくりだすのと同時に綿花栽培に代表される奴隷制南部の拡大をもたらし，いまや同一の国内に自由労働と奴隷制という異なる2つの社会が存在していることは明らかであった。奴隷制をめぐる地域間の対立は一時的に収まったかに見えた

---

[15]　一攫千金をねらった人々の増加で治安維持が急務となったサンフランシスコでは，「無法者」を取りしまるべく住民による自警団が1851年と56年に組織され，治安を守ったとされる。アメリカでは警察機構の整備が追いつかない辺境地で，このような住民による治安維持組織の伝統があるが，自警団による治安維持は冤罪やリンチの問題もはらんでいる。

が，それは単に延期されたに過ぎなかった。いまや奴隷制をめぐる対立は，西部で新たな州の昇格が連邦議会の俎上に載るたびに，連邦そのものを危うくするほど深刻なものとなっていた。この対立は，やがて国を引き裂く戦争へと向かわせることになるのである。

文献案内

　建国期以降，19世紀前半に生じた社会経済的変化は，近年では，「市場革命」の枠組から論じられることが多い。S・ウィレンツ（安武秀岳監訳，鵜月裕典・森脇由美子訳）『民衆支配の賛歌——ニューヨーク市とアメリカ労働者階級の形成 1778-1850』（上・下）（木鐸社，2002年）は，市場革命によって手工業的な職人の世界が変化する様子を詳細に描き出している。この時代を超えるタイム・スパンの研究ではあるが，工業化におけるアメリカ的特性に焦点を当てた W・リクト（森杲訳）『工業化とアメリカ社会——建国から成熟への一世紀』（ミネルヴァ書房，2000年）と森杲『アメリカ職人の仕事場』（岩波新書，1997年），労働者の視点から工業化の過程を鮮やかに描いた野村達朗『アメリカ労働民衆の歴史——働く人びとの物語』（ミネルヴァ書房，2013年）は，いずれもこの時期の社会の変容を理解するうえで有益である。内陸部の工業化については，橋川健竜『農村型事業とアメリカ資本主義の胎動——共和国初期の経済ネットワークと都市近郊』（東京大学出版会，2013年）がある。J・ラーキン（荻野目康子訳）『アメリカがまだ貧しかったころ』（青土社，2000年）は農村の日常生活における変化を，H・アスベリー（富永和子訳）『ギャング・オブ・ニューヨーク』（ハヤカワ文庫，2001年）は都市社会の一側面であるアンダーグラウンドの世界を，それぞれ活写している。

　A・トクヴィル（松本礼二訳）『アメリカのデモクラシー』第1巻（上・下），第2巻（上・下）（岩波文庫，2007, 2008年）は，ジャクソン期のアメリカを描いた古典的名著として名高く，いまもって多くの示唆に富んでいる。安武秀岳『自由の帝国と奴隷制——南北戦争前史の研究』（ミネルヴァ書房，2011年）はこの時代の包括的研究であり，「デモクラシーの時代」に代わる新たな時代像を提示している。ジャクソンの銀行戦については，楠井敏朗『アメリカ資本主義の発展構造(1)——南北戦争前期のアメリカ経済』（日本経済評論社，1997年）がある。外交史については，中嶋啓雄『モンロー・ドクトリンとアメリカ外交の基盤』（ミネルヴァ書房，2002年）が19世紀前半のアメリカ外交を分析している。

　西漸運動および西部への領土拡張については，岡田泰男『フロンティアと開拓者——アメリカ西漸運動の研究』（東京大学出版会，1994年），山岸義夫『アメリカ膨張主義の展開——マニフェスト・デスティニーと大陸帝国』（勁草書房，1995年）が詳しい。先住民および先住民の強制移住を扱った文献としては，鵜月裕典『不実な父親・抗う子供たち

――19世紀アメリカによる強制移住政策とインディアン』(木鐸社, 2007年), 富田虎男『アメリカ・インディアンの歴史』(雄山閣出版, 第3版, 1997年) があげられる。人種関係および奴隷制をめぐっては, D・ローディガー (小原豊志ほか訳)『アメリカにおける白人意識の構築――労働者階級の形成と人種』(明石書店, 2006年), 清水忠重『アメリカの黒人奴隷制論――その思想史的展開』(木鐸社, 2001年) を参照されたい。

(森脇由美子)

第 6 章

南北戦争と「再建の時代」

奴隷解放によりもたらされた未来への希望

年	事　項
1848	1-24 カリフォルニアで金鉱発見。2-2 アメリカ・メキシコ戦争終結。7-19 セネカフォールズの集会
1849	カリフォルニアでゴールドラッシュ
1850	9-9〜20 1850年の妥協
1852	3-20 ハリエット・ビーチャー・ストウ『アンクル・トムの小屋』
1853	7-8 ペリー艦隊，浦賀来航。12-30 メキシコからガズデン地方を購入
1854	3-31 日米和親条約の調印。5 カンザス・ネブラスカ法。7 新たに共和党，誕生
1855	6 ノーナッシング党が勢力拡大。7-4 ウォルト・ホイットマン『草の葉』
1856	5-21〜 流血のカンザス事件
1857	3-6 ドレッド・スコット判決
1858	7-29 日米修好通商条約調印。8-21 リンカン（リンカーン）・ダグラス論争
1859	10-16 ジョン・ブラウン，ハーパーズ・フェリーの武器庫襲撃
1860	11-6 大統領選挙（共和党リンカン当選）。12 サウスカロライナ州，連邦脱退
1861	2月までに南部7州が連邦脱退。4-12 南北戦争勃発（〜65年）。7-21 ブルランの戦いで南部連合勝利
1862	5-20 ホームステッド法制定。7-2 モリル法制定。9-22 奴隷解放予備宣言
1863	1-1 奴隷解放宣言。2-25 国立銀行制度制定。3-3 連邦軍，徴兵法制定。7-1〜4 ゲティスバーグの戦い，7-13〜16 ニューヨークにて徴兵暴動。11-19 リンカンのゲティスバーグ演説
1864	6-28 逃亡奴隷法廃止。11-8 大統領選挙（リンカン再選）
1865	3-3 解放民局設置される。4-9 南軍リー将軍降伏，南北戦争終結。4-14 リンカン狙撃され翌日死去。12-18 憲法修正第13条発効
1866	4-9 市民権法成立。5 クー・クラックス・クラン結成。南部でシェアクロッピング制度開始。6-16 憲法修正第14条，議会で可決。
1867	3-2 第一次再建法可決，10-18 アラスカ購入
1868	3〜5 ジョンソン大統領の弾劾裁判。7-28 憲法修正第14条発効。11-3 大統領選挙（共和党）グラント当選。
1869	5-10 大陸横断鉄道開通。5-15 全米婦人参政権協会の設立，12-10 労働騎士団結成
1870	3-30 憲法修正第15条発効。7-19 1870年の関税法成立
1871	10-27 ツィード汚職事件
1872	3-1 イエローストーン，最初の国立公園指定。5-22 南部旧指導者に対する大赦令。9-4 クレディ・モビリエ事件
1873	全国的な不況（〜76年）。3-4 グラント政権，2期目
1874	11-25 グリーンバック党結成
1875	1-30 ハワイと互恵通商条約締結。3-1 包括的な市民権法成立
1876	5-10〜11 フィラデルフィア万国博覧会。6-25 リトル・ビッグホーンの戦い
1877	3-2 大統領選挙審査の結果，ヘイズ（共和党）大統領当選。4-10 連邦軍が南部から引き上げ完了，再建政策の終結。7-17 鉄道大ストライキ勃発
1878	2-22 グリーンバック労働党結成
1880	11-2 大統領選挙（ガーフィールド当選）

第6章 南北戦争と「再建の時代」

Outline ●

　奴隷制をめぐり対立した南部と北部が4年の長きにわたり戦った未曾有の内戦，南北戦争は，近代戦争初の「総力戦」であり，アメリカ史上，最多の戦死者を出す戦争となった。連邦の分裂を阻止する目的で戦争ははじまったが，1863年に発布された奴隷解放宣言により戦争遂行目的は変わり，400万人の黒人奴隷を解放して南部奴隷制社会を解体する社会革命的性格を持つものとなった。戦後の「再建の時代」には新しい「自由」が語られ，共和党急進派を中心に人種的平等を希求する政治が模索され，憲法修正など再建諸法により解放された黒人に市民権，投票権が付与された。だがその一方で，南部ではクー・クラックス・クランによる暴力が横行するなど，解放民から投票権を剝奪する動きが加速した。1877年には連邦軍が南部からの撤退を完了し，「アメリカ人」の境界が揺れ動いた再建の時代は未完の革命として終わることとなった。

● ●

1　南北対立の激化と連邦分裂

（1）　奴隷制をめぐる対立

　アメリカ・メキシコ戦争（⇨109頁）によりカリフォルニア，ニューメキシコなどを新たに獲得したアメリカは，19世紀半ばには大西洋から太平洋にいたる広大な版図を持つ大陸国家となった。だが，この西部への領土拡大は，領土の連邦加盟をめぐる対立の火種を新たに作りだし，深刻な政治課題を抱え込むことを意味していた。つまり，1820年のミズーリ妥協（⇨107頁）により維持されてきた自由州と奴隷州のバランスを崩す契機となったのである。

　黒人奴隷制度は，綿花生産量の増加に比例して発展し，奴隷労働に依存した経済システムは南部社会に不可欠なものとなっていた。実際，黒人奴隷人口は，1800年には約90万であったものが，1850年には約320万，1860年には約400万人へと増加していった。これが南部にとどまらず，西部の広大な領土に拡大するのかどうか。とくにゴールドラッシュを機に人口が急増したカリフォルニアの州昇格に注目が集まった。

　自由州としての加盟を求める要求に議論は紛糾したが，ホイッグ党のヘンリー・クレイの提案をもとに**「1850年の妥協」**が成立し，①カリフォルニアを自由州として連邦加入させる，②ニューメキシコとユタは州昇格にあたって住民

117

自らが奴隷制の是非を決定する、③より強力な逃亡奴隷法を制定する、ことなどが定められた。これにより当面の危機は回避されたが、提案は明らかに政治的妥協の産物であり、ホイッグ・民主の二大政党にもはやこの難題を解決する能力がないことが露呈した。

その後も、北部を中心に奴隷制廃止運動は高まりを見せ、逃亡奴隷の援助をする「**地下鉄道**」(1)が活発化した。**逃亡奴隷法**(1850年)に憤激したハリエット・ストウ(1811-96)は『**アンクル・トムの小屋**』(1852年)を出版し大ベストセラーとなり、奴隷制問題への北部人の強い共感を呼び起こした。だが、1854年には**カンザス・ネブラスカ法**が制定され、奴隷制拡大反対派からすれば受け入れがたい事態を迎えることとなる。

図6-1　ストウ『アンクル・トムの小屋』
アメリカ合衆国の奴隷解放運動に大きな影響を与えた小説。ストウは、逃亡奴隷法に反対し、ヨーロッパの奴隷解放運動家とも広く交流があった。リンカンが開戦後、ストウに「あなたのような小さな方が、この大きな戦争を引き起こしたのですね」と語りかけたとの逸話が残っている。

　鉄道建設ブームのなかで、ロッキー山脈を越えてカリフォルニアへといたる大陸横断鉄道の建設をめぐり、民主党上院議員の**スティーヴン・ダグラス**(1813-61)がシカゴを通る中西部ルートを強く希望したこともあり、カンザス、ネブラスカを準州として組織し、そこへの移住者を募り、その2州での奴隷制の是非は住民の決定に委ねるという法案が可決した。「住民主権」の原理を採用したこのカンザス・ネブラスカ法には、北緯36度30分以北への奴隷制拡大禁止を定めたミズーリ妥協を否定する条項が盛り込まれており、北部社会に大きな衝撃を与えることとなった。この法律が、結果的には奴隷制反対を綱領に掲げる**共和党**の誕生を促し、ホイッグ党の消滅を後押しすることとなる。

---

(1)　黒人女性のハリエット・タブマンは、多くの奴隷の逃亡を助け、女モーゼと呼ばれた。

（2） 共和党の成立——政党政治の系譜

　カンザス・ネブラスカ法の成立は，政治的混乱を引き起こし，奴隷制拡大反対の勢力を結集させ，共和党を誕生させるきっかけとなった。アメリカでは，1820年代・30年代以降，民主党・ホイッグ党による二大政党制が機能してきたが，この時期の奴隷制問題により，民主党は党内で事実上，南北に分裂し，全国政党としての機能を果たせなくなり，またホイッグ党は消滅した。

　この政治的空白を埋めたのは，奴隷制の西部への拡大阻止を主張した**自由土地党**（フリーソイル党）や，移民排斥を説くネイティヴィスト政党の**ノーナッシング党**などの第三政党であった。こうした政党が支持された背景には，西部の土地をめぐる農民の政治意識や東部都市における移民の大量流入を受けての混乱など，さまざまな社会問題がこの19世紀半ばに噴出していたからでもあった。

　なかでも，この東部都市における移民外国人の急増は，アメリカ生まれの住民に排外主義の感情を抱かせ，ノーナッシング党の躍進をもたらした。ジャガイモ飢饉を契機に洪水のように殺到したアイルランド系移民は，これまでの同化傾向の強い移民集団とは異なり，カトリック教徒であったし，英語を話さないドイツ系移民は労働運動を展開するなどした。1845年からの10年間だけで，約300万人もの移民が大西洋を渡り流入したことが，東部都市の社会不安を煽ることとなったのである。

　こうした社会不安のなか，1854年に誕生したのが**共和党**である。北部を支持基盤としつつ，「自由な土地，自由な労働，自由な人間」をスローガンに掲げ，西部の農民や東部のアメリカ生まれの白人労働者をもひきつける政治的主張を展開し，支持層を拡大していった。不自由労働である奴隷制に反対する明確な主張を持ち，農民への公有地無償給付を実現する**ホームステッド法**（1862年）の制定などを通じて開拓農民らの支持を取り付け，いわゆる自由労働イデオロギーを核にした新たな政治的主体がここに成立した。以後，アメリカでは共和党・民主党の二大政党制が現在にいたるまで，維持されることになるのである。

　だが，奴隷制をめぐる問題は，政治的妥協を受けつけぬほどに，深刻な南北間の対立となっていった。カンザスでは奴隷制支持派と反対派がそれぞれに移住者を送り込み，やがて両陣営の間で武力衝突が起き，「**流血のカンザス**」と

---

(2) 公有地に5年間定住し，耕作した者に160エーカーの土地を無償給付することを定めた。

いわれる惨事が生じた。さらに，1857年には連邦最高裁判所が，自由州での居住経験を根拠に自由身分への解放を求めた**ドレッド・スコット判決**において，①合衆国憲法では黒人は市民ではないので，提訴する権利がない，②奴隷とは奴隷主の財産であり，奴隷主がどこにでも自由に移住させる権利を憲法は保障しており，連邦政府も州も奴隷の持ち込みを禁止する権限を有しない，③よって，ミズーリ妥協は奴隷主から財産権を奪うものであり違憲である，との判断が下された。

　こうした政治的混迷のなか注目されたのが，1858年のイリノイ州連邦上院議員選挙の際，カンザス・ネブラスカ法の提案者である民主党のダグラスと，共和党の**エイブラハム・リンカン**（1809-65）との間で行われた**リンカン・ダグラス論争**である。この論争でのリンカンの政治的立場は，奴隷制の拡大には明確に反対するものの，既存の南部社会の奴隷制度には干渉する意図はないこと，そして人種問題として白人と黒人との社会的・政治的平等には反対するというものだった。それ以前から，リンカンは人種の分離が混血を防ぐ唯一の手段であり，人種分離のためにはアフリカなどへの黒人植民しかないとの持論を展開していた。

　1859年10月にはジョン・ブラウン（1800-59）の襲撃事件が起こった。彼は武装した一団を率いてヴァージニア州ハーパーズ・フェリーの連邦武器庫を占拠するという実力行使によって，大規模な奴隷反乱を期待し，これによって南部の奴隷解放を実現することを考えた。しかし，ブラウンはあえなくロバート・リー指揮下の軍隊に捕まり，計画は失敗に終わった。

（3）　1860年大統領選挙と南部の連邦離脱

　1860年の大統領選は，奴隷制の行方を占うものとなった。民主党はダグラスを大統領候補に指名すると，南部民主党員が反発，離脱し，分裂選挙となった。共和党は，ダグラスとの論争で知名度をあげたリンカンが指名を獲得し，選挙の結果，北部諸州の反奴隷制票と西部票を手堅く集めたリンカンが勝利を収めた（在職1861-65）。

　共和党リンカンの当選は，南部に大きな衝撃を与えた。歴代の大統領の多くを輩出してきた南部が，共和党政権のもとでは連邦議会でイニシアティブを発揮できない状況が予想されるなか，サウスカロライナ州議会がただちに連邦離

第6章　南北戦争と「再建の時代」

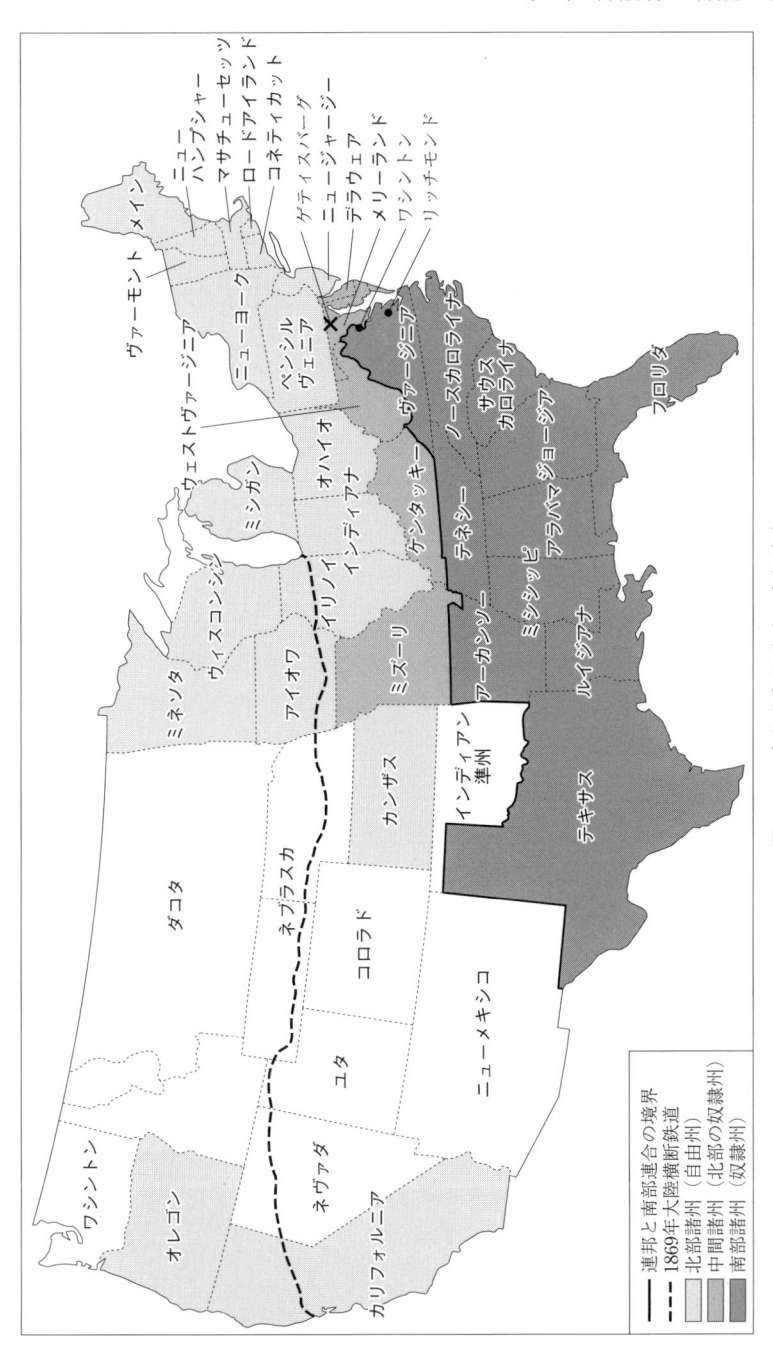

図6-2　南北戦争開戦時の南部連合

―――　連邦と南部連合の境界
- - -　1869年大陸横断鉄道
　　　北部諸州（自由州）
　　　中間諸州（北部の奴隷州）
　　　南部諸州（奴隷州）

121

脱を宣言した。これにつづいて，ミシシッピ，フロリダ，アラバマ，ジョージア，ルイジアナ，テキサスの計7州が離脱に踏み切った。こうして，リンカン当選の3カ月後の1861年2月9日には，アラバマ州モンゴメリーでアメリカ連合国（以後，南部連合）が結成され，奴隷制を承認・保護するとした独自の憲法を採択し，**ジェファソン・デイヴィス**（1808-89，在職1861-65）を大統領に選出した。

この南部諸州の連邦離脱を受けて，連邦議会は奴隷制には手をつけないことを明言し連邦復帰を呼びかけたが，失敗に終わった。この南部連合への対応は，共和党選出の新大統領リンカンに委ねられることとなった。南北間での戦闘がはじまると，1861年5月までにヴァージニア，ノースカロライナ，テネシー，アーカンソーの計4州がさらに離脱し，南部連合は11州の連合として国家体制を整えることとなった。この南部連合に対して，連邦に残ったのは全部で23州あり，そこにはミズーリ，ケンタッキー，デラウェア，メリーランドという南北の境界エリアにあった奴隷州（境界諸州）も含まれており，ヴァージニアから分かれたウェストヴァージニアも連邦側に加わった。

2　南北戦争

（1）戦争の勃発と戦局

リンカンは大統領就任演説において，南部の奴隷制度への不干渉を表明したうえで，「私たちは敵ではなく友人である，敵であってはならない，激情が緊張をもたらすことがあっても，私たちの愛情の絆をきってはいけない」と述べ，連邦を維持し愛国の情を育む必要性を説いた。だが，南部連合に加わったサウスカロライナが州内にあった連邦側の**サムター要塞**を包囲したのに対し，リンカンが救援を決定し，これを機に南軍が要塞砲撃を開始したことで，4年の長きにわたる骨肉の内戦がはじまった（**南北戦争**）。

両軍が戦争遂行上，最初に直面した課題は，兵士の創出であった。州単位で強い募兵権が確立され，建国以来，反常備軍感情が強いアメリカには，開戦時，2万人足らずの連邦の兵士しかいなかった。リンカンは直ちに志願兵招集を決定し，短期決戦での勝利を期待したが，1861年7月の**ブルランの戦い**での連邦軍の敗走により事態は一変した。長期戦への備えが必要であり，外交上も，イ

ギリスなど自国産業のために南部の綿花を必要とするヨーロッパ諸国が，南部連合を国家として承認するのを阻止することが最大の課題となった。また，志願兵中心のアマチュア軍隊での戦闘には限界があることを痛感し，議会は兵力増強のため，国家による直接徴兵を可能とする連邦徴兵法（1863年3月）を成立させ，陸海軍の兵力を確保する道を開くことになる。これがアメリカ史上，最初の徴兵法であり，こうした戦時立法を通じて連邦権限の強化，集権化が進むこととなった。

図6-3　南北戦争に組織された黒人兵
戦争当初，1792年民兵法の規定により，黒人には武器携帯が禁止されており，軍隊への参加は認められなかった。だが，1862年夏を転機に，連邦議会は第二次没収法と同時に戦局打開のため黒人の軍隊参加権限をリンカンにあたえ，最終的には38万6000人ほどの黒人が軍役（後方支援を含む）についた。黒人部隊として有名なのは，「第54マサチューセッツ連隊」である。

　専守防衛の南軍は，ロバート・エドワード・リー将軍の活躍もあり，戦争初期は連戦連勝であった。だが，アンティータムでの北部の勝利がひとつの転機となり，リンカン政権は奴隷解放予備宣言の発表に向けて準備を進めた。リンカンは，内戦勃発後も，戦争遂行の目的は連邦の統一回復であって，奴隷制度の廃止ではないとの立場を一貫してとっていた。アボリショニスト（奴隷制廃止論者）の**ホレス・グリーリー**（1811-72）にも，「もし私が一人の奴隷も解放せずに連邦を救えるのであれば，私はそうするであろう」と語っていた。だが，この戦争が，奴隷解放の問題と不可分のものであることは誰もが承知していた。北部では，自由黒人の多くが北軍の募兵の呼びかけに率先して応じ，南部でも黒人奴隷たちがプランテーションからの逃亡を企てるなどして，南部社会の混乱を引き起こそうとした。

---

(3) リンカン政権の国務長官シュワードは，1867年にロシアからアラスカを購入した。
(4) 同じく南部でも1862年から徴兵が実施された。

（2） 転機としての奴隷解放宣言

　リンカンが1862年9月22日に**奴隷解放予備宣言**を公布するにいたる道は平坦ではなかった。第1に，北部の民主党支持層における反黒人感情の高まりがあり，第2に，奴隷解放が憲法で保証された財産権の侵害となる恐れがあったからである。奴隷一人100ドルとして換算しても400万人分となれば4億ドル分の私有財産の没収であり，これは1860年のGNPにほぼ匹敵する額であったのだ。だが，このとき躊躇するリンカンを後押ししたのは，共和党急進派と呼ばれるグループであり，1862年7月には**第二次没収法**(5)が制定された。そして，ついにリンカンは奴隷解放予備宣言を公布するのである。

　同宣言には，反乱諸州が1863年1月1日時点で連邦に復帰しなければ，その支配下にある奴隷には永遠の自由が与えられるとあった。この宣言は，たしかに連邦にとどまった奴隷州の奴隷たち（約100万人）が除外されていたため，部分的解放宣言であったともいえる。だが，この宣言により南北戦争は，連邦維持のための戦争から，奴隷解放という社会革命をめざす戦争へと大きく変容したのであり，その歴史的意義は大きかった。予備宣言に記された奴隷解放令布告の日，1863年1月1日を黒人たちは歓喜とともに迎え，その後，戦況も北部有利に展開していくことになり，戦争は大きな転換点を迎えたのである。

　だが，こうして奴隷解放宣言により黒人解放のための戦争へと変容すると，北部の民主党支持者の間で不満が噴出した。同年3月に施行された徴兵法には，軍役免除対象者に関する条文があり，身代わりを出すか，あるいは，300ドルを免除金として支払えば軍役を免れるという，富裕層優遇の階級差別的な規定があったことが，白人労働者を刺激し，大規模な徴兵忌避運動を生み出していった。

　なかでも最大規模の徴兵忌避の民衆暴動となったのが**ニューヨーク徴兵暴動**であり，1863年7月13日からの4日間，都市機能は完全に麻痺することとなった。白人労働者が徴兵官事務所，警察署，さらには五番街の富裕者や共和党議員宅などを襲撃し，黒人をターゲットにリンチを執行した。アイルランド系住民らは，黒人解放のための戦争への参加を拒否したのであり，この暴動からは戦時下の北部が決して一枚岩ではなかったことがわかる。

---

(5) この没収法は，反乱に参加したり，それを支持した南部奴隷所有者の奴隷を解放することを規定した。

史料8　奴隷解放宣言

　西暦1862年9月22日，アメリカ合衆国大統領より，とくに以下の事項を含む宣言が発せられた。
　「西暦1863年1月1日の時点で，その人民が合衆国に対する反逆状態にあるいずれかの州もしくは州の指定された地域において，奴隷とされているすべての者は，同日をもって，そして永遠に，自由の身となる。陸海軍当局を含む合衆国の行政府は，かかる人々の自由を認め，これを維持する。そして，かかる人々が，あるいはそのうちの誰かが，真の自由を得るために行ういかなる活動についても，これを弾圧する行為を一切行わない。
　行政府は，前記1月1日に，宣言によって，人民がその時点で合衆国に対する反逆状態にある州および州の地域を指定する。また，同日時点で，州またはその人民が，その州の有権者の過半数が参加する選挙で選出した議員を，誠意を持って合衆国議会に送っている場合には，これを否定する強力な証言がない限り，それをもってその州およびその人民がその時点で合衆国に対する反逆状態にないことを示す確実な証拠とみなされる」。

（3）　戦争の終結

　経済力に勝る北部は，1862年にホームステッド法を制定し，西部開拓者に土地を無償で与えることを約束し，さらには大陸横断鉄道法（1862年）を制定するなどして，西部の支持をとりつけてさらに優勢となった。翌1863年7月のゲティスバーグの激戦を制すと，11月には戦没者墓地奉献式で演説を行い，終戦後の国民統合を見据えた有名な**ゲティスバーグ演説**を行い，翌年11月の大統領選で，リンカンは再選された。
　戦争後半のこの時期，南部経済は破綻寸前であり，63年以降は各地で食糧暴動が起こった。南部連合のデイヴィス政権に対して，ジョージア州知事が公然と徴兵阻止行動をとるなど，徴兵・徴税への協力を拒否するものが急増したのである。
　1864年5月，北軍の**ウィリアム・シャーマン**将軍（1820-91）がアトランタに向け進軍し，9月には占領にいたった。最後は，追い詰められたリー将軍指揮下の南軍が首都リッチモンドから撤退を開始し，翌1865年4月9日，アポマト

図6-4　リンカンのゲティスバーグ演説（1863年11月19日）
戦没者追悼式の演説で「人民の，人民による，人民のための政治」を説いた。短い演説で，5度もネーションという言葉を用い，独立宣言の自由の理念に言及し，「自由の新しい誕生」のための献身を求めた。

ックスにてユリシーズ・グラント将軍（1822-85，のちの第18代大統領⇨132頁）に降伏し，南北戦争は事実上，終結した。しかし，リンカンは4月14日にワシントンのフォード劇場にて狂信的な南部白人ジョン・ウィルクス・ブースに狙撃され，戦後改革に着手することなく，翌日，亡くなってしまう。

3　再建政治

（1）　初期再建政治

　連邦を離脱し，独立をはかった南部諸州をいかなる条件のもとに連邦に復帰させ，奴隷身分から解放された400万人の南部黒人をどう処遇するのか。この難題は，南部だけでなく広くアメリカ全体の「再建」にかかわる問題であり，それゆえにこの戦後処理の時代を「再建の時代」（1863～77年）と呼ぶ。[6]
　この戦後構想である再建政策は，戦争終結を待たずして，南部連合の領土に侵攻して以来，実質的に開始された。最初の再建政策は，リンカンが1863年12月に発表した「10％プラン」である。この案は，占領したばかりのルイジアナ

---
[6]　「再建」の時代区分は，戦後の1865年を起点にするものなど諸説ある。

に連邦に忠実な州政府を早急に樹立することを目的に，①南部で反乱に巻き込まれた人々が連邦に忠誠を誓うのであれば恩赦を与え，奴隷財産以外のすべての財産権を保証する，②連邦への忠誠を誓う者が州白人男性（1860年の有権者）の10％を越えたときに州政府を組織することを認める，という内容であった。しかし，結果的には，ルイジアナには連邦忠誠派のプランターが多く，連邦軍が解放奴隷（以後，解放民）にプランターとの労働契約を強制したため，彼らはプランテーションを離れることができず，奴隷時代と変わらぬ状況下におかれた。

こうしたリンカンの10％プランに不満を持つ者が，1864年7月，**ウェイド・デイヴィス法案**を可決した。この法案は，州の白人男性人口の過半数が合衆国憲法に忠誠を誓うまで，再建政治を遅らせるべきとし，州憲法制定会議の投票権は，過去においても自発的に反乱に荷担したことがないという誓いをたてた者だけに限定した。また，この法案では解放民の法の下の平等が規定されたが，黒人への投票権付与は論外のこととされた。

ウェイド・デイヴィス法案は，ルイジアナ再建の足かせになると考えたリンカンにより握りつぶされまもなく廃案となった。戦時下での再建構想は，リンカンと連邦議会との意見対立もあり，合意形成にはいたらなかったが，終戦間際の時期にふたつの大きな決定がなされた。ひとつは，奴隷解放宣言を合衆国憲法として成文化した**憲法修正第13条**の制定である。「奴隷および本人の意に反する労役」を禁止する憲法修正の提案が1865年1月末に出され，戦争終結後の同年12月に批准されることとなる。

いまひとつは，1865年3月の**解放民局**の設置である。これは連邦機関が直接介入し，解放民たちを直接保護し，食料援助，医療活動，教育活動を行う画期的なものであった。戦後社会においては，奴隷制が解体され，解放民が自由労働に基づく生産様式へと移行するなかで，この新しい労働制度に適応していくのを支援する施設として活用されたのである。

（2）　戦後再建——共和党急進派の政治と改革理念

戦争が終結した直後に，リンカンが暗殺されたため，戦後再建は副大統領から昇格したアンドルー・ジョンソン（1808-75，在職1865-69）に託されることと

---

(7) 北部から黒人教育のためボランティアの白人教師が南部にきて教育を開始し，1870年代には南部各地で黒人のための公教育制度が確立していった。

図6-5 「アンクル・サム家の感謝祭の晩餐」
風刺画家のトマス・ナストが共和党急進派の国民統合の理想図を描いた作品。黒人家族に加え、先住民、中国人の家族らが招かれている。

なった。だが、ジョンソンは、南部テネシー出身の無名の上院議員であり、連邦離脱に反対しワシントンにとどまった南部ユニオニストという異色の経歴の政治家であった。リンカンが、南北の融和をはかり、連邦への国民の結束をはかるためにあえて副大統領に指名した候補者だったのである。

ジョンソンは大統領に就任すると、旧南部支配者に直ちに特赦を与え、奴隷を除くすべての財産権の復活を約束した。南部各州は州憲法会議を開き、旧南部支配層のほとんどが権力の座に返り咲いた。このジョンソンの反動的な政策に勇気づけられ、旧支配層は**黒人取締法**（ブラック・コード）を制定した。奴隷制廃止後も、黒人たちを隷属的な状況にとめおくために、雇用されていない黒人や定住していない黒人を「浮浪者」として取り締まりの対象とし、黒人の土地所有・賃貸を禁止・制限した。

こうしたジョンソンの南部寄りの政策に対して、連邦議会で真っ向から対峙したのが**共和党急進派**[(8)]であった。共和党内には、保守派・穏健派・急進派などのグループがあり、急進派は少数派であったが、ジョンソン政権が共和党保守派との協力を拒否したため、結果として急進派が議会運営の主導権を握ることとなった。以後、ジョンソン大統領の妨害を乗り越えて、南部再建のためのラディカルな再建ビジョンを次々と打ち出していった。

共和党急進派の政治思想は、自由労働イデオロギーや自然権思想に基づく平等主義に基づいており、黒人のみならず中国系など他のエスニック・マイノリティにまで市民権を拡大する国民統合の見取り図を持っていたことに特徴がある。それゆえに、「アメリカ人」の境界が流動化し国民の再定義がなされるこの再建期の連邦議会では、結果的には否決されたものの、1870年に1790年帰化

---

(8) 共和党急進派の議員には、チャールズ・サムナー、ベンジャミン・ウェイド、サディアス・スティーブンスらがおり、奴隷制廃止運動にかかわった経験がある者が多かった。選挙区は、ニューイングランドと中西部に集中していた。

史料9　再建諸法（憲法修正13・14・15条）

修正第13条〔1865年確定〕
　第1節　奴隷および本人の意に反する労役は，当事者が犯罪に対する刑罰として正当に有罪の宣告を受けた場合以外は，合衆国内またはその管轄に属するいかなる地域内にも存在してはならない。

修正第14条〔1868年確定〕
　第1節　合衆国において出生し，またはこれに帰化し，その管轄権に服するすべての者は，合衆国およびその居住する州の市民である。いかなる州も合衆国市民の特権または免除を制限する法律を制定あるいは施行してはならない。またいかなる州も，正当な法の手続きによらないで，何人からも生命，自由または財産を奪ってはならない。またその管轄内にある何人に対しても法律の平等な保護を拒んではならない。
　第2節　下院議員は，各州の人口に応じて，各州の間に配分される。各州の人口は，納税義務のないインディアンを除いた総人口とする。しかし，もし合衆国大統領および副大統領の選挙人の選任，連邦下院議員，各州の行政官および司法官，またはその州議会の議員の選挙に際して，いずれかの州が自州の住民である男子の内，二十一歳に達しかつ合衆国市民である者に対して，反乱の参与またはその他の犯罪以外の理由で，投票の権利を拒み，またはなんらかの形で制限する場合には，その州より選出される下院議員の数は，これらの男子市民の数がその州における二十一歳以上の男子市民の総数に占める割合に応じて，減少される。

修正第15条〔1870年確定〕
　第1節　合衆国市民の投票権は，人種，肌の色または過去における労役の状態を理由として，合衆国または州によって拒否または制限されることはない。
　第2節　連邦議会は，適当な法律の規定によって，本条の規定を施行する権限を有する。

法（「自由な白人」にのみ市民権申請を許可した法律）の改正提案があり，国民の定義の核心にある**白人性**（ホワイトネス）すら争点となったのである。
　具体的には，まず1866年に黒人の市民権を保証するための**市民権法**が，ジョンソン大統領の拒否権を乗り越え制定された。さらに，**憲法修正第14条**が同年提案され，解放民に市民権を与え，いかなる州も「正当な法手続」なしに生

命・自由・財産を奪うことを禁止した。これは，アメリカ生まれのすべての市民の権利を保証する法律となった（批准は1868年）。

1867年に制定された**再建法**では，連邦に忠誠心を持つ州政府が南部では樹立されていないことが確認され，南部反乱州が軍政下におかれることとなった。これらの州が連邦復帰するには，黒人の投票権を認めた州憲法を定め，憲法修正14条を批准することが条件とされた。だが，これに対抗して，ジョンソン大統領が閣僚のなかでただ一人，議会の再建政策を支持しつづけていた陸軍長官**エドウィン・スタントン**（1814-69）を解任したため，下院はジョンソンの弾劾を決意した。弾劾裁判の結果，大統領罷免に必要な3分の2にわずか1票足りずに，大統領は罷免を免れたが，この政治的緊張はラディカルな政治への不信を生み，急進派以外の穏健派らを勢いづかせることになった。

（3）占領下の南部社会

こうして共和党急進派の政策により，黒人たちの市民としての権利保証が進んだ。黒人たちにとって，自由とは奴隷制が彼らに強いてきた無数の不正行為——鞭打ちの処罰，家族の分断，教育の機会の剥奪，黒人女性の性的搾取——からの解放を意味した。奴隷制下では，正規の結婚制度の枠外におかれ，家族をつくる権利すら奪われていた黒人たちであるが，戦後には離散した子どもらを探し家族を再結集させて，新生活に臨んだのである。アメリカでは，この南北戦争を境に，**同一人種同士の婚姻**が家族規範として確立されていくことになる。[9]

黒人たちは選挙では積極的に投票し，共和党政権を支える票田となる一方，アメリカ史上はじめて，黒人の連邦上院議員が誕生するなど，連邦・州の政治の世界に自らの代表を送り込んだ。だが，南部各州で成立した共和党（州）政権は，支持票の8割を黒人に依存するゆがんだものであった。占領下の南部では，北部から移住してきた**カーペット・バッガー**と呼ばれる人々が南部共和党の知事職などの要職についた。また，共和党に協力した南部白人は軽蔑的に「**スキャラワッグ（ごくつぶし）**」と呼ばれたが，南部の政治・経済を新しく生まれ変わらせることに情熱を燃やした。彼らの大部分は，山岳地帯や小農地域

---

[9] 戦後における400万人の黒人の結婚制度への参加は，人種秩序の維持のため，異人種間結婚禁止の法体系と組み合わされていた。

出身の自営農であった。このように南部共和党政権は，黒人と白人とのこわれやすい同盟の上に成り立っていた。

他方，解放民たちの生活自体が改善されたのかといえば，彼らの経済的苦境は奴隷時代と相も変わらずつづいた。戦後直後より「**40エーカーの土地と1頭のラバ**」という言葉が南部黒人のあいだに広まり，プランターの土地が解放民に分配されることを彼らは期待した。だが，共和党政権は決して土地の分配を実行せず，経済的支援には手をつけなかった。これは綿花を必要とする点では，北部資本家の利益を代弁する共和党もプランターと意見が一致していたからであり，これが南部再建の限界であった。

図6-6　黒人の連邦上院議員・下院議員（第41・42議会）

解放民は生活のため働かざるをえず，戦前からの土地を守ることのできたプランターたちは彼らと労働契約を結び，結果として**シェアクロッピング**（分益小作）**制度**が生まれた。これは土地の賃料と貸付品（農具，ラバ，種など）の代金を，農民が収穫した作物で地主に払う制度である。この制度は黒人農民の家族労働を基盤に1870年代には南部社会に定着していくが，綿花生産を強制されるなどプランターとの関係はきわめて従属的なものであった。また，プランターからだけでなく，農村の商人からも生活品を現物で前借りし，綿花で債務を返済する**クロップリエン制度**により，解放民は借金まみれとなり，ますます土地に縛られることとなった。

4　再建の終了

（1）再建政治の終焉

これまで再建政策を推進してきた共和党急進派は，ジョンソン大統領の弾劾裁判が失敗に終わると徐々に求心力を失っていった。人種平等を希求した急進

131

的改革の時代は終わり、共和党は「黒人をめぐる苦闘」から解放され、これ以後、経済不況や失業、通貨財政政策などの政治課題に重心を移していくことになった。1868年の大統領選では、こうした国内経済の発展を担う安定と平和の回復が共和党の基本方針となり、内戦の英雄から平和の英雄へと鞍替えをはかるグラント（⇨126頁）が候補者となった。一方の民主党は、元ニューヨーク州知事のホレイショ・セイモア（1810-86）を担いだが、図6-7の風刺画（共和党系新聞が批判したもの）に描かれているように、相も変わらずの「再建政治反対、白人の統治」を謳う人種差別主義的な選挙戦術がとられた。

図6-7　「これが白人の統治だ」

　1868年選挙では、南部でクー・クラックス・クラン（KKK）[10]による暴力行為が激化し、共和党を支えてきた黒人票を奪うためあらゆる手段が用いられたが、結果的にはグラントが勝利を収めた（在職1869-77）。グラント政権は、北部での黒人参政権の普及を狙って**憲法修正第15条**（人種、肌の色、過去の隷属の状態を理由に合衆国の投票権は制限されない）を制定し、また1871年には**KKK法**を制定して、連邦軍を派遣してまでクランの運動の弾圧に臨んだ。

　だが、グラント政権では新興の金融資本などとの政治的癒着が起こり、**クレディ・モビリエ事件**[11]など汚職事件がたびたび起きた。そのため1872年のグラント2期目の選挙前には、グリーリーを担いだリベラル・リパブリカン[12]が第三政党運動を展開し、選挙にのぞんだが惨敗した。グラントは、19世紀政治史上、

---

[10]　白人至上主義の秘密結社であるKKKは、南北戦争直後の1866年にテネシー州にて設立された。南軍退役軍人のネイサン・フォレスト（「これが白人の統治だ」の挿絵の中央の人物）は、創設当時のメンバーの一人。白いガウンと三角頭巾という衣装でリンチを行い、黒人を暴力により支配しようとした。

[11]　鉄道利権をめぐる大規模な収賄事件。

[12]　ホレス・グリーリー（1811-72）は、熱烈な共和党急進派の支持者であったが、グラント政権の腐敗をみかねて再選阻止のため、新しいリベラル・リパブリカン党の創設にかかわり大統領候補となった。長年、敵対してきた民主党からも支持を得たが敗北した。

最高の得票率で圧勝した。

　だが，この共和党が支配する南部再建の時代は，1876年の大統領選挙により終わりを告げることとなった。共和党からは**ラザフォード・ヘイズ**（1822-93），民主党からはサミュエル・ティルデン（1814-86）が大統領候補として立候補した。この選挙は大統領選史上まれに見る激戦となり，ほぼ同数で並んだ得票数の確定作業をめぐる対立から，「**1877年の妥協**」と呼ばれる共和党・民主党による政治的妥協がなされた。すなわち，民主党は共和党候補ヘイズの当選を承認するものの，その交換条件として，南部に駐留する連邦軍を完全に撤退させること，南部での鉄道建設に対する北部の支援，南部の人種政策に対する北部の不干渉などを取り決めたといわれる。(13)これにより，再建の時代に終止符が打たれ，南部にはホームルール（南部独自の黒人差別を是認する慣習や州法のこと）が復活していくことになる。

　再建の時代は，黒人たちを「アメリカ人」の一員として包摂し，市民としての権利が拡大した。元奴隷の活動家フレデリック・ダグラスが1869年の演説で，アメリカの宿命は「国民的自由を求める共通の願いによって地球のあらゆる所から集まってきた」人々の避難所になることだと述べたが，これは共和党議員の一部に共有されたビジョンでもあった。だが，こうした普遍主義は，中国人移民を排除したように，結果的には黒人以外の人種の壁を乗り越えることはできなかった。

　また，憲法修正第14条で，選挙資格に関してはじめて「男子」という言葉が用いられたように，ジェンダーの視点から見ても，なおさらその普遍主義には限界があったといわざるをえない。**エリザベス・スタントン**（1815-1902）や**スーザン・アンソニー**（1820-1906）ら（⇨156頁）は，これに猛抗議したが，結局はアンテベラム期の男女の非対称な権力関係を再強化するものだったのである。

（2） 南北戦争・再建期の歴史的意義——学説史

　1963年8月，25万余の公民権運動支援者が集まったワシントン大行進のクライマックスとして，**マーティン・ルーサー・キング・ジュニア**（1929-68）（⇨214頁）は，リンカンの影像の聳える石段から，次のように語りかけた。

---

(13) この共和党・民主党の密約を否定する説もある。

Column 6

奴隷解放後の「人種」――異人種間混交とホワイトネス

　アメリカ合衆国がどのようにして白人優位の共和国になったのか。とりわけ，アイルランド系移民ら労働者階級の白人性（ホワイトネス）の成立については，近年，多くの研究成果が出されている。そもそも，アメリカにおいて移民に市民権を付与する重要な法手続である帰化法において，建国当初の1790年に「自由な白人」にのみ市民権申請の権利を与えたことが，「白人であること」と「アメリカ人であること」が同義となる道筋をつくったとされる。

　だが，黒人奴隷制のあった南北戦争以前（アンテベラム）は，自由人／奴隷という身分が社会秩序を形成していたため，人種意識が労働者階級の間で高まることは少なかった。むしろ転機となったのは，南北戦争中の奴隷解放であり，解放民を含め，国民が遍く自由労働者となった地点から，黒人種や当時，流入を開始していた中国人などのアジア系移民を自己と差別化し，アイルランド系労働者らが自らのアイデンティティの核に白人性という人種意識を据えるようになったといわれている。

　こうした白人共同体は，異人種間との混交を避けることによってはじめてその「人種」と「人種」の距離が維持される。この点で興味深いのは，アメリカ社会において「人種混交（miscegenation）」という言葉が南北戦争の奴隷解放宣言の直後に誕生したということである。1863年のクリスマスを前に，共和党を支持する奴隷制廃止論者を装って書かれた，『人種混交――アメリカの白人とニグロに適用される異人種融合の理論』という選挙応援文書らしき小冊子で，この言葉ははじめて使われた。「混血の人種は，純粋な血統の人種より，精神的にも，肉体的にも，道徳的にも優秀である」と主張し，南北戦争は白人と黒人の混交を進めるための戦争であり，勝利後はアジア人との融合を次なる課題とすべきだとし，共和党は人種混交奨励の項目を党綱領に盛り込むべきだと提案している。

　この文書は，多くの著名人に郵送され，新聞各紙に転載されたことで，人種混交を指す言葉としてアメリカ社会に定着していった。民主党系の奴隷制支持者は，当然，猛反発して，共和党の行き過ぎた人種融和の政策を批判し，人種混交の危うさを訴えた。南北戦争後，アメリカでは異人種間結婚禁止法の制定が加速し，最終的に38州にまで拡大した。同法の名称が anti-miscegenation law であったように，この言葉は，異人種間の婚姻，同棲等を禁じた法体系に対して最高裁がラヴィング判決で違憲判断を下す1967年まで，アメリカ社会の「人種」を語るうえでのキーワードとなったのである。

（貴堂嘉之）

第6章 南北戦争と「再建の時代」

『異人種間混交とは何か』
リンカン再選をきっかけに混交が加速すると主張し，民衆の混交忌避の感情を煽(あお)るために，白人女性と黒人男性のこのエロチックな挿絵が用いられている。アメリカにおける「白人」という人種の境界は，セクシュアリティの規範と組み合わされて維持されていた。

図6-8　「解放された黒人」の彫像

今から百年前，ある偉大なアメリカ人が奴隷解放宣言に署名しました。今われわれは，その人を象徴する坐像の前にたっています。この重大な布告は，容赦のない不自由の炎に焼かれた何百万もの黒人奴隷たちには，大きな希望の光明であった。それは，囚われの身にあった彼らの長い夜に終止符を打つ，喜びに満ちた夜明けとなりました。ところが百年経った今日，黒人はいまだ自由ではないのです。百年経っても悲しいことに，黒人の暮らしは人種隔離の手枷と人種差別の鎖でがんじがらめにされたままなのです。百年経っても黒人は，物質的繁栄という広大な海の真っ只中に浮かぶ，貧困という名の孤島に住んでいるのです。百年経っても黒人は，アメリカ社会の片隅に追いやられ，自国にいながら，まるで亡命者のような生活を送っている。そこで私たちは今日，この恥ずべき状況を劇的に訴えるために，ここに集まったのです。

キングが回顧する百年前とは，まさに南北戦争・再建の時代である。この戦争は，アメリカ戦争史上，最多の62万人もの戦死者を出し，その怨嗟のなか南北の対立はつづき，国民統合は困難をきわめたため，奴隷解放の意義や再建期の政治をめぐってはその評価が何度も大きく書き換えられてきた。アメリカ史上，これほど歴史評価が揺れ動いた時代は，ほかにない。

独立百周年にあたる1876年に開催されたフィラデルフィア万博では，奴隷解放を顕彰する「解放された黒人」の彫像（図6-8）が展示されると，これを見るために多くの黒人たちが訪れたといわれる。だが，南北戦争終結半世紀にあたる1915年に封切られたハリウッド映画『国民の創生』（グリフィス監督）では，早くも再建の時代の歴史がひどく歪められて描かれている。黒人やムラトー（混血），北部の政治家らにより混乱し，荒れ果てた南部をKKKが救うことで，人種秩序が回復し，国家が再生される物語に国民は熱狂したのである（⇨172

第6章　南北戦争と「再建の時代」

頁)。

　歴史学においても，20世紀初頭から，ダニング学派が共和党急進派の政治に否定的な評価を加え，急進派の党派的エゴと独善を批判し，黒人蔑視の歴史観をつくりあげた。また，1930年代には，革新主義学派が共和党急進派は北部資本の利益代弁者に過ぎず，南部を政治的に従属させるために黒人の政治的権利を利用したにすぎないと論じた。こうした**人種隔離**（セグリゲーション）の時代の歴史学に対して，根本的な歴史像の転換を求める声が1960年代の公民権運動を経て登場してきた。その代表的な研究がエリック・フォナーの『再建——未完の革命』であり，奴隷解放を達成し社会革命をめざした共和党急進派の政治を評価し，運動がなぜ未完の革命に終わったのかを問うた。また近年の研究では，解放民自身の主体的な役割に注目する研究が登場している。

[文献案内]

　南北戦争に関する主要文献としては，James McPherson, *Battle Cry of Freedom : The Civil War Era* (New York: Oxford University Press, 1995) や辻内鏡人『**アメリカ奴隷制と自由主義**』(東京大学出版会，1997年)，長田豊臣『**南北戦争と国家**』(東京大学出版会，1992年) がある。それぞれ通史として，自由労働イデオロギーや南北戦争を契機とする連邦権限拡大，国家建設の観点から南北戦争の歴史的意義を問い直している。リンカンについては，G・ウィルズ（北沢栄訳）『**リンカーンの三分間——ゲティスバーグ演説の謎**』（共同通信社，1995年）がある。

　再建期研究としては，Eric Foner, *Reconstruction : America's Unfinished Revolution, 1863-1877* (New York: Harper & Row, 1988) が決定版で，日本では岡山裕『**アメリカ二大政党制の確立——再建期における戦後体制の形成と共和党**』(東京大学出版会，2005年) が，共和党・民主党による二大政党制が確立していくプロセスを政治学的に解明している。

　また，近年ではこの時代に起こったアメリカの人種意識の変化に関する研究が盛んであり，D・ローディガー（小原豊志ほか訳）『**アメリカにおける白人意識の構築——労働者階級の形成と人種**』（明石書店，2006年）は，南北戦争を経て「ホワイトネス（白人性）」が労働者階級に構築されていく歴史的過程を分析した。田中きく代『**南北戦争期の政治文化と移民——エスニシティが語る政党再編成と救貧**』（明石書店，2000年）は，南北戦争前後における移民の急増が引き起こした東部都市の社会状況，政党再編を扱い，貴堂嘉之『**アメリカ合衆国と中国人移民——歴史のなかの「移民国家」アメリカ**』（名古屋大学出版会，2012年）は，再建期の国民形成に「中国人問題」がかかわっていることを

明らかにした。また，D・G・ファウスト（黒沢眞里子訳）『**戦死とアメリカ――南北戦争62万人の死の意味**』（彩流社，2010年）は，米国史上最多の死者を出した南北戦争で，この死への対処が戦後の「国家」と「文化」の再定義へとつながったと論じる。

(貴堂嘉之)

第 7 章

金ぴか時代から革新主義へ

1904年の大統領選における社会党のポスター

年	事 項
1865	第一次スー戦争（～1867年）
1867	農民共済組合（グレンジ）設立。ホレイショ・アルジャー『ぼろ着のディック』
1869	5-10 最初の大陸横断鉄道開通。労働騎士団結成。女性参政権運動分裂。12-10 ワイオミング準州で全米最初の女性参政権
1872	モントゴメリー・ウォード社設立（大規模通信販売の開始）。3-1 最初の国立公園
1873	2-12 貨幣鋳造法（銀貨鋳造停止）。3-3 コムストック法（わいせつ文書取締）。マーク・トウェイン，チャールズ・D・ウォーナー『金ぴか時代』
1874	11. 婦人キリスト教禁酒同盟結成。11-25 グリーンバック党結成。路面電車登場
1875	3-1 公民権法。第二次スー戦争（～1876年）
1876	アレクサンダー・G・ベル，電話を発明。6-26 リトル・ビッグホーンの戦い
1879	ヘンリー・ジョージ『進歩と貧困』。トーマス・エジソン，白熱電球を発明
1880	農民同盟結成
1881	ヘレン・ハント・ジャクソン『恥ずべき一世紀』
1882	1-2 スタンダード石油がトラストを組織。5-6 中国人排斥法
1883	2-16『レディース・ホーム・ジャーナル』創刊。10-15 1875年公民権法違憲判決
1886	5-4 ヘイマーケット広場事件。9-4 ジェロニモ逮捕（先住民の武力抵抗の終焉）。12-8 アメリカ労働総同盟（AFL）結成
1887	2-4 州際通商法（鉄道運賃規制）。2-8 ドーズ法
1888	エドワード・ベラミー『顧みれば』
1889	ジェーン・アダムズ「ハル・ハウス」設立。アンドリュー・カーネギー「富の福音」
1890	5 全国アメリカ女性参政権協会結成（女性参政権運動団体の統合）。7-2 シャーマン反トラスト法。11-1 ミシシッピ・プラン（黒人選挙権の剥奪）。12-29 ウーンデッド・ニーの虐殺。フロンティア・ラインの消滅。ジェイコブ・A・リース『他の半分の人々はどのように生活しているか』
1892	2-22 人民党結成。7～11 ホームステッド争議
1894	3-25 コクシーの軍隊ワシントンへ（～5-1）。プルマン争議
1895	9-18 ブッカー・T・ワシントン「アトランタ博覧会演説」
1896	5-18「プレッシー対ファーガソン事件」判決。7-8 ウィリアム・ジェニングス・ブライアン「金の十字架演説」
1898	4-25 米西戦争（プエルトリコ，グアム，フィリピン領有）。7-7 ハワイ併合。5-12 ルイジアナ州「祖父条項」導入。シャーロット・ギルマン『女性と経済』
1899	2-4 米比戦争。9-6 国務長官ジョン・ヘイ「門戸開放通牒」
1901	3-2「プラット修正」成立。アメリカ社会党結成
1903	フォード自動車会社設立
1904	12-6「ローズヴェルト・コロラリー」
1905	世界産業労働者組合（IWW）結成
1906	6-29 ヘップバーン法（州際通商委員会強化）。6-30 食肉検査法，純良食品薬品法
1908	2-24 日米紳士協定
1909	2-12 全国黒人向上協会結成。9 フォード社「モデルT」生産開始

第7章　金ぴか時代から革新主義へ

Outline ●

　この時期のアメリカは飛躍的な経済成長を遂げる。しかし，急速な産業化・都市化と農業の変質は，社会に大きな混乱と格差をもたらし，激しい労資対立，農民の反乱，アメリカ史上最大の第三政党運動，さらにはさまざまな社会主義（的）思潮・運動を生み出すことになる。その一方で，領土的拡大は継続され，先住民を駆逐して西部開拓をほぼ終了した後は，カリブ海・中米を従え，さらに西に向かって太平洋の島々からフィリピンまでを領有するにいたる。世界強国となったアメリカには各地から移民が殺到，都市中心部に貧民街を形成するが，当時の改革運動は，こうした社会問題を根本的に解決する意志／能力を欠いていた。かくして，「白人（男性）の帝国」アメリカは，その「責務」として植民地を抱え，中国における「平等」な権益を狙い，国内では，アジア系を排斥し，東南欧系と貧しい白人に黒人を差別させることで不満を逸らす「人種秩序」を確立するのである。

● ●

1　金ぴか時代の社会とその動揺

（1）　産業化と都市化

　南北戦争によってアメリカはようやく国内を統一し，全国的発展の基盤が整った。南部や開拓が進みつつあった西部が産出する食糧や原燃料が，東部や五大湖沿岸の商工業地域に運ばれ，そこで作られた製品が各地で消費されるというように，市場の全国化が爆発的な経済成長への道を開いたのである。その「牽引車」となったのが鉄道であった。連邦政府の認可と支援を受けた鉄道会社は，路線をしだいに西に延ばし，1869年にはユニオン・パシフィックとセントラル・パシフィックを結ぶ最初の**大陸横断鉄道**を完成させ（図7-1），世紀末までには全国津々浦々に鉄道網をはりめぐらすことになる。鉄道は，物流を支えただけでなく，鉄鋼などの関連産業を大いに潤し，かくしてアメリカは，1890年までには，イギリスを追い抜き，**世界一の工業国**となった（図7-2）。

　産業化は同時に**都市化**をもたらした。水力を用いていたため農村地帯に工場を立地していた時代とは異なり，蒸気機関を動力にするようになると，労働力を確保するという意味でも，販売という意味でも，都市（あるいはその近郊）に生産拠点をおくほうが好都合だったからである。都市人口が農村人口を凌駕す

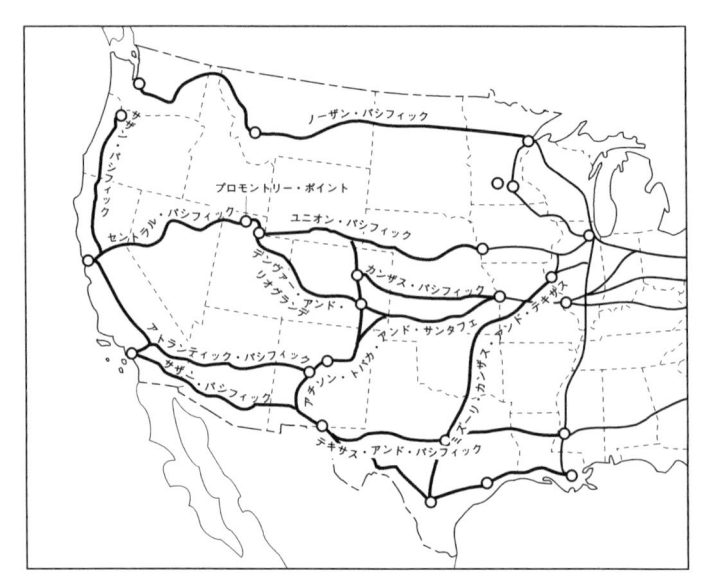

図7-1　西部の鉄道網

るのは1920年まで待たなければならないが，1900年の時点ですでに国民のほぼ4割が農村を出て暮らすようになっていた（図7-3）。

　上流階級から貧しい移民まで，雑多な人々を抱えて肥大しつつあった都会での生活は，技術革新によって快適なものになっていった。特筆すべきは電気の活用で，1880年代以降，電灯が街路を照らし，**路面電車**が都心と郊外を結び，**電話**が迅速で効率的な連絡を可能にし，高層化する建物にはエレベーターが設置されるようになった。

（2）「アメリカン・ドリーム」？

　人々がこぞって金持ちになることを夢見ていたこの時期のことを，うわべだけを飾り立てる拝金主義を皮肉って，「金ぴか（金メッキ）時代」と呼ぶ。作家**ホレイショ・アルジャー**（1832-99）は真面目に努力すれば誰もが成功できると繰り返し説き，ラッセル・コンウェルのような宗教家ですら「金儲けは義務である」と若者を煽った。その理想を体現したのが，鉄鋼業の**アンドルー・カーネギー**（1835-1919）や石油精製業のジョン・D・ロックフェラー（1839-1937）などの，貧しい境遇から身を起こし巨万の富を築いた，まさに「ぼろ着から大

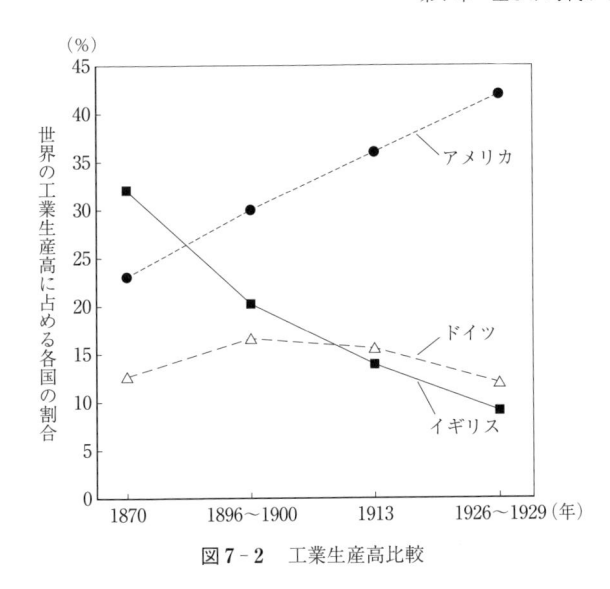

第 7 章　金ぴか時代から革新主義へ

図 7 - 2　工業生産高比較

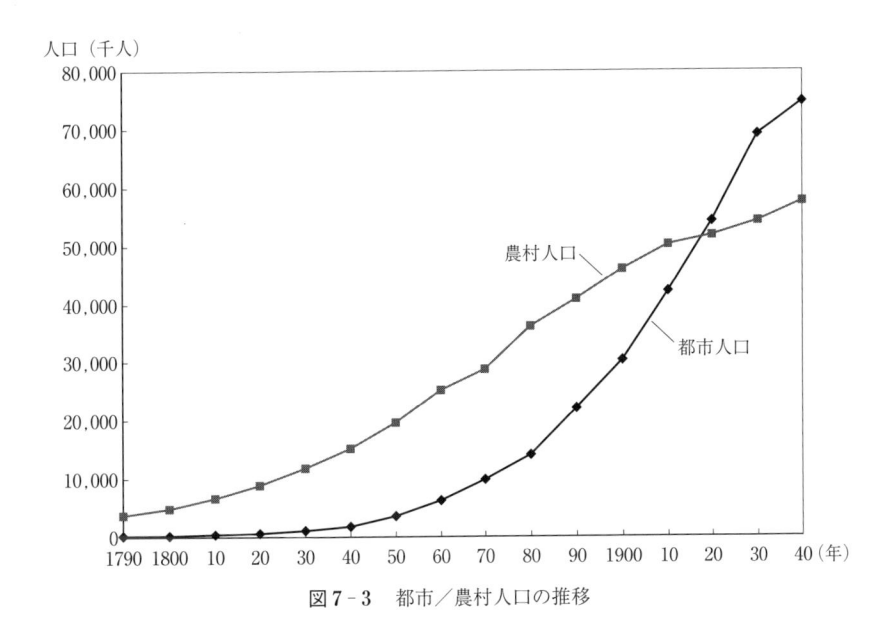

図 7 - 3　都市／農村人口の推移

富豪へ」を地で行く，立志伝中の人物であった。

　しかし，現実には，誰もが大金持ちになれるわけではなく，むしろ貧富の差は拡大し，1890年代初頭には，わずか1割の富裕世帯が国内総資産の7割以上を所有するようになっていた。また，勝ち上がった大企業家たちは新規参入者との競合を嫌い，さまざまな形で企業の連合・統合を進めた。当初は生産量・価格などに関して協定を結ぶ**プール**（カルテル）が形成されたが，同業他社の抜け駆けを許さないよう，経営権を委ねさせる**トラスト**，さらに直接的に支配する**持株会社**という方式に取って代わられた。こうして，ロックフェラーのスタンダード石油のような巨大企業が，それぞれの業界で市場を**独占**するようになっていったのである。1890年には**シャーマン反トラスト法**が制定され，「州際通商および外国との通商を抑制するような契約，トラストその他の結合，あるいは陰謀」を禁じたにもかかわらず，その文言が限定的かつ曖昧なため，独占規制は遅々として進まず，それどころか，同法は，逆に，ストライキ規制に転用されることになる。

　普通の人々にとっては，独立自営の農民になるという夢は破れ，実業界で成り上がるという道も閉ざされつつあった。このように平等な機会も自由な競争もなくなった状態を正当化するために利用されたのが**社会進化論**である。そのアメリカでの主唱者イェール大学教授の**ウィリアム・G・サムナー**（1840-1910）は，人間社会でも，生存競争の結果，「不適者」が淘汰され「適者」が生き残るのは当然であり，富の集中は進化の必然であると論じた。これを熱烈に歓迎したのがカーネギーだった。彼はさらに，実業家が獲得した莫大な富を公共の利益のために還元することで社会はよくなるという「**富の福音**」を説き，実際にさまざまな社会・文化事業に多額の寄付をすることで，自分たちは単なる成金でも社会の敵でもないことを示そうとした。彼らは**自由放任主義**を奉じたが，その「自由」とは，結局のところ，あらゆる手段を使って競争相手を潰し，自分たちの好きなように金を使う自由でしかなかった。

（3）　体制批判・変革の思想とその限界

　こうした社会のあり方に異議を唱える動きもあった。**ヘンリー・ジョージ**（1839-97）は，少数の者が土地の賃貸・譲渡によって大きな利益を得ていることが不平等の根源であるとして，その著書『**進歩と貧困**』（1879年）のなかで，

土地のみへの課税を提案した。独占や貧困問題への解決策としては単純に過ぎたものの、この本が200万部以上のベストセラーになったということ自体が、働かずして／楽をして利益を得ている特権階層への多くの人々の反発を表していた。だからこそ、エドワード・ベラミー（1850-98）のユートピア未来小説『顧みれば』（1888年）も多くの読者の心をつかんだのである。生産手段をすべて国有化し、所得分配を完全に平等にするというベラミーの理想は、そのままの形では受け入れられなかったが、野放図な弱肉強食社会には何らかの規制や調整が必要であるという意識は高まっていた。キリスト教会の内部でも、個人の魂の救済だけでなく、社会の罪に向き合い、正義と変革を志向する**社会的福音運動**が興った。

しかし、それをどのように実現するのかという構想は混乱していた。社会主義は危険視され、ベラミーですら、自分の思想を「ナショナリズム」と呼んで、階級闘争ではなく、啓蒙・教育による長期的な変革を訴えた。しかし、まさにその瞬間にも自立と自律を掘り崩されつつあった労働者や農民には、そんな悠長なことをいっている余裕はなかった。彼らは、彼らなりの公正な社会を求めて、独自に立ち上がっていた。

2　労働者と農民の夢

（1）　労働運動の展開

1870年代には、熾烈な企業間競争による負担が労働者に重くのしかかり、労働強化・賃金切下げ・人員整理を行おうとする経営側に対して、労働側は、果敢な抵抗を試みるものの、敗北を繰り返していた。1880年代に入ってそうした状況を好転させたのが、**労働騎士団**であった。1869年に秘密結社として誕生したこの組織は、みずから生産を管理してその成果を享受する協同社会の実現により、賃労働からの解放という自立の道をめざし、それを基礎とする政治的自律、すなわち**共和主義**を標榜した。また、額に汗して働く者はすべて仲間であるとして（**生産者主義**）、熟練度のみならず、（中国人移民排斥は支持したものの）民族・宗教や人種、さらには性別をも問わず、商人や小生産者の一部を含めたあらゆる勤労者を受け入れ、1881年に秘密性を放棄して以降、勢力を拡大、1880年代半ばの最盛期には70万の会員を抱えるようになった。

図7-4 ヘイマーケット広場事件現場

　1880年代前半にいくつものストライキを勝利に導いた騎士団は，皮肉なことに，その成功ゆえの困難に直面することになる。彼らを脅威とみなした資本家たちは強硬な反撃に転じた。彼らの理想主義も裏目に出た。搾取も争いもない社会をめざす指導部は，短期的な利害のために衝突するストライキという手段に対して，そもそも懐疑的・消極的であった。しかし，多くの労働者が集まってきた結果，戦闘的なメンバーも増えた。それにもかかわらず，適切な方針を示して彼らを制御することができず，煮え切らない態度で失敗を重ね，組合員の信頼も失ってしまう。さらに決定的だったのは，1886年5月の**ヘイマーケット広場事件**(1)の後，騎士団が無政府主義と結びつけられ，世論も敵対的になったことだった。

　衰退に向かった労働騎士団と入れ替わるように，1886年末に結成されたのが，**アメリカ労働総同盟（AFL）**だった。その指導者**サミュエル・ゴンパーズ**(1850-1924)は，イギリスからのユダヤ系移民で，社会主義理論にも通じていたが，資本主義社会を批判することも，騎士団のように「センチメンタル」な理想を掲げることもせず，使用者側にとって不可欠で代替困難な熟練工のみを組織し，「現実的」な範囲内で労働条件の改善をビジネスライクに求めた（ビジネス・ユニオニズム）。政治にはかかわらず，労使の直接交渉で問題を解決するという路線（ボランタリズム）をとり，「純粋で単純な組合活動」の穏健さをアピールすることで，労働組合の存在意義をアメリカ社会に認知させようとしたが，対立はむしろ90年代に入って激しさを増し，AFLは守勢に立たされることになる。

---

(1) シカゴで8時間労働を求めるストライキの最中に労働者が警官に射殺されたことに対する抗議集会で，警官隊に爆弾が投げ込まれ，多数の死傷者を出した事件。無政府主義者の仕業とされ，証拠のないまま逮捕・有罪とされた。

（2）　農民運動と人民党

　都市部で労働者が闘っていたのと同じ時期，農民たちも窮地に立たされていた。債務奴隷化していた南部の小作や零細農家はいうに及ばず，ホームステッド法（1862年）（⇨119頁）などに後押しされて西部に入植した人々も，生産諸経費の高騰や農産物価格の低下のため，ほとんどが大きな（しかも高利の）負債を抱えていた。1867年に親睦団体として発足した農民共済組合（その支部はグレンジと呼ばれた）は，70年代前半になると，中西部を中心に農産物の共同出荷・農機具などの共同購入などの相互扶助によって状況を改善しようと試み，さらに，高く差別的な料金で自分たちを苦しめる倉庫業者や鉄道の法的規制を求め，一定の成果をあげたが，協同組合活動がうまくいかず，運動は下り坂となる。

　グレンジに代わって，1870年代後半に勢いを得たのが**グリーンバック党**であった。彼らは，南北戦争中に連邦政府が発行したグリーンバック紙幣の増発を要求し，インフレによって債務負担が実質的に軽減され，農産物価格が上昇することを期待した。その主張は，紙幣の発行ではなく銀貨の鋳造で通貨不足を解消すべしとの流れにしだいに吸収されていくが，連邦政府による統一的な通貨管理を望む声は以後も受け継がれていく。

　1880年代後半になると，南部と北西部でそれぞれ**農民同盟**が台頭する。この組織も，それまでの運動と同様，自力救済のための協同事業を展開しようとするが，資金不足はいかんともし難かった。そこで，農産物を担保に連邦政府が農民に低利で融資する支金庫の設立を求め，既存政党に働きかけるが，反応は薄く，失望した彼らは，1890年以降自ら政治の世界に飛び込み，1892年には，両農民同盟および黒人農民同盟に労働騎士団その他を糾合して，全国政党である**人民党**を結成した。

（3）　世紀末の政治的激動

　人民党は1892年7月にネブラスカ州オマハで大会を開き，基本綱領を採択した（**オマハ綱領**，史料10参照）。働く人民こそが国家の主人公であるとの考えのもとに，具体的な政策としては，連邦政府による通貨発行とその量の増大，**銀貨の無制限鋳造**（フリー・シルバー），支金庫の設置，運輸・通信手段の公営化，累進所得税の導入などを訴え，この年の大統領選挙では第三政党としては過去

> **史料10　人民党綱領（前文からの抜粋）**
>
> 　我々を取りまく諸条件は，何よりも我々の共同行動を正当化する。すなわち，我々は道徳的・政治的・物質的に破滅の寸前にある国家のただ中にいる。腐敗は投票箱を，州議会を，連邦議会を覆い，裁判所の判事にすら及んでいる。…ごく少数の人々の人類史に先例を見ない巨大な財産を築き上げるために，数千万人の労苦の成果が大胆に盗み取られている。しかもこれら巨額の財産の持ち主は，我が共和国を蔑み，自由を危うくすることで，これに報いている。政治不正と同じ多産の母胎から，我々は二大階級——浮浪者と百万長者——を産み出しているのだ。……
>
> 　国家誕生の記念日に集った我々は，……我が共和国の政府を，それが本来由来した階級である「平民」の手に回復することを求める。……

最大の100万票余りを獲得する。

　しかし，ちょうど同じころ，1892年の夏から秋にかけて，ペンシルヴェニア州ホームステッドでは，カーネギー製鋼が剝き出しの力によって労働組合を潰しにかかっていた（ホームステッド争議）。賃金の引き下げに反対して工場に立て篭もった労働者たちに，会社側は300人の武装私兵を差し向け，反撃に遭うと，今度は州知事に要請して8000人の州兵を派遣させ，実力で排除したのである。参加した労働者は解雇，首謀者は騒乱罪・殺人罪に問われた。経営側そして政府の態度は，翌93年初頭からの恐慌・不況によって，いっそう強硬になる。オハイオ州の人民党指導者ジェイコブ・S・コクシー（1854-1951）の「軍隊」は，失業対策を求めて首都ワシントンまで行進しただけなのに，警官隊に殴打され，コクシーは逮捕されてしまう。その直後，1894年5月には，会社が生活のすべてを牛耳っていたシカゴ郊外の社宅町プルマンでストライキが起こる（プルマン・ストライキ）。寝台車製造工場の労働者たちは，ユージン・V・デブズ（1855-1926）率いるアメリカ鉄道組合の指導のもと，3割もの賃金切り下げにもかかわらず，家賃その他を据え置くというやり方に抗議してストに突入したが，プルマン社は労働者との交渉を一切拒否し，全員を解雇した。これに対し組合は，支援のため，プルマン製車両を使用している鉄道会社の列車すべての取り扱いをボイコットした。郵便輸送の確保を名目に裁判所は差し止め命令

を出したが，デブズは従わず，結局，連邦軍によってストは鎮圧，デブズは逮捕され，法廷侮辱罪および州際通商妨害による反トラスト法違反で投獄された。

　こうした情勢のなかでも，AFLは不熟練工を含む垂直的な組織拡大に乗り出そうとはしなかった。全労働者の組織化による対決ではなく，熟練工による組合を何とか認めさせ，交渉力をさらに高めることで，弾圧を乗り切ろうとしたのである。また，ゴンパーズは，農民との共闘も，「不自然」であるとして退けた。労働者からの支援を欠いた人民党は，民主・共和両党が激しく争う1896年の大統領選において，自分たちと同じフリー・シルバーを主張していた**ウィリアム・J・ブライアン**（1860-1925）を民主党が大統領候補に指名すると，それに相乗りせざるをえなくなり，ブライアンの落選後，独自政党としての短い活動を終える。

　労働騎士団・人民党的な生産者主義，すなわち自立と自律を求める想いは押し潰され，AFL的な現実主義も力にならないなか，現状への不満が間歇的に噴き出すことはあるものの，これ以降，人々は，基本的に，大企業体制のもとで生きていくことを余儀なくされる。

3　北米大陸征服の完了と海外膨張

（1）対先住民戦争とフロンティアの消滅

　人民党の基盤であった西部は，悠久の昔から先住民の暮らす大地でもあった。鉄道会社や牧畜業者や農民は，彼らに相談することも同意を得ることもなく土地を使いはじめたため，生活を脅かされた先住民との衝突が絶えなかった。それを避けるため，連邦政府は**インディアン保留地**を指定したが，白人が必要としない不毛で狭い土地に自分たちを押し込めようとする政策に先住民は反発し，1860年代から，生活圏と文化を守るための戦いに打って出る。しかし，合衆国の圧倒的な軍事力と情け容赦ない攻撃の前では，1876年のリトル・ビッグホーンなどでの勝利も焼け石に水に過ぎず，しだいに追い詰められていく。86年のアパッチ族の指導者ジェロニモ（1829-1909）の降伏は，先住民の抵抗がその時点ですでに刀折れ矢尽きていたことを示すものだった。

　翌1887年には，**ドーズ法**が制定される。これは，70年代から東部で高まっていた先住民への同情論を背景に，武力での制圧を終えたことを受けて，先住民

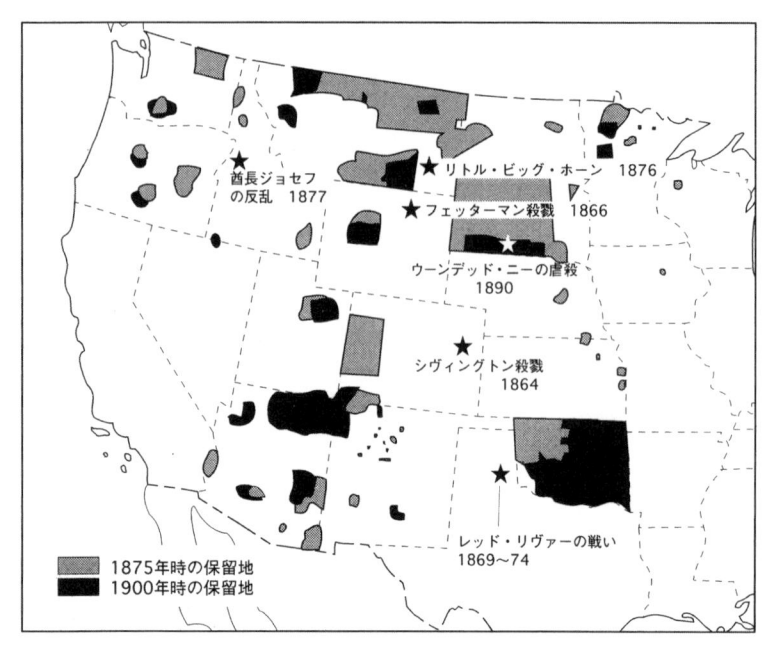

図7-5 インディアン戦争と保留地の減少

の「文明化」を一挙に推し進めようとするものであった。善意の人道主義的白人「改革者」ですら先住民の独自文化をまったく尊重できないということを露呈したこの法律は，保留地の土地を個々人に割り当てることで，先住民を「自立」した「市民」にしようとした。その結果，先住民は，民族的紐帯の基盤であった土地の共同所有制を破壊されただけでなく，その多くを失った。割り当て余剰地は白人に開放され，割り当てられた土地も詐欺まがいの行為によって次々と奪われてしまったからである。その後50年間で，保留地の面積は3分の1近くにまで減少する（図7-5）。

　子どもたちも奪われ（同化教育のために寄宿学校に強制収容されるようになる），絶望した先住民は，ゴースト・ダンスという形で，最後の文化的抵抗を試みる。しかし，アメリカは，踊ることで精霊を呼び，かつての暮らしを復活させようという，このはかなくささやかな夢さえも許さなかった。スー族が踊りはじめたとき，合衆国軍は，その指導者シッティング・ブル（1834-90）を殺し，ウーンデッド・ニーで逃げまどう200人以上を惨殺した（ウーンデッド・ニーの虐殺）。

1890年暮れのことである。同年，国勢調査局は**フロンティア・ライン**（入植済みの土地と未開地の境界線）**の消滅**を宣言する。ここに西部の征服は完了した。

（2） 米西戦争と門戸開放

アメリカの膨張は，太平洋岸からいったんカリブ海を迂回する形で，さらに西へと，海外市場を狙って進んでいく。「裏庭」に残るスペインの植民地キューバでの1895年以来の独立闘争を注視していたアメリカ政府は，国内の親キューバ世論，貿易利害，そしてハバナ港でのアメリカ軍艦撃沈事件などを受け，1898年春以降，軍事介入をはじめる（**米西戦争**〔アメリカ・スペイン戦争〕）。短期間の戦闘でキューバは「解放」され，同じくスペインの植民地だったフィリピンでも8月には米軍がマニラを占領，敗れたスペインは講和を求め，休戦協定が結ばれた。また，93年にアメリカ人が王国を転覆して統治していた**ハワイ**も，太平洋の中継地としての重要性が再認識され，同時期に併合された。12月のパリ講和条約で，スペインは，キューバを放棄して「独立」を認め，**プエルトリコ，グアム，フィリピン**を割譲，アメリカは，一挙に太平洋を横断して，中国進出の足場をつかんだのである（図7-6）。

フィリピン領有に関しては，さまざまな立場からの異論が国内にあり，反対運動が一定の盛り上がりを見せたが（**反帝国主義運動**），「白人の責務」としてこの地域を民主化するという議論に押し切られてしまう。しかし，1896年以来スペインの支配から脱却しようと戦い，1898年の夏以降独立を準備していたフィリピン人にとって，このような理屈は裏切りであり，到底承服し難かった。1899年初頭，革命の指導者エミリオ・アギナルド（1869-1964）は共和国の樹立を宣言し，「解放者」転じて「征服者」となったアメリカ軍との戦闘に突入する（**米比戦争**）。アギナルドは1901年に捕まり，1902年に戦闘は一応の終息を見るが，それまでに，西部での対インディアン戦争を髣髴させるような残虐な仕打ちによって，2万人弱のフィリピン兵とその10倍以上の民間人が殺された。アメリカは，山中でのゲリラ戦が続くなか，本格的な植民地統治をはじめる。

中国市場に照準を定めていたアメリカは，こうしてフィリピンを確保し，強大な海洋帝国となったが，日本やヨーロッパ列強がすでに分割しつつある土地にこれから乗り込むのでは分が悪かった。そこで国務長官ジョン・ヘイ（1838-1905，在職1898-1905）は，1899年と1900年の2回にわたって門戸開放通牒を発

し，通商上の機会均等と中国の領土的・行政的保全を諸国に訴えた。後発の帝国として，領土分割・植民地化ではなく，自由貿易のもと世界最高の生産力を駆使した経済的進出によって他国を出し抜き自国の権益を拡大しようとする**門戸開放政策**は，これ以降，アメリカ外交の基調となっていく。

(3) 世界強国アメリカの外交と内政

米西戦争の英雄からニューヨーク州知事を経て副大統領となり，マッキンリー大統領の暗殺によって昇格した**セオドア・ローズヴェルト**（1858-1919，在職1901-09）は，それまでの大統領とは違って，独善的なリーダーシップを積極的に発揮した。ローズヴェルトは，アメリカの「裏庭」カリブ海については，必要とあらば力ずくで「指導」するつもりでいた（「棍棒（こんぼう）」外交）。キューバには，その憲法のなかに，アメリカの干渉を認め軍事基地を提供するという内容の**プラット修正条項**を入れさせ，事実上保護国化した。中米の地峡運河については，半世紀前の条約を反故にして，アメリカ単独での建設・管理をイギリスに認めさせ，コロンビア領パナマ地区に建設することを決めると，提示した条件をのまないコロンビア議会に腹を立て，1903年に運河会社関係者が画策した「独立」を軍艦を派遣して支援，新共和国を即座に承認して，運河地帯の長期租借権を得た（パナマ運河の完成は1914年⇨166頁）。翌04年にはドミニカ共和国に介入し，これらの国々に対しては，モンロー宣言の当然の帰結として，合衆国のみが国際警察力を行使する権限を持つと宣言し（**ローズヴェルト・コロラリー**），カリブ海・中米支配を正当化した（図7-6）。

ローズヴェルトは，内政においても，その強引さを遺憾なく発揮した。まずは，ほとんど死文化していたシャーマン反トラスト法（⇨144頁）を活用し，司法省に独占を告発させた。この「トラスト叩き」は民衆の喝采を浴びたが，彼は，すべての巨大企業を解体しようとしたのではなく，彼の考える「悪しきトラスト」のみを取り締まり，横暴さが過ぎて急進主義を招くような企業の危険な行動に目を光らせることで，むしろ大企業体制を支えたのである。ペンシルヴェニアの炭鉱ストライキの調停に乗り出したのも，体制安定（労働者を絞り過ぎる悪しき経営者は，社会の転覆を目論む悪しき労働者を生むから）という同じ理由であった。

国民に対する「公正な扱い（**スクエア・ディール**）」を掲げて1904年の大統領

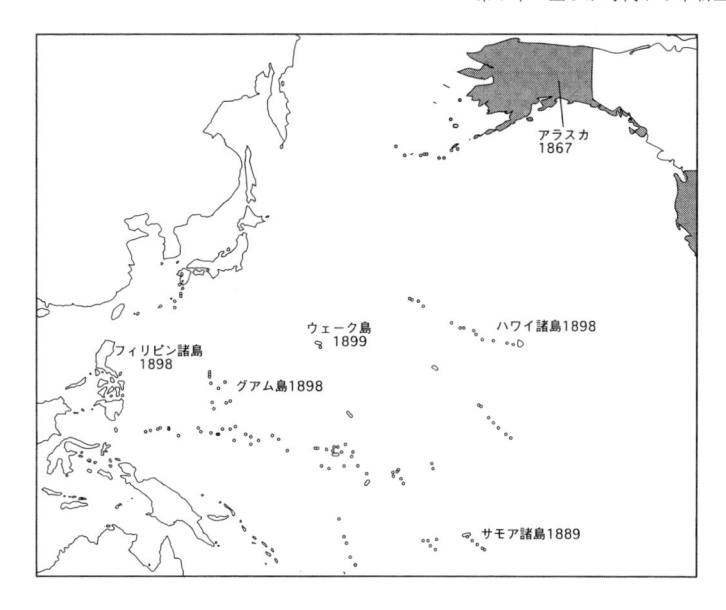

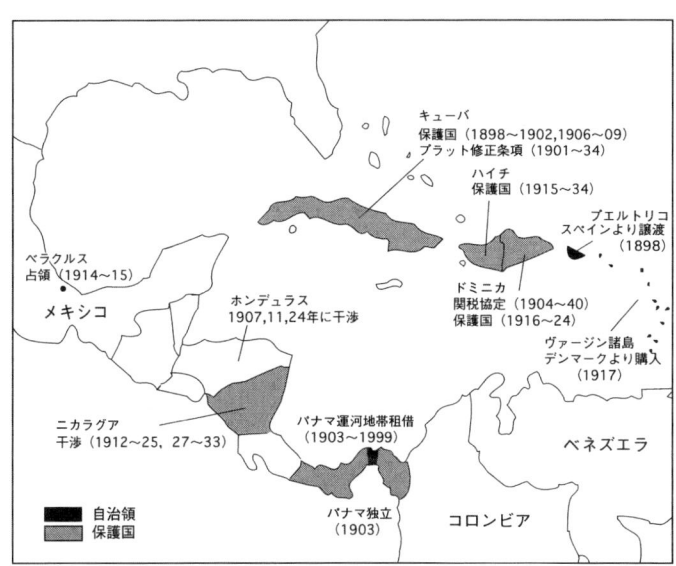

第7章　金ぴか時代から革新主義へ

アラスカ 1867
ハワイ諸島 1898
ウェーク島 1899
フィリピン諸島 1898
グアム島 1898
サモア諸島 1889

キューバ
保護国（1898～1902,1906～09）
プラット修正条項（1901～34）
ハイチ
保護国（1915～34）
プエルトリコ
スペインより譲渡（1898）
ベラクルス
占領（1914～15）
ドミニカ
関税協定（1904～40）
保護国（1916～24）
メキシコ
ホンデュラス
1907,11,24年に干渉
ヴァージン諸島
デンマークより購入（1917）
ニカラグア
干渉（1912～25, 27～33）
パナマ運河地帯租借（1903～1999）
ベネズエラ
■ 自治領
▨ 保護国
パナマ独立（1903）
コロンビア

図 7-6　アメリカの帝国的拡大

153

選挙で圧勝を収めた後，ローズヴェルトは，政府による企業統制をさらに進めていく。彼は，鉄道規制のために州際通商委員会の権限を強め，食品・薬品の品質管理を徹底させる法律を制定した。また，先住民を駆逐した西部を中心と(2)する地域での自然資源保護の分野でも大きな成果をあげた。しかし，彼の「革新」路線は，みずから後事を託した（⇨164頁）次の大統領**ウィリアム・タフト**(1857-1930。初代総督としてフィリピン人に民主的諸制度を教えていたはずの人物）によって迷走させられることになる。

4　移民・女性・人種「問題」と革新主義

（1）移民の大量流入と都市

アメリカは，中国の門戸開放を求めながら，中国人には自国の門戸を固く閉ざしていた。ゴールドラッシュ（⇨112頁）以降カリフォルニアにやってきて，大陸横断鉄道の建設に多用された中国人労働者は，都市部に定住するようになると激しい排斥の対象となり，それを受けた連邦議会が早くも1882年に**中国人排斥法**を制定，その入国を禁止したのである。代わって流入するようになった**日系移民**も同様の目に遭う。1906年にサンフランシスコ市が東洋人児童を別の学校に隔離しようとしたとき，日本政府は体面を重んじてローズヴェルトの妥協案を受け入れ，隔離撤回と引き換えに，労働目的の渡航者にはパスポートを

図7-7　スラムの路地で遊ぶ子どもたち

---

(2) 彼はこのことを当然と考え，『恥ずべき一世紀』で対先住民政策の非道・不当を指摘したヘレン・H・ジャクソンを，自著の中で「センチメンタリスト」と切り捨てていた。

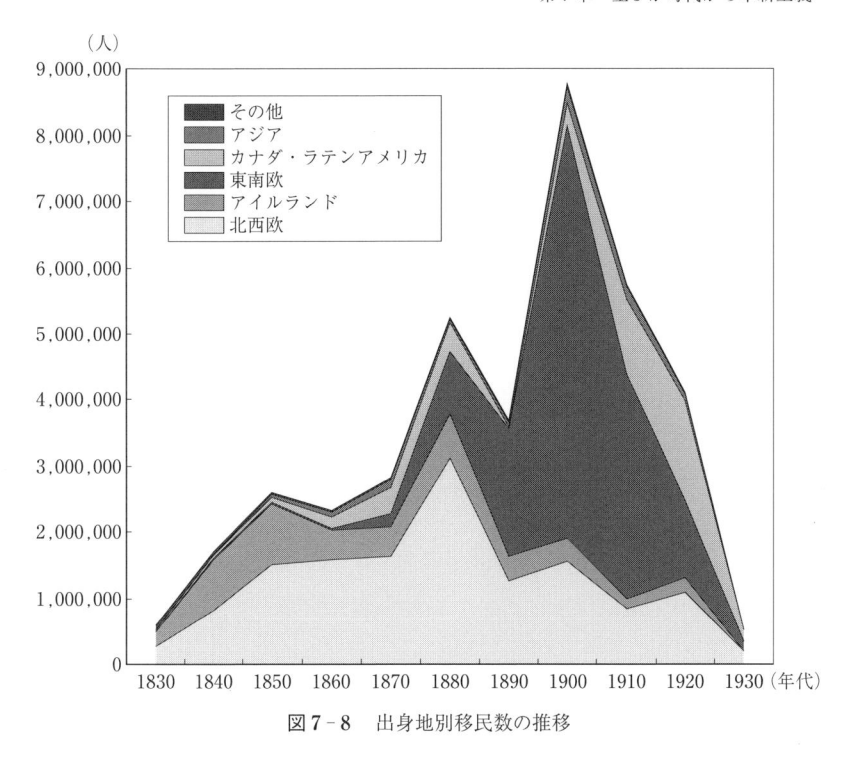

第7章　金ぴか時代から革新主義へ

(人)

グラフ凡例:
- その他
- アジア
- カナダ・ラテンアメリカ
- 東南欧
- アイルランド
- 北西欧

図7-8　出身地別移民数の推移

発給しない旨の「**紳士協定**」を1908年に結び,「自主的」に移民を停止した。

　目を東に転じても,同じような移民排斥の動きが見られた。1880年代から増えだしたヨーロッパからの移民は,その多くが東南欧系であり,彼らいわゆる「**新移民**」は,その文化的・宗教的異質性から蔑まれ差別されつつ,都市の中心部に貧民街（スラム）を形成し,20世紀に入るとその数を激増させた（図7-8）。

　そうした状況を改善しようと,19世紀末から「**セツルメント・ハウス**」と呼ばれる慈善施設が各地のスラムに作られ,高等教育を受け社会問題に関心を抱くようになった中産階級の女性たちが,ハウスに住み込んで活動した。代表的なものとして,**ジェイン・アダムズ**（1860-1935）が1889年にシカゴで設立した**ハル・ハウス**がある。彼女らは,理想主義的で,相手の独自文化を尊重しようとしたものの,移民の暮らしぶりへの無理解や偏見は根強く,彼らの側に立った支援をすることは難しかった。

155

（2） 女性の権利と自由

　移民にアメリカ生活への適応を促していた彼女らは，同時に，自分たち女性のアメリカ社会への平等な統合を求めていた。しかし，南北戦争後，女性参政権運動は，活動方針をめぐって分裂し，影響力を減じていた。奴隷身分から解放された黒人男性にだけ市民権・選挙権が与えられ，女性が置き去りにされたことに業を煮やしたエリザベス・スタントンやスーザン・アンソニーら（⇨133頁）は，女性の市民としての権利の即時完全獲得をめざして奮闘した一方で，ルーシー・ストーン（1818-93）らは，地方レベルから徐々に女性の参政権を拡大しようとしたものの，前者は過激な急進派として危険視され，後者も，西部の一部の地域を除いては，見るべき実績をあげられずにいた。

　政治のような公的な領域ではなく，家庭こそ女性の居場所であるというヴィクトリア的価値観(3)によって自由な人生設計が許されない社会にあって，家族関係や性別役割分業そのものを見直すことで，それを打破しようとする試みも現れた。シャーロット・パーキンズ・ギルマン（1860-1935）は，『女性と経済』（1898年）のなかで，女性の経済的自立とそのための家事・育児の徹底した社会化（訓練を受けた専門家への委託）を提唱したのである。

　しかし，伝統的な女性観は容易には崩れなかった。領域を踏み外しているという批判を逆手にとるような形で，セツルメント活動家も，自分たちはコミュニティの「母」として，「社会的家事」を行っているのだと，女性としての役割を強調するようになる。1874年に設立され，世紀末までには全米最大の女性組織となった**婦人キリスト教禁酒同盟**も，その目的を家庭と社会の保護とした。参政権運動も，1890年に組織を統合して**全国アメリカ女性参政権協会**を結成して以降，次第に世代交代し，若い指導者のなかでは，無学な移民男性（そして黒人男性）よりも，家庭で，そして社会で，しっかりと「家事」をこなし悪の芽を摘んでいる自分たちアメリカ生まれの教養のある白人女性にこそ，政治参加の資格があると主張する声が大きくなっていった。

（3） 政治腐敗と改革運動

　それというのも，移民たちは，票を「売って」いたからである。都市の下層

---

(3) イギリスのヴィクトリア朝的文化に関連させて，アメリカでも19世紀の半ばから末までを「ヴィクトリア時代」と呼ぶ。

Column 7

イシ

「イシ」とは，北カリフォルニアの先住民ヤヒ族の最後の一人となった人物である（以下，T・クローバー〔行方昭夫訳〕『イシ――北米最後の野生インディアン』岩波現代文庫，2003年参照）。彼の人生は，この時代のアメリカの変化と矛盾に翻弄された。ヤヒ族は何よりもまず，西部「開拓」の犠牲者だった。イシが生まれたと推定される1860年代初頭には，彼の仲間は虐殺と病気と飢餓でほとんど死に絶えていた。その後も「自警団」によって繰り返される殺戮のため，70年頃には，ヤヒ族の生き残りは10数名を数えるのみとなる。彼らは峡谷深くに潜伏するが，ついにはイシを含め4人になってしまう。足跡を消し，気配を殺しながら隠遁生活を送るが，ついに白人に見つかりそうになり，そのとき別れた妹と老人には二度と会えず，一緒に逃げた母親はすでに病が重く，じきに亡くなる。1911年8月，打ちひしがれたイシは，オロヴィルの町に下りる。他の人間の顔を見るのは3年ぶり，白人と目を合わせるのは40年ぶり，いやはじめてだったかもしれない。イシが白人との接触を断ったのは，10歳になる前のことだったのだから。

　イシがヤヒとして生きつづけようと絶望的な努力をしていた間に，アメリカは大きく「発展」していた。オロヴィルからサンフランシスコまでは，汽車で連れていかれた。そのサンフランシスコ自体，40万人を越える大都会になっていた。電気や水道や水洗トイレは生活に快適さをもたらしていた。イシのような人を扱う学問も制度化されていた。イシが落ち着いたのは，カリフォルニア大学の博物館であり，世話をしてくれたのは人類学科のスタッフだった。彼らと交友を深めながら，イシは平穏な晩年を過ごすが，わずか4年半で，白人が持ち込んだ，彼にはまったく免疫のなかった病気，結核に侵されて，本当の名を誰にも告げることのないまま（「イシ」とは彼らの言葉で「人」を意味する）この世を去る。彼の遺体は，ヤヒのしきたりに則って火葬されるはずが，「研究」のために解剖され，脳は取り出されて保存され，忘れられてしまう（スミソニアンの奥に眠っていた彼の脳が「発見」されて，縁のある先住民族に返還され，遺灰とともにあらためて父祖の地で荼毘に付されたのは，実に2000年の夏のことであった）。

　多くのアメリカ人が，この最後の「野生インディアン」（「野」に「生きる」ことを希った彼らのために，あえてこう呼ぼう）を博物館に「見に」きたのは，単なる物珍しさからだったのかもしれない。しかし，イシは，彼らが何を殺し何を失い，そして何を得たのかを静かに示していた。イシは，文明人を「知恵の進んだ子ども――頭はいいが賢くはない者」と見ていた。白人は，そして我々は，少しは賢くなっただろうか。

（大森一輝）

民衆が，自分たちの苦しい生活を助け，職を世話し，揉め事を解決してくれる地域の**ボス政治家**のいう通りに投票するという行為は，アメリカ民主主義を内側から蝕むものとして19世紀半ばから問題視されていたが，大挙してやって来た新移民がこの**集票組織**（マシーン）に組み込まれるようになると，アメリカ人改革者たちは危機感を募らせた。

20世紀への転換期に起こった**革新主義**と総称される運動は，まずは政治ボスが暗躍する市政をターゲットにした。政治の浄化を訴えて多くの改革派市長が誕生したが，マシーンの側も，自らの私的な社会福祉機能を法制化する方向で生き残りをはかる。やがて改革の波は州政治に及び，東部・中西部の諸州で，公益事業の規制，政治腐敗の防止，税制改革などが行われ，児童労働禁止・労働時間規制・労災補償などの先進的な社会・労働立法が実現した。その背後で世論を喚起したのは，**マックレイカー**（汚物をかき集める者の意）と呼ばれながらも，誇りを持って，政治家の汚職や企業の不正，そしてその被害者の悲惨をセンセーショナルに暴露したジャーナリストたちであった。

革新主義者は決して一様ではなく，それぞれ異なった理念と利害と目的を持った人々であったが，基本的には，専門家による科学的・合理的・効率的な改革と運営によって，既存の社会の秩序ある発展が可能だと信じていた。そういう意味では，大企業体制の批判者というよりも補完者であった。しかし，この社会は根本的に変革されなければならない，と考える人々も少なからず存在した。その一部は，1901年に**アメリカ社会党**を結成する。中心になったのは，プルマン・ストライキでの投獄と人民党の衰退以後，社会主義に傾倒するようになったデブズであった（扉図参照）。すべての労働者の団結という困難な課題にあらためて挑んだ**世界産業労働者組合**（IWW）は，1905年以降，AFLから見捨てられていた多くの移民や女性や黒人を含む不熟練・移動労働者を産業別に組織し，激しい闘争を展開した。

（4） 人種差別体制の確立と移民のアメリカ化

しかし，階級的連帯には，強烈な楔が打ち込まれていた。南部では，農民運動から人民党へという流れに多くの黒人が参加したこと，人民党指導部も虐げられた者同士の人種の壁を越えた共闘による金権勢力の打倒を呼びかけたことが，白人支配層に衝撃を与え，白人民衆を黒人と切り離して取り込むべく，人

種差別が制度化されたのである。揺りかごから墓場まで、社会生活のすべての側面における徹底した両人種の隔離が1880年代末から州法・条例などで定められ、1896年の**プレッシー対ファーガソン事件**判決において、連邦最高裁が「分離しても平等」であれば問題はないとして、これに最終的なお墨付きを与えた。さらに、1890年代には、投票税や読み書き試験などの巧妙な仕掛けによって、実質的に黒人のみから選挙権を剥奪する動きが南部全域に広がった。

　この**黒人差別**（ジム・クロウ）**制度**によって、貧しい白人は、黒人と同じ階級ではなく、違う（そして優秀な）人種に属するとされたが、それでも彼らは貧しかった。この階級差を糊塗し、不満を発散させると同時に白人の一体性という虚構を演出する「儀式」が**リンチ**（**私刑**）だった。人種差別体制の完成とリンチが多発した時期が重なっているのは偶然ではない。多くの普通の「善良な」白人市民が、それを正義であり公共の福祉に適うと信じて、「正しい」人種関係を乱した「不埒な」黒人に自ら鉄槌を下した。白人女性を狙う「黒い野獣」から彼女らを守る庇護者として振舞うことで、白人男性は、変動する社会のなかで脅かされつつあると感じていた支配人種としての／家父長的な権威を何とかして維持しようとしたのである。北部でも、このような特殊アメリカ的な人種関係を学習した東南欧系の移民たちが、自らに向けられた完全な白人ではないという非難をはねのけるため、黒人を嫌悪し忌避して「立派な白人」としてアメリカ社会で生きていくことを選ぶようになる。

　これに対して、黒人たちは有効な対策を打てないでいた。南部では、黒人用の実業学校の校長だった**ブッカー・T・ワシントン**（1859-1915）が地道な職業訓練と自助努力による経済的向上を説き、北部では、ドイツに留学しハーヴァード大学から博士号を得た黒人知識人**W・E・B・デュボイス**（1868-1963）がアメリカ人としての権利の完全回復を訴えたが、前者は平等で公正な社会への展望を、後者は差別と民衆生活の実態への配慮を、それぞれ欠いていた。アメリカは、階級的矛盾を覆い隠すような形で、人種によって深く分断されていた。

---

(4) 黒人であるホーマー・プレッシーが、州内を走る鉄道の白人車両に乗ったことで逮捕された事件。憲法修正第14条が保障する「法の平等な保護」が争点となった。
(5) 白人には、その免除規定＝先祖が投票資格を有していれば本人も有資格者とする、いわゆる「**祖父条項**」が適用された。

> 文献案内

　この時期を概観するには，野村達朗の『フロンティアと摩天楼』（講談社現代新書，1989年）と『大陸国家アメリカの展開』（山川出版社，1996年）がわかりやすい。成功物語を喧伝した作家H・アルジャーの代表作『ぼろ着のディック』は畔柳和代の日本語訳で読むことができる（松柏社，2006年）。社会進化論については，サムナーらの原典を翻訳して解説を付した後藤昭次訳『社会進化論（アメリカ古典文庫18）』（研究社，1975年）に当たるべきである。「もうひとつのアメリカ」の可能性を描いた古典として，本文で紹介した『顧みれば』はぜひ読んでもらいたい。中里明彦訳『エドワード・ベラミー（アメリカ古典文庫7）』（研究社，1975年）のなかに翻訳が収められている。

　職場とコミュニティの双方における労働者階級の闘いについては，竹田有『アメリカ労働民衆の世界——労働史と都市史の交差するところ』（ミネルヴァ書房，2010年）を参照。労働者の生活世界に踏み込むには，多少専門的だが，H・G・ガットマン（大下尚一ほか訳）『金ぴか時代のアメリカ』（平凡社，1986年）が必読である。

　中産階級による「改革」の背景を知るには，常松洋『ヴィクトリアン・アメリカの社会と政治』（昭和堂，2006年）が参考になる。改革主体の社会経済的背景と動機についての解釈は塗り替えられたが，この時代の様子を生き生きと描いたR・ホーフスタッター（清水知久ほか訳）『改革の時代——農民神話からニューディールへ』（みすず書房，1988年）は，依然として重要である。地方レベルでの改革と連邦政治との関係については，平体由美『連邦制と社会改革——20世紀初頭アメリカ合衆国の児童労働規制』（世界思想社，2007年）がある。

　都市での移民の生活と，南部での黒人差別については，専門的になるが，野村達朗『ユダヤ移民のニューヨーク——移民の生活と労働の世界』（山川出版社，1995年）と上杉忍『公民権運動への道——アメリカ南部農村における黒人のたたかい』（岩波書店，1998年）を参照されたい。

（大森一輝）

第8章

第一次世界大戦と黄金の1920年代

1922年のニューヨーク

年	事　項
1901	9-14 セオドア・ローズヴェルト，副大統領から大統領に昇任
1905	8-9 ポーツマス会議開催
1906	10-11 サンフランシスコ市で日本人学童の隔離
1907	12-16 ホワイトフリートの世界一周就航開始
1908	2-24 日米紳士協定。11-3 大統領選挙（タフト当選）
1909	12-18 ニカラグアに出兵
1912	6-22 革新党結成。11-5 大統領選挙（ウィルソン当選）
1913	5-19 カリフォルニア州で日系人土地所有禁止法成立。12-23 連邦準備銀行発足
1914	4-21 ウィルソン，メキシコのベラクルスに派兵。7-28 第一次世界大戦勃発（8-4 ウィルソン，中立を表明）。8-15 パナマ運河開通。10-15 クレイトン反トラスト法成立
1915	2-8 映画『国民の創生』公開。5-7 ルシタニア号事件。11-25 第2次KKK結成
1916	3-15 ビリャ討伐のためにメキシコ出兵。9-16 ハイチの保護国化
1917	1-22「勝利なき平和」演説。4-6 対独宣戦を決議。5-18 選抜徴兵法成立。6-15 防諜法成立。11-7 ロシア11月革命。11-29 ドミニカ出兵
1918	1-8「14カ条」演説。5-16 治安法成立。8-16 米軍，シベリア出兵。11-11 第一次世界大戦休戦
1919	1-18 パリ講和会議開催。1-29 憲法修正第18条（禁酒）批准成立。6-2 パーマー司法長官邸爆破事件。6-28 ヴェルサイユ条約調印。7-27〜8-3 シカゴ人種暴動。11-19 上院，ヴェルサイユ条約承認決議否決
1920	5-5 サッコとヴァンゼッティの逮捕（翌年，7-14 死刑判決）。8-10 コルビー声明（ソ連不承認）。8-26 憲法修正第19条（女性参政権）発効。11-2 大統領選挙（ハーディング当選）11-2 ピッツバーグでラジオ放送開始
1921	5-19 移民法（21年）成立。11-12 ワシントン会議開催
1922	4-14 ティーポットドーム事件報道。9-21 フォードニー＝マッカンバー関税法成立
1923	8-2 ハーディング大統領急死，クーリッジが大統領に昇任
1924	5-26 移民法（24年）成立。8-16 ドーズ案採択。11-4 大統領選挙（クーリッジ当選）
1925	4-10『偉大なるギャッツビー』出版。7-10〜21 スコープス裁判
1926	10-26『陽はまた昇る』出版
1927	2-25 クーリッジ大統領，マクナリー＝ホーゲン法案に拒否権発動。5-21 リンドバーグが大西洋無着陸飛行に成功。8-23 サッコとヴァンゼッティの死刑執行。9-30 ベーブ・ルース，1シーズン60本塁打。10-23 映画『ジャズ・シンガー』上映
1928	1-16〜2-20 パン・アメリカン会議，ハバナ大会。8-27 不戦条約調印。11-6 大統領選挙（フーヴァー当選）

第8章　第一次世界大戦と黄金の1920年代

Outline ●

　19世紀末に起こった革新主義運動は，その後，全米規模で展開されるようになった。すでに，海外への関心を高めつつあったアメリカであるが，第一次世界大戦が勃発すると，1917年，これに参戦した。ウィルソン大統領は，「14カ条」を発表し，さらに，国際連盟を中心とする新たな世界秩序構想を打ち出した。大戦終結後，ヴェルサイユ条約の批准を拒否したことにより，アメリカは，国際連盟に加盟することはなかったが，非軍事的側面を重視する姿勢はその後も継続した。一方，1920年代のアメリカ国内は，禁酒法や移民制限などに見られる保守的な風潮のなか，空前の好景気を享受することになった。自動車や家電製品の普及や，新たに登場したさまざまな娯楽は，アメリカ社会を変えていった。

● ●

1　革新主義の時代

（1）　革新主義

　19世紀末のアメリカは，さまざまな問題を抱えていた。フロンティア・ラインの消滅が宣言され（⇨151頁），無限の土地が約束された場所ではなくなっていた。また，「**新移民**」と呼ばれる人々が大量に流入し，すでにアメリカに定住していた人々との摩擦を引き起こしていた。一方，工業生産力は，世界一の座を占めることになり，アメリカの国際的地位の向上が明白になると同時に，市場の確保という問題が重視されるようになっていた。さらに，工業化の進展は巨大企業を作り出し，安価な移民労働力の大量の流入という状況下で，深刻な労使問題を生み出すようになっていた。

　こうした諸問題を解決するために，地方政治を皮切りに，各地で「**革新主義**」と呼ばれる改革が推進された。革新主義はきわめて多様な側面を持っていたが，既存の腐敗や非能率を改革し，効率性・能率性を重視した。その結果，科学的・合理的な方法が採用されることになり，その過程で，さまざまな集団の組織化が進んだ。また，公的機関による規制を通じて，規範に基づく能率的で道徳的な社会をつくりだそうとしたのである。

　腐敗政治をなくすために，各州で直接予備選挙が導入され，人民発議，人民投票，リコールなどが定められた。そして，公衆衛生や高等教育が充実し，さらには，女性運動，禁酒運動，消費者運動など，社会の「改善」に向けて地域

レベルでさまざまな改革が展開されたのである。

セオドア・ローズヴェルトの登場は，革新主義的改革を連邦政府レベルで推進するようになった点で，重要な意味を持っている。彼が，1904年の大統領選挙で，共和党候補として「スクエア・ディール」を掲げて当選したことにより，革新主義的改革が，連邦政府・地方政府レベルでさらに進められることになった。

セオドア・ローズヴェルトの外交政策は，前任のマッキンリーの政策を発展させたものであった。米西戦争以降，アメリカは中米・カリブ海地域と太平洋・極東地域への影響力拡大を目指していた。前者に関して，彼は，「ローズヴェルト・コロラリー」を1904年に発表して，アメリカの一方的判断に基づく西半球諸国への軍事的介入を正当化した。以後，この態度は，アメリカの西半球政策の基本となった。

太平洋・極東地域に対しては，日露戦争の調停に乗り出し，ポーツマス条約の締結に導いた。また，日本との間に「日米紳士協定」を結んで，日本からの移民の自粛を約束させると同時に，ルート・高平協定により，中国の門戸開放と現状維持を確認した。さらにローズヴェルトは，ヨーロッパの問題にも関心を示し，1905年の第一次モロッコ事件に関与することになった。そして，1907年までには「ホワイト・フリート」と呼ばれる大艦隊を建設し，国際的な地位の向上に向けて，アメリカの威信を示そうとしたのである。

（2） タフト大統領と1912年大統領選挙

セオドア・ローズヴェルトが後継者に選んだのは，ウィリアム・タフト（在職1909-13）であった（ローズヴェルトは，その後，アフリカに狩猟旅行に出かけた）。1908年選挙に勝利したタフトは，「ドル外交」を掲げ，セオドア・ローズヴェルトのような軍事力を前面に出すのではなく，経済力を用いてアメリカの影響力拡大をはかった。しかし，ニカラグアの事例のように[1]，最終的にはアメリカの軍事力行使を否定することはなかった。中米・カリブ海へのアメリカの影響力拡大と，アメリカの一方的判断に基づく軍事力の行使という点で，結局，タフトは前任者との継続性が強かった。一方，国内問題では，タフトは関税問題

---
(1) 1912年8月，ニカラグア国内の政治・社会の混乱の際，ニカラグアの治安維持とアメリカの財産保護を名目として，海兵隊が上陸し，その後，同国に軍隊を駐留しつづけた。

などで共和党の革新派との溝を深め、さらには、独占問題でセオドア・ローズヴェルトとも対立するようになった。ただしその対立は、タフトが独占を支持したからではなく、巨大企業の規制に関する手法をめぐるものにすぎなかった。

1912年の大統領選挙に向けて、セオドア・ローズヴェルトは共和党と袂(たもと)を分かち、新たに革新党を結成し、自らが大統領候補となった。一方、共和党は、現職のタフトを大統領候補に指名したことにより、分裂が決定的となった。こうした状況下で、

図8-1　ウィルソン大統領

民主党は、革新主義的な知事（ニュージャージー州）として名を馳せていた**ウッドロウ・ウィルソン**（1856-1927、在職1913-21）を大統領候補に指名した。選挙の結果は、「ニュー・フリーダム」を掲げたウィルソンの勝利であった。共和党の分裂という状況で、民主党が16年ぶりに大統領の座に就いた。アメリカは、革新主義的改革の推進を選択したのである。

（3）　ウィルソン大統領

ウィルソンが行った改革のひとつが、**連邦準備銀行法**の制定（1913年）である。これにより、ようやくアメリカに中央銀行制度が創設されることになった。さらには、関税率引き下げや累進所得税制度を導入した。そして、「ニュー・フリーダム」で謳われていた反独占の実現に向けて、**クレイトン反トラスト法**の制定に導いた（1914年）。この法律で定められた連邦取引委員会は、企業に対して広範な権限を持ち、自由を阻害するような不当な競争を阻止することを目的とした。しかし現実には、この法律の適用が積極的に行われたわけではなかった。ウィルソンは、従来の政権と同じく、連邦政府の機能と権限を拡大・強化する形で改革を進めていったが、それは必ずしも大企業と対立するものではなく、労働者の権利の擁護や黒人運動に対しては、冷淡な態度であった。

中米・カリブ海諸国に対して積極的な外交を展開した点でも、ウィルソンはこれまでのアメリカ外交を継続させた。アメリカによる政治・経済の支配権の

確立を目指したのである。そのために，ハイチ，ドミニカ共和国，ニカラグアにアメリカ軍を派遣し，駐留させた。また，1914年には**パナマ運河**が開通した。こうしたアメリカの強圧的態度に対して，西半球各国では，反米感情が生じた。

　この地域におけるアメリカの政策の鍵を握っていたのは，メキシコであった。1913年にメキシコ大統領**フランシスコ・マデロ**（1873-1913，在職1911-13）を殺害してその座に就いた**ビクトリアーノ・ウエルタ**（1850-1916，在職1913-14）に対して，ウィルソンは，政権を非合法に奪取したとみなして，不承認の立場をとった。そして，首都メキシコシティの外港である**ベラクルス**にアメリカ軍を派遣し，ウエルタに圧力を掛けたのである。その結果，ウエルタは亡命したが，新たに政権を獲得した**ベヌスティアーノ・カランサ**（1859-1920）は，アメリカ軍の介入に反対していた。そこで，アメリカはカランサと対立していた**パンチョ・ビリャ**（1878-1923）を支持しようとしたが，ビリャが劣勢となったため，カランサ政権（1915-20）の承認を決定した。

　アメリカのカランサ承認に反対したビリャは，アメリカ領内に侵入し狼藉を働いた。ウィルソンは，ビリャ逮捕のためにアメリカ軍を派遣した。カランサは当初，アメリカ軍のメキシコでの活動を黙認したが，その後，態度を変えた。そして，ついにアメリカ軍とメキシコ軍の衝突が起きた。しかし，ウィルソンにとって，メキシコとの対立の長期化は好ましくなかった。第一次世界大戦への参戦に向かってアメリカが動きはじめていたからである。両国間の問題の根本的解決が図られないまま，アメリカ軍は，大戦参戦の3カ月前にメキシコから撤退したのである。

2　第一次世界大戦とアメリカ

（1）　第一次世界大戦への参戦

　1914年7月に**第一次世界大戦**が勃発すると，ウィルソンは中立を宣言した。しかし，現実には，英仏を中心とする連合国側との通商は飛躍的に増大していた。一方，ドイツは，潜水艦作戦を通じてアメリカと連合国の通商を妨害しようとした。そして，1915年に**ルシタニア号**がドイツの潜水艦に撃沈させられると，ドイツの非人道的行為として，アメリカ世論はドイツ批判に傾き，アメリカ政府はドイツの度重なる中立侵犯に強く抗議した。

大戦の長期化に伴い，ウィルソンはアメリカの主導による大戦の終結を構想しはじめた。そして，それは単なる平和の実現ではなく，国際秩序を再編してアメリカがその中心に座ることを目指していた。したがって，ドイツへの批判を強める一方で，英仏などの連合国とも一線を画した態度をとっていた。アメリカによる講和会議の斡旋を説いていたウィルソンは，1917年1月に「**勝利なき平和**」を主張したが，ドイツが**無制限潜水艦作戦**を開始すると，同年4月，ウィルソンは，ついに**ドイツへの宣戦**を布告したのであった。そこには，アメリカの

図8-2　第一次世界大戦時の兵隊募集ポスター

個別的利害ではなく，世界平和と民主主義の実現という，普遍的理想が謳われていた。

　アメリカの参戦は連合国側に有利に働いたが，東部戦線では，1917年の**ロシア革命**（**11月革命**）の結果，ロシアが戦線離脱した。さらに，新たに誕生した**ボリシェヴィキ**政権は，各国に即時停戦を呼びかけるなど，平和の主導権を握ろうとしていた。そこでウィルソンは，アメリカの主導による平和の実現のために，戦争目的を明確にすべく，1918年1月，「**14カ条**」を発表したのである（史料11参照）。

　普遍的理念を強調し，ドイツ側に何ら代償を求めない「14カ条」を掲げることによって，アメリカは，大戦後の国際秩序において大きな影響力を行使しようとしていた。そして，特に重視されていたのは，平和の維持を保障する国際機構の設立であった。平和の実現を目的とする集団安全保障機構構想として，以前から西半球におけるアメリカの影響力拡大のために，**パン・アメリカン条約構想**などが練られていたが，いくつかの平和組織に関する構想が合流して，その後，国際連盟構想という形で実現したのである。

　1918年11月，ドイツは，「14カ条」を条件に，休戦に合意した。そして，1919年1月にパリで講和会議が開かれることになった。自らが直接パリに乗り込んだウィルソンは，平和の実現者として，大きな注目を浴びた。会議におい

史料11　ウィルソン大統領の「14カ条」演説（1918年1月18日）

……（前略）わが国が参戦した理由は，直ちに行動を起こさなければならないような権利の侵害が生じたからである。この状態を放置し，世界中が絶えずこうした事態の再発に不安を抱えたままでいる限り，人々は日々の生活を送ることができないであろう。したがって，この戦争に対してわれわれが要求することは，ことさら変わったものではない。それは，安全で健全な生活を送ることができる世界にすることである。とりわけ，わが国と同じく平和を愛する全ての国々が，自らが望む生活を送ることができ，自らの手で国の制度を決定することができ，国際関係において正義と公正な待遇が保証されると安心できるような世界を作ることである。そのためには，武力行使と利己的な侵略に反対しなければならない。実際のところ，全世界の人々は，この点に関して同じ考えを持っている。そして，わが国にとって明白なことは，他の国々に対する不正義を見過ごせば，わが国に不正義が降りかかるであろう。要するに，世界平和に向けての構想は，わが国の問題なのである。世界を平和にする唯一の構想は，次のものである。

Ⅰ　平和条約は，公開しなければならない。条約締結後，当事国のみの間で国際的了解事項が存在してはならない。そして，外交は，常に人々に見える形で進められなければならない。

Ⅱ　戦時，平時を問わず領海の外であっても公海における航行の自由が全面的に保証されなければならない。ただし，国際条約を遂行するために，海上の全域，あるいは一部を国際的な合意のもので封鎖することを除く。

図8-3　パリ講和会議
ウィルソン大統領は，後列中央。

て，ウィルソンは，植民地問題や賠償問題で，さまざまな妥協を強いられたものの，最大の目的である国際連盟設立の合意を獲得した。同年6月，対ドイツ講和条約である**ヴェルサイユ条約**が締結された。この条約の中には，国際連盟規約が含まれていた。つまり，ヴェルサイユ条約は，大戦を正式に終わらせると同時に，

Ⅲ　協調して平和を目指す国々の間では、可能な限り、経済的障害は取り除かれなければならないし、通商の条件が平等でなければならない。
　Ⅳ　自国の安全保障に最小限必要なレベルまで軍備を縮小することを相互に保証する。
　Ⅴ　全ての植民地からの要求に対して、偏見なく冷静で完全に公平な調整を行う。そのための基礎として厳守しなければならない原則は、主権の問題を決定するにあたって、当該の植民地の人々の利益と、その地域を統治する国の利益は、完全に平等なものでなければならない。
（Ⅵ～ⅩⅢは省略）。
　ⅩⅣ　国の大小にかかわらず、政治的独立と領土の保全を相互に保証するための特別な規約の下で、諸国家間の一般的な連合組織を作る。

……（中略）このような条約や規約を作成するために、われわれは戦い続ける。われわれの構想が取り除こうとしている主要な戦争要因を取り除くことによってのみ獲得できる公正で安定した平和を、われわれは望んでおり、われわれにはそうした平和が広まることを望む権利がある。……
……（中略）私が説明している構想に一貫している明白な原則は、あらゆる国の人々にとって正しいものであり、国の強弱にかかわらず、お互いに自由で安全な生活を送る権利がある、という原則である。このような原則がない限り、国際的な正義が成立しえないのである。合衆国の国民は、こうした原則に基づかずに、行動することはありえない。そして、この原則を守るために、合衆国国民は、生命、名誉、その他すべてのものを捧げる覚悟がある。（後略）

国際連盟による新たな平和の維持という意図を体現していたのである。
　ヴェルサイユ条約を正式に発効するためには、アメリカ上院による批准が必要であった。鍵を握るのは、議会で多数を握る共和党の動向であった。上院外交委員長のヘンリー・C・ロッジ（1850-1924）は、共和党の多数派を形成し、ヴェルサイユ条約に含まれる国際連盟規約の修正を迫った。特に問題となったのは、国際連盟の根幹をなす集団安全保障に関する連盟規約第10条であった。ロッジは、アメリカが集団安全保障の義務を伴うべきではないと主張した。ウィルソン大統領は、ロッジらの修正要求を拒否し、自らの支持を集めるために全米遊説旅行を実施した。しかし、その途中で病に倒れたのである。その結果、ヴェルサイユ条約の批准は拒否され、アメリカは、ウィルソン大統領が最も重

視していた国際連盟に加盟することはなかった。ただし注目すべきは、ロッジを含め、上院の多数派が、連盟構想そのものに反対していたわけではない事実である。批准に失敗したのは、アメリカの党派政治の結果という側面が強かった。アメリカは、第一次世界大戦後の国際社会に対して、何らかの影響力を行使すべきであるという点では、反対を唱えるものは少なかったのである。

（2） 第一次世界大戦下のアメリカ社会

参戦の結果、アメリカでは1917年に**選抜徴兵法**が制定され、最終的に400万人以上が入隊し、約200万人がフランスで戦った。戦死者はおよそ10万人を数えたものの、その約半数がインフルエンザによる死亡であった。戦場におけるアメリカの部隊は、さまざまな人種や階層で構成されていたが、軍隊内部においても黒人差別が存在していた。

アメリカ国内では、大戦への参戦をめぐる分裂が表面化した。**エスニック・グループ**は、自らの出身国を支持して両陣営に分かれ、また、反戦派と戦争支持派が互いに激しい論戦を繰り広げた。戦争支持派は、「**100％アメリカニズム**」を唱え、時には反戦派を暴力的に攻撃した。一方、一部の革新主義者や知識人、また、社会主義団体、女性団体、世界産業労働者組合（IWW）などの労働組織だけでなく、さまざまな組織が反戦を主張した。これに対して、政府は防諜法と治安法を制定して、社会党のユージン・V・デブズ（⇨148頁）などの反戦派を逮捕し、最高裁判所もこれを支持したのである。

戦争遂行のために、320億ドルにものぼる戦費の3分の1が戦時国債でまかなわれた。さらに通貨も増発され、インフレを招くことになった。そして、連邦政府の権限がさらに強化された。軍需物資の生産向上と効率的な配分のために、戦時産業局が設立され、大規模な経済動員を推進した。これは、効率性・能率性を重視した革新主義期の改革を反映したものであった。産業界も政府の要望に応え、工業生産を急速に拡大させた。一方、労働者については、サミュエル・ゴンパーズが率いるアメリカ労働総同盟（AFL）（⇨146頁）などは戦時動員に協力し、政府も全国戦時労働委員会を設置して、**労働組合権**を認めていった。ただし、**ストライキ**などは禁止された。それにもかかわらず、一部の労働者はこれを敢行した。また、多くの男性が戦場へ赴いたため、労働力不足が生じ、その代わりに女性がさまざまな職場に進出した。一方、南部の黒人たち

は，戦時生産を拡大させている北部の工業都市に，労働力として大量に移住した。

3　第一次世界大戦後のアメリカ

(1)　レッドスケア

　第一次世界大戦の勃発からアメリカの参戦，そして，大戦の終結と国際連盟加盟をめぐる論争という，対外政策のめまぐるしい変化に加えて，アメリカ国内でも，大戦がもたらした混乱が次々と発生していた。アメリカ国民は，そうした混乱の継続を望まず，1920年の大統領選挙において，「**常態への復帰**」を唱え，ウィルソン期の政治に異議を唱えた共和党の**ウォーレン・ハーディング**（1865-1923，在職1921-23）を選んだ。

　大戦の終結直前から戦後にかけて生じた，さまざまな混乱のひとつとして，アメリカの主要都市における鉄鋼業を中心とした大規模なストライキの展開があげられる。このストライキに対して，ボリシェヴィキの脅威という言説が流布したことが，最終的に労働者側が敗北した要因の一つであった。ロシア革命後の国際的な共産主義運動が，アメリカにおいても国家転覆を目指しているという，「**レッドスケア**（赤の恐怖）」が市民の間に広まった。

　1919年6月に，司法長官の**A・ミッチェル・パーマー**（1872-1936）の自宅が爆破される事件が起こると，**J・エドガー・フーヴァー**（1895-1972）を長として，令状なしの大量逮捕が展開された。逮捕の理由は具体的な罪状ではなく，その政治的信条であった。逮捕者の多くは，国外追放されることになった。そして，1920年5月には，サッコとヴァンゼッティという2人のイタリア系移民が，強盗殺人の容疑で逮捕された（**サッコ・ヴァンゼッティ事件**）。明確な証拠がなかったにもかかわらず，彼らが自称アナキストであり，外国出身であったことが影響して，死刑判決を受けた（その後，この判決の正当性をめぐり多方面から批判が沸き起こったが，1927年に刑は執行された）。

　多くの市民的自由を侵害するようなヒステリックな対応は，比較的早期に収束したものの，「レッドスケア」を通じて，アメリカへの脅威は外国から持ち

---

(2)　フーヴァーはその後，長年にわたり，FBI長官を務めた。

込まれ，その代表がソヴィエト社会主義共和国連邦（ソ連）による共産主義運動であるという考えが，一般市民の中に広まった。こうした風潮は，その後のアメリカ世論の形成に大きな影響を与えたのである。

図8-4　第2次KKK

（2）　第2次KKKと保守化の風潮

　第一次世界大戦がもたらした混乱は，「レッドスケア」だけではなかった。多くの黒人が全米各地に移動した結果，1919年7月のシカゴでの人種暴動をはじめとする人種暴動が各地で頻発した。そして，新たに全米各地に移住した黒人たちも，マーカス・ガーヴィー（1887-1940）らが黒人分離運動を主張するなど，運動の幅を広げていった。

　一方，白人中心的な主張が強まり，それが非合法な形で現れることもしばしば見られた。すでに，参戦前の1915年には，KKKを英雄視した人種差別的映画『国民の創生』（グリフィス監督）が人気を博していた。(3)そうした状況で，大戦中から南部を中心に活動していた第2次クー・クラックス・クラン（KKK）が，急速に全米で会員数を増やしていった。第2次KKKは，集会や示威行動，時には暴力行為を通じて，単に黒人だけでなく，カトリック教徒やユダヤ教徒への批判を強めていった。彼らは伝統的なアメリカの復活を主張し，最大時には400万人にも上る会員数を集めることとなった。第2次KKKは，政治にも関与したが，指導者の悪行や分裂のため，1920年代半ばにはほぼ消滅した。

　第2次KKKに見られるような保守的な傾向は，さまざまな局面で現れた。

---

(3) この映画は，クローズアップやフラッシュバックを用いたモンタージュ技術に秀でていることで，その後の映画史で語り継がれることになる。
(4) 聖書の記述を絶対的な真実とし，神がこの世を創ったとして，進化論を否定した。また，聖書に基づいた生活を送ることを主張した。

その際に，**キリスト教ファンダメンタリズム**(4)の影響は無視できない。たとえば，1925年には，テネシー州で進化論を教えたという理由でスコープスという生物教師が告発された。最終的に，「**スコープス裁判**」は，有罪判決で決着した。(5)

（3） 移民法

保守的傾向の強まりは，移民に対する考えにも影響を与えた。19世紀末から20世紀初頭にかけて大量に流入した移民への人種的偏見は，移民制限への要求を強める要因のひとつとなった。実際，すでにフロンティアが消滅してから時が経ち，移民の需要は次第に減少していた。

移民制限を意図した最初の**移民法**は，1875年に制定され，売春婦や犯罪者の入国が禁止された。1882年に，中国人移民を禁止する移民法が制定され，その後も改訂が続き，1917年には**識字テストの導入**を定めた移民法が成立していた。第一次世界大戦後，移民制限を求める風潮はさらに強まった。1921年に成立した移民法は，アメリカ史上初めて移民総数（35万7000人）を定めた。さらにこの法律では，1910年の国勢調査をもとに，外国生まれの移民の出生国の割合に応じて，各国からの移民数が割り当てられた。

1924年の移民法は，21年移民法の総数をさらに減少させ（約15万人），国別割当ての基準を1910年から1890年に変更した。これは，東南欧地域からの移民を大幅に減らすことが目的であった。この法律は，恒久法として制定され，以後，アメリカへの移民は困難となった。ただし，カナダやラテンアメリカ諸国といった西半球からの移民は，この法律で制限されることはなかった。

さらに1924年移民法は，**日本からの移民**を全面的に禁止した。すでに日系移民は，特にカリフォルニア州において，激しい差別待遇を受けていた。日本人学童の隔離事件（1906年）や，日系人の土地所有を禁止する法律が制定され（1913年），日米間の問題として浮上していた。そこで，1908年に両国の間で紳士協定が結ばれ，実質的に日本からの移民は途絶していた。それにもかかわらず，1924年の移民法が日本からの移民を禁止したことは，アメリカのこの時期の対日外交全般を反映していた。

---

(5) 民主党大統領候補にもなったウィリアム・ジェニングス・ブライアンが検察側の証人として出廷し，反進化論を主張したことで，この裁判は，全米の注目を浴びることになった。なお，被告側の弁護人であったクラレンス・ダローは，労働問題や社会問題を扱った人権派弁護士として名高い。

4　第一次世界大戦後のアメリカ外交

（1）　ワシントン会議とソ連問題

　第一次世界大戦からの復興に専念せざるをえないヨーロッパに代わり，アメリカが新たな大国としてその影響力を無視できない存在になることは明白であった。実際のところ，この時期のアメリカ外交は，世界各国にとって重要な意味を持っていた。

　ウィルソンの国際連盟構想を葬った共和党であるが，アメリカの海外関与を否定していたわけではなかった。しかも，平和の実現を掲げた点でも，ウィルソン外交と完全に断絶したとはいえなかった。ハーディング政権は，1921～22年にかけて**ワシントン会議**を主催し，アメリカ主導による極東アジア地域の安定化をはかったのである。

　ワシントン会議では，3つの重要な条約が結ばれた。太平洋の安定をめざした**四カ国条約**（日・米・英・仏），中国の領土保全と門戸開放を定めた**九カ国条約**（日・米・英・仏・伊・ベルギー・オランダ・ポルトガル・中国），主力艦の保有量の上限を定めた**軍縮条約**（日・米・英・仏・伊）である。その結果，軍縮による平和の維持がアメリカの主導により推進されることになった。また，この地域の現状維持が各国間，とりわけ日本，アメリカ，イギリスの間で合意されたことは重要である。その後しばらくの間，列強の間で，ワシントン体制と呼ばれる相対的に平和な時期がつづくことになった。しかし，そこには同時に，ソ連の影響力の排除という要因も存在していた。

　ワシントン会議より前の1920年に，アメリカ国内での「レッドスケア」を背景として発せられた「**コルビー声明**」により，アメリカはソ連を国家として承認することを拒否していた。すでにアメリカは，11月革命後に成立したボリシェヴィキ政権に対して，大戦中から北部ロシアやシベリアに軍隊を派遣していた。ただし，チェコ軍の救出や日本の抑制といった要因を無視することはできず，ソ連への軍事干渉は必ずしも，ボリシェヴィキ政権を直接打倒する意図であったということはできない。ウィルソンが脅威を感じたのは，大戦中から終戦直後のボリシェヴィキの共産主義イデオロギーそのものよりも，その影響力の国際的な拡大と，新たな国際秩序を構築しようという動きであった。それゆ

え，アメリカは，ソ連の国家としての承認を拒みつづけることとなった。

（2） ヨーロッパ・ラテンアメリカとの外交

大戦後の復興をめざすヨーロッパにおける最重要問題のひとつが，ドイツの賠償であった。大戦後のドイツには，天文学的数字といわれた賠償を支払う能力がなく，ドイツの不安定な状況は，ヨーロッパ全体の問題となっていた。これを解決すべく，アメリカは，1924年以降，**ドーズ案**と呼ばれる賠償金の減額と大規模な資金提供を行った。これによって，大量の資金がドイツに流入し，復興が進んだ。ドーズ案はその後，1929年に**ヤング案**として新たに見直され，ドイツの賠償はさらに減額された。このように，豊富な経済力を投入することによって，他国の安定をはかるという経済外交は，非軍事的な平和的手段として重視され，アメリカ外交の特色となっていく。そして，アメリカ政府の経済重視の姿勢の後押しを受けて，自国の圧倒的な繁栄を背景に，アメリカの民間企業は全世界へ経済的に進出していった。

とくにラテンアメリカに対しては，大戦後，イギリスの影響力が後退したこともあり，アメリカはさらに経済進出を進めることになった。しかし，その内実は，農産物のプランテーション作物と工業製品の原材料となる鉱山物質が目的であった。そのため，ラテンアメリカでは，常にアメリカ資本の動向に依存するという不安定な経済構造がつくりあげられることになった。

しかも，ラテンアメリカへの軍事力の行使が直ちに放棄されたわけではなかった。反米ゲリラが活動するドミニカ共和国やニカラグアでは，現地の親米的軍事組織を育成すると同時に，アメリカ軍自らも鎮圧に向けて出動した。こうしたアメリカの態度に対して，1928年の**パン・アメリカン会議ハバナ大会**では，アルゼンチン代表がアメリカの軍事介入を批判したが，アメリカは，「ローズヴェルト・コロラリー」を否定することはなかった。

5　繁栄の1920年代

（1）　経済的繁栄と新しい耐久消費財の普及

第一次世界大戦後の共和党政府は，経済的繁栄に向けて，**アンドルー・メロン**（1855-1937）財務長官や**ハーバート・フーヴァー**（1874-1964）商務長官らの

下で，企業活動を円滑にするようなさまざまな政策を展開した。ハーディング政権を揺るがした「ティーポットドーム事件」(6)といった腐敗事件がつづいたにもかかわらず，企業の発展を通じて経済的繁栄を推進する共和党への支持は高かった。1924年の大統領選挙でも共和党の**カルヴィン・クーリッジ**（1872-1933，在職1923-29）が当選した。

　こうした企業よりの政策の影響もあって，1920年代のアメリカは，空前の好景気を享受することになった。1929年中頃まで，全体として景気の拡大はつづいた。1921～29年にかけて，国民所得は1.6倍になったのである。このような好景気を支えたのは，自動車や家電製品といった新しい耐久消費財の普及であった。そして，消費文化の発展は，アメリカの生活様式や価値観に大きな影響を与えることになった。

　1910年代にフォード社は，「**フォード方式**」と呼ばれるベルトコンベアを用いた組み立て方式によって，飛躍的に生産力を高めていた。第一次世界大戦後，自動車は全米で爆発的に普及することになった。1920年代を通じて登録台数は，800万台から2300万台へと激増した。こうした自動車産業の拡大の過程で，**ゼネラル・モーターズ（GM）**，**フォード**，**クライスラー**という三大自動車会社による**市場の寡占化**が進んだ。

　自動車の普及は，アメリカの風景を変えていった。高速道路が整備され，自動車を購入した中産階級の人々が郊外に移動し，新たな一戸建ての住宅地を形成した。また，自動車での買い物が可能なショッピングセンターも現れはじめた。さらに，余暇の娯楽として，ドライブが新たに加わった。こうした都市から郊外への人の移動により，プライバシーがさらに保たれ，家族のあり方や若者の意識が大きく変わることになった。一方，農業にもトラックやトラクターが導入され，生産と輸送のあり方を変えていったのである。

　1920年にピッツバーグで**最初のラジオ局**が開設されると，瞬く間にラジオが全米に普及した。多くの家庭で，スポーツ，ドラマ，音楽などの娯楽がラジオで聴かれることになっただけでなく，さまざまな情報が直ちに家庭に伝わるという点で，これは画期的な商品であった。

---

(6) 1922年，ワイオミング州のティーポットドームにある国有地を，石油会社から賄賂を受け取って，不当に安価な価格で売却したとされる事件。ハーディング大統領とアルバート・フォール内務長官がかかわったとされる。

また，冷蔵庫，洗濯機，アイロンといった**家電製品の普及は**，女性の家事労働を軽減させた。すでに第一次世界大戦中から女性の社会進出は進んでいたが，大戦後もその傾向はつづいた。家事の負担の減少は，そうした社会進出を容易にする要因のひとつであった。家電製品以外に

図8-5　フォードの組み立て工場

も，化学繊維が本格的に商品化され，安価な既製服が登場し，女性のファッションにさまざまな変革をもたらすことになった。また，缶詰などの食品加工技術も発展し，食品の保存や輸送の形態が変化したことは，家庭内での食事のあり方を変えていった。

　このような自動車と家電製品の急速な普及は，ガソリンと電力需要を高めることになり，それを供給するために石油の重要性がますます高まったのである。また，絶え間なく消費を拡大させるために，宣伝・広告の重要性が認識され，広告業界が発展することになった。

　第一次世界大戦後にあっても，多数の女性は依然として家庭を守る役割を担っていたが，既婚女性も含めて，職業を持つ女性の数は増加していった。また，従来の価値観にとらわれない奔放なイメージを持つ女性が支持を集めることになった。[7]そうした状況は，婚前交渉などに対する若者の性意識にも変化をもたらすことになった。一方，すでに女性参政権への要求は，19世紀後半から徐々に強まっており，性別による投票差別を禁じた1919年の**憲法修正第19条**に基づき，翌20年から女性にも参政権が認められた。しかし，1920年代のアメリカ社会は，全体的に保守的風潮が強く，本格的に女性運動が展開されるのは，第二次世界大戦後のことであった。

　さまざまな消費財が大規模に普及したこと以外に，アメリカ社会における1920年代の特徴のひとつとして，禁酒法の施行があげられる。19世紀後半から

---

[7] 従来の服装や髪型と異なる外見だけでなく，飲酒や喫煙を積極的に嗜む「フラッパー」と呼ばれる女性が現れた。彼女たちの行動は，伝統的価値観を否定するものであり，新しいタイプの女性として，1920年代のアメリカ社会に大きな影響を与えた。

禁酒運動は次第に支持を集めていたが，1919年にアルコールの製造・販売などに関する合衆国憲法修正第18条が批准され，成立した。そして，それに基づき細部を定めたヴォルステッド法が制定され，1920年1月より禁酒法（**全国禁酒法**）が施行されたのである。

しかし，この法律は，飲酒そのものを禁止したわけではなく，酩酊性（アルコール度数0.5％以上）の酒類の製造・販売・輸送を禁止しただけであり，多くの人々は，「スピークイージー」と呼ばれる非合法酒場で酒類を入手し，飲酒をたしなんでいた。また，シカゴのアル・カポネのギャング団に代表されるような非合法組織が，酒類の販売にかかわることで，莫大な利益を得ていた。

「ザル法」とされた禁酒法が実際の禁酒にどれほど貢献したかは定かではないが，少なくとも労働者階級の飲酒量は減少したとされている。それは，酒類の売買が非合法となったために，価格が上昇したからだけでなく，プロスポーツ観戦，映画などの娯楽が普及したことにより，飲酒以外に，余暇の過ごし方が多様化した結果でもあった。

（2）　娯楽の多様化

好景気の下での消費文化の発達に伴い，1920年代のアメリカ社会では，さまざまな娯楽が人気を博した。その代表のひとつが，映画である。「ニッケル・オデオン」と呼ばれる安価な映画を提供する劇場が全米各地に広がった。そして，ハリウッドで製作された娯楽映画は，多くの人の心を魅了した。チャーリー・チャップリン，ルドルフ・バレンティノ，グレタ・ガルボなどの映画スターが現れ，こうしたスターを用いて映画を大量につくりつづけるハリウッドシステムが確立していった。また，1927年の『ジャズ・シンガー』は，世界初の

図8-6　チャップリン

---

(8) 映像だけが動いていたサイレント映画に代わり，トーキーの登場により，映画に音声が付け加えられることになった。

トーキー映画として製作された。そして、1929年には第1回アカデミー賞の授与式が開かれた。

またプロスポーツ、とりわけ野球の人気は高かった。ベーブ・ルースをはじめとする人気選手が登場した。ボクシングのジャック・デンプシー、ゴルフのボビー・ジョーンズなどもスポーツ界のヒーローとなった。このほかにも、テニスやアメリカンフットボールで次々と人気選手が現れた。こうしたプロスポーツの人気が高まった背景には、直接観戦するだけでなく、新たに家庭に入り込んだラジオを通じて試合を楽しむことができたことも、大きな要因といえる。

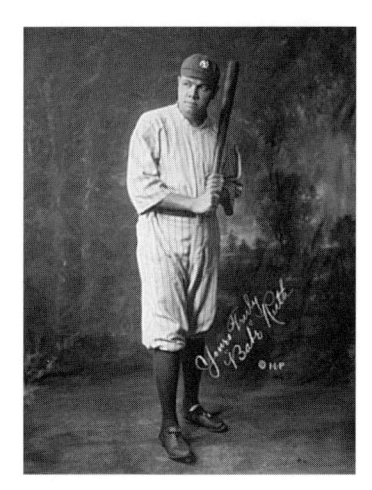

図8-7 ベーブ・ルース

レコード盤が安価になったことは、音楽鑑賞のあり方を変えることになった。生演奏を聴きに出かけなくても、自宅で好きなときに音楽を聴くことができた。また、第一次世界大戦中に北部の大都市に移住した黒人は、ジャズを全米に広めることになり、デューク・エリントン、ルイ・アームストロング、ベニー・グッドマンらが現れた。

さらに、1927年にチャールズ・リンドバーグが、ニューヨークからパリまでの大西洋単独無着陸飛行に成功したが、これは、全米の注目を集めることになった。こうしたイベントも、当時のアメリカ国民にとっては、やはり一種の娯楽としての要素が含まれていた。

（3） **農業の停滞**

新しい工業製品が次々と登場し、アメリカ社会に定着したことにより、景気を拡大させていったのとは対照的に、農業は相対的に停滞していた。こうした状況に対して、1921年に農作物の関税が大幅に引き上げられた。さらに、翌年の**フォードニー・マッカンバー関税法**で、その他の製品にも高関税が適用され、保護貿易的政策がとられたのである。

さらに、不振が続く農業部門に対して、農業団体や農業利益に深くかかわる

Column 8

映画『ジャズ・シンガー』,『風と共に去りぬ』とアカデミー賞

　1927年10月23日,ニューヨークで映画『ジャズ・シンガー』が封切られた。ジャズ・シンガーをめざしたユダヤ人を主人公としたこの映画は,世界最初の本格的な商業用のトーキー映画といわれている。ただし,実際に音が聞こえるのは,全体の三分の一程度である。映画に音声が加えられたこの映画は,多くの観客を動員し,主演のアル・ジョルスンをスターにのしあげた。そして,映画史上最初の肉声は,"Wait a minute! Wait a minute! You ain't heard nothin' yet."である。直訳すれば,「ちょっと待ってください。あなた方は,まだ,何も聞いていませんよ」とでもなるのであろうか。まさに,それまでの映画の観客は,映画から何の音も聞くことがなかったのである。しかし,日本では,この台詞に「お楽しみはこれからだ」という名訳がつけられた。実際,音のついた映画は,その後,多くの人を楽しませることとなった。この台詞は,単に『ジャズ・シンガー』のなかだけではなく,映画史全体を象徴するものとなったのである。『ジャズ・シンガー』の上映された1927年は,アメリカでアカデミー賞が設けられた年でもあった。この映画には,第1回アカデミー賞の特別賞が授与されている。ハリウッド映画界の最大のイベントであるアカデミー賞がその後の映画産業にもたらした影響は,計り知れないものがある。この賞をめぐるさまざまな逸話は,今後も語り継がれることになるだろう。

　音の次は,色彩であった。1935年制作の『虚栄の市』が世界最初の総天然色映画といわれている。その後,カラー映画の制作は増加し,1939年には南北戦争の激動の中をたくましく生きた女性を描いた全編カラーの『風と共に去りぬ』が公開され,空前の大ヒットとなった。もはや,カラー映画の人気は,決定的となった。この映画は,現在のレートに換算しなおすと,最も興行収入が高いという評価もある。実際のところ,今なお時折リバイバル上映が行われている。『風と共に去りぬ』とアカデミー賞の縁も深い。カラー映画として初めての最優秀作品賞をはじめ,主演女優のヴィヴィアン・リーなど8個の最優秀賞を獲得した。なかでも,最優秀助演女優賞に輝いたハッティ・マクダニエルは,黒人として最初にオスカー像(アカデミー賞受賞者に贈られる像)を獲得した。

　ところで,『ジャズ・シンガー』がオスカー像を獲得した第1回アカデミー賞は,わずか数分の授賞式であった。しかし,現在は,3時間を超えるエンターテイメントとして,世界各国でテレビ放映されている。アカデミー賞の授賞式は,全世界に映画を配給するハリウッドが,巨大娯楽産業として存在していることを示す事実のひとつであろう。

(山澄　亨)

議員たちは、大規模な財政投入による農産物価格の上昇を要求するようになった。その結果、議会は、**マクナリー・ホーゲン案**と呼ばれる農業援助法案を2度にわたって通過させたが、特定の団体のみを優遇することに加えて、都市住民の生活費上昇に懸念を示した大統領の拒否権発動のため、実現しなかった。

発展をつづけるその他の部門と比べて、農業にたずさわる人々の収入は、決して大きく上昇したとはいえなかったが、それは農業収入全体が減少したのではなく、他の部門との格差が拡大したことを意味していた。ただし、経済的繁栄がつづいたアメリカの1920年代において、農業はその恩恵を十分に受けることがなかった。すなわち、必ずしもすべてのアメリカ国民が繁栄を満喫していたわけではなかったのである。

(4)「失われた世代」

多くのアメリカ国民が経済的繁栄に満足していたなかで、その問題点を指摘した人々もいた。「**失われた世代**」と呼ばれる世代の文学者たちもそのなかに含まれる。彼らを代表する作家の一人である**アーネスト・ヘミングウェイ**（1899-1961）は、『陽はまた昇る』（1926年）、『武器よさらば』（1929年）などを著し、自らの第一次世界大戦従軍経験と重ねあわせ、大戦の大義の喪失と、無軌道に経済的繁栄を謳歌するアメリカ社会に溶け込めない姿を描いた。南部の作家として有名な**ウィリアム・フォークナー**（1897-1962）は、『響きと怒り』（1929年）で斬新な表現手法を取り入れながら、南部の一族の崩壊を描くことで、この時代の空虚さを示唆した。**F・スコット・フィッツジェラルド**（1896-1940）の『偉大なるギャッツビー』（1925年）も、物質的に豊かで華麗な生活を送る主人公が、悲惨な最期を遂げる形で小説を終えている。

このように、1920年代の繁栄を批判的に指摘した人々も存在していたが、1928年、多くのアメリカ国民は、好景気の推進を象徴する人物であるフーヴァーを大統領に選出したのであった（在職1929-33）。しかし、フーヴァーの大統領就任後、1年足らずして、アメリカは大恐慌に直面することになる。

文献案内

この時期を扱った概説書としては、M・B・ノートン（上杉忍・中條献・大辻千恵子・戸田徹子訳）『アメリカ社会と第一次世界大戦』（三省堂、1996年）が詳しい。また、20

世紀をアメリカの世紀として理解するうえで，この時期を重視しているものとして，O・ザンズ（有賀貞・西崎文子訳）『アメリカの世紀——それはいかにして創られたか？』（刀水書房，2005年），紀平英作『歴史としての「アメリカの世紀」——自由，権力，統合』（岩波書店，2005年），生井英考『空の帝国　アメリカの20世紀』（講談社，2006年）などがある。また，R・ホフスタッター（清水知久訳）『改革の時代——農民神話からニューディールへ』（みすず書房，1988年）は，20世紀前半のアメリカ社会を分析した古典的著作といえる。さらに，1920年代のアメリカを描写したF・L・アレン（藤久ミネ訳）『オンリー・イエスタデイ——1920年代アメリカ』（筑摩書房，1993年）は，今なおその重要性を失っていない。今津晃ほか『市民的自由の探求——両大戦間のアメリカ』（世界思想社，1985年）は，両大戦間期の重要テーマを個別に扱っている。常松洋『大衆消費社会の登場』（山川出版社，1997年），岡本勝『禁酒法——「酒のない社会」の実験』（講談社，1996年），蓑原俊洋『排日移民法と日米関係』（岩波書店，2002年）は，それぞれ，大衆と消費の関係，禁酒法，1924年移民法に焦点を当てた著作である。黎明期の映画についての研究も多いが，NHK・「ドキュメント昭和」取材班編『トーキーは世界を目指す』（角川書店，1986年）などが平易に当時の状況を説明している。

　第一次世界大戦前後のアメリカの国内状況については，樋口映美『アメリカ黒人と北部産業——戦間期における人種意識の形成』（彩流社，1997年）が黒人問題に焦点を当てて論じている。また，中野耕太郎『戦争のるつぼ——第一次世界大戦とアメリカニズム』（人文書院，2013年）は，第一次世界大戦とアメリカの国民国家形成について，幅広い視点から論じた著作である。第一次世界大戦中のアメリカ外交を扱った古典的著作として，A・J・メイア（斉藤孝・木畑洋一訳）『ウィルソン対レーニン——新外交の政治的起源　1917-1918年』（岩波書店，1983年）がある。第一次世界大戦後のアメリカ外交については，篠原初枝『戦争の法から平和の法へ——戦間期のアメリカ国際法学者』（東京大学出版会，2003年），麻田貞雄『両大戦間期の日米関係——海軍と政策決定過程』（東京大学出版会，1993年）などがある。

（山澄　亨）

第9章

ニューディールと第二次世界大戦

ヤルタ会談（1945年）
前列左からチャーチル，ローズヴェルト，スターリン。

年	事　　項
1929	10-24 ニューヨーク株式市場の暴落がはじまる
1930	1-21 ロンドン軍縮会議開催。6-17 スムート・ホーリー関税法制定
1931	6-20 フーヴァー・モラトリアム発表。9-18 満州事変勃発
1932	1-7 スティムソン・ドクトリン発表。2-2 復興金融公社設立。7-28 ワシントンに集結した退役軍人の強制退去。11-8 ローズヴェルトの大統領当選
1933	1-30 ヒトラーの独首相就任。3-4 ローズヴェルトの大統領就任。3-6 全米で銀行休日を実施。3-12 炉辺談話の開始。5-12 農業調整法制定。5-18 テネシー渓谷開発法制定。6-16 全国産業復興法制定。11-16 ソ連承認。12-3 第7回パン・アメリカン会議モンテビデオ大会開催。12-5 禁酒法廃止
1934	2-2 輸出入銀行設立。5-29 キューバの内政介入権放棄。6-12 互恵通商協定法制定
1935	5-27 全国産業復興法に違憲判決。7-5 全国労働関係法制定。8-14 社会保障法制定。8-31 中立法制定。10-3 イタリアのエチオピア侵略開始。11-9 CIO が AFL 内に結成
1936	1-6 農業調整法に違憲判決。2-29 中立法改正。7-17 スペイン内戦勃発。11-3 ローズヴェルトが大統領に再選。11-23『ライフ』誌創刊。11-25 日独防共協定締結。12-1 ブエノスアイレス会議開催
1937	2-5 最高裁判所改組法案提出。5-1 中立法恒久化。7-7 日中戦争勃発。10-5「隔離演説」
1938	5-17 ヴィンソン法制定。5-26 下院非米活動調査委員会設置。9-29〜30 ミュンヘン会談。11-18 CIO が AFL から独立
1939	4 スタインベック『怒りの葡萄』出版。8-23 独ソ不可侵条約締結。9-1 ドイツのポーランド侵攻により第二次世界大戦勃発。12-15 アトランタで映画『風と共に去りぬ』が初公開
1940	6-22 フランス降伏。9-3 米英駆逐艦基地交換協定。9-4 アメリカ第一委員会結成。9-16 平時における選抜徴兵法制定。9-27 日独伊三国軍事同盟成立。10 ヘミングウェイ『誰がために鐘は鳴る』出版。11-5 ローズヴェルト三選。12-29 炉辺談話で「民主主義の兵器廠」と主張
1941	1-6「四つの自由」演説。3-11 武器貸与法制定。6-22 独ソ戦開始。7-25 在米日本資産凍結。8-14 大西洋憲章発表。11-26 ハル・ノート提示。12-7 真珠湾攻撃
1942	人種平等会議（CORE）発足。2-19 日系人強制退去の大統領行政命令。6-3 ミッドウェー海戦。8-13「マンハッタン計画」発足。11-15 ガダルカナル沖海戦
1943	1-14 カサブランカ会談開催。9-8 イタリア降伏。11-22 カイロ会談。11-28 テヘラン会談
1944	6-6 ノルマンディー上陸作戦。7-1 ブレトン・ウッズ会議開催。8-21 ダンバートン・オークス会議開催。8-25 パリ解放。11-7 ローズヴェルト四選
1945	2-4 ヤルタ会談。4-1 沖縄上陸作戦開始。4-12 ローズヴェルト急死，トルーマン大統領就任。4-25 サンフランシスコ国連設立会議開催。5-8 ドイツ降伏。7-16 初の原爆実験成功。7-17 ポツダム会談開催。8-6 広島に原爆投下。8-8 ソ連の対日参戦。8-9 長崎に原爆投下。8-15 日本がポツダム宣言受諾を表明。9-2 日本が降伏文書に調印

Outline

1929年に始まった大恐慌は，大量の失業者を生み出すなど，アメリカ社会に大きな打撃を与えた。さらに，大恐慌は，単にアメリカ一国の問題だけではなく，全世界に拡大した。ニューディールを唱えて大統領に就任したフランクリン・D・ローズヴェルトは，さまざまな改革を実行した。ニューディール政策が，経済的に大きな効果を発揮したとはいえないが，連邦政府と国民の関係を変えていった点で重要である。一方，大恐慌後，国際的な危機は進行し，日本，ドイツ，イタリアといった国々は，軍事力による問題解決を指向していた。アメリカとこうした国々との対立が徐々に深まる状況で，ついに第二次世界大戦が勃発した。そして，日本の真珠湾攻撃により，アメリカは，これに参戦し，最終的に勝利した。大戦中，アメリカは，自ら国際秩序の中心となるべく，戦後構想の検討を行う一方で，原爆に代表される圧倒的な軍事力を獲得した。また，大戦による需要の増加により，アメリカは大恐慌を克服したのである。

1 大 恐 慌

（1） 大恐慌の勃発

うなぎのぼりに上昇していた**ニューヨーク株式市場**の株価が，1929年10月24日から29日にかけて急激に下落した。その後，長期間にわたってつづく「**大恐慌**」と呼ばれる事態の開始を告げる象徴的な出来事であった。株価の急落は，すでに下降局面に入りつつあったアメリカの経済全体に大きな衝撃を与えた。大恐慌は，経済的な打撃だけでなく，アメリカの政治・社会のあり方に変革を迫ることになった。さらには，景気の悪化が全世界に拡大した結果，従来の国際関係を変える重要な要因のひとつになったのである。

不景気がつづく状況で，アメリカの工業・農業の生産量の激減，賃金の低下だけでなく，失業者が急増した。時の大統領であったハーバート・フーヴァー（⇨181頁）は，赤字財政に否定的考えを持っており，税収の減少のなか，連邦政府による失業者救済政策の実施に消極的であった。しかもフーヴァーは，好不況の波は資本主義経済体制にあっては常に起こりうる現象であり，個人の努力による回復が可能であると考えていた。

しかし，失業者とその家族が浮浪者となり，集団で路上生活を強いられ，

「フーヴァー・ビル」と呼ばれる地域が全米各地で現れていた。また，1932年7月，第一次世界大戦時の軍人恩給の即時支給を要求するために首都ワシントンに集まった退役軍人が，武力を使って強制的に退去させられる事件が起こった。フーヴァーへの国民の不満は大きくなるばかりであった。そこで，フーヴァーは，1932年2月に**復興金融公社**（RFC）を設立し，連邦政府による資金提供を開始した。しかし，恐慌に対して有効な対策を打ち出せないまま，1920年代に商務長官としてアメリカの繁栄を支えてきたフーヴァーの人気は急落し，新たな変革への期待が強まっていった。

図9-1　大恐慌下の貧しい人々

（2）　全世界に拡大

　1920年代に全世界に投資を拡大していたアメリカにおける経済の悪化は，国境を越えて広がっていった。とりわけドイツでは，多数の失業者が生まれることになり，社会不安が高まった。このような状況を背景として，現体制の打破を唱える**ナチス**や**共産党**が勢力を拡大していった。一方，ドイツ政府は，多額の負担を強いられている第一次世界大戦の賠償支払いの猶予を求めたが，同じく不況に陥ったイギリスやフランスにとって，アメリカに対する大戦時の戦債の支払い義務がある限り，ドイツからの賠償を容易に放棄できなかった。ヨーロッパの経済混乱に対して，フーヴァーは，景気の好転には一国だけではなく，国際的な努力が必要であると考え，1931年6月に「**フーヴァー・モラトリアム**」と呼ばれる国家間債務の一時支払停止を発表したが，同年9月にイギリスが金本位制を放棄するなど，ヨーロッパの経済状況は改善することがなかった。

　アメリカ経済の悪化は，日本にも大きな打撃を与えた。不景気に見舞われた日本では，軍部を中心として中国への進出により問題解決をはかろうとする勢力が，1931年9月に満州事変を起こし，日米協調の下での中国の現状維持を基

第 9 章　ニューディールと第二次世界大戦

> **史料12　ローズヴェルトの第一期大統領就任演説（1933年3月4日）**
>
> （前略）……まず第一に私の固い信念を主張させてもらいたい。すなわち，我々の怖れなければならないのは，恐怖そのものである。退却から前進に転じるために必要な努力を麻痺させる，根拠のない，非合理的な恐怖感こそ怖れなければならないのである。……（後略）

本としていたワシントン体制を大きく揺さぶった。アメリカは，1932年1月にヘンリー・スティムソン（1867-1950）国務長官が「スティムソン・ドクトリン」を発表して，「満州国」不承認の方針を打ち出したものの，具体的な対日制裁に踏み切ることはなかった。その後日本は，軍事力による中国への進出を継続させ，日米関係は悪化していく。

2　ニューディール政策

（1）　ローズヴェルトの登場とニューディール

　1932年の大統領選挙は，「ニューディール」を唱えていた民主党の**フランクリン・D・ローズヴェルト**（1882-1945）が共和党の現職大統領であるフーヴァーに勝利した。ローズヴェルト（在職1933-45）は，大胆な政策を通じて経済恐慌からの脱出をめざしており，ニューディール政策は，救済（Relief），改革（Reform），復興（Recovery）の三つのRの実現をめざすと謳われていた。そして，一連のニューディール政策を実施するにあたって，この時期に採用された多数の有名大学出身の官僚が中心となって，各分野で連邦政府の主導権が強化されていった。

　ローズヴェルトが大統領に就任した1933年3月の時点で，アメリカ経済は危機的な状況にあった。1930年ごろから全米各地で銀行の倒産による金融恐慌が生じていたが，1933年2月から3月にかけて，デトロイト，シカゴ，ニューヨークといった都市で**銀行取り付け騒ぎ**が発生した結果，金融機関が大混乱に陥っていた。ローズヴェルトは，連邦政府にそのような権限があるかどうかという問題を抱えながらも，大統領特別権限という名の下で，全米の金融機関を閉

図9-2 F・ローズヴェルト

鎖する指示を出した。そして，連邦政府の審査に基づく保証を得た銀行から営業再開を認めることにした。また，炉辺談話と呼ばれる大統領自らがラジオを通じて国民に直接語りかける手法を用いて，不安解消に努めた。このような対応により，銀行恐慌は沈静化していった。

銀行恐慌を乗り切った新政権は，「百日議会」と呼ばれる1933年の議会で次々と重要な法律を制定していった。5月に成立した**農業調整法（AAA）**は，農産物の価格維持のために，生産削減に応じた農家に補償金を与えるという内容であった。6月には，商工業への対策として**全国産業復興法（NIRA）**が制定された。この法律は，団結権，団体交渉権を法的に承認したうえで，賃金や労働時間などについて労働者と雇用者の間で規約を結び，それを連邦政府が承認するというものであった。つまり，賃金や労働時間を定めることで，購買力や雇用が拡大されると考えられていたことにくわえて，経済復興のためには，連邦政府の監督の下で労使間の協調を維持し，社会を安定させることが重視されていた。このように，ニューディール政策の根幹のひとつであったNIRAは，経済問題だけでなく，連邦政府の役割や労働者の権利のあり方に深くかかわっていた。

AAAやNIRA以外にも，銀行改革を目的とした**グラス・スティーガル法**，証券取引の規制を柱とする**連邦証券法**，失業者救済のための**連邦緊急救済法**，テネシー川流域の総合的開発を目的とした**テネシー渓谷開発法（TVA）**などが制定された。さらには，フーヴァー政権期に設立されたRFCを通じての資金提供の拡大，**公共事業局（PWA）**の設置による積極的な公共事業の実施を通じて，雇用の拡大をはかった。こうして，従来の州に代わって連邦政府が積極的に国民の生活と結び付く事業に関与していった。一方，税収の増加を見込んで，33年末までに，禁酒を定めた憲法修正第18条が撤廃された。

（2） ニューディールの行き詰まり

　NIRA に基づく規約を作成するかどうかは，強制ではなく，労使双方の自由意志であったため，当初，規約の成立が進捗しなかった。そこで，規約を結んだ企業の製品には青鷲（ブルー・イーグル）の紋章を添付させて，政府の行動に協力していることを国民に知らせ，規約作成を広めようとした。その結果，34年までに最低賃金や労働時間に関して多くの企業の間で規約が作成されることになった。

図9-3　ブルー・イーグル

　しかしながら，政府が認めた規約の内容が実質的には雇用者側に有利となっているという労働者の不満や，労働者の権利を認めすぎているという雇用者の不満が高まるなか，肝心の景気回復の度合いが低調であったこともあり，NIRA への不信は直ちに増大していった。AAA に関しても，補償金の給付において既存の大規模農家に有利な仕組みとなっており，小規模農家や小作農，農業労働者の不満は解消されなかった。こうしたことから，全米各地で大規模なストライキが発生する一方，貧しい農民が大量に流浪し，1934年にはニューディール政策が早くも行き詰まりを見せることになった。

　ローズヴェルトに対する批判は，全米各地で表面化しつつあった。それに呼応して，ルイジアナ州選出の民主党上院議員の**ヒューイ・ロング**（1893-1935），デトロイトに本拠をおきラジオ演説で支持を集めていた**チャールズ・コフリン**（1891-1979）神父，カリフォルニア州出身の**フランシス・タウンゼンド**（1867-1960）が唱えた老齢者優遇運動などへの支持が急速に集まった。

　こうした状況で，1935年5月，NIRA に対して違憲判決が下された。「**シェクター判決**」と呼ばれるこの判決は，連邦政府による規約の合法性の保証は権限を逸脱しており，無効であるとしたものであった。すでにさまざまな批判の対象となっていた NIRA にとって，この判決は大きな衝撃であった。雇用者と労働者の協調を連邦政府の主導で維持するというローズヴェルト政権の方針は，変更を迫られることになった。さらに，AAA も1936年1月に違憲判決を受けることになった。

(3) 第二次ニューディール政策

　シェクター判決を受けて，NIRA が無効となると，労働組合活動が合法的な立場を失うことになった。そこで，ローズヴェルト政権は，1935年7月，新たに全国労働関係法を制定した。法案の作成者の名をとって「**ワグナー法**」と呼ばれるこの法律は，NIRA で定められた労働者の権利を改めて認めたうえに，雇用者の不当労働行為を禁止し，さらには，会社の御用組合を排除するために，代表権を持つ組合の認定を連邦政府が行うことを定めた。

　ワグナー法の制定によって，労働運動は活気づいた。ジョン・ルイス（1880-1969）が**産業別労働者組織委員会（CIO）**[(1)]を結成し，CIO の主導の下，1936年から37年にかけて，鉄鋼や自動車産業といった基幹産業におけるストライキが展開され，組合側の要求を認めさせた。

　また，1935年8月には社会保障法が制定された。これにより，失業保険，老齢年金が整備され，アメリカにおける福祉制度を大きく充実させることになった。ただし，健康保険の導入は見送られた。

　ローズヴェルト政権は，各方面から噴出していた一連のニューディール政策への不満に対して，ワグナー法，社会保障法などの制定を通じて，より広範な支持を確保しようとした。その結果，国民生活に積極的に関与するという意味で，連邦政府の役割がさらに増大し，アメリカの政治のあり方を大きく変えることになった。第二次ニューディール政策と景気の上昇を受けて，1936年の大統領選挙において，ローズヴェルトは圧勝を収めて再選を果たした。

　自らへの厚い支持を確信したローズヴェルトは，シェクター判決のように，ワグナー法などの第二次ニューディール政策に対して違憲判決が下されることを阻止しようと考えた。終身の任期である連邦最高裁判事は，当時，共和党政権時に任命された人物が多かった。そこでローズヴェルトは，1937年2月，連邦最高裁判事が70歳を超えて退官しない場合，同数の判事を6名以内で大統領が任命できるとする法案を議会に上程した。これが成立すれば，ローズヴェルトが自ら任命する判事の数を増やすことができるはずであった。ところが，「**裁判所詰め替え（コート・パッキング）**」と呼ばれるこうした動きは，司法権への不当な介入につながるという批判が高まり，結局，法案は議会を通過しなか

---

(1) 1938年に産業別組合会議（CIO）と改称して，AFL から正式に分離する。

った。しかし，法案審議中の1937年4月，ワグナー法が合憲であるという司法判断が下された。その後，他の諸法にも同様の判決が下り，ニューディール体制がアメリカ社会に定着していくことになった。

一方，ニューディールの当初の目的である経済復興は，1936年までに順調に進む気配を見せていたが，翌37年には景気の下降局面（リセッション）に突入した。失業者が再び増加し，国民の不安は解消されることはなかった。また，労働運動の高揚を受けた保守勢力が危機感を募らせ，ニューディールへの批判をつづけていた。ローズヴェルトへの支持が徐々に低下していることは明らかであった。ローズヴェルト政権は，こうした状況のなか，従来の方針継続による改革のさらなる推進によって復興をはかるという態度を見直しはじめた。むしろ，当時危機的状況を深めていた国際問題に関心を移しつつあったのである。

3　1930年代のアメリカ社会

（1）　善隣外交

1933年に大統領に就任した時点で，ローズヴェルトにとって，最優先問題は深刻化するアメリカの国内問題であり，そのためのニューディール政策の推進が重視されていた。その結果，フーヴァーがめざしていた国際協調の枠組みで恐慌を克服するというよりも，アメリカが単独で復興を果たすという傾向を強めることになった。したがって，フーヴァー政権期に構想されていたロンドンでの世界経済会議を，就任直後のローズヴェルト自らが実質的な失敗に導くような態度をとった。

ただし，対外政策を全く無視していたわけではなかった。ローズヴェルトは，大統領に就任した1933年に，ロシア革命以降国交を断絶していたソヴィエト社会主義共和国連邦（ソ連）と国交を結んだ。その理由として，日本の拡大抑制に加えて，ソ連市場への進出という点も無視できない。大恐慌期に大幅に落ち込んだ海外通商は，景気対策という側面から注目されることになった。そもそもアメリカは，伝統的に高関税政策を通じて自国産業を保護してきた。大恐慌が勃発すると，高関税による産業保護の動きが強まり，1930年，**スムート・ホーリー関税法**の制定により，史上最高の関税率が課せられることになった結果，海外通商は大幅に減少していた。

ローズヴェルト政権の国務長官となったコーデル・ハル（1871-1955, 在職1933-44）は，かねてからの自由貿易論者であり，経済復興には自国産業の保護ではなく，貿易の活性化のほうが効果的であると主張し，アメリカの高関税政策の転換をめざした。ハルの努力もあり，1934年，**互恵通商協定法**が制定された。これにより，関税率の決定権が一定の範囲内で行政府に移され，政府間協定で関税率を決めることが可能となった。ハルを中心とした国務省は，アメリカ国内に存在していた保護貿易を主張する勢力や，自由貿易ではなく管理貿易の展開を主張する勢力を抑えて，自由貿易体制の確立をアメリカの海外通商政策の基本として定着させた。

　互恵通商協定法に基づき，通商の拡大を目的とした政府間協定が次々と結ばれていったが，その多くはラテンアメリカの国々であった。アメリカは政府資金による輸出入銀行を1934年に設立し，ラテンアメリカへの積極的な投資の拡大を支援した。

　一方，19世紀末から20世紀初頭以降，アメリカは，ラテンアメリカへの軍事介入を実行し，アメリカ軍を駐留させた結果，反米感情を引き起こしていた。しかし，大恐慌後，フーヴァーがアメリカ軍撤退を内容とする「**クラーク・メモ**」と呼ばれる文書を承認し，さらに，ローズヴェルトが大統領に就任すると善隣外交を表明するなど，ラテンアメリカとの関係改善をはかる動きが顕著となった。1933年に**モンテビデオ**で開かれた**パン・アメリカン会議**で西半球各国の主権尊重と内政不介入が謳われ，ハイチ，ドミニカ共和国，ニカラグアからアメリカ軍が撤退し，キューバの内政介入権を放棄するなど，善隣外交は，着実に展開された。また，1938年にメキシコが石油の国有化を断行した際には，ローズヴェルト政権は，石油企業をはじめとするアメリカ国内のメキシコへの介入を求める勢力を抑えた。

　1930年代後半になり，日本，ドイツ，イタリアといった枢軸(すうじく)勢力が次第に西半球への進出をはかりはじめると，内政介入を回避しながら，アメリカと対立する枢軸勢力の影響力を排除する必要に迫られた。そこで，1936年にブエノスアイレスでの臨時のパン・アメリカン会議を皮切りに，国際危機の高まりに応じて，集団的に西半球を防衛するという名目で1938年にリマ，1939年にパナマ，40年にハバナ，42年にリオデジャネイロで西半球諸国会議が開かれ，西半球におけるアメリカの主導権が確立していった。

また，当初は通商拡大のために設立された輸出入銀行が，次第にアメリカの政治目的の実現のために利用されるようになり，さらに武器貸与法が制定された後は，アメリカの意向に従わせるために，ラテンアメリカの国々に大規模な経済援助が展開された。一方，早くも1934年のキューバにおける**フルヘンシオ・バチスタ**（1901-73）の実質的な権力掌握だけでなく，ドミニカ共和国のトルヒーヨ（1891-1961）やニカラグアのソモサ（1896-1956）といった第二次世界大戦後までつづく独裁政権を，決して好ましいものではないとしながらも，結局のところ，内政不介入という理由で黙認した。

（2）　大恐慌下のアメリカ社会

　大恐慌の勃発後，失業者が大量に発生するなど，多くの一般民衆が経済的に困窮することになった。また，中西部から南西部にかけて進行した旱魃により，ダスト・ボウルと呼ばれる激しい砂塵に襲われた地域が広がり，土地を放棄せざるをえない農民が増加した結果，彼らが都市に流入した。ジョン・ドス・パソス（1896-1970）の『U.S.A.』（1930～36年）やジョン・スタインベック（1902-68）の『怒りの葡萄』（1939年）などは，こうした状況を背景に執筆された。そして，共産主義をはじめとするさまざまな左翼思想が不満の受け皿となり，工場労働者や農業労働者によるストライキが多発した。しかし，実際にソ連型の共産主義国家体制を信奉したのは一部の知識人に限られ，しかも，独ソ不可侵条約により**ヨシフ・スターリン**（1879-1953）と**アドルフ・ヒトラー**（1889-1945）が手を結ぶと，彼らの多くはソ連不信に陥った。

　確かに恐慌により景気は落ち込んだものの，1920年代に普及した自動車や家電製品を利用した生活様式が変わったわけではなかった。むしろ，失業対策として行われた道路建設は，自動車を基本とした社会のあり方の基盤を拡大した。

　さらに，労働規約による労働時間の短縮の影響もあり，余暇の時間がいっそう増大し，プロスポーツや映画といった娯楽が楽しまれた。映画では，カラー撮影の技術が導入され，『風と共に去りぬ』，『市民ケーン』，『オズの魔法使い』，『駅馬車』といった名作だけでなく，ミッキー・マウスや『白雪姫』などのディズニーのアニメが製作された。また，小型カメラの急速な普及により，スナップ写真の撮影が盛んになる一方，『ライフ』や『ルック』といった写真誌が創刊された。文学界では，ハードボイルド小説の代表作であるダシール・ハメ

ット (1894-1961) の『マルタの鷹』(1930年) が出版され, 1920年代に活躍していたヘミングウェイやフォークナーも精力的に執筆活動をつづけていた。このように, 恐慌下にあってもアメリカ国民は絶望に打ちひしがれていたわけではなかった。そして, ヘミングウェイの代表作のひとつである『誰がために鐘は鳴る』(1940年) のような作品が書かれるなど, 国際危機の高まりがさまざまな問題に次第に濃い影を落とすようになっていった。

図9-4 『風と共に去りぬ』ポスター

4 アメリカと国際危機——第二次世界大戦

(1) 国際危機の高まり

大恐慌の勃発後, 各国が独自の政策追求をめざし, 国際協調の気運が減退した。1930年のロンドン軍縮会議では, 1920年代の協調路線の継続が確認されたが, 1932年からはじまったジュネーヴ軍縮会議は結局失敗した。このように, 世界は軍拡の方向に進み, 武力による問題解決を指向した。

1931年の満州事変以降, 日本は, 国際協調の枠組みで自国の立場を認めさせるのではなく, 軍事力を背景とした強硬な態度で中国に対して臨んだ。さらにドイツでは, 1933年にヒトラーを党首とするナチス政権が成立し, 35年になると, 公然と再軍備を開始した。また, ベニート・ムッソリーニ (1883-1945) 政権下のイタリアがエチオピアへの侵略の意図を明確にした。こうして, 全世界で武力衝突の危機が高まった。アメリカでは, 紛争を解決できない国際連盟への不信が生じただけでなく, 委員長の名をとって「ナイ委員会」と呼ばれた上院特別委員会で, 第一次世界大戦への介入が一部の武器産業の利益のためであったという主張が展開され, 海外での紛争にかかわるべきでないという風潮が強くなっていった。

1935年8月, イタリアのエチオピアへの侵略を目前にして, 中立法が制定さ

れた。その内容の中核は，議会や世論を配慮して，侵略・被侵略の区別なく全ての交戦国に武器禁輸を行うことであった。ただし，イタリアとエチオピア間の戦争においては，実質的にイタリアに対してのみの禁輸となるため，国際連盟の対イタリア制裁と同調できる余地を残していた。

　同年10月，イタリアがエチオピアへの侵攻を開始すると，ローズヴェルトは直ちに中立法を適用した。さらに，武器以外の一般物資のイタリアへの輸出を自粛するように呼びかけると同時に，武器以外にも禁輸品目を拡大すべく中立法の改正を検討した。しかし，国際連盟が，イタリアへの経済制裁を実施したものの，石油を制裁品目から除外し，しかも，**ホーア・ラヴァル案**(2)に見られるように，イギリスとフランスがイタリアに対して宥和的であったこともあり，イタリアのエチオピア侵略は短期間で終結した。こうした国際連盟や英仏の行動に，アメリカはますます不信感を募らせた。その結果，アメリカは，海外問題への介入に消極的な態度をとることになった。1936年に中立法は基本的に延長され，さらに37年には恒久化された。また，1936〜39年の**スペイン内戦**にあたっても，アメリカは不介入の立場をとった。

　一方，日中関係は，1937年に**日中戦争**が勃発し，新たな段階に突入した。双方の正規軍による戦闘は，日本側が優勢となり，支配地域を拡大していた。ローズヴェルト大統領は，同年10月，シカゴにおいて「**隔離演説**」と呼ばれる対日強硬策を示唆する演説を行った。しかし，アメリカ世論は，アメリカの海外問題への積極的な介入に対して否定的な見解が強かった。このような反応を見て，ローズヴェルトは，中立法を適用せず，中国への武器輸出を可能としていたものの，対日制裁につながるような具体的な方針を推進することはなかった。1937年に生じた長江における日本軍による**パネイ号の誤爆事件**の際にも，翌38年，日本側の謝罪を受け入れ，事態の悪化を回避した。

（2）　第二次世界大戦とアメリカの参戦

　しかし，国際危機が高まるなか，ローズヴェルト政権は，海外問題への関心を増大させていった。1938年，「**ヴィンソン法**」と呼ばれる大規模な軍拡予算

---

(2) 1935年12月，S・ホーア英外相とP・ラヴァル仏首相の間で，エチオピア領の一部をイタリアに割譲し，さらに，エチオピアに対するイタリアの優越を認めることで極秘に合意が成立したが，イタリアの了解を得る前に仏紙に暴露され，国際的な非難を浴びることになった。

Column 9

スペイン内戦とアメリカ

　1936年7月17日，スペイン各地で共和国政府への反乱が発生した。以後，ドイツとイタリアが反乱軍側を，ソ連が共和国政府側を支援し，2年以上にわたって，「第二次世界大戦の前哨戦」と評されることもある壮絶な内戦が繰り広げられた。スペイン内戦に触発されたピカソの有名な「ゲルニカ」は，この内戦の悲惨さを表現したものである。写真家のロバート・キャパの「崩れ落ちる兵士」の写真もよく知られている。また，全世界の注目を集めたスペインには，イギリスのジョージ・オーウェル，フランスのアンドレ・マルローらが訪れ，内戦を題材にした文学作品を残している。アメリカからもアーネスト・ヘミングウェイが内戦中のスペインに赴き，帰国後，内戦を舞台にした『誰がために鐘は鳴る』を著した。この小説は，1943年にゲーリー・クーパー，イングリッド・バーグマン主演で映画化され，大きな人気を博した。

　アメリカ政府のスペイン内戦への態度は，中立の保持であった。1937年1月には，中立法が修正され，スペインの両陣営への通商規制が適用されることとなった。しかしながら，多くのラテンアメリカの国々の旧宗主国にあたるスペインの動向は，アメリカの西半球政策に影響を与えるようになった。メキシコがソ連とともに共和国政府を支援する一方，その他のラテンアメリカ諸国は反乱側を支持していた。折しも，枢軸諸国が西半球への関心を高めつつあった1930年代後半，フランコ型の独裁者による反乱の支援を通じて，ファシズム諸国の影響が西半球に及ぶ可能性が存在していた。スペイン内戦は，中立政策をとるアメリカ政府にとって，西半球全体に左右の海外勢力の侵入を排除するための安全保障体制構想を推進する一要因となったのである。

　一方，義勇兵という形で，多くのアメリカ人がスペイン内戦にかかわることになる。反ファシズムの大義の下に，世界各国から集まった義勇兵は，マドリード攻防戦やグアダラハラの戦いなどで主力となった。アメリカ人は，「エイブラハム・リンカン大隊」や「ジョージ・ワシントン大隊」に編成され，やはり多くの死者を出し，大きな犠牲を払った。1938年に義勇兵は，解散を命じられ，多くの兵士は帰国した。スペイン共産党のドロレス・イバルリは，解散式で「すでにあなた方は歴史です。あなた方は伝説です」といって義勇兵に感謝の思いを込めて送り帰したのである。ところが，アメリカに帰国した義勇兵は，ファシズムと戦った英雄ではなく，共産主義者として危険視された。冷戦が始まると，「赤狩り」により職を奪われ，社会から排除されたものも数多く存在した。このように，スペイン内戦は，アメリカ社会にも深い傷跡を残したのである。　　（山澄　亨）

第9章　ニューディールと第二次世界大戦

> **史料13　ローズヴェルト大統領の「四つの自由」年頭教書（1941年1月6日）**
>
> （前略）……われわれが将来，確立したいと願っていることは，次の四つの基本的自由に基づく世界を築くことである。
> 　一つ目，全世界における表現と言論の自由。
> 　二つ目，全世界における信仰の自由。
> 　三つ目，欠乏からの自由。それは，言い換えると，世界の全ての国々が自国の国民に健全な平時の生活を保証することができるような，経済上の合意に達することである。
> 　四つ目，恐怖からの自由。それは，言い換えると，世界のどの地域においても，隣国への物理的攻撃を実行できないようにするために，徹底的な軍縮を全世界規模で行うことである。
> ……（後略）

を提案し，安全保障の充実をはかった。ただし，軍拡による政府予算の大規模な支出は，1937年のリセッションへの対応という側面を持っていた。

　アメリカにとって最も看過できない問題は，日本，ドイツ，イタリアといった枢軸国と呼ばれる国々が，軍事力を背景に支配地域を拡大することであった。この三国は，1936年に**日独防共協定**を結び，以後関係を強化させていた。そして，エチオピア占領，日中戦争につづき，1938年以降，ドイツがオーストリアの併合につづき，チェコスロヴァキアへの拡大意図を鮮明にし，ミュンヘン会談を経て，翌39年には同国の大半を支配下に置いた。さらに，ヒトラーがポーランドへの関心を表明するなど，危機は高まる一方であった。

　1939年9月，前月にソ連と独ソ不可侵条約を結んだドイツ軍が，ポーランドに侵攻した。ポーランドと同盟関係にあった英仏がドイツに宣戦したことにより，**第二次世界大戦**が開始された。独ソ不可侵条約に基づきポーランドに侵攻したドイツとソ連は，短期間でポーランドに勝利した。しかし，ドイツ軍の西進は行われず，戦争中にあって戦闘が行われない「**奇妙な戦争**」という状況が英仏独間でしばらくつづいた。

　1940年4月になり，ついにドイツ軍が攻撃を再開し，電撃戦により同年6月に**フランス**を**降伏**させた。フランスの降伏は，仏領アフリカ植民地を通じて，

図9-5　真珠湾攻撃

西半球に向けてドイツ軍の行動を容易にすることから、アメリカにとって、安全保障上無視できないという状況が生じた。当初、大戦への不介入を表明していたアメリカは、フランスの降伏という状況を受けて、イギリス援助の態度を明確にした。1940年9月、イギリス軍基地とアメリカ駆逐艦の交換協定（**英米駆逐艦基地交換協定**）が締結される一方、アメリカ国内では、**平時における選抜徴兵法**が制定された。

しかし、必ずしもアメリカの国民が一致して、大戦への積極的な関与を支持していたわけではなかった。たとえば、フランス降伏後にシカゴを中心に組織された民間団体「**アメリカ第一委員会**」は、ドイツとの戦争回避を強く主張していた。ローズヴェルトは、炉辺談話でアメリカが「**民主主義の偉大な兵器廠**」となることを訴え、アメリカの役割を「民主主義」という「普遍的正義」の防衛と位置づけることで国民の支持を得ようとした。軍需拡大という要因もあり、リセッションからの回復が明らかになる状況で、1940年11月、ローズヴェルトは、アメリカ史上前例のない三選を果たしたが、前回ほどの支持を獲得することはできなかった。

1941年3月、武器貸与法が激しい議論の末、議会を通過した。これにより、政府の判断で、枢軸国と戦う国々に莫大な援助を行うことが可能となった。武器貸与法は、イギリスへの適用につづき、同年6月に独ソ戦が開始されると、ソ連にも適用され、アメリカは大規模な援助を展開した。また、イギリスへの援助物資輸送の護衛をアメリカ海軍が担当し、ドイツとの敵対関係を明確にした。

ローズヴェルトは、1941年の年頭教書で「**四つの自由**」（史料13参照）を表明し、「民主主義」の重要性とその危機的状況に言及した。さらに、同年8月の大西洋憲章において、侵略行為の否定と各国領土の保全を謳った。このように、アメリカが第二次世界大戦に介入する根拠として、「普遍的理念」の防衛を強調した。アメリカにとって、軍事力で支配地域を次々と拡大する枢軸陣営の行

第9章　ニューディールと第二次世界大戦

動を認めることはできなかったのである。

　一方，日本は，ドイツのフランスへの勝利を見て，1940年9月に**日独伊三国軍事同盟**を結び，さらには，仏領インドシナへの進駐を実現した。アメリカは，日本が枢軸陣営の一員であるという認識を強めていった。翌1941年になると，日本の在米資産を凍結し，日本への石油輸出を禁止した。

　日本は，こうしたアメリカの行動に対して，交渉による解決をめざした。日本は，三国軍事同盟や仏領インドシナに関してはある程度の妥協を検討していた。しかし，1941年11月，アメリカ側は，中国からの撤退という強硬な要求を提示した。「ハル・ノート」と呼ばれるこの要求を受けて，日本は対米戦を決定した。そして，同年12月7日（アメリカ時間），日本軍がハワイの**真珠湾を奇襲**した。真珠湾での大きな損害に加えて，宣戦布告前の攻撃という日本の行動に対して，アメリカ世論は沸きあがり，アメリカの対日参戦を強く支持した。また，ドイツとイタリアが正式にアメリカに宣戦布告を行った。こうして，第二次世界大戦にアメリカが加わることになったのである。

5　第二次世界大戦中のアメリカ

（1）　第二次世界大戦下のアメリカ社会

　真珠湾攻撃直後の1942年2月，以前から存在していた日本人への人種的偏見もあり，議会の立法を経ずに大統領が直接発令する行政命令（大統領令）により，西海岸に居住する**日系人の強制退去**が実施された。これは，市民権を持たない日系1世だけでなく，アメリカ市民である2世も対象となった。日系人は，強制収容所に隔離され，甚大な自由の侵害を受けることになった。反枢軸という大義の下で国民の自由の侵害を許容する動きは，1938年に下院に設置された**非米活動調査委員会**が次第に影響力を増していく過程で強まりはじめた。

　大戦の遂行にあたり，膨大な額の軍事予算が支出された結果，雇用が飛躍的に拡大し，アメリカ経済は急速に回復した。その過程で，軍部と兵器産業が関係を強化し，その後の軍産複合体の端緒を形成していった。一方，労働組合は，ストライキの放棄など戦時体制への協力を条件に，組合活動の充実に関して政府の支持を得た。

　もはや失業問題は消滅し，むしろ労働者不足が生じることになった。兵役に

199

就いた男性に代わり、多くの女性が労働現場で働きはじめた。さらに、黒人の労働力を確保するために、軍事物資の契約を政府と結んだ企業に対して、黒人の雇用にあたって差別的な待遇を禁止する措置がとられた。一方、黒人側は、こうした状況下で1942年に**人種平等会議**（CORE、コア）を設立した。ただし、南部を中心とした人種差別は依然として強固なものであった。

　戦時中ということもあり、一部の商品が不足し、配給制が導入されたものもあったが、好景気のために国民の不満が高まることはなかった。むしろ、戦況がアメリカにとって優勢に傾くなかで、大恐慌を克服した自信がアメリカ国民の間に芽生えていた。実際のところ、アメリカの経済力は急速に増大していた。早くも1941年にジャーナリストで『ライフ』創刊者ヘンリー・ルース（1898-1967）が「**20世紀はアメリカの世紀**」と呼んでいたが、大戦遂行の過程で、アメリカが今後の国際秩序において中心的な役割を果たすことについて、国民のなかで合意ができつつあった。このような状況を受けて、すでにアメリカ中心の戦後構想を具体化させつつあったローズヴェルトは、大戦中における指導者の継続を訴えて、1944年の大統領選挙で四選を果たしたのである。

（2）　第二次世界大戦の経緯と戦後構想

　真珠湾攻撃後、太平洋戦線では、日本の勝利がしばらくつづいたが、1942年6月の**ミッドウェー海戦**でアメリカが勝利した。さらに、同年末の**ガダルカナル島の攻防**以降、アメリカの反撃が展開された。一方ヨーロッパ戦線では、ソ連が単独でドイツ軍との戦闘を引き受ける状態がつづいていた。ソ連は、米英軍がヨーロッパに上陸し、第二戦線を開くことを要請していたが、イギリスの要望でなかなか実施されないでいた。1943年1月に開かれたイギリス首相の**ウィンストン・チャーチル**（1874-1965）との**カサブランカ会談**で、ローズヴェルトは枢軸陣営に対して無条件降伏を求めたが、それは、米英への不満を募らせていたソ連に戦争を継続させる目的を含んでいた。1943年初めのスターリングラードでのドイツ軍の退却につづき、同年7月には米英軍がイタリアに上陸し、9月にイタリアが降伏した。このころには、枢軸陣営の敗北は確実な状況となっていた。

　1943年になると、ローズヴェルトは、アメリカの勝利が確実であると判断し、大戦後の国際秩序構想を検討しはじめた。ローズヴェルトは、大戦後、アメリ

第9章　ニューディールと第二次世界大戦

カが国際秩序において中心的な役割を果たすべきだと考えていた。一方，アメリカからの武器貸与法による援助があったとはいえ，対独戦において大きな負担を強いられたにもかかわらず，最終的にドイツ軍を退けたソ連の影響力は拡大していた。国際秩序の安定のためには，ドイツと戦った大同盟と呼ばれる米英ソ間の協調の継続が不可欠だと考えられていた。アメリカは，ソ連の意向を無視できない状況で，自国の主導権を確立することを迫られたのである。

　ローズヴェルトは，1943年11月の**カイロ会談**でイギリスのチャーチル，中国の**蔣介石**（1887-1975），同月の**テヘラン会談**でチャーチルとソ連のスターリンと顔を合わせた。そのなかで，大戦後，アメリカの主導で国際組織が設立され，それが秩序の維持の中心となることについて合意を得た。この合意を受けて，1944年7月，大戦後の国際経済秩序を検討するため，**ブレトン・ウッズ会議**が開かれた。この会議で，ドルを国際基軸通貨とすることや，**国際通貨基金（IMF）**の設立が決定された。さらに，同年8月からは，**ダンバートン・オークス会議**が開かれ，**国際連合**が設立されることになった。

　戦局は，1944年6月に**ノルマンディー上陸作戦**が遂行され，ようやく本格的な第二戦線が構築された。米英ソは，東西から攻撃し，1944年8月のパリ解放をはじめとして，ドイツに支配されていた地域を解放していった。その際，解放した国が独占的に影響力を行使する方式が原則とされた。そのため，東欧が実質的にソ連の支配下となっていった。

　ソ連の東欧支配の進行により，対ソ不信が生じると，従来の米英ソの協調関係を確認するために，1945年2月に**ヤルタ会談**が開かれた（扉図参照）。ここで，国際連合，戦後のドイツ占領，戦後の極東問題，ソ連の対日参戦問題などが話し合われたが，協調維持を重視した結果，東欧問題でアメリカが曖昧な条件でソ連と合意に達した点は，大戦終結後に大きな影響を残すことになった。

　ヤルタからの帰国後，1945年4月12日，ローズヴェルト大統領が急死し，**ハリー・トルーマン**（1884-1972，在職1945-53）が，副大統領から昇格した。戦争中の最高指導者の交代にもかかわらず，もはやアメリカの優勢は動かず，ベルリンの陥落とヒトラーの自殺を受けて，5月8日，ドイツが降伏した。ただし，日本との戦争は，サイパン島を確保し，同島から東京などの主要都市への大規模空襲を展開したものの，硫黄島や沖縄での激戦があり，長期化すると想定されていた。

　ベルリン陥落，沖縄戦の終結という状況がつづいた1945年4〜6月にかけて，

サンフランシスコで，国際連合の設立総会が開かれた。アメリカの主導で作成された**国連憲章**では，**安全保障理事会**が総会と並んで重要な役割を果たすことが定められていた。安全保障理事会の常任理事国である米英ソ仏中には拒否権が認められた結果，アメリカがめざした国連による国際秩序の維持のためには，この5カ国，とくにソ連との協調が重視された。

しかし，東欧やドイツの処理をめぐって米ソ間の不信は強まっていた。1945年7月に開かれたポツダム会談においても，両国の不信が完全に払拭されたわけではなかった。むしろ，会談直前に実験に成功したアメリカの**原子爆弾**が，新たな重要要因として国際政治に加わることになった。

図9-6　原爆投下

原爆は，第二次世界大戦勃発直後に世界的物理学者である**アルベルト・アインシュタイン**（1879-1955）の進言などもあり，製造が検討されることになった。そして，1942年8月にはマンハッタン計画と呼ばれる原爆製造計画が陸軍省の管轄で本格的にはじまり，**ロバート・オッペンハイマー**（1904-67）を所長とするロスアラモスの研究所で多額の資金を使って極秘に開発が進められていた。トルーマン大統領は，原爆の日本への投下は不要であるという一部の意見を抑えて，対日投下を承認した。

1945年8月6日に広島，9日に長崎に原爆が投下された。莫大な破壊力を持つ原爆は，それを単独で所有するアメリカにとって重要な意味を持つことになった。8月15日，日本は，無条件降伏を勧めたポツダム宣言を受諾し，降伏を表明した。こうして第二次世界大戦は終結したが，戦後，アメリカが政治・経済・軍事において大きな力を保持し，国際社会で影響力を行使することが確実となったのである。

第9章　ニューディールと第二次世界大戦

文献案内

　この時期の概説書としては，M・B・ノートン（上杉忍・中村雅子・中條献訳）『大恐慌から超大国へ』（三省堂，1996年）が詳しい。また，A・シュレジンガー（中屋健一監修）『ローズヴェルトの時代』全3巻（1963～66年）が，古典的な著書としてあげられる。
　大恐慌を扱ったものとして，林敏彦『大恐慌のアメリカ』（岩波書店，2003年），秋元英一『世界大恐慌——1929年に何がおこったのか』（講談社，2009年），J・K・ガルブレイス（村井章子訳）『大暴落　1929』（日経BP社，2008年），C・P・キンドルバーガー（石崎昭彦・木村一朗訳）『大不況下の世界——1929-1939』（岩波書店，2009年）などがある。ニューディールについては，久保文明『ニューディールとアメリカ民主政——農業政策をめぐる政治過程』（東京大学出版会，1988年），紀平英作『ニューディール政治秩序の形成過程の研究』（京都大学学術出版会，1993年），小林清一『アメリカ福祉国家体制の形成』（ミネルヴァ書房，1999年），西山隆行『アメリカ型都市国家と福祉政治——ニューヨーク市におけるアーバン・リベラリズムの展開』（東京大学出版会，2008年）が詳細な分析を行っている。上杉忍『第二次大戦下の「アメリカ民主主義」——総力戦の中の自由』（講談社，2000年）は，第二次世界大戦中の人種問題を扱った著作である。日系人収容問題についての研究として，山倉明弘『市民的自由——アメリカ日系人戦時強制収容のリーガル・ヒストリー』（彩流社，2011年），水野剛也『日系アメリカ人　強制収容とジャーナリズム——リベラル派雑誌と日本語新聞の第二次世界大戦』（春風社，2005年）などがあげられる。
　第二次世界大戦前のアメリカ外交の研究として，入江昭（篠原初枝訳）『太平洋戦争の起源』（東京大学出版会，1991年），高光佳絵『アメリカと戦間期の東アジア——アジア・太平洋国際秩序形成と「グローバリゼーション」』（青弓社，2008年），C・ソーン（市川洋一訳）『満州事変とは何だったのか』（上・下）（草思社，1994年）などがあり，大戦中のアメリカ外交については，福田茂夫『第二次大戦の米軍事戦略』（中央公論社，1979年），藤村信『ヤルタ会談——戦後史の起点』（岩波書店，1985年），C・ソーン（市川洋一訳）『米英にとっての太平洋戦争』（上・下）（草思社，1995年），同じくソーン（市川洋一訳）『太平洋戦争とは何だったのか』（草思社，2005年），G・アルペロビッツ（鈴木俊彦・岩本正恵・米山裕子訳）『原爆投下決断の内幕』（上・下）（ほるぷ出版，1995年）などがあげられる。また，G・F・ケナン（近藤晋一・有賀貞・飯田藤次訳）『アメリカ外交50年』（岩波書店，2000年）は，アメリカ外交に関する古典的著作といえる。
　この時期の文学研究としては，前川玲子『アメリカ知識人とラディカル・ビジョンの崩壊』（京都大学学術出版会，2003年），船山良一『ヘミングウェイとスペイン内戦の記憶——もうひとつの作家像』（彩流社，2007年）などがある。

（山澄　亨）

第10章

第二次世界大戦後から1970年代までの内政と社会

ケネディ・ジョンソン選挙ポスター

年	事　項
1945	4-12 ローズヴェルト大統領死去，トルーマン大統領就任
1946	12-5 公民権に関する大統領諮問委員会設立
1947	3-12 トルーマン・ドクトリン発表。3-21 忠誠審査令発令。10 ハリウッド映画人に対する反共赤狩り開始
1948	2-2 トルーマン大統領が連邦議会へ公民権に関する特別教書送付。8-3 連邦下院非米活動調査委員会がヒス公聴会開催（1950年1-21 偽証罪で有罪）。11-2 大統領選挙（トルーマン再選）
1949	1-5 フェアディール政策発表
1950	2-9 マッカーシー連邦上院議員によるウェストヴァージニア州ホイーリング演説。7-17 ジュリアス・ローゼンバーグ逮捕。8-11 エセル・ローゼンバーグ逮捕（1951年4-5 夫妻に死刑判決，1953年6-19 死刑執行）。9-23 マッカラン治安法制定
1952	11-4 大統領選挙（アイゼンハワー当選）
1954	4-22 陸軍・マッカーシー公聴会開催（〜6-17）。5-17 連邦最高裁ブラウン判決。12-2 マッカーシー連邦上院議員に対する譴責決議採択
1955	12-5 モントゴメリー・バス・ボイコット運動開始（〜56年12-20）
1956	6-29 連邦援助ハイウェー法制定。11-6 大統領選挙（アイゼンハワー再選）
1957	9-23 リトルロック事件
1960	2-1 ランチ・カウンター座り込み運動開始。11-8 大統領選挙（ケネディ当選）
1961	5-4 フリーダム・ライド運動開始
1962	6 民主的社会のための学生同盟結成。9-30 ミシシッピ大学事件
1963	4-3 バーミンガム闘争開始。6-11 アラバマ大学事件。8-28 ワシントン大行進開催。11-22 ケネディ大統領暗殺，ジョンソン大統領就任
1964	5-22 偉大な社会計画発表。6 ミシシッピ夏期計画開始。7-2 1964年公民権法制定。8-30 経済機会法制定。9 カリフォルニア大学バークレー校でフリー・スピーチ運動開始。11-3 大統領選挙（ジョンソン再選）
1965	2-21 マルコム X 暗殺。3-21 セルマからモントゴメリーへの行進開始。3-24 ミシガン大学でティーチ・イン開催。8-6 1965年投票権法制定。8-11 ワッツ暴動発生
1966	6 カーマイケルによるブラック・パワー提唱。10 全米女性機構結成
1968	4-4 キング牧師暗殺。6-5 ロバート・ケネディ連邦上院議員暗殺。11-5 大統領選挙（ニクソン当選）
1970	5-4 ケント州立大学事件
1971	6-13 国防総省秘密報告書事件
1972	3-22 男女平等権憲法修正条項発議。6-17 ウォーターゲート事件のはじまり。11-7 大統領選挙（ニクソン再選）
1973	1-22 連邦最高裁ロー判決。1-27 ベトナム和平協定調印。10-10 アグニュー副大統領辞任。12-6 フォード副大統領就任
1974	8-9 ニクソン大統領辞任，フォード大統領就任
1976	11-2 大統領選挙（カーター当選）
1978	6-28 連邦最高裁バッキー判決
1979	7-15 「信頼の危機」演説
1980	11-4 大統領選挙（レーガン当選）

第10章　第二次世界大戦後から1970年代までの内政と社会

Outline ●

　第二次世界大戦終結後，経済的発展の波に乗ったアメリカは，豊かな社会を生み出し，多くのアメリカ人は，未曾有の繁栄を享受しはじめていた。しかしその経済的豊かさの一方で，冷戦を背景とした反共思想が，マッカーシズムと呼ばれた思想統制の形をもって，アメリカ社会を覆いはじめた。人々は，自由な市場経済がもたらす恩恵と，アメリカ的民主主義の優越性に酔いしれていたかのようであったが，1950年代半ば以降，このいずれをも享受することのできないでいた南部黒人による公民権運動が，冷戦下にある民主国家アメリカの非民主的側面を露呈させることになる。1960年代に入ると，基本的市民権，政治過程への参加権の獲得を希求する黒人の運動は，他の人種集団や女性による諸権利獲得闘争へと連動していき，さらにそれらはベトナム反戦運動や対抗文化の出現と相まっていく。こうしてアメリカ社会は，小革命の嵐に揺さぶりつづけられるなかで，自らが標榜する民主主義の再定義化を迫られていくのである。

● ● ● ● ● ● ● ● ● ● ● ● ● ● ● ● ● ● ● ●

1　戦争における勝利と平和の喪失

（1）　戦後の混乱

　1945年8月に第二次世界大戦がその終結を迎えたとき，戦禍にまみれた世界にあってアメリカは，自らの国土を侵されることなく，また戦争特需によりその経済力を飛躍的に伸ばし，後の1950年代に見られるような経済的・社会的繁栄の礎を築きはじめていた。同時に，第一次世界大戦終結以来，潜在的な軍事大国となっていたアメリカは，この第二次世界大戦終結と，それに連なるソ連を中心とした共産主義陣営との間の**冷戦**の開始を契機として，実質的な軍事大国化への道をたどることにもなった。いわば，終戦を迎えたことによりアメリカは，その戦争には勝利を収めたものの，同時に平和を失ったとされるゆえんがここにある。また後にそれは，戦後の国際関係において，アメリカによる「力の驕り」なり，「アメリカが描く平和の押し付け」を露呈させることにもなる。

　大戦終結のわずか4カ月前にあたる1945年4月，それまでの約12年間にわたり，アメリカ国民からの絶大なる信頼を集めてきた第32代民主党大統領フランクリン・D・ローズヴェルトが，任期半ばにして他界し，戦後アメリカの舵取

りは，副大統領から大統領に昇格をしたハリー・S・トルーマンに委ねられた。新大統領としてのトルーマンは，「責任は自ら果たす」との標語を掲げ，戦後アメリカにおける最重要内政課題であった，戦時から平時への再転換政策，反共政策，そして黒人公民権政策へと着手していく。

（2） 失業問題と復員兵対策

　第二次世界大戦終結直後の数年間，アメリカ国内における戦時から平時への再転換は，トルーマン大統領自身，そして多くのアメリカ国民の期待に反し，決して順調な速度では進まなかった。大戦中においては，戦争特需を背景として，ニューディール政策のみでは達成することができなかった，大規模な雇用の創出が実現されたものの，それが戦後になると，軍需関連企業を中心として行われはじめた生産削減や打ち切りに起因し，再び失業者の数が増加していた。この失業問題をさらに深刻化，複雑化させたのが，海外からの兵士の帰国と，彼らの社会復帰の問題であった。こうした復員兵に対する社会復帰支援策の中心となったものが，通称 GI ビルと呼ばれ，連邦議会により戦中の1944年に制定された**復員兵再適応法**である。同法により，元兵士への除隊一時金の交付，大学をはじめとする高等教育機関や職業訓練校への進学を希望する者への授業料免除，さらには土地や住宅購入，新規事業開始を手助けするための資金供与などが，連邦資金を財源として行われていった。

（3） 反共政策のはじまり

　第二次世界大戦後の冷戦構造が本格化する直接的きっかけは，1947年初春に，アメリカがそれまでの自らの伝統的外交基調であった**孤立主義**と決別をし，ソ連に対するいわば冷戦宣言を発したことに求められる。3月12日，トルーマン大統領は連邦議会へ赴き，後に**トルーマン・ドクトリン**（⇨236頁）と呼ばれる，戦後アメリカの対外，外交関係において決定的な重要性を持つ演説を行った。トルーマン大統領によるこの演説は，平時においてアメリカが，ヨーロッパにおける勢力均衡に直接関与していこうとする意志表示ともなり，それはまさに孤立主義からの大転換を意味していた。この歴史的演説においてトルーマンはまた，ソ連に体現される共産主義体制を全体主義体制と見なし，さらにはアメリカが標榜する自由主義体制を，この全体主義体制の呪縛から守り抜くことこ

そが，いまやアメリカの重要な国策であると説明した。

　一方，アメリカ国内における反共思想，反共政策の源も，この対外的な冷戦構造に求められた。アメリカが共産主義陣営により，外部からの攻撃を受けるかもしれないとする現実的可能性に対する恐れが，国内において，共産主義者による陰謀が連邦政府を支配し，ついにはその政府を転覆させるのではないかという狂信的な恐れと絡み合った。事実，トルーマン・ドクトリンの発表からわずか9日後の3月21日に，トルーマンは大統領行政命令第9835号としての**忠誠審査令**を公布し，連邦政府職員300万人以上を対象とした，国家への忠誠審査を命じたのである。また，この忠誠審査令が出された年の秋には，監督や脚本家を中心とするハリウッド映画人に対する**反共赤狩り**が開始され，「疑わしきは有罪」とされた人々に，**連邦下院非米活動調査委員会**が「非国民」との烙印を押し，自由を守るという大義名分のもとで，その自由の実体を抑圧，剥奪していくのである。

（4）黒人公民権政策の推進

　第二次世界大戦はさまざまな意味において，アメリカ社会に大きな影響を与えた戦争であったが，そのなかでもとりわけアメリカ黒人，とくに南部諸州に住む黒人に対する影響力には計り知れないものがあった。大戦中，50万人もの南部黒人が，低賃金しか得ることのできなかった農業関連職を離れ，北部大都市やカリフォルニア州をはじめとする西部の軍需関連企業に雇用されていった。同時に，100万人にも及ぶ黒人がアメリカ軍の軍務に就き，その内の半数にあたる50万人が外国の戦場に赴いた。かつてローズヴェルト大統領は，国民向けラジオ演説の場として利用された炉辺談話において，アメリカを「民主主義の偉大な兵器廠」にたとえたのであったが（⇨198頁），この兵器廠を自負するアメリカの兵士として，多くの黒人達も自由と民主主義のために戦ったのである。こうした状況において，海外の戦場での「戦い」を，南部における公民権，市民権獲得のための「闘い」へと転化させる機運が，黒人復員兵を中心として高まりを見せた。

　連邦政府主導による黒人公民権政策の推進をめざしたトルーマンは，1946年12月に大統領行政命令第9008号を公布し，有識者からなる**公民権に関する大統領諮問委員会**を発足させた。それから10カ月後の1947年10月，同委員会は独立

宣言のなかで使われた語句を援用した「これらの諸権利を確かなものとするために」と題する報告書を作成し，アメリカ黒人，ならびにその他マイノリティ集団と呼ばれる人種・民族的少数集団に属するアメリカ市民の公民権を守ることを目的とした，35項目に及ぶ勧告を大統領に対して行った。大統領諮問委員会の勧告を受けたトルーマンは，1948年2月に連邦議会へ特別教書を送り，アメリカ社会における人種分離・差別の撤廃をめざした諸制度の法制化を促したのである。

　トルーマン大統領主導による黒人公民権政策の推進は，それまで民主党の牙城であった南部諸州を，おのずと全国民主党から離反させる結果を招いたものの，1948年の大統領選挙で勝利を収めたトルーマンは，彼の前任者であるローズヴェルト大統領によるニューディール政策を継続，推進させる姿勢を示した。1949年1月の連邦議会における年頭教書のなかで，トルーマン大統領は自らのフェアディール政策を発表し，弱者の立場にある人々をも含むすべての国民が，アメリカがもたらす経済的豊かさを享受することができる社会の建設を夢見たのである。

2　物質的豊かさとアメリカ的信条の危機

（1）　豊かな社会の到来

　第二次世界大戦直後の失業，インフレーション問題を徐々に克服していったアメリカ社会は，「アイ・ライク・アイク」（"I Like Ike"）の選挙スローガンに乗って，1952年11月に大統領に当選した第34代共和党大統領ドワイト・D・アイゼンハワー（「アイク」とはアイゼンハワーの愛称）(1890-1969，在職1953-61）のもと，新たな時代を迎えていた。冷戦を背景とした国内外における緊張感とは裏腹に，1950年代の経済発展と好景気は，多くのアメリカ国民にとっての，まさに経済学者ジョン・ケネス・ガルブレイス（1908-2006）が自著のタイトルに冠したような，豊かな社会をもたらした。

　新たな時代の豊かさを満喫しようとする大衆は，ベビー・ブーム[1]による子どもの数の増加も手伝い，都市部を離れ郊外へと移住していった。この時代，大

---

[1]　第二次世界大戦終結に伴う高出生率。

規模な郊外住宅地の開発，分譲に一役買ったのは，建築業者の**ウィリアム・J・レヴィット**（1907-94）であった。プレハブ工法による比較的安価な家屋を大量に受注したレヴィットは，ニューヨーク，ニュージャージー，そしてペンシルヴェニア諸州などで，「**レヴィットタウン**」と呼ばれた造成住宅地を次々と建設していった。

一方，郊外住宅都市の形成は自動車の普及を呼び，さらにそれはアメリカ各地における高速道路網の拡充へと，連鎖反応的につながっていく。1956年6月には，連邦議会が**連邦援助ハイウェー法**を制定し，その後の13年間にわたり，総延長6万5000キロメートルにも及ぶ州際高速道路網が完備されていった。アメリカ史上最大規模の公共事業となったこの高速道路網の建設は，さらなる郊外化を促進させたのである。

（2） コンセンサスの時代と心理的疎外感

規格化された家々が立ち並ぶ，都市部から隔離された郊外での生活と，テレビから洪水の如く流れ出るコマーシャルは，多くのアメリカ人の日常生活をも徐々に規格化，画一化していった。週末には戸外でバーベキューを楽しむことができる，芝生付の小奇麗な建売住宅をローンで手にし，朝食はケロッグ社のコーンフレークとインスタント・コーヒーで済ませ，洒落たグレー色のフランネルのスーツを身にまとい，フォード社製の新車で都市部にあるオフィスへ通い，夕刻には郊外にある「楽しき我が家」へ戻り，家族と一緒にテレビを楽しむといった，一見平凡ではありながらも中流，**ミドル・クラス**的な生活を送ることが，アメリカの大衆にとっては，最大の幸福と感じられるようになっていった。

こうした規格，画一化は，アメリカ人の日常的生活様式を規定していったばかりではなく，彼らの主義，主張にも影響を及ぼした。つまり，冷戦下の豊かな社会にあって，アメリカ人の多くは反共主義と，自由経済体制を基調とする経済発展への信念を共有し，この国民的合意のもとでの**コンセンサスの時代**を生み出したのである。しかし同時に，他人と異なるような言動を慎み，順応性を美徳とするこのコンセンサスは，閉塞，疎外，そして孤独感を感じる人々を生み出していった。この点，まさに1950年代は，「物質的豊かさと心理的疎外感」が交錯した時代でもあった。

大人の世界と同様に，テレビ，映画，そしてレコードなどに体現された大衆文化開花の恩恵を受け，**エルヴィス・プレスリー**（1935-77）などが絶唱するロックンロールに熱狂する若者たちも，総じて従順で，消費社会を謳歌し，極力政治的な言動を慎んだために，皮肉を込めながら彼らを「**沈黙の世代**」と呼んだ評論家もいた。しかし，若い世代の全てのアメリカ人がこの沈黙を守ったわけではなかった。**アレン・ギンズバーグ**（1926-97）や**ジャック・ケルアック**（1922-69）に代表される若手作家や詩人たちが，彼らの親の世代が享受している物質主義や，それに由来する自己賛美，自己満足を批判し，中産階級や郊外生活者が浸っている因習的な生活様式を拒絶していく。規格，画一化された社会を否定したこうした若者達は，まもなく「**ビート族**」や「**ビート世代**」と呼ばれるようになった。

（3） マッカーシズムの悪夢

第二次世界大戦終結後，トルーマン政権のもとでアメリカ社会を覆いはじめた反共ヒステリーは，1950年代に**マッカーシズム**の形をもってその頂点を迎えることになる。このマッカーシズムのはじまりは，1950年2月9日，ウィスコンシン州選出共和党上院議員の**ジョセフ・R・マッカーシー**（1908-57）が行った，ウェストヴァージニア州ホイーリングでの演説をその起点としていた。演説の最中，マッカーシーは一枚の紙切れを振りかざし，外交政策をつかさどる国務省のなかに，205名の共産主義者がはびこっており，それら共産主義者のリストを持っているとの主張をしたのである。後に報道陣に追及される中で，マッカーシーは，国務省内共産主義者の数を57名に訂正したり，逆に81名に引き上げたりしたが，実はマッカーシーにとってこれらの数字はどうでもよい問題であった。上院議員としてさしたる目立った功績も残せず，目前に控えていた1950年の中間選挙での再選を望んでいたマッカーシーは，ここに来て自らの政治生命をながらえさせる手段としての，いわば偽りの争点を見つけたのである。再選を果たしたマッカーシーは，後にアメリカ史上最も悪名高き反共デマゴーグ（扇動政治家）として記憶されることになるが，彼は決して反共赤狩り，ヒステリーそのものの創始者ではなく，むしろそのヒステリー状況を自己に有利となるよう操作したのである。

他方，1952年の大統領選挙を控え，ローズヴェルトが大統領に当選した1932

年以来20年にわたりつづいてきた政治的劣勢を挽回するために、共和党員のなかには、民主党政権に対する攻撃材料として、この反共ヒステリーを利用する者がいた。共和党議員が多数派を占めた連邦議会は、1950年9月、トルーマン大統領による法案拒否権の行使を乗り越え、**マッカラン治安法**と呼ばれた国内の治安維持に関する法律を成立させた。同法は、共産党や共産党と

図10-1　陸軍・マッカーシー公聴会でのマッカーシー上院議員

かかわりのある組織のメンバーに対して、政府への登録を義務付けるとともに、そうした人々が国防関係の職務に就くことを禁止した。1952年の大統領選挙の結果、共和党大統領としてのアイゼンハワーがホワイトハウス入りし、同じ共和党が多数を占めた議会において、マッカーシーは1953年に**上院政府内共産主義活動調査小委員会**の委員長となった。同委員会が開催する**陸軍・マッカーシー公聴会**をはじめとする公の場において、まさに「疑わしきは有罪」との考え方のもと、マッカーシーは、アメリカの政界、官界、言論界、教育界、さらには宗教界において思想信条の自由や個人の尊厳を主張する人々を、逆に非米主義者として断罪していくのである。

（4）　黒人公民権運動

　コンセンサスの時代にあった人々は、豊かな社会における経済的繁栄と、民主主義に体現されるアメリカ的信条を共有することにより、アメリカ国民であることを確認していた。しかし、このいずれをも享受することができなかったのが、アメリカ黒人、とりわけ南部黒人であった。

　20世紀半ばのアメリカ南部諸州においては、法制度による白人と黒人の分離、差別が、公教育の場をはじめとして、公共交通機関、宿泊施設、レストラン、映画館、公園、病院、そして果ては墓地にいたる、社会生活の隅々にまで及んでいた。この点、まさに「**揺りかごから墓場まで**」、人種による厳格な隔離制

度が施行されていたのである。こうした状況のなか、公民権運動団体である**全国黒人地位向上協会（NAACP）**が推し進めてきた法廷闘争の結果、アイゼンハワー大統領に任命された**アール・ウォーレン（1891-1974）**を主席判事とし、しばしば**ウォーレン・コート**と呼ばれた連邦最高裁判所が、いわば「アメリカの良心」を代弁することになる。1954年5月17日、最高裁は画期的な**ブラウン判決**を下し、法律による公立学校における人種分離教育制度を、合衆国憲法違反

図10-2　ブラウン判決を報じる新聞を手に、連邦最高裁前に座る黒人母子

とした。この判決は、直接的には公教育分野における人種別学制度の撤廃を促すものであったが、同時にそれは、その直後に続く南部における**黒人公民権運動**の起爆剤ともなる。

　こうして連邦司法府による黒人公民権擁護が明確となったその翌年、かつて**南部連合**の最初の首都がおかれたアラバマ州モントゴメリーにおいて、南部黒人による最初の大規模な**非暴力・直接行動**が展開される。1955年12月にはじまるこの**モントゴメリー・バス・ボイコット運動**において、その後の公民権運動を推進していくうえでの一大牽引役となる、キング牧師（⇨133頁）の登場を見るのである。後に、公民権運動団体としての**南部キリスト教指導者会議（SCLC）**を率いることになる、このキング牧師により実践された非暴力・直接行動の根幹には、非打算的なキリスト教的愛、すなわち**アガペーによる救済**の思想がおかれていた。つまり、憎しみを受けることに対して憎しみで返すので

---

(2) 当時、モントゴメリーを走る公共バス車内においては、白人と黒人の人種分離制度（白人は車中前席から座り、黒人は後部座席から座る）が施行されていた。裁縫師であり、全国黒人地位向上協会モントゴメリー支部の秘書でもあった黒人女性ローザ・パークス（1913-2005）が、この分離制度に挑み、逮捕されたことがきっかけとなり、同制度撤廃に向けての黒人市民による大規模な運動が展開された。

はなく，人種分離，差別制度のもとで実は最も歪められてしまっている，南部白人の「魂」の救済をも，公民権運動推進上の重要な目標としてとらえたものこそ，キング牧師によるこのアガペーの救済思想であった。

381日間にもわたり闘われたモントゴメリー・バス・ボイコット運動の結果，公共交通機関における人種分離制度が，連邦最高裁により違憲とされる一方，ブラウン判決がそもそも意図した公教育制度における人種別学制度の撤廃は，遅々として進まない状況にあった。1957年9月にはアーカンソー州において，公立高校における人種統合教育への移行をめぐり，同州政府とアイゼンハワー大統領政権下の連邦政府との間で，ついに連邦軍を動員しての衝突が起こる。当初，この危機に際してアイゼンハワーは，法律によって人々の心を変えることはできないとする立場を繰り返し強調していたものの，白人暴徒による憎悪にさらされた9名の黒人入学者を守るために，最終的に連邦軍の派遣を決意したのであった。アーカンソー州都リトルロックにあったセントラル高校を舞台としたこの**リトルロック事件**の重要性は，**南部再建期**以降，連邦政府が（具体的には，連邦司法府に続く形で行政府が）軍隊を動員してまでも，黒人の公民権擁護に回ったはじめての事例となったことにある。

図10-3　リトルロックのセントラル高校へ入学してきた黒人生徒に罵声を浴びせる白人暴徒

さらに1960年代に入るやいなや，黒人，白人学生が中心となって組織された公民権運動団体である**学生非暴力調整委員会**（SNCC，スニック）が誕生する。そして，モントゴメリー・バス・ボイコット運動をきっかけとして公民権運動推進上の思想的基盤ともなった非暴力・直接行動が，黒人に対するサービス提供を拒否してきた，デパートなどにあった軽食堂におけるシット・イン，つまりは**座り込み**運動の形をとって，南部各地へ飛び火していくのである。

215

史料14　キング牧師演説「私には夢がある」（抜粋）
（1963年8月28日，首都ワシントン，リンカン記念堂前にて）

　今日こうして皆さんと一緒に，私たちの国の歴史に残るような，自由を求めるための大行進に参加できたことを，嬉しく思っています。

　……同胞の皆さんに対し，ぜひ私は今日，伝えたいことがあります。それは，私たちが今どのような困難に直面していようとも，私にはそれでも夢があるということなのです。……私には夢があります。いつの日かこの国が立ちあがり，［独立宣言にある］「人はすべて平等につくられ，これは自明の真理である」との信条を実践する国家となることを。
　私には夢があります。いつの日かジョージア州の赤土の丘のうえで，かつての奴隷の子どもたちと，かつての奴隷主の子どもたちが，兄弟愛に満ちたテーブルの席に，一緒につくことができるようになることを。私には夢があります。いつの日か，不正と抑圧の熱で焼かれているミシシッピ州でさえもが，自由と正義のオアシスに変わるであろうことを。

　私には夢があります。いつの日か私の小さな4人の子どもたちが，肌の色ではなく人格によって，周りの人々に判断をされるような国に住むようになることを。……そしてもしアメリカが偉大な国家であるのならば，これらのことが現実のものにならなければなりません。ですから皆さん，一緒に自由の音を響かせようではありませんか。……
　この自由の音を響かせることが実現するときには，黒人であろうが白人であろうが……すべての神の子どもたちが，お互いに手を取り合い，あの黒人霊歌のなかに出てくる歌詞を口ずさむことでしょう。「ついに自由となりぬ。ついに自由となりぬ。全能なる神に感謝をしよう。私たちはついに自由となりぬ」と。

3　小革命の嵐と社会変革のうねり

（1）ニューフロンティア

　1961年1月20日，43歳という若さのアイルランド系カトリック教徒であるジョン・F・ケネディ（1917-63，在職1961-63）が，第35代民主党大統領に就任し

第10章　第二次世界大戦後から1970年代までの内政と社会

た。その草稿に幾度となく手を入れた自らの就任演説においてケネディは，「国が皆さんのためになにができるのかを問うのではなく，皆さんが国のためになにができるのかを問う」よう国民に求め，今まさに迎えたばかりの新しき1960年代を，希望と機会に満ちた**ニューフロンティア**にたとえたのである。

図10-4　ケネディ大統領とジャクリーン夫人

　ケネディによるニューフロンティアの呼び掛けは，進歩的な民主党員や若い理想主義者達を駆り立てるとともに，南部黒人により推進されていた公民権運動にもさらなる拍車を掛ける。ケネディによる大統領就任からわずか4カ月後の1961年5月には，公民権運動団体である人種平等会議（CORE）（⇨200頁）と学生非暴力調整委員会が中心となり，州際バス交通機関における人種分離制度の撤廃をめざした**フリーダム・ライド運動**が開始され，ソ連首相ニキータ・S・フルシチョフとの間で最初の米ソ首脳会談を控えていたケネディを大いに悩ませた。また翌1962年9月には，「南部中の南部」と呼ばれたミシシッピ州において，**ミシシッピ大学事件**が発生する。このミシシッピ大学へジェイムズ・H・メレディス（1933-）という学生が，初の黒人学生としての入学を果たすのであるが，これはなにもメレディス本人の勇気によってのみ可能となったものではなく，アイゼンハワー政権下におけるリトルロック事件と同様に，ケネディ大統領による大学キャンパスへの連邦軍の投入，そしてふたつの尊い人命を失った結果，実現されたのであった。さらに1963年には，モントゴメリー・バス・ボイコット運動が起きたアラバマ州において，キング牧師に率いられた**バーミンガム闘争**や**アラバマ大学事件**が立てつづけに起こる。前者においては，公民権獲得をめざし非暴力で行進をつづける黒人の少年少女の列に，警察犬が放たれ，消防署の消火ホースにより高圧の放水が浴びせられる様子が，そして後者においては，伝統的白人校であったアラバマ大学への二人の黒人学生による入学をめぐり，徹底した抗戦の構えを見せる人種差別主義者たちの様子が，テレビ報道を介して全米，そして

217

図10-5　ワシントン大行進でのキング牧師

全世界を駆け巡り，ついにケネディ政権は，連邦議会に対する包括的な公民権法の制定を要請するのである。

南北戦争中にリンカン大統領によって奴隷解放宣言が発せられてから（⇨124頁），ちょうど100年目にあたる1963年8月28日，20万人もの参加者を集めて開催されたワシントン大行進において，リンカン像を背にしたキング牧師は「私には夢がある」演説を読みあげ，近い将来いつの日か，国家としてのアメリカが人種対立，憎悪，そして不平等から解放されることを願ったのである。こうして，アメリカにおける黒人公民権運動はそれまでで最大の高揚期を迎えたのであったが，時ほぼ同じくして，11月22日にケネディ大統領が，テキサス州ダラスにおいて暗殺者の凶弾に倒れたのである。[3]

（2）偉大な社会計画

ケネディ大統領亡き後，副大統領から大統領へ昇格したリンドン・B・ジョンソン（1908-73，在職1963-69）は，連邦議会における議員歴が長く，副大統領になる以前には民主党上院院内総務も務め，ケネディ前大統領との対比において，議会操作には卓越した力量を備えた人物であった。そのジョンソンが内政分野においてまず着手をした課題は，自らが南部テキサス州出身でありながらも，前任者の遺志を継ぐ形での公民権法の制定にあった。1963年夏に開催されたワシントン大行進の後，公民権運動に対する南部白人による抵抗運動もいっそうその激しさを増し，黒人の選挙権登録推進をめざした1964年のミシシッピ夏期計画においては，3名の公民権運動家がクー・クラックス・クラン（KKK）のメンバーにより惨殺される事件が発生する。このネショバ郡惨殺事件における犠牲者の内の2名が，北部出身の白人の若者であった事実も手伝い，

---

[3] 暗殺時，6歳になる直前だったケネディの娘キャロラインは50年後の2013年，バラク・H・オバマ大統領（1961-，在職2009-17）によって駐日大使に任ぜられ，2017年1月まで同職を務めた。

ジョンソン政権の主導のもと同夏の7月2日に、ついに**1964年公民権法**が連邦議会により制定される。人種分離教育制度を温存しつづけている学校区に対する連邦補助金支出の凍結や、人種、肌の色による分離、差別を私的な宿泊施設やレストランなどに対しても禁止をしたこの公民権法の重要さは、その適用範囲の広範さもさることながら、同法の制定にいたり「人民の代表の場」である議会、すなわち司法、行政につづく形での立法府が、ここに黒人の公民権擁護を確認したことにある。

ジョンソンは公民権法の制定に努める一方、1950年代のアメリカ社会が謳歌した、白人中産階級にとってのみの豊かな社会の創出に満足するのではなく、黒人をはじめとしたマイノリティ集団に属する人々、経済的困窮者、さらには広義における社会的弱者もが、アメリカ社会がもたらす恩恵を享受することのできるような**偉大な社会**の建設をめざした。ジョンソン大統領によるこの偉大な社会計画の一翼を担ったのが、1964年1月の議会における年頭教書のなかで自らが発表をした、アメリカ社会における**貧困**との闘いであった。同年8月にジョンソンは、通称「反貧困法」と呼ばれた**経済機会法**に署名し、9億5000万ドルにのぼる連邦予算が、アメリカ社会における貧困対策のために支出されることになる。

(3) ブラック・パワーの叫びとアメリカの南部化

1964年公民権法の制定後、黒人公民権運動の最大の目標が、真の意味での「公民権」の獲得、つまりは政治過程への参加へと変遷していく。キング牧師に再び率いられ、1965年3月にはアラバマ州において投票権獲得を求める**セルマからモントゴメリーへの行進**が行われた。この動きに呼応したジョンソン大統領は、黒人による政治過程への参加権を保障する**1965年投票権法**の早期成立を、公民権運動におけるスローガンであった「我ら打ち勝たん」との言葉を用いながら、連邦議会に対して要請した。南部選出議員の抵抗もあったが、8月6日に同法は制定された。

しかし、こうした公民権法、投票権法の制定とほぼ時を同じくして、それまで公民権運動を支えてきた思想的支柱である非暴力、そして白人との間の共闘という考え方に対し疑義を呈する黒人活動家が現われ、「アメリカ黒人の将来」なり「黒人のコミュニティ」は、白人リベラル層に属する人々ではなく、黒人

自身により決定，管理，そして運営されるべきであると主張する，いわゆるブラック・パワーの出現を導くことになる。アメリカ国民としての基本的市民権，政治過程への参加権獲得につづき，いまや黒人公民権運動は経済的平等，自治権の獲得，さらには黒人文化の再評価を視野に入れた運動へと変質しようとしていた。こうした状況のもとで，急進化の動きを見せていた学生非暴力調整委員会の委員長となった，ストークリー・カーマイケル（1941-98）により流布された新たなるスローガンが，このブラック・パワーであった。投票権法制定の約半年前に暗殺された，黒人回教団（ネーション・オブ・イスラム）（⇨271頁）の元指導者マルコム X（1925-65）がかつて主張したように，ブラック・パワーは，白人社会への盲目的な統合が黒人にとっての理想なのではなく，「アフリカ系アメリカ人」として自らの文化に誇りを持つ必要性を説く叫びだったのである。

公民権運動が一定の成果を収めたことにより，もはや南部は，人種差別の吹き荒れる「アメリカの恥部」としての汚名を返上し，その意味において「南部のアメリカ化」が進行していった。しかし1960年代半ばになると，この南部における法的な差別が撤廃されていった一方，北部，ならびに西部都市部において法制度によらない事実上の人種分離，差別が存在してきたことが明らかとなり，黒人の鬱積した不満が一挙に爆発していく。すなわち，「南部のアメリカ化」と同時に，「アメリカの南部化」が指摘される時代となった。連邦議会において投票権法が制定された1965年の夏には，カリフォルニア州ロサンゼルスの黒人居住地区ワッツにおいて，大規模な人種暴動が発生する（ワッツ暴動）。自らに経済的機会が開かれていないことに怒りを爆発させた黒人たちが，白人の所有する商店を略奪，放火して回ったこの暴動は，1週間で34名の死者と1000名にのぼる負傷者を出す大惨事となった。ワッツ暴動を契機とし，1965〜68年にかけて，北部大都市へと黒人暴動が拡大し，毎年のように夏になると暴動が多発したことから，「長く暑い夏」と呼ばれるようになった。

（4）　ベトナム反戦運動と対抗文化の出現

ケネディ政権が犯してしまった外交上の最大の過ちは，ベトナムでの内戦へ介入し，その後のアメリカをベトナム戦争の泥沼化へと導いたことであった。そして，ジョンソン政権下になると，まさにベトナムでの内戦がアメリカ化，すなわち「アメリカの戦争」へと転じてしまっていた。アメリカ軍兵士の戦死

Column 10

黒人公民権運動に対する南部白人の抵抗

　第二次世界大戦後から1960年代半ばにかけて，それまで伝統的な農本社会であったアメリカ南部社会は，工業化，そして都市化が急速なテンポで進みはじめた時期にあった。しかし，その一方で，この時期における南部政治の特徴は，白人・黒人間人種関係分野における社会変革に対する，一貫した抵抗姿勢にあった。公職者としての南部白人政治家に課せられた，最も重要な職責は，「南部白人の伝統的生活様式」を守り抜くことにあり，言い換えればそれは，いずれは白人の特権的な社会的，政治的地位を脅かすことになろう，黒人による人種平等への希求の道を閉ざすことであった。

　1954年に連邦最高裁によりブラウン判決が下されると，この判決を不服として，公教育制度における人種統合への移行を全面阻止するための抵抗運動が，南部白人の手によって展開される。マッシブ・レジスタンスと称されるこの抵抗運動は，当初，直接的にはブラウン判決に対抗するものであったが，後には，黒人公民権運動全般や，さらには公民権政策を推進しはじめた連邦政府に対する抵抗運動へと発展していく。とくに，歴史的に黒人人口が集中していた深南部諸州での抵抗は激しかった。

　「白人種の保全」を組織のモットーとし，白人市民会議と称された白人優越主義団体の支部が，南部のいたる所に設立される一方，南部諸州政府も，サウスカロライナ州を皮切りとして，「人種差別のお目付け役」を果たす議会委員会や行政府機関を立ち上げ，州政府をあげての公的抵抗運動を繰り広げた。「人種分離，差別の砦」を自他ともに認めたミシシッピ州においては，1956年に行政府機関としてのミシシッピ州主権委員会が設立され，黒人，白人を問わず，公民権運動活動家や支持者に対する，州政府主導による日常的な調査，スパイ活動が行われた。同委員会に冠せられた名称が例として示すように，南部白人政治家は，人種差別そのものを，抵抗運動における旗印として掲げる代わりに，州権，ないしは州主権という憲法議論の援用によって，連邦政府による地方自治への介入を阻止しようとしたのである。これは，元来，中央政府の持つ権限強化に対して猜疑心を抱き，またかつての南北戦争における敗北という，屈辱的な過去の記憶を共有する南部白人に対する，心情的，かつ効果的なアピールとなった。

　抵抗運動を率いるうえで，南部白人が掲げた大義名分がいかなるものであれ，本質において人種分離，差別制度の温存を前面に掲げた南部諸州と，第二次世界大戦後の冷戦下において，人種統合，平等をその国是としなくてはならなくなった連邦政府との間の対立は，不可避なものであった。

（片桐康宏）

図10-6　取り締まりにあたる陸軍憲兵隊に，平和の象徴としての一輪の花を差し出すベトナム反戦集会参加者

者，負傷者数が日を追うごとに増え，アジアにおける共産主義勢力拡大の阻止という，介入当初の大義名分が希薄化していくなかで，多くのアメリカ国民がこの戦争の意味を再考しはじめる。1960年代半ばを迎えると，首都ワシントンやニューヨークをはじめとした全米各地で，ベトナム戦争に反対する大規模な反戦集会やデモ行進が開催されるようになった。1965年3月にミシガン大学で開催されたものが皮切りとなり，全米各地の大学では学生や教員主催により，ベトナム戦争をめぐる公開討論会としての**ティーチ・イン**が開催されていく。

　こうしたベトナム反戦運動に見られた若者の怒りと抵抗は，管理社会と化しつつあった高等教育機関へも向けられていく。この運動の下地となったのは，1962年6月のミシガン州ポートヒューロンにおける**民主的社会のための学生同盟**（SDS）の結成であり，その結成大会に集った学生たちは**ポートヒューロン宣言**を採択して，大学における学生の自治や人種差別制度の撤廃を求めていた。このように1960年代半ばの学園紛争は，黒人公民権運動やベトナム反戦運動と結びつきながら，全米各地の大学へと飛び火し，キャンパスにおける言論，集会の自由を要求する，**フリー・スピーチ運動**を出現させていった。

　1960年代における黒人公民権運動，ベトナム反戦運動，そしてフリー・スピーチ運動を中心とした学園紛争は，一見するところそれぞれが異なる目標，目的を持った，ばらばらな運動の寄せ集めのようにも見えるが，実はこれら全ての運動の根底には，既存の社会体制に対する強烈な批判が横たわっていた。すなわちそこには体制批判の原動力が存在し，まもなくそれは**カウンター・カルチャー**とも呼ばれる**対抗文化**をアメリカ社会に押し出していく。1950年代の豊かな社会に生まれ育ったベビー・ブーマー世代に担われたこの対抗文化は，伝統的なアメリカ的生活様式や白人中流階級の価値観に反旗を翻したばかりではなく，既存の社会規範や道徳観へも挑戦したのであった。自らの生活共同体としてのコミューンをつくり，マリファナやLSDなどの麻薬を常用し，性道徳

からの解放を求めたヒッピーは，まさにこの対抗文化の主役であった。

4　大国としての驕りと自信喪失

（1）混迷する社会

　大統領選挙の年であった1968年，外にベトナム戦争の泥沼化，内に黒人暴動をはじめとする暴力と無秩序を抱えたアメリカ社会は，まさに行き先不透明ななかにある混迷する社会であった。3月31日，アメリカにおける進歩主義，リベラリズムの真骨頂ともいえる偉大な社会計画を推し進めてきたジョンソン大統領が，全米テレビ演説において，北ベトナムに対する和平交渉を呼び掛けるとともに，大統領選挙への不出馬を表明する。それからわずか4日後に起きたキング牧師の暗殺につづき，6月5日には，ジョンソンによる不出馬を受けて民主党の最有力大統領候補と目され，兄の政権下においては司法長官として黒人公民権擁護に努めたロバート・F・ケネディ連邦上院議員（1925-68）が，ロサンゼルスにおいて同じく暗殺者の凶弾に倒れた。さらに8月にシカゴで開催された民主党全国大会においては，反戦デモ隊が大会会場に押しかけ，このデモ隊による投石と，警官隊やイリノイ州兵が放つ催涙ガス弾が飛び交い，混迷するアメリカ社会を露呈させた。

　一方，共和党の大統領候補に指名され，後に第37代大統領を務めることになるのは，アイゼンハワー政権下で副大統領を務めた**リチャード・M・ニクソン**（1913-94，在職1969-74）であった。ニクソンは大統領選挙期間中，1960年代のアメリカが出現させた急速な社会変革と，それに伴う市民的無秩序や暴力事件に飽き飽きしていた白人中産階級を中心とする，**声なき多数派**（サイレント・マジョリティ）と称された人々に対し効果的な訴え掛けをし，アメリカ社会にお

図10-7　ホワイトハウス内の大統領執務室で，ベトナム戦争の泥沼化に苦悩するジョンソン大統領

ける法と秩序の回復を約束した。

（2） 力の驕りに対する内省と権利革命の時代

　ジョンソン大統領により，いったんは北ベトナムに対する北爆全面停止が実現されたものの，依然としてニクソン政権下のアメリカは，ベトナム戦争の呪縛に悩まされつづけていた。1971年6月にはアメリカの有力紙のひとつである『ニューヨーク・タイムズ』紙が，「ペンタゴン・ペーパーズ」と呼ばれた国防総省による秘密報告書をスクープし，同紙にその内容を掲載しはじめた。ベトナム戦争遂行にあたり，アメリカ政府が国民に対して，これまで数多くの偽りを事実として公表してきた実態が暴露されたこの**国防総省秘密報告書事件**は，1968年大統領選挙において，アメリカによるベトナムからの「名誉ある撤退」を公約していたニクソンを突き動かし，ついに1973年1月，フランスのパリ国際会議センターにおいて，**ベトナム和平協定**が正式に調印されるにいたる（⇨245頁）。

　アメリカによるベトナムからの撤退は，ニクソンが称したような「名誉ある撤退」では決してなく，むしろ「名誉なき撤退」であった。そして，この事実上の敗北により，超大国としての自らを全能であると信じていたアメリカは，その自己像の再構築を迫られたのである。この点，かつて連邦上院外交委員長を務め，**フルブライト交流計画**の生みの親としても知られる**J・ウィリアム・フルブライト**（1905-95）の言葉を借りれば，まさにアメリカによる「力の驕り」が自身の目を曇らせてしまっていたのである。

　ベトナムからの撤退と戦争における事実上の敗北が，1970年代アメリカ社会における虚無感，無力感を醸成する一方，1960年代の黒人公民権運動や学園闘争に刺激を受ける形で，アメリカ先住民であるネイティブ・アメリカンをはじめとするマイノリティ集団に属する人々や，女性たちによる，新たなる権利獲得運動が進行していった。そのため1970年代前半は，しばしば「**権利革命の時代**」と呼ばれるが，このなかでもとりわけ，女性解放運動の進展には目ざましいものがあった。1963年に『女らしさの神話』を著し，女性の家事労働からの解放と経済的な自立を説いたベティ・フリーダン（1921-2006）の主張は，後の1966年に結成された**全米女性機構（NOW）**を生み出す。この1960年代においては，数多くの女性たちが公民権運動，学生運動，そして反戦運動へと参加し

ていったが，社会変革を要求するこうした進歩的な運動のなかにあっても，男性に比べ女性は従属的な立場におかれ，平等への闘いに参画していながらも，自らがいわば二級市民の地位にあることを意識せざるをえなかった。

1970年代を迎え，女性解放運動は広義，本質的な意味における女権獲得運動へと変容し，この運動を担ったフェミニストたちは，性道徳や男女の性別役割に関する固定観念への挑戦をし，また単に経済的のみならず，アメリカ社会における政治的，法的な男女間の不平等の撤廃をめざすようになる。こうした女性達からの要求の結果，1972年3月に連邦議会は，**男女平等権憲法修正条項（ERA）**を発議し，「法のもとの平等は，性を理由にして合衆国ならびに諸州によって拒まれてはならない」と規定された同修正条項は，直ちに各州による批准に付されていった。(4) また，この憲法修正条項発議の翌年である1973年の1月には，連邦最高裁が**ロー判決**において，女性による人工妊娠中絶を刑事犯罪としてきたテキサス州法を，違憲とする判断を示した。テキサス州法とそれに類似する他の州法が，女性のプライバシーの権利を侵していることに根拠をおいたこの最高裁の判決は，胎児の生命の尊厳さを主張する**プロ・ライフ**（**生命尊重派**）の人々と，人工妊娠中絶は女性が自らの体を管理するうえでの選択肢のひとつであると主張する**プロ・チョイス**（**選択尊重派**）の人々との間における，キリスト教的倫理観，価値観の正しさをめぐる議論をも介在させながら，激しい論争を引き起こし，やがてアメリカの国論を二分させていく。

（3）　ウォーターゲート事件

1972年の大統領選挙において地滑り的大勝利を収め，再選を果たしたニクソンではあったが，このころ次第に，後に**ウォーターゲート事件**として知られることになる一大政治スキャンダルをめぐる疑惑の黒い雲が，彼の周辺を覆いはじめる。1972年大統領選挙戦がいよいよ激しさを増してきていた6月，首都ワシントンのウォーターゲート・ビル内にあった民主党全国本部のオフィスへ，盗聴器を仕掛ける目的で侵入した秘密工作隊が逮捕される。当初はホワイトハウスの報道官によって，「三流のこそ泥事件」として片付けられるかのように見えたこの事件が，実はニクソンの側近により構成された大統領再選委員会に

---

(4) 最終的には，憲法の定めにより必要とされた38州による批准にはいたらず（35州が批准），この修正条項は，憲法の一部にはならなかった。

よる策略であることが，次第に明らかとなっていった。

　1974年8月8日，権力の頂点と奈落，そして栄光と汚名を経験したニクソンは，国民向けテレビ演説においてついに辞任を表明し，翌8月9日にアメリカ史上はじめて，任期半ばで自ら辞任をした大統領となった。ケネディ政権下において，大統領補佐官の一人であったアメリカ史家アーサー・M・シュレジンガー・ジュニア（1917-2007）は，かつて自著のタイトルに帝王的大統領制という言葉を冠したのであるが，まさにニクソン政権はこの専制君主的権力乱用を露呈した政権となった。ニクソンの辞任を受けて副大統領から大統領へ昇格したジェラルド・R・フォード（1913-2006，在職1974-77）も，これまたアメリカ史上はじめて，国民による選挙を経ずに副大統領，ならびに大統領に就任した人物となった。議会運営を知り尽くし，汚点を持たないクリーンな政治家との評判を備えたフォードではあったが，ニクソン辞任からちょうど1カ月目にあたる9月8日，この新大統領は元大統領に対し特赦を与え，同措置によりニクソンは，ウォーターゲート事件にかかわる刑事訴追から永久に免れることになった。フォードは，ニクソンに対する大統領特赦を発表することにより，ウォーターゲート事件がもたらしたアメリカ社会の混乱に終止符を打つことを願ったのであるが，むしろそれは議会，国民からの強い批判を招くことになり，結果として誕生したばかりの自政権を短命に終わらせることにもつながってしまう。

（4）　信頼の危機と保守派の巻き返し

　ベトナムからの敗退，大国としての自信喪失，ウォーターゲート事件，さらには戦争特需からの景気後退に伴う失業率の上昇とインフレーションのなかでもがくアメリカ国民は，1976年に行われた大統領選挙において，南部ジョージア州知事を一期だけ務め，全国政治の場では無名に近い存在であった民主党のジェイムズ（ジミー）・E・カーター（1924-，在職1977-81）を，第39代大統領として世に送り出した。独立宣言公布200周年を迎えたばかりのアメリカの舵取りを任されたカーターは，1977年1月に行われた大統領就任演説において，ベトナム戦争での敗北により明らかとなったアメリカの持つ力の限界に言及するとともに，かつてのケネディのように「新しい夢」を提唱するのではなく，むしろアメリカの「古い夢」を改めて信じるよう国民に説き，政治的道徳性，道

義性の回復を呼び掛けたのである。カーターは就任式に臨むに際し，礼服ではなく普通の背広を着用し，また恒例の連邦議事堂からホワイトハウスへ向かう就任パレードにおいては，防弾処置の施されたリムジンを降り，妻と手を取り合いながら徒歩でパレードを率いた。こうしてカーターは，国民と，大統領である自らが体現するワシントンの政治権力との間の，心理的絆の再構築を試みたのである。

図10-8　大統領就任式後，ホワイトハウスまでの道程を徒歩でパレードするカーター大統領夫妻

　確かに，1970年代半ばのウォーターゲート事件がアメリカ社会にもたらした影響は甚大であり，この時代を生きた多くのアメリカ国民は政治制度全般，さらにはアメリカの未来そのものに対する信頼を失いかけていた。1960年代のアメリカを席捲した社会変革への情熱が消え去っていくなかで，人々の関心は社会や国家ではなくむしろ自己へと向かい，ジャーナリストで社会評論家のトム・ウォルフ（1931- ）が名付けた，内向きなミーの時代を1970年代後半のアメリカ社会に到来させることになる。自己啓発や健康ブームに走り，また伝統的なキリスト教をはじめとする広義の宗教復興運動のなかに身をおくことによって，アメリカの人々は「ミー」，すなわち「自己」の実現と安楽さを求めるようになった。

　その一方で，1970年代が終わりを迎えようとする時期になると，1960年代の急激な社会変革の結果もたらされた社会的，文化的遺産に対する，保守派による巻き返しの動きが活発になった。この保守派による反動の予兆となったものが，1978年6月の連邦最高裁による**バッキー判決**である。この判決は，ケネディ政権下においてはじまった，**アファーマティブ・アクション**と呼ばれるマイノリティ集団をその被恩恵者とする積極的差別解消策の是非をめぐるものであった。5対4と判事の意見が割れた最高裁は，アメリカ社会における過去の差別がもたらした負の遺産を克服する手段としての，アファーマティブ・アクシ

ョン政策の原則は支持したものの，高等教育機関での入学選考に際し，ある特定の人種，民族集団に対して「割り当て制度」を採用することは違憲であるとの判断を示したのである。

バッキー判決に見られたアファーマティブ・アクション政策への亀裂は，1960年代アメリカ社会を駆り立てたリベラリズムの後退を予見させた。この後，従来より政治的な意味合いにおいて保守派の立場に立ってきた人々が，社会的，文化的，そして人種をめぐる争点における保守派の人々——つまりは男女平等権憲法修正条項，人工妊娠中絶，またアファーマティブ・アクションに反対を唱える人々や，キリスト教福音派の人々——を巻き込み，「アメリカの原型」への回帰を求めながら保守団結をはかっていくことになる。カーターの後を受けて1981年に第40代共和党大統領になるロナルド・W・レーガン（1911-2004，在職1981-89）が，その前年の大統領選挙戦において最初の選挙運動地として選んだのが，1964年の公民権運動家惨殺事件の地として知られ，保守色の強いミシシッピ州ネショバ郡であったことは，決して偶然の出来事ではなかった。

[文献案内]

　第二次世界大戦後から1970年代終わりにいたるまでの，アメリカの内政，社会全般については，斎藤眞『アメリカ現代史』（山川出版社，1976年），有賀夏紀『アメリカの20世紀（下）——1945年〜2000年』（中央公論新社，2002年），M・B・ノートンほか（本田創造監修・上杉忍ほか訳）『大恐慌から超大国へ（アメリカの歴史5）』と『冷戦体制から21世紀へ（アメリカの歴史6）』（いずれも三省堂，1996年）が参考になる。
　年代ごとの参考文献として，まず1950年代については，D・ハルバースタム（金子宣子訳）『ザ・フィフティーズ——1950年代アメリカの光と影（第1部・第2部・第3部）』（新潮社，2002年）が，それに続く1960年代に関しては，T・ギトリン（疋田三良・向井俊二訳）『60年代アメリカ——希望と怒りの日々』（彩流社，1993年）が，そして1970年代については，P・N・キャロル（土田宏訳）『70年代アメリカ——なにも起こらなかったかのように』（彩流社，1994年）が，それぞれ有益である。
　他に，主題ごとの参考書籍として，以下のようなものをあげることができる。1950年代の大衆消費社会とマッカーシズムについては，常松洋・松本悠子編『消費とアメリカ社会——消費大国の社会史』（山川出版社，2005年）と，R・H・ロービア（宮地健次郎訳）『マッカーシズム』（岩波書店，1984年）が，それぞれ参考になる。1960年代の対抗文化，ベトナム戦争，ならびにケネディ，ジョンソン両大統領政権を理解するうえで役立つ文献としては，日本マラマッド協会編『アメリカの対抗文化——1960年代で知る

アメリカ全土の地殻変動』（大阪教育図書，1995年），白井洋子『ベトナム戦争のアメリカ——もう一つのアメリカ史』（刀水書房，2006年），松尾弌之『**JFK ——大統領の神話と実像**』（筑摩書房，1994年），藤本一美編『ジョンソン大統領とアメリカ政治』（つなん出版，2004年）がある。

　また，1950年代から60年代にかけての黒人公民権運動に関しては，P・ダニエル（前田絢子訳）『**失われた革命——1950年代のアメリカ南部**』（青土社，2005年），M・フレイディ（福田敬子訳）『マーティン・ルーサー・キング』（岩波書店，2004年），上坂昇『キング牧師とマルコム X』（講談社，1994年）が，そして洋書ではあるものの，コラムの主題については，Yasuhiro Katagiri, *The Mississippi State Sovereignty Commission: Civil Rights and States' Rights*（University Press of Mississippi, 2001）と，Katagiri, *Black Freedom, White Resistance, and Red Menace: Civil Rights and Anticommunism in the Jim Crow South*（Louisiana State University Press, 2014）が参考になる。

（片桐康宏）

第11章

冷戦とアメリカ外交

「ベルリンの壁」を視察するケネディ大統領（1963年6月26日）
同日の西ベルリンでの演説のなかで，ケネディはドイツ語で「私はベルリンの市民である」と述べ，喝采を浴びた。

年	事 項
1946	2-22 ジョージ・ケナンの「長文電報」，対ソ「封じ込め」を提唱。6-14 国連原子力委員会に米国案（バルーク案）提示
1947	3-12 トルーマン・ドクトリン発表。6-5 欧州復興計画（マーシャル・プラン）発表。7-26 国家安全保障法成立。9-2 米州相互援助条約（リオ条約）調印
1948	5-2 米州機構（OAS）成立。6-11 米上院，ヴァンデンバーグ決議を採択。6-24 ソ連，西ベルリンへの交通を遮断（第一次ベルリン危機～49年5-11）
1949	4-4 北大西洋条約調印。NATO 発足。8-29 ソ連が最初の原爆実験
1950	4-14 NSC68 策定。6-25 朝鮮戦争はじまる（～53年7-27 朝鮮戦争休戦協定調印）
1951	9-8 サンフランシスコ対日講和条約および日米安全保障条約に調印
1953	6-16 東独のストライキ鎮圧にソ連が軍事介入。米国は抗議するも事実上の黙認。8-19 CIA が支援するクーデタでイランのモサッデク政権崩壊
1954	1-12 ダレス国務長官，外交評議会演説で「大量報復」ドクトリンを明確化。7-21 インドシナに関するジュネーヴ協定調印。6-27 CIA が支援する準軍事介入でグアテマラのアルベンス政権崩壊。9-3 中国が金門・馬祖への砲撃開始（第一次台湾海峡危機）。9-8 東南アジア条約機構（SEATO）結成。11-23 パリ諸条約調印。西ドイツの主権回復と再軍備実現へ。12-2 米華相互防衛条約調印
1955	1-28 米議会が「台湾決議」採択し，大統領に米軍使用の広範な権限付与。7-18～23 ジュネーヴで米英仏ソ首脳会談。
1956	10-23 ハンガリー動乱はじまる。11月上旬までにソ連軍の２度の介入により，民主化頓挫。10-29 スエズ戦争（第二次中東戦争）はじまる（～11-7 事実上の停戦）
1957	10-5 ソ連，人類初の人工衛星スプートニクの打ち上げに成功
1958	8-23 中国が金門・馬祖への砲撃再開（第二次台湾海峡危機）。11-10 ソ連がベルリンからの西側兵力撤収と自由都市化を要求（第二次ベルリン危機）
1961	4-17 CIA に支援された反カストロ勢力のキューバ侵攻作戦失敗（ピッグズ湾事件）。8-17 キューバを除くラテンアメリカ諸国が「進歩のための同盟」憲章に調印
1962	10-16～28 キューバ危機
1963	8-5 米英ソが部分的核実験禁止条約に調印
1964	8-7 米議会がトンキン湾決議を採択。大統領に広範な戦争遂行権限を付与。
1965	3-2 北ベトナムへの継続的爆撃（ローリングサンダー作戦）開始。北爆本格化。3-8 米海兵隊がダナン上陸。ベトナムへの米地上軍の本格投入はじまる。4-28 ジョンソン，ドミニカに米海兵隊を投入
1968	1-30～31 テト攻勢。7-1 核拡散防止条約調印。8-20 ワルシャワ条約機構軍がチェコスロヴァキアに軍事介入。「プラハの春」終焉。10-31 ジョンソン，北爆の全面停止，和平協議の枠組み合意を発表
1969	7-20 アポロ11号，月面着陸。7-25 グアム・ドクトリン発表
1970	2-18 議会向け教書で「ニクソン・ドクトリン」正式表明
1971	7-9 キッシンジャーが北京を極秘訪問し周恩来と会談。国交正常化に道筋。8-15 ニクソン，金・ドルの交換停止，輸入課徴金賦課など「新経済政策」発表。9-3 米英仏ソ，ベルリンの現状維持に関する協定に調印。12-17 先進10カ国（G10）が多角的通貨調整（スミソニアン体制）に合意
1972	2-27 ニクソンと周恩来，「上海コミュニケ」発表。5-26 戦略兵器制限条約（SALT I）調印。7-8 対ソ穀物輸出協定調印
1973	1-27 ベトナム停戦協定（パリ和平協定）調印（3-29 ベトナム駐留米軍の撤退完了）。2～3 欧州諸国と日本が変動相場制に移行。スミソニアン体制崩壊。10-16 第四次中東戦争（10-6～）に際し，アラブ産油国が石油戦略を発動（～74年3-17）。11-7 米議会，大統領の拒否権を乗り越えて戦争権限法を可決

第11章　冷戦とアメリカ外交

1975	1-3 新通商法成立。ジャクソン・ヴァニク修正を盛る。4-30 南ベトナム政府崩壊。8-1 CSCE，ヘルシンキ最終合意に調印
1977	9-7 パナマ運河条約調印
1978	9-5～17 カーター，エジプトとイスラエルの首脳をキャンプ・デイヴィッドに招き，和平交渉
1979	1-1 米中，正式に国交を回復。6-18 第二次戦略兵器制限条約（SALT II）調印。11-4 イラン急進派がテヘランのアメリカ大使館を占拠し，大使館員を人質に（～1981年1-20）。12-24 ソ連，アフガニスタンに侵攻
1980	1-4 カーター，対ソ穀物禁輸措置を発動。1-23 カーター，年頭教書で「カーター・ドクトリン」発表。8-5 カーターが大規模な軍拡計画を承認
1981	11-18 レーガン，欧州の中距離核撤去求める「ゼロ・オプション」提案発表。12-23 レーガン政権，ポーランド問題を理由とする対ソ経済制裁を発表
1982	12-21 ニカラグアのコントラへの援助を制限するボーランド修正条項が確定
1983	1-14 レーガン，ニカラグアなどの反共勢力への迂回援助チームをNSCに設置。3-8 レーガン，ソ連を「悪の帝国」と呼ぶ演説。3-23 レーガン，戦略防衛構想（SDI）発表。6-29 ジュネーヴで，米ソ戦略兵器削減交渉（START）はじまる。9-1 ソ連が大韓航空機007便をソ連領内で撃墜。10-23 ベイルートの海兵隊兵舎への自爆テロで，米兵241名が死亡。翌2月に米軍撤収へ。10-25 アメリカ，カリブ海の6カ国とグレナダに侵攻。11-14 西欧への中距離核戦力（INF）配備開始。ソ連は軍縮交渉から離脱
1984	10-12 第二次ボーランド修正条項確定。対コントラ援助を事実上禁止
1985	9-22 G5がプラザ合意。ドル安誘導の協調に合意
1986	10-2 米議会，大統領の拒否権を乗り越えて，対南アフリカ経済制裁法成立。11-3 イランへの秘密の武器供給が報道される。イラン・コントラ事件へ発展
1987	12-8 米ソ，中距離核戦力（INF）全廃条約に調印
1989	11-9 東独国境開放。「ベルリンの壁」崩壊へ。12-1～3 米ソ首脳，マルタで会談。ドイツ統一問題などを協議，「冷戦の終結」謳う。12-20 米軍，パナマ侵攻。ノリエガ体制を打倒
1990	8-2 イラク，クウェートに侵攻し，全土を占領。湾岸危機はじまる。10-3 東西ドイツ統一
1991	1-16 湾岸戦争はじまる。3-6 ブッシュ，「新世界秩序」を宣言。7-31 米ソ，戦略兵器削減条約（START I）に調印。12-25 ゴルバチョフ，ソ連大統領を辞任。ソ連解体

233

Outline

　第二次世界大戦後のアメリカは，世界の工業生産の半分以上，金保有量の6割以上を占める圧倒的な経済力と，原爆に象徴される強大な軍事力を有する超大国となり，政治的・経済的にきわめて大きな国際的役割を担うようになった。アメリカは，資本主義世界の中心国として，そしてもうひとつの超大国であるソ連との「冷戦」を戦う西側陣営の盟主として，指導力を発揮したのである。
　しかし，アメリカの圧倒的な優位は長く続かなかった。ソ連は核戦力や先端技術の分野でときにアメリカを凌駕するようになり，中国も国際的な地位を徐々に向上させた。復興を遂げた西欧諸国と日本は，アメリカの経済的な競争相手として立ち現れた。そしてアメリカのベトナムへの介入は，アメリカ自身の経済的衰退を加速するのみならず，西側陣営の盟主としての威信をも大きく傷つけた。このようにして「多極化」が進行するなかで，冷戦後半期のアメリカは，自らの国際的な役割と対外的関与のあり方を模索しつづけることになったのである。

1　冷戦の出現

（1）　大同盟の終焉

　第二次世界大戦の終盤，大戦をともに戦っていたアメリカ合衆国とソヴィエト社会主義共和国連邦（ソ連）の間では，東欧諸国やドイツの処遇などをめぐって，摩擦が目立つようになった。その根底には，戦後世界をめぐる根本的な利害の対立が存在した。合衆国の指導者たちは，政治的・経済的に自由で開放的な秩序を構築することが，戦後世界の平和と繁栄には不可欠であると考えていた。それに対して，ソ連の指導者ヨシフ・スターリンは，自国防衛のための緩衝地帯として東・中欧に排他的な勢力圏を構築する決意を固めていた。
　大戦終了から1946年にかけて，米ソの対立は亢進した。ソ連は，**ボスポラス・ダーダネルス海峡**の共同管理および海軍基地建設権を要求してトルコに圧力を加える一方，イラン北部の占領を継続して占領地域内に傀儡政権を樹立し，石油利権を要求した。合衆国は，これらに非妥協的な姿勢で臨み，ソ連は後退を余儀なくされた。一方，合衆国内には原爆独占を維持しようとする主張と，核エネルギーの国際管理を実現しようとする主張が併存していたが，対ソ不信を募らせるハリー・S・トルーマン政権は前者の立場に傾斜していった。1946

年6月に国連に提出された合衆国の原子力国際管理案（バルーク案）は，強力な査察システムの構築と違反者への厳罰を盛り込む一方で，国際管理体制の発足まではアメリカが原爆独占を維持することを骨子としていた。これは，ソ連には到底受け入れられぬ内容であった。

これらの様々な対立を経て，米ソ間には，「安全保障のジレンマ」と呼ばれる関係が出現した。「安全保障のジレンマ」とは，自国の安全を向上させようとする行動が相手国の安全を浸蝕し，相手国の対抗措置を引き起こす状態を指す。この「安全保障のジレンマ」が，米ソ冷戦の構造的な背景となったのである。

（2）「封じ込め」と戦後世界戦略の形成

しかしながら，ソ連は合衆国が直面する問題の一部分に過ぎなかった。大恐慌から第二次世界大戦にかけての世界的な政治的・経済的激動が残した爪痕は，合衆国の指導者たちの想像以上に大きかった。戦争を通じて膨大な人的・物的資源を失い，経済的に疲弊した西欧諸国は，かつての国内・域内の経済的ネットワークを寸断されたことによって，復興を軌道に乗せることができず，慢性的なドル不足に苦しんでいた。公式・非公式の「帝国」の周辺部ではナショナリズムが興隆し，植民地は復興の基盤となるどころか，新たな負担として西欧諸国を苛みはじめていた。経済的な停滞は政治の不安定化を招き，フランスやイタリアでは共産党が躍進した。

1946〜48年にかけて，これらの全般的な危機に対応する過程で，合衆国の戦後世界戦略の骨格が形成されていった。ソ連駐在の外交官ジョージ・F・ケナン（1904-2005）は，1946年2月にワシントンに送付した「長文電報」において，ソ連との政治的妥協は無益であると説き，合衆国はソ連の拡張を長期的に「封じ込め」ていかねばならないと主張した。ケナンの主張は，なお曖昧さを残していたトルーマン政権の対ソ姿勢を決定的に対決路線に収斂させる触媒となった。同時に，合衆国の対外政策エリートたちは，合衆国を中心とする資本主義世界の繁栄と政治的安定を実現するためには，西欧と日本を資本主義世界の「中核」として復興するとともに，植民地を含む「周辺」地域を原材料供給地および市場として「中核」と有機的に結びつける必要があると認識するようになった。

図11-1 1947年3月12日連邦議会で「トルーマン・ドクトリン」を発表するトルーマン大統領

以上のような政策方針を実行に移すべく，トルーマン政権は，まず国内基盤の整備に取り組んだ。1947年3月，トルーマンは，対ギリシャ・トルコ援助を連邦議会に要請する演説において，世界を「自由」な領域と「全体主義」の領域の二分法でとらえ，合衆国には「自由な諸国民」を支援する義務があると説いた。このトルーマン・ドクトリン（⇨208頁）を重要な契機として，ソ連および共産主義を悪と措定する単純な善悪二元論に立ちつつ，そのような悪に対抗するためには合衆国が積極的に対外的な責任を引き受けねばならないとする冷戦コンセンサスが，二大政党を横断する形で形成されていった。一方，1947年に成立（1949年に改正）した国家安全保障法によって，国家安全保障会議（NSC），中央情報局（CIA），そして陸・海・空軍を統括する国防省が創設された。強力な行政府の主導の下に積極的な対外政策を立案・遂行する制度的な基盤が整備されていったのである。

（3）「中核」の復興

合衆国が最初に取り組んだのは，資本主義世界の「中核」である西欧と日本の復興であった。1947年6月，合衆国は欧州復興計画（ERP，通称マーシャル・プラン）を発表し，ソ連を含むすべての欧州諸国に共同で復興計画を作成するよう呼びかけた。当初の提案にソ連と東欧諸国が含まれたのは，それを拒否させることによって欧州分断の責をソ連に負わせようとする巧妙な外交戦術であった。結果的に合衆国は，1948年から51年の間に欧州17カ国に当時としては破格の計124億ドルあまりの援助を提供し，その後の西欧諸国の急速な経済成長の基盤構築に大きく貢献した。

米・英・仏三国が占領するドイツ西部を経済的に統合してERPに組み込んだことにソ連は反発し，第一次ベルリン危機が勃発した。合衆国と西欧諸国は

> **史料15　トルーマン・ドクトリン**
> （1947年3月12日「ギリシャおよびトルコに関する特別教書」）
>
> 　世界史の現時点において，ほぼすべての国々は生活様式の二者択一を迫られています。この二者択一は，あまりにもしばしば，自由なものではありません。
> 　一方の生活様式は，多数者の意思を基礎とし，自由な制度，代議政体，自由な選挙，個人の自由の保障，言論と宗教の自由，そして政治的弾圧からの自由を，特徴としています。
> 　もう一方の生活様式は，多数者を力ずくで押さえつけている少数者の意思を基礎にしています。それは，恐怖と弾圧，出版と放送の統制，結果があらかじめ決められている選挙，そして個人の自由の抑圧に，依拠しています。
> 　合衆国は，武装した少数者や国外からの圧力による隷属化の試みに抵抗している自由な諸国民を支援する政策をとらねばならない，と私は信じております。
> 　自由な諸国民がみずからの選ぶ方法でみずからの運命を切り拓くのを，私たちは支えなければならない，と私は信じております。

西部ドイツを独立国として組織する方針を貫徹し，その結果，1949年には，合衆国・西欧と連携するドイツ連邦共和国（西ドイツ）と，ソ連・東欧と連携するドイツ民主共和国（東ドイツ）という，冷戦を象徴するふたつのドイツ国家が出現することになった。これらと同時期に，合衆国の日本占領政策は，民主化から経済復興へと大きく舵を切った。このいわゆる「逆コース」は，西欧と並行して日本を資本主義世界の「中核」として復興させようとする合衆国の世界戦略の一環として推進されたのである。

　1949年4月，ソ連の軍事的脅威に対抗するための集団防衛体制を希求する西欧諸国の要請に応える形で，合衆国は，カナダおよび西欧10カ国と**北大西洋条約機構（NATO）**を結成した。1947年9月に締結された**米州相互援助条約（リオ条約）**によって，合衆国は西半球における集団防衛体制に参加していたものの，平時における欧州との同盟関係は，それまでの合衆国の外交的伝統から大きく踏み出すものであった。それにもかかわらずNATO結成が円滑に実現したのは，合衆国国内政治において超党派的な冷戦コンセンサスが成立していたためである。このことは，連邦議会上院が，合衆国の集団防衛協定への参加を

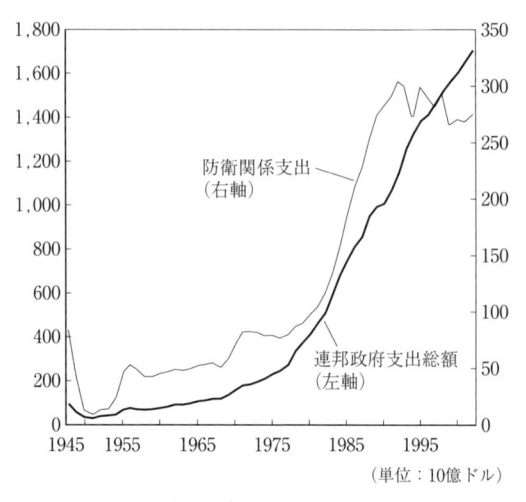

図11-2　連邦政府支出総額と防衛関係支出
（単位：10億ドル）

容認する**ヴァンデンバーグ決議**（1948年6月11日）を圧倒的大差で採択したことに象徴されていた。

以上のような過程を経て，1940年代末までに，冷戦を象徴する東西に分断された欧州が出現した。合衆国は，資本主義システムの「中核」である西欧と日本を復興の軌道に乗せ，それらを西側陣営の「中核」に据えることに概ね成功した。そしてこの間に，合衆国自身が，孤立主義の伝統から訣別し，覇権国としての役割を担う政治的意思と国家機構を備えるようになったのである。

（4）　朝鮮戦争

1949年後半，ソ連の原爆実験と中華人民共和国の成立というふたつの衝撃が，トルーマン政権を直撃した。それまでの「封じ込め」政策は，合衆国の原爆独占が長期にわたって継続するであろうとの楽観的見通しに立脚していた。それゆえソ連の原爆保有は，合衆国の対外政策全般の見直しを迫る重大な問題ととらえられた。他方，民主党政権の無策が中国の「喪失」を招いたとする政治的右派からの党派的な批判は，まもなくマッカーシズム（⇨212頁）と呼ばれるヒステリックな「赤狩り」の高揚と結びつき，トルーマン政権を苦しめた。

トルーマン政権内で進められた対外政策の再検討作業は，1950年春にNSC68と呼ばれる長大な政策文書に結実した。NSC68の要点は，大規模な軍

事力増強と，それを実現するための国防支出の大幅な増大を勧告した点にあった。米軍の兵員数は，大戦終結時の約1200万人から2年あまりの間に150万人規模に急速に縮小し，財政保守主義者であったトルーマンは，軍事支出を130億ドル規模に抑制していた。すでに1950年1月にトルーマン政権は水爆の開発を決定していたが，NSC68は，ソ連を抑止しつづけるためには核戦力のみならず通常戦力の大幅な増強も必要であると論じ，軍拡に伴う財政支出の増大はむしろ経済を活性化するゆえに十分に負担可能であると主張したのである。

1950年6月25日，北朝鮮軍の南下で**朝鮮戦争**がはじまった。それまでトルーマン政権は，韓国は合衆国の防衛線の範囲外であるという立場を公式に表明していたにもかかわらず，韓国を支援する軍事介入を即座に決定した。侵略を容認しないという合衆国の意志と能力，すなわち合衆国の信頼性を内外に示すことが重要であると考えられたからである。合衆国は，国連決議を獲得して，国連軍として介入した。ダグラス・マッカーサー（1880-1964）麾下の国連軍が北緯38度線を回復すると，トルーマンは半島統一をめざしてさらなる北進を指令した。「封じ込め」を超えて「巻き返し」が戦争目的となったのである。しかし，年末にかけて中国が大規模な「義勇軍」を投入して国連軍を押し返し，1951年はじめには再び38度線付近で戦線は膠 着 した。中国本土への攻撃を主張したマッカーサーをトルーマンが決然と罷免したことは，合衆国の政策が再び「封じ込め」に定位されたことを物語っていた。国内では明確な勝利の展望なく長期化する戦争への不満が高まったが，トルーマン政権は「封じ込め」に伴う政治的コストとして，これを甘受した。

朝鮮戦争を契機に，「封じ込め」政策は軍事的色彩を強めた。NSC68が承認され，アメリカの国防支出はまもなく500億ドルを突破した。アメリカは，NATO軍事機構の整備を主導する一方，欧州派遣米軍を増強し，NATO加盟諸国にも軍備の大幅拡充を促した。同時にアメリカは，**第一次インドシナ戦争**（1946〜54年）を戦うフランスへの支援を強化し，台湾海峡に米艦隊を常置するなど，「周辺」地域への関与をもいっそう強化する姿勢を明確化した。

これらと並行して，西ドイツと日本の主権を回復し，それらを西側同盟網に組み込む動きが加速した。日本は，警察予備隊を嚆矢に再軍備を進め，1951年9月に**サンフランシスコ講和条約**と**日米安全保障条約**を締結した。この過程で合衆国は，日本の復活を懸念するオーストラリア，ニュージーランドと**太平洋**

安全保障条約（ANZUS）を締結した。西ドイツについては，その軍事大国化を恐れるフランスの主張に沿って，西欧諸国の超国家的軍事組織として**欧州防衛共同体（EDC）**を創設し，その枠内で再軍備を行うとの方針が，1952年に決定された。しかしその後，EDC構想は迷走の末に頓挫し，西ドイツの占領終了と再軍備・NATO加盟は，1955年までずれ込むことになった。

2　冷戦の「北」と「南」

（1）「大量報復」から「柔軟反応」戦略へ

1953年，20年ぶりに政権を奪還した共和党のドワイト・D・アイゼンハワー政権は，ニュー・ルックと呼ばれる新たな安全保障政策を策定した。ニュー・ルックは，NSC68路線のもとで膨張した国防支出を抑制して，財政の健全性と両立する，長期的に持続可能な軍事態勢を構築することを標榜した。そのために選ばれた手段は，通常戦力よりもコストが低い核兵器への依存強化であった。この政策転換に対応して，アイゼンハワー政権は，あらゆる軍事的侵略に核の「**大量報復**」で臨むとする軍事ドクトリンを打ち出した。実際にアイゼンハワー政権は，1953年には朝鮮戦争の休戦を受け入れさせるべく中国に対する核の威嚇を行い，1954～55年と58年の二度にわたる**台湾海峡危機**[1]でも核使用の可能性に言及するなど，重大な国際紛争に際しては，核戦争の「瀬戸際」まで行くことをためらわぬ姿勢を示した。

1950～60年代は，核兵器とその運搬技術の開発が急速に進んだ時代であり，そのことが，潜在的に米ソ関係を不安定化させる要因となった。米ソは，1952～53年に相次いで水爆を開発し，核兵器の破壊力と配備数は増大をつづけた。1950年代後半にはミサイル開発競争が加速し，57年にソ連が世界初の人工衛星スプートニクを打ち上げたことを契機に，米国内ではミサイルの開発・配備の加速を求める声が高まった（ミサイル・ギャップ論争）。1960年代にかけて，合

---

[1] 台湾の中華民国政府の施政下にある金門島および馬祖列島を獲得しようとして，北京の中華人民共和国政府が同諸島に砲撃などの攻撃を加えたことから発生した軍事衝突で，「金門・馬祖危機」とも呼ぶ。アイゼンハワー政権は1954年に台湾との防衛条約を締結して台湾防衛の意志を再確認し，1955年2月に米連邦議会は台湾防衛のために大統領が必要な措置を取ることを認める台湾決議を圧倒的多数で可決した。第一次危機はインドの周旋とバンドン会議を通じて，第二次危機は米中の非公式協議を経て，いずれも北京政府が態度を軟化させたことで終息した。

衆国は，**戦略爆撃機**，**大陸間弾道ミサイル（ICBM）**，**潜水艦発射弾道ミサイル（SLBM）** よりなる核抑止の「三本柱」の構築を進めていった。他方，ソ連は，キューバに米本土を射程に収めるミサイルを配備することで一挙に戦略的優位を獲得しようとはかり，1962年10月に**キューバ危機**を惹起したが，ジョン・F・ケネディ政権の慎重かつ頑強な抵抗を前に，後退を余儀なくされた。

　米ソがともに大量の核兵器を保有するようになるにつれて，小規模な侵略にも核で応酬するという「大量報復」戦略は，あまりにリスクが大きく，それゆえ信頼性にも欠けると考えられるようになっていった。ケネディ政権は，「大量報復」戦略に代えて，ゲリラ戦のような低強度戦争から全面核戦争にいたるあらゆる軍事的状況にも対応できる軍事力の整備をめざす**「柔軟反応」戦略**を採用し，通常戦力の拡充と国防支出増額の方針を打ち出した。このことは，合衆国の軍事ドクトリンが，再びNSC68の方向に振幅したことを意味していた。

（2）「長い平和」

　戦略環境の変化や政権交代に伴う軍事ドクトリンの振幅にもかかわらず，合衆国の対外政策の基準線は「封じ込め」に定位されつづけた。1952年の大統領選挙で共和党が東側陣営への「巻き返し」を喧伝していたにもかかわらず，アイゼンハワー政権は，1953年の東ドイツ暴動，および1956年の**ハンガリー動乱**に際して，ソ連を批判しつつも抑制的な対応に終始し，ソ連が自らの勢力圏で行う軍事行動を事実上黙認した。1968年の「プラハの春」事件でも，合衆国の対応は同様であった。一方，1958年以降，ソ連はベルリン問題の解決を求めて断続的に外交的圧力を加え，第二次ベルリン危機が発生したが，合衆国は西ベルリンの現状を固守する姿勢を崩さなかった。結局，1961年8月にソ連が東西ベルリンを隔てる「**ベルリンの壁**」を建設したことを契機に，ベルリン問題は現状の固定という形で安定に向かっていった。「封じ込め」は，ソ連の影響力拡大に対抗する政策であるのと同時に，米ソ相互の勢力圏への暗黙の承認をも指向する政策だったのである。

　欧州分断の既成事実化が進む一方で，米ソの大量の核兵器によって全面核戦争に伴うリスクが増大するにつれて，米ソの指導者たちは直接対話に一定の利益を見出すようになった。1955年7月のジュネーヴ会談を皮切りに，米ソは不定期に首脳会談（サミット）を行うようになった。これらの会談において両国

間の具体的な対立点が解消されることは少なかったものの，両国首脳がともに軍事的対決を望んでいないことを確認し合ったことは重要であった。キューバ危機後の1963年に**部分的核実験禁止条約**，そして1968年に**核拡散防止条約**が締結された背景には，米ソが，核戦争の回避のみならず，排他的な核クラブの主要メンバーとして，他国の核開発を抑制することにも共通の利益を見出しはじめていた事情があった。「北」の先進地域においては，冷戦は核戦争の恐怖に担保された「長い平和」の様相を強めていったのである。

（3） 冷戦と第三世界

　第二次世界大戦後の世界では，西欧諸国の公式・非公式の「帝国」支配下にあった地域でナショナリズムが興隆し，多くの新興独立国が誕生した。合衆国はこれら「周辺」地域を，経済的には資本主義システムに，政治的には西側陣営に，包摂することを目標とした。しかし，**第三世界**のナショナリズムは，外部からの干渉を嫌悪して中立主義を標榜する勢力や，反帝国主義の立場から左翼的な立場に立つ勢力に率いられることが多かった。一方，ソ連と中国もまた，第三世界のナショナリズムへの影響力拡大をはかった。その結果，「北」における「長い平和」とは対照的に，「南」はアメリカ・ソ連・中国が影響力を競い合う冷戦の最もダイナミックな戦場と化した。言い換えれば，冷戦はまさにグローバルな闘争となったのである。

　グローバルな冷戦の根底には，国家や社会のあり方をめぐる根本的な思想，すなわちイデオロギーをめぐる対立が存在した。合衆国を含む西側陣営の先進諸国が立脚する自由主義的な民主主義と，ソ連や中国など東側陣営諸国の国家理念である共産主義の，いずれが人類の進歩や経済的な豊かさを実現するのか。このような思想的レベルの対立が存在したからこそ，東西両陣営は，経済成長の速度から，科学技術，学術，文化にいたるまで，あらゆる局面で平和的な競争を展開することになった。米ソ両国が莫大な資源を投入して宇宙開発競争を繰り広げたのは，それが兵器に転用できる技術であったからだけではなく，その競争に勝利することによって自らの拠って立つイデオロギーの優位を世界に向けて誇示することができると考えられていたからであった。また，冷戦期の合衆国で，経済学者**ウォルト・W・ロストウ**（1916-2003）らによる，発展途上諸国の資本主義的な発展を促すことを目的とする**近代化論**の研究が注目された

のも，それが第三世界におけるイデオロギー闘争を有利に進めるために有効であると期待されたためであった。

同時に合衆国は，より多くの第三世界諸国を西側陣営に取り込むために，具体的な政治的・経済的メリットを提示する戦術をとった。最もひろく活用された政策手段は，軍事・経済援助であった。これらの援助は，第三世界諸国の経済開発を促す目的で，あるいはそれら諸国の政府やエリート層の行動に影響を与える目的で，さらには親西側諸国の国内治安を強化する目的で，広範かつ柔軟に活用された。しかし，たとえばケネディ政権が鳴り物入りで打ち出し，一定の成功を収めたと評価されているラテンアメリカ向けの「**進歩のための同盟**」ですら，同地域諸国の政治的・経済的安定を実現するという所期の目標を達成するには程遠かった。中立主義路線をとるエジプトやインドに対しては，米ソが援助競争を繰り広げた。一方，コンゴ民主共和国（ザイール）やアンゴラなどでは，米ソがそれぞれ異なる勢力を支援したために，国内政治に冷戦的対立が持ち込まれ，政治的混乱や内戦を激化，あるいは長期化させることになった。

合衆国は，平和的手段で目標を達成できぬ場合には，政治工作や軍事介入に訴えた。アイゼンハワー政権は，1953年にイランのモサッデク政権，54年にグァテマラのアルベンス政権を，CIA主導の**非合法介入**によって転覆させ，親米政権を樹立した。1958年には，親米政権の要請に応える形で，レバノンに海兵隊を派遣し，イラク革命の波及防止をはかった。ケネディ政権は，キューバのフィデル・カストロ政権を打倒すべく，1961年に同国に軍事介入（ピッグズ湾事件）を実行したが無残な失敗に終わり，むしろキューバとソ連の連携を強めさせる結果となった。リンドン・B・ジョンソン政権は，「第二のキューバ」の出現を防ぐべく，1965年に政情不安の続くドミニカ共和国に派兵して，親米政権の樹立に成功した。

このようなさまざまな政策にもかかわらず，合衆国・西側陣営と連携する第三世界諸国は比較的少数にとどまった。しかも，イラン，フィリピン，インドネシア，韓国，ザイールに代表されるように，そのなかの少なからぬ国々では，西側先進国とは異質な，軍や治安機構を背景とする強権的統治が行われていた。これらの強権的指導者は，合衆国からの援助や支援に依存するとともに，合衆国もまた，各地域における貴重な同盟者として彼らに依存した。第三世界の強

権的体制との連携は，その覇権の頂点においてすら，合衆国の影響力が限られたものであったことをも物語っている。

（4）ベトナム戦争

ベトナム戦争は，以上のような合衆国の対外政策の帰結であった。合衆国からの支援にもかかわらず，フランスは第一次インドシナ戦争に敗北した。戦後処理を定めた1954年の**ジュネーヴ協定**によって，ベトナムは北緯17度線を境界として暫定的に南北に分割されることとなり，その結果，共産主義体制をとるベトナム民主共和国（北ベトナム）と，西側陣営と連携するベトナム共和国（南ベトナム）という，分断国家が出現した。合衆国は，ベトナム全土の共産化を防ぐべく，北緯17度線を恒久的な国境線として維持する方針をとった。そのために合衆国は，インドシナ半島の共産化防止を目指す同盟網として**東南アジア条約機構（SEATO）**を結成するとともに，軍事・経済援助の供与や軍事顧問団の派遣などを通じて，南ベトナムを強力な反共国家に育成することを目指した。合衆国の政策決定者たちは，北緯17度線を「封じ込め」の境界線として維持することに西側世界の盟主としての合衆国の信頼性がかかっていると信じ，それゆえに南ベトナム情勢が悪化するのに伴って同国への梃入れを強めていった。このようなベトナムへの関与の拡大は，一国の共産化が周辺諸国の共産化を惹起するという「**ドミノ理論**」によって正当化された。

これに対抗して，北ベトナムは，中・ソの支援を受けつつ，ゲリラ活動を中心に，南北統一に向けた軍事的圧力を強化した。その結果，南ベトナムは内戦状態に陥っていった。1964年8月，米駆逐艦への北ベトナムの攻撃が報告されたことを契機に，連邦議会はほぼ全会一致で**トンキン湾決議**を可決し，戦争遂行に必要な広範な権限を大統領に付与した。ジョンソン政権は，この権限をもとに，1965年に北ベトナムへの

図11-3　ベトナムで戦闘中の海兵隊（1968年5月8日撮影）

大規模な空爆（北爆）を開始するとともに，米地上軍を南ベトナムでの戦闘に直接参加させるようになった。戦争の「アメリカ化」は急速に進み，ベトナム派遣米軍の兵力は50万人を突破した。合衆国は，朝鮮戦争の教訓から中国の介入を恐れて北緯17度線以北に地上軍を投入しなかったものの，大規模な空爆とゲリラ戦は双方に膨大な死傷者を発生させた。

　アメリカ国民は，明確な勝利を得られぬままに死傷者ばかりを増大させる戦争への批判を徐々に強め，反戦運動が拡大していった（⇨220頁）。1968年1月末の**テト攻勢**を機に，ジョンソン政権は介入拡大路線の限界を悟り，出口戦略を模索しはじめた。「名誉ある和平」を掲げて登場した**リチャード・M・ニクソン**政権は，1969年7月にグアム島で大統領が発表した非公式声明（**グアム・ドクトリン**）で戦争の「ベトナム化」方針を打ち出して，米軍の段階的撤退を開始するとともに，北ベトナムとの和平交渉を活発化させた。しかし同時に，ニクソン政権は，「ベトナム化」の時間稼ぎのため，あるいは和平交渉における譲歩を引き出す目的で，北ベトナムへの攻撃をむしろ強化し，ラオスとカンボジアにも戦争を拡大した。

　1973年1月に**パリ和平協定**が締結され，米地上軍は同年3月末までにベトナムから撤退した。しかし，インドシナの戦火はやまず，結局，1975年に南ベトナム政府が崩壊し，カンボジアとラオスでも相次いで共産政権が誕生して，四半世紀に及ぶ合衆国のインドシナにおける「封じ込め」は挫折した。

　ベトナムでの敗北は，アメリカ国内の冷戦コンセンサスをも崩壊させた。もはやアメリカ国民は，トルーマン・ドクトリンで示されたような善悪二元論や「ドミノ理論」，あるいは合衆国の信頼性の維持という曖昧な理由では，対外的関与の拡大を容認しなくなっていたのである。

3　覇権再編の試み

（1）　多極化とニクソン政権

　1969年にニクソンが大統領に就任した時点で，合衆国内外の状況は，冷戦初期とは様変わりしていた。ソ連が大量の核兵器とミサイルを配備した結果，米ソ間には実質的な戦略的均衡（パリティ）が成立していた。国際政治経済は，米ソ二極構造から多極的構造に変化しつつあった。西側陣営内においては，西

図11-4　毛沢東（右側）と会談するキッシンジャー（左側）。中央は周恩来。1970年代初頭（撮影日不明）

欧と日本が経済的に復興した結果、合衆国はかつての卓越した経済的競争力を喪失した。ベトナム戦費の膨張と国内福祉政策の拡充などによって、ドルは世界的に供給過剰になり、実質的な価値を低下させていた。東側陣営においては、中ソ対立が公然化し、国境をめぐる武力衝突にまで発展していた。ニクソン以降の歴代政権は、**多極化**と合衆国の国際的地位の相対的低下、そして国内における対外政策コンセンサスの喪失という、新たな現実に即した対外政策を模索することを迫られたのである。

　ニクソン政権の対外政策を主導したのは、安全保障担当大統領補佐官で、のちに国務長官をも兼任する**ヘンリー・キッシンジャー**（1923- ）であった。キッシンジャーは、欧州の伝統的な外交理念である勢力均衡論を信奉し、イデオロギーの呪縛に囚われることなく自国の国益を最優先する「現実主義」的な対外政策を追求した。そのため、ニクソンとキッシンジャーは、連邦議会はおろか国務省や国防省などの官僚機構をもしばしばバイパスし、ホワイトハウス主導で対外政策を立案・遂行した。伝統的な外交では、民主的プロセスや公開性よりも、柔軟性に富む秘密交渉が重視されるからである。

　ニクソン政権が最初に取り組んだのは、ベトナム休戦交渉とならんで、いまや過重になっていた合衆国の覇権国としての負担を軽減することであった。「ベトナム化」を打ち出したグアム・ドクトリンの原則は、世界的な同盟関係に適用され、**ニクソン・ドクトリン**として知られるようになった。合衆国は、引き続き同盟国に核の傘を提供する一方で、同盟国に駐留する米軍の通常戦力は削減し、同盟国側に軍事的・経済的負担の増大を求めるようになった。同時にニクソン政権は、合衆国の負担を肩代わりする姿勢を示した同盟国への軍事・経済援助を強化する方針を打ち出した。このことは、イラン、イスラエル、インドネシア、フィリピン、韓国などへの武器売却の加速化につながった。

　さらにニクソンは1971年8月に**新経済政策**を発表し、ブレトン・ウッズ体制

史料16　ニクソン・ドクトリン
(1970年2月18日「1970年代の合衆国の対外政策に関する議会への報告」)

　世界はマーシャル・プランの時代から劇的な変化を遂げました。今日，私たちが直面している世界には，成長して強力になった同盟諸国，一群の発展途上諸国，そして，なお私たちに敵対しながらも内部分裂を抱える共産主義世界が存在しています。

　今日，アメリカ以外の国々は，以前であれば私たちの介入を必要としたかもしれぬ地域紛争に対処する能力と責任を有しています。私たちがなしうること，そして私たちの成功は，私たちが他国の問題にどれほど頻繁に介入するかにではなく，私たちの政策の持続力にかかっているのです。このようなアプローチは，他の国々に相応の責任を果たすよう最も効果的に働きかけるとともに，アメリカ国民の心からの支持を獲得するでしょう。

　これが，私がグアムで発表したドクトリン，すなわち「ニクソン・ドクトリン」のねらいです。その要点は，次の通りです。合衆国は，同盟国や友好国の防衛と開発に関与し続けます。しかし，アメリカは，あらゆる計画を構想したり，あらゆる政策を立案したり，あらゆる決定を実行に移したり，世界中のあらゆる自由な国々の防衛を引き受けたりすることはできず，またそうする意図も持ちません。私たちが支援を行うのは，それが具体的な結果につながり，私たちの国益に適うと考えられるときに限られるでしょう。

(⇨201頁)の基礎となってきたドルの兌換性維持という，経済的覇権国として合衆国が負ってきた責任を放棄することを一方的に宣言した。これは，財政・金融政策への国際的制約から免れつつ，ドルの切下げによって国際収支の悪化を食い止めようとする，合衆国自身の利益をなりふり構わず追求する政策であった。為替レートに新たな安定を創出することをめざして同年末に先進諸国が合意したスミソニアン体制はまもなく限界を露呈し，国際通貨体制は1973年には実質的に変動相場制に移行した。それにもかかわらず，ドルはその後も国際的な基軸通貨の地位を維持し，世界経済における合衆国の中心的地位を保障する強力な武器として機能しつづけたのである。

（2） 大国間関係の再編

　ニクソン政権は，イデオロギーに規定されたそれまでの大国間関係を，より現実主義的な観点から再編しようとした。ニクソン政権の基本戦略は，ソ連および中国の行動と合衆国が提供する便益を**連関**（リンケージ）させることによって，中・ソ両国が合衆国との協力関係維持を自発的に望むような状況をつくりだし，合衆国が主導権を握る形で米・ソ・中の間に勢力均衡を実現しようとするものであった。このような関係を創出することができれば，中・ソ両国の北ベトナムへの支援を抑制させ，ベトナム戦争の早期終結にも資すると考えられた。大国間の**緊張緩和**（デタント）は，中・ソを国際関係の利害共有者として取り込むことによって，その行動を抑制しようとする，新たな「封じ込め」戦略にほかならなかった。

　ニクソン政権は，1969年にソ連と**戦略兵器制限交渉**（SALT，ソルト）を開始した。一方，中国との間では，さまざまなチャネルを通じて交渉を活発化させ，1971年7月にキッシンジャーが北京を極秘訪問，翌年2月にはニクソンが歴史的な訪中を果たした。このときに発表された**上海コミュニケ**では，米中間の最大の懸案であった台湾問題を巡って合衆国が「ひとつの中国」原則を認める譲歩を行う一方で，ソ連のアジアへの勢力拡大に反対する点で米中両国が立場を同じくすることが謳われた。米中間の正式な国交樹立は，その後の曲折を経て1979年にずれこむことになるが，ニクソン政権は，国際関係における利害の共有者として中国を取り込むという当初の目的を達成したのである。

　米中の接近は，SALT交渉妥結に向けた圧力となった。1972年5月のモスクワ・サミットにおいて，ニクソンとソ連のレオニード・ブレジネフ書記長は，双方の弾道ミサイルをほぼ現状水準で固定することを約した期限5年間の**戦略兵器制限暫定協定**，および弾道弾迎撃ミサイル（ABM）の配備に厳しい制限を課す**ABM制限条約**に調印した。SALT I協定として知られるこれら2つの協定は，米ソ双方がいずれの先制攻撃によっても相手方の報復力を壊滅できぬ**相互確証破壊**（MAD）と呼ばれる戦略的均衡状態を制度化することによって，合衆国の国防支出縮小期にソ連が戦略的優位を獲得するのを阻止しようとするものであった。さらにニクソン政権は，1972年の夏から秋にかけて，対ソ穀物売却協定と米ソ通商協定を締結するとともに，**第二次戦略兵器制限交渉**（SALT II）を開始するなど，さまざまなリンケージによってソ連を利害共有

者として取り込む努力をつづけた。超大国間関係は，本格的なデタントの季節を迎えたのである。

すでにこのころまでに，フランスのシャルル・ド＝ゴール大統領（1890-1970，在職1958-59，59-69）のソ連接近や，西ドイツのヴィリー・ブラント首相（1913-92，在職1969-74）の「東方外交」を契機に，欧州では地域的なデタントが進行しつつあった。超大国間のデタントは，欧州のデタントを加速することになった。旧ドイツ占領4カ国は，1971年にベルリンの現状維持を約す国際協定に調印し，東西ドイツはともに国連に加盟した。さらに米・ソと全欧州諸国を含む**全欧安全保障協力会議**（CSCE）は，2年間の交渉を経て，1975年に，国境の不可侵，東西交流の拡大，個人の人権尊重などを盛った**ヘルシンキ宣言**に合意した。1970年代を通じて東西間の経済的・人的交流は飛躍的に拡大し，西欧諸国は合衆国以上にデタントの継続と発展を望むようになった。

（3）　デタントの限界

一方で，超大国間デタントの限界も徐々に明らかになっていった。合衆国側の思惑に反し，ソ連はデタントを通じて高まった自らの国際的威信と緊張緩和の間隙を利用して，第三世界における影響力を拡大しようとした。ソ連は，キューバと連携しつつ，アンゴラやエチオピアなどアフリカでの活動を強化した。1973年の**第四次中東戦争**に際して，ソ連はアラブ諸国からの支持獲得をめざして中東への軍の派遣をはかり，それを制止しようとするニクソンが核警戒令を発したため，米ソ間の緊張がにわかに高まった。一方，SALT II交渉は，1974年のウラジオストク・サミットで大枠の合意に達したものの，多弾頭ミサイルや巡航ミサイルなどの新兵器の登場によって，困難な交渉を強いられた。このように，米ソの国益が大きく隔たっている分野では，リンケージの効果は限られていた。

同時に，合衆国国内の政治状況が，デタントに影を落としはじめていた。ベトナムでの敗戦後，連邦議会は，トンキン湾決議を頂点とする大統領への外交的・軍事的権限委譲の流れを断ち切り，1973年11月の**戦争権限法**に代表されるように，行政府の対外政策を監視し，それを制約する方向に動きはじめていた。ウォーターゲート事件（⇨225頁）を機に，「帝王的」大統領への批判はさらに強まり，ニクソンとキッシンジャーが実践してきた秘密主義的な外交の継続は

Column 11

朝鮮戦争とベトナム戦争

　冷戦前半期にアメリカが大規模な戦争を戦った朝鮮とベトナムには，多くの共通点があった。

　朝鮮とベトナムは，いずれも脱植民地化の過程に冷戦が容喙した結果，民族分断の状態に陥った。日本の植民地であった朝鮮半島では，終戦直後に半島全域を領土とする朝鮮人民共和国の独立が宣言されたが，戦時中の合意により米ソが南北を分割占領した結果，1948年に分断国家が出現した。フランスの植民地であったベトナム（カンボジア・ラオスとともに「仏領インドシナ」の一部）では，終戦直後にホー・チ・ミンがベトナム民主共和国の独立を宣言し，植民地支配を回復しようとするフランスとの間に第一次インドシナ戦争が勃発した。1954年のジュネーヴ協定では，ベトナム・ラオス・カンボジアの独立が認められたが，ベトナムは暫定的に南北に分割され，2年後に南北統一選挙が実施されることになっていた。しかし，南のベトナム共和国とその後援者たるアメリカは，北のベトナム民主共和国による統一を恐れて選挙の実施を拒否し，分断状態を固定化した。

　皮肉なことに，もともと朝鮮人民共和国の指導者たちもホー・チ・ミンも，アメリカとの友好関係を求めていた。しかし，アメリカは，政治的左翼の立場をとる彼らを敵視した。このことが，朝鮮人民共和国の瓦解と，ベトナム民主共和国の東側陣営への接近の，大きな原因となった。

　朝鮮戦争もベトナム戦争も，共産主義国家の側が民族分断状態を解消すべく開始した内戦という性格を有した。北朝鮮は，中華人民共和国建国後のタイミングを見計らい，韓国への武力侵攻を開始した。北ベトナムは，1960年に南ベトナム解放民族戦線（ベトコン）を組織して，武力で南ベトナム国家を打倒する方針を打ち出し，南ベトナムでの内戦を開始した。朝鮮でもベトナムでも，対立し合う南北の分断国家の指導者たちは，冷戦の論理を振りかざして超大国に支援を求めた。そして，米・ソ・中がそれに応えたことによって，民族統一に向けた内戦は，大規模な国際紛争へとエスカレートした。

　朝鮮とベトナムへのアメリカの軍事介入の背景には，侵略を座視することが平和

への重大な脅威となるという「ミュンヘン宥和の教訓」、一国の共産化が周辺国の共産化をも惹起するとする「ドミノ理論」、そして西側陣営の盟主としてのアメリカの「信頼性」への配慮が存在していた。アメリカ国内の冷戦コンセンサスが、歴代政権を軍事介入に向かわせた側面もある。共産主義勢力と妥協することは、冷戦前半期のアメリカでは政治的な命取りになると考えられたのである。

　しかし、朝鮮とベトナムでは、アメリカの戦争目的、戦争の展開、そしてアメリカ国内政治や対外政策への影響に、大きな違いがあった。

　朝鮮戦争において、アメリカは韓国のもとに半島を統一する「巻き返し」を目指して北緯38度線を超えて北に侵攻したが、中国の介入によって挫折し、南北分断の固定化という「封じ込め」の目標に回帰した。その結果、アメリカ国内の冷戦コンセンサスは「封じ込め」に定位し、アメリカの対外政策には、ある種の安定がもたらされた。

　これとは対照的に、ベトナム戦争において、アメリカは一貫して南ベトナム国家の保持という「封じ込め」の目標を追求した。それゆえアメリカは、北ベトナムに大規模な空爆を加えつつも、北緯17度線以北に地上部隊を投入することはなかった。そして、ベトナム戦争は「封じ込め」の戦争であったがゆえに、それに敗北したことは、アメリカ国内における冷戦コンセンサスの崩壊につながり、アメリカの対外政策の不安定化をもたらした。

　対外政策コンセンサスの喪失は、ベトナム戦争の総括のあり方にも反映された。一方では、アメリカの対外政策が内包する侵略性や抑圧性を批判する、左派の「冷戦修正主義」が興隆した。他方、これに対抗する形で、アメリカの指導者たちが「封じ込め」の枠組に拘泥してベトナムでの軍事行動を抑制したことが多くの犠牲と軍事的敗北をもたらしたとする、右派の「ベトナム修正主義」が出現した。これら正反対の「修正主義」の間に横たわるギャップは、ベトナム敗戦以降のアメリカの対外政策の振幅の大きさに対応するものであった。　　　　　（小野沢透）

困難になった。

　さらに，合衆国の一般国民の間に広まっていた，デタントはあらゆる米ソ対立を解消するであろうという誤った楽観論が，デタントへの幻滅感を増幅することになった。ソ連国内の人権抑圧への関心が高まり，ソ連が依然として多額の軍事支出によって新兵器の開発と配備を進めていることが明らかになってくるにつれ，デタントは単にソ連を利するのみであるとする批判が，合衆国国内の政治的右派を中心に強まっていった。このような世論を背景に，1975年には，ソ連のユダヤ人出国政策の改善をソ連への最恵国待遇付与の条件とする条項（ジャクソン・ヴァニク修正）を含む通商法が成立した。ソ連はこれに強く反発し，1972年の米ソ通商協定は破棄されることになった。早くも1970年代半ばには，超大国間デタントは，行き詰まりを見せはじめていた。

4　新冷戦から冷戦の終焉へ

（1）　カーター政権とデタントの終焉

　1976年の大統領選挙で，ワシントンの中央政界での経歴を持たぬ無名の政治家であった民主党のジェイムズ（ジミー）・E・カーターが当選したことは，アメリカ国民が政治的変化を望んでいることを示唆していた。カーターは，対外政策において，従来の冷戦的な発想に囚われることなく，人権問題や南北問題の解決に向けて積極的に行動することにより，合衆国は道徳的指導力を発揮できると主張した。このようなカーターの基本的スタンスは，直接的には，キッシンジャーが体現した秘密主義的手法で大国間の勢力均衡を追求する外交へのアンチテーゼであった。しかし同時にそれは，国際社会の多極化と国内における対外政策コンセンサスの不在に対応したアメリカ外交の再編という，ニクソン政権以来の課題を引き継ぐものでもあった。

　カーター政権の「**人権外交**」は，大統領自身の道徳主義や，ヘルシンキ合意に表出したような世界的な人権への関心の高まりを反映しつつ，あらたな対外政策コンセンサスを創出することをめざして打ち出されたものであった。カーター政権は，アルゼンチンやチリなどの軍事政権を批判し，援助の縮小や停止で圧力を加える一方，ニカラグアのソモサ一族の独裁体制が崩壊した際にはこれを歓迎し，左派サンディニスタを中心とする新政権に援助を与えるなど，と

くに中南米において、人権尊重を基調とする新たな政策を打ち出した。しかし、人権外交は、フィリピン、イラン、インドネシアなど、地政学的に重要な位置を占める独裁国家には適用されないという二重基準をはらんでいた。また、ニカラグアの**サンディニスタ政権**の急速な左傾化は、カーター政権にとっても想定外の展開であった。人権外交は、一方で伝統的な同盟国を軽視した上に左翼政権の出現を後押しすることになったとして右派からの非難を浴びるのと同時に、他方でその実践において二重基準が持ち込まれたとして左派からの批判にも曝(さら)されることになったのである。

カーター政権は、1977年9月の**パナマ運河条約**(2)、および78年9月の**キャンプ・デイヴィッド合意**(3)という、これまでの歴代政権がなしえなかった大きな外交的成果を達成した。しかし、保守派を中心とする多くの批判者を抱えるパナマ運河条約の批准作業と、困難な中東和平への注力は、政権から多くの時間と労力を奪うことになった。また、カーター政権は、ソ連とのデタントの発展を望みながら、エジプトとの関係強化や中国との国交樹立、さらにソ連国内の人権状況への批判によって、ソ連の反発を招いた。米ソ両国は、1979年6月にようやく**SALT Ⅱ条約**の調印にこぎ着けたものの、同条約はさまざまな新兵器に関する詳細な制限を含む複雑な内容を有したこともあって、連邦議会上院での審議は難航した。さらに1979年初頭の**イラン・イスラーム革命**、および同年11月に勃発したテヘラン米大使館人質事件に際して有効な対応を打ち出せなかったことで、カーター政権への国民の批判が高まった。

1979年12月、ソ連が左派政権を支援するために**アフガニスタン**に侵攻すると、カーター政権は明確な対ソ強硬路線に転換した。カーターは、SALT Ⅱ条約

---

(2) 1903年のパナマとの条約で米国はパナマ運河地帯の管理権を獲得し、同地帯に米軍を駐留させて、事実上の保護領としていた。そのため、パナマでは運河地帯の主権回復要求が強まり、1960年代半ばには大規模な反米暴動も発生する事態にいたっていた。しかし、米国内では戦略的要衝であるパナマ運河の管理権放棄への慎重論が根強く、歴代政権は部分的譲歩で事態に対処していた。これに対して、1977年のパナマ運河条約は、2000年にパナマに運河地帯を完全返還することを約すことで両国間の懸案を抜本的に解決しようとする、画期的な条約であった。

(3) 1948年のイスラエル建国以来、同国と周辺アラブ諸国の間では戦争状態が継続していたが、エジプト大統領アンワル・サダトは、イスラエルとの和平に積極的姿勢を示していた。カーターは、サダトとイスラエル首相メナヘム・ベギンをキャンプ・デイヴィッドの大統領別荘に招き、2週間に及ぶ直接交渉の末に妥協を成立させた。サダトとベギンの間に成立した合意に基づき、翌1979年にエジプト・イスラエル間の平和条約が締結されたが、このことによってエジプトはアラブ世界で孤立し、合意で謳われた包括的なアラブ・イスラエル和平は実現しなかった。アラブ・イスラエル和平交渉が再び動き出すのは、1991年の湾岸戦争以降のこととなる。

を上院から取り下げるとともに，ペルシア湾地域の支配を狙う外部勢力の行動に対して合衆国は武力行使を含むあらゆる手段で対抗するとする**カーター・ドクトリン**を発表した。**ズビグニュー・ブレジンスキー**（1928- ）安全保障担当大統領補佐官ら反ソ強硬派が政権内で主導権を掌握し，明確な軍拡路線と，対ソ穀物禁輸措置やモスクワ・オリンピックのボイコットに代表されるソ連との対決姿勢を打ち出した。米ソ両国は批准の有無にかかわらずSALT IIの合意内容を遵守する方針を明らかにしたものの，超大国間デタントの終焉は明らかであった。

　カーター政権の対外政策は，人権尊重という高邁（こうまい）な理想から出発して，最後は「新冷戦」と呼ばれる米ソ対立の再度の激化への道を開くことになった。そして，明確な優先順位や一貫性を欠く同政権の外交が，新たな対外政策コンセンサスの基礎を提供することもなかったのである。

（2）　レーガン政権と新冷戦

　1980年の大統領選挙では，「強いアメリカ」と伝統的価値観の復活を標榜するロナルド・レーガンが圧倒的勝利を収めた。レーガンは，冷戦初期を彷彿とさせる善悪二元論的レトリックを復活させつつ，ソ連との対決路線をとった。レーガン政権は，カーター政権末期にはじまる軍拡路線をさらに推し進め，国防支出は2期8年間で倍増した。さらにレーガンは，1983年3月に，宇宙空間をも利用して弾道ミサイルを迎撃する防衛システムを構築しようとする**戦略防衛構想**（**SDI**）を発表し，内外からのさまざまな疑問や批判にもかかわらず，同構想に強い執着を示した。ポーランド政府が自主管理労組「連帯」の活動を弾圧した際には，ポーランドのみならずソ連に対しても経済制裁を強化し，1983年にソ連が誤って大韓航空機を撃墜した際には，ソ連を激しく糾弾した。同年末，1979年のNATO決定通りに合衆国が中距離核ミサイルの西欧配備を決行すると，米ソ関係はデタント以来最悪の状態に陥った。

　レーガン政権は，第三世界における親ソ・共産勢力への「巻き返し」を試みた。レーガン政権は，左派反政府勢力との内戦を戦っていたエルサルバドルなどの右派政権，および**ムジャヒディン**と呼ばれたアフガニスタンのイスラーム主義勢力や**コントラ**と呼ばれたニカラグアの反政府勢力など，左派が政権を握る諸国における右派反政府勢力に，武器や資金を援助した。1983年10月には，

カリブ海の小国**グレナダ**に侵攻し，共産主義政権を打倒した。レーガンが「自由の戦士」と呼んだ世界各地の反共勢力への支援方針は，**レーガン・ドクトリン**として知られることになった。

以上のようなレーガン政権の反ソ・反共政策は，冷戦前半期の反共十字軍的政策への回帰のような外観を呈しながら，実際にはベトナム敗戦以降のアメリカ外交に課された制約を免れるものではなかった。第三世界における「巻き返し」は，付随するコストもリスクも相対的に小さいと判断された地域と手段を選んで実行されていた。それゆえ，レバノン内戦の停戦をめざす多国籍軍に参加していた米海兵隊が，1983年10月の自爆テロ攻撃によって多数の死傷者を出した際，レーガン政権は速やかに海兵隊を撤収し，関与の泥沼化を回避する姿勢を明確化したのである。

連邦議会もまた，対外政策を監視する姿勢および人権問題への関心をともに持続させていた。連邦議会は，人権状況の改善を対エルサルバドル援助の条件に付し，ニカラグアのコントラへの支援を厳しく制限した。さらに，レーガン政権が南アフリカ政府への支援を強化したことに反発し，1986年に広範な経済制裁を含む包括的反アパルトヘイト法を，大統領の拒否権を乗り越えて成立させた。対外政策の内容と手法を巡って議会と行政府の間に生じた深い溝は，レーガン政権の反共十字軍的政策が新たな対外政策コンセンサスとはなりえなかったことを物語っていた。1986年11月に発覚した**イラン・コントラ事件**[4]は，レーガン政権の秘密主義や議会軽視のみならず，対外政策コンセンサスの不在をも，あらためて浮き彫りにするものでもあった。

（3）　冷戦の終結

1970年代のデタントを通じて東側諸国との貿易を含むさまざまな交流を深めていた西欧諸国は，デタントの継続を望み，レーガン政権の強硬一辺倒の対ソ政策に批判的であった。米国の大軍拡路線は，広く西側世界で反核運動の高揚

---

[4]　レーガン政権は，イランとの関係改善，およびイランが関係を有していると考えられていたレバノンのイスラーム主義勢力の人質となっていた米国人の解放をめざして，秘密裏にイランに武器を売却し，その売却代金を法律で事実上禁止されていたニカラグアのコントラへの援助に転用した。少数の人質は解放されたものの，イランとの関係改善は完全に失敗した。また，コントラへの迂回援助は，法律や議会を軽視するレーガン政権の姿勢を象徴するものとして，厳しく指弾された。

図11-5　INF全廃条約調印
1987年12月8日，ホワイトハウスでINF全廃条約に署名するレーガン大統領とゴルバチョフ書記長。

を招いた。もともと対ソ交渉に消極的であったレーガン政権は，内外からの圧力をかわすべく，1981年に**中距離核戦力（INF）削減交渉**，翌年に**戦略兵器削減交渉（START，スタート）**を開始した。しかし，これらの交渉におけるレーガン政権の提案は，西側のINF配備を中止する見返りにソ連のINF全廃を求める「ゼロ・オプション」提案に示されるように，ソ連側が拒否することを予め織り込んだ宣伝的色彩の強いものであった。

　しかし，このような状況は，1980年代半ば以降，急速に変化していった。レーガンらは，大規模な軍拡の結果，ソ連との交渉を有利に進める条件が整ったと判断するようになった。それ以上に重要だったのは，1985年3月にソ連共産党書記長に就任した**ミハイル・ゴルバチョフ**（1931-　）の動向であった。ゴルバチョフは，危機に瀕していたソ連経済の立て直しを最優先課題に掲げ，**ペレストロイカ**として知られる一連の政治・経済改革に着手するとともに，軍備管理を含む外交分野でも，従来のソ連の方針を大胆に刷新する姿勢を示した。ゴルバチョフの諸改革がソ連の内政と外交に本質的な変革をもたらしつつあると確信するにつれて，レーガン政権はソ連との交渉に積極的になっていった。1986年のレイキャビク・サミットにおいて両首脳は信頼関係を深め，翌87年には地上発射の短・中距離ミサイルの全廃を骨子とする**INF全廃条約**に調印した。同条約は，特定カテゴリーの核兵器の全廃と現地査察をはじめて義務化した点で，軍備管理の歴史においても画期的な内容を有した。

　ゴルバチョフは，ソ連国内の政治的自由化をさらに推し進めるとともに，1988年には東欧諸国の内政・外交の自由を認める方針を示した。これらの改革は，ソ連国内の民族問題を噴出させ，ソ連邦各共和国の自立化傾向を促したばかりでなく，東欧諸国の共産主義政権を軒並み崩壊させる1989年の**東欧革命**の引き金となった。ジョージ・H・W・ブッシュ（1924-，在職1989-93）政権は，

ゴルバチョフの改革を側面から支援する姿勢を示した。「ベルリンの壁」崩壊後に開催された、1989年12月のマルタ・サミットでは、米ソ首脳が冷戦の終結を宣言するにいたった。ソ連側の内的な変容によって、「安全保障のジレンマ」の構造が溶解し、冷戦の基本的前提が消失していったのである。

図11-6　「ベルリンの壁」の崩壊（1989年11月）

　同時にブッシュ政権は、東西ドイツ再統一交渉において、統一を急ぐ西独コール政権を一貫して支持し、1990年10月の**ドイツ再統一**に貢献した。1990年にイラクがクウェートに侵攻したことで勃発した湾岸危機に際して、ブッシュ政権は、国連安保理決議に基づいて、ソ連を含む30カ国以上よりなる多国籍軍を組織し、翌1991年の**湾岸戦争**における多国籍軍の圧倒的な勝利へと導いた。冷戦終結後、米ソの軍備管理交渉も加速し、1991年7月にICBMなど長距離弾道ミサイルと核弾頭の大幅削減を盛った**START I 条約**が調印された。

　ドイツを含む欧州の東西分断が解消した時点で冷戦は事実上終結していたが、1991年末に予想外の速度でソ連が解体したことにより、合衆国が冷戦に「勝利」したとする見方が強まった。しかし実際には、合衆国は、自らの経済的衰退を脱却する途をなお見出すことができず、経常収支と財政の「**双子の赤字**」に苛まれていた。合衆国国内政治におけるさまざまな価値観や集団の対立は、新たな対外政策コンセンサスの形成をいっそう困難にしていた。湾岸戦争後にブッシュが宣言した「**新世界秩序**」構想は、多くの曖昧さをはらみながらも、自由主義的な民主主義の価値観を共有する国際社会を合衆国が牽引する未来像を打ち出した。しかし、実際の冷戦後の世界は、多極的な構造のもとで、冷戦期以上に各国が自らの利益を赤裸々に追求する世界であり、「新世界秩序」への期待は早々に色あせていった。ソ連の崩壊によって「唯一の超大国」となったはずの合衆国は、新たな世界秩序を構築するほどの力を持ちえなかったのである。

文献案内

　冷戦期のアメリカ外交史の概説としては，佐々木卓也編『戦後アメリカ外交史』（有斐閣，2002年），松田武編『現代アメリカの外交――歴史的展開と地域との諸関係』（ミネルヴァ書房，2005年），佐々木卓也編『ハンドブック　アメリカ外交史――建国から冷戦後まで』（ミネルヴァ書房，2011年）が，参考文献も含めて充実している。五十嵐武士編『アメリカ外交と21世紀の世界――冷戦史の背景と地域的多様性をふまえて』（昭和堂，2006年）は，冷戦後までを視野に入れつつ，世界各地域に対するアメリカ外交を詳述している。松岡完・広瀬佳一・竹中佳彦編『冷戦史――その起源・展開・終焉と日本』（同文館出版，2003年）は，国際関係史と現代日本史を併記した点に特徴がある。O・A・ウエスタッド（佐々木雄太監訳，小川浩之ほか訳）『グローバル冷戦史――第三世界への介入と現代世界の形成』（名古屋大学出版会，2010年）は，アメリカの第三世界への関与を詳述した本格的な研究書。歴史研究では手薄になりがちな国際経済体制および世界経済の動向については，石見徹『国際経済体制の再建から多極化へ』（山川出版社，1996年）や，田所昌幸『「アメリカ」を超えたドル――金融グローバリゼーションと通貨外交』（中央公論新社，2001年）で補いたい。

　冷戦終結後のアメリカでは，J・L・ギャディス（赤木完爾・斉藤祐介訳）『歴史としての冷戦――力と平和の追求』（慶應義塾大学出版会，2004年）や同じくギャディス（五味俊樹訳）『ロング・ピース――冷戦史の証言「核・緊張・平和」』（芦書房，2002年）に代表される，冷戦期のアメリカ外交への肯定的な評価が強まった。一方で，拡張的な対外政策がアメリカの民主主義を脅かすメカニズムに警鐘を鳴らした古典的作品，W・A・ウィリアムズ（高橋章・松田武・有賀貞訳）『アメリカ外交の悲劇』（御茶の水書房，1991年）の批判的な視点を継承する優れた分析も健在である。W・ラフィーバー（平田雅己・伊藤裕子監訳）『アメリカ vs ロシア』（芦書房，2012年）は，アメリカと外部世界の相互関係に焦点を当て，洗練された叙述を展開している。T・J・マコーミック（松田武・高橋章・杉田米行訳）『パクス・アメリカーナの五十年――世界システムの中のアメリカ外交』（東京創元社，1992年）は，世界システム論を援用した分析に特徴がある。

　冷戦は世界各地の国家や社会のあり方に大きな影響を与えることになった。人類史というべき俯瞰的な視点から冷戦をとらえなおした作品として，E・ホブズボーム（河合秀和訳）『20世紀の歴史――極端な時代』（三省堂，1996年）を推薦する。歴史的潮流の動因として資本主義システムにひそむ社会を変容させる破壊的な力に着目しつつ，冷戦前半期を人類史における「黄金時代」と位置づける一方で，冷戦後半期以降にある種の退歩が起こっていることを看破する，現代の古典というべき作品である。

（小野沢透）

第12章

1980年代から21世紀へ

2003年・2004年のニューヨークで行われた反戦・反ブッシュデモの光景

年	事　項
1981	6-5 AIDS 報告される。7-7 サンドラ・D・オコナー，女性初の最高裁判事に
1982	6-23 ヴィンセント・チン撲殺事件。6 ERA 不成立
1983	マーティン・ルーサー・キング・デー制定
1985	サーヴィス産業国際労働者組合（SEIU）「ジャニターに正義を」キャンペーン
1986	移民法改定
1987	3-24 ACT UP ニューヨークで初のデモ。P・ケネディ『大国の興亡』出版
1988	薬物濫用禁止法，薬物管理政策局の設置。8-10 日系人強制収容補償法とレーガン大統領の謝罪。米加自由貿易協定
1989	F・フクヤマ『歴史の終焉』出版，S・リー『ドゥ・ザ・ライト・シング』公開
1990	8-2～4 イラク軍クウェート侵攻。移民法改定
1991	1-17 多国籍軍のイラク空爆開始（湾岸戦争），3-3 停戦協定。ソ連邦解体。アニタ・ヒル，上院公聴会でC・トーマス最高裁判事のセクシュアル・ハラスメントを証言
1992	4-29 ロサンゼルス暴動。コロンブス米大陸到達500年。12 PKO，ソマリア内戦に介入。北米自由貿易協定（NAFTA）調印
1993	1-3 第二次戦略兵器削減条約調印。8-20 オスロ合意，パレスティナ暫定自治政府発足。2～4 ブランチ・ダヴィディアン武力抗争事件。S・ハンティントン『文明の衝突』出版
1994	中間選挙で共和党大勝。パラオ（ベラウ）自由連合盟約独立。ソマリア撤退。メキシコ南部チアパスでサパティスタ蜂起
1995	8～9 サライェヴォ空爆（ボスニア・ヘルツェゴビナ紛争）。10～ 100万人の大行進。連続爆弾犯ユナボマー事件。オクラホマシティ連邦政府ビル爆破事件
1996	移民法改定。個人責任・就労機会調整法，貧困家族一時扶助（TANF），婚姻防衛法。4-17 日米首脳会談（クリントン‐橋本）で日米安保再定義。12-2 SACO 最終報告。カリフォルニア州住民提案209号
1998	2 クリントン大統領訴追弾劾，無罪。プエルトリコ，ビエケス島誤爆事件
1999	パナマ運河地帯返還。3～6 ユーゴ空爆（コソボ紛争）。11-29 WTO シアトル会議破綻。コロラド州コロンバイン高校銃乱射事件
2000	7-21～23 沖縄で先進国首脳会議（サミット）。1～4 ボリビア，コチャバンバ水戦争
2001	9-11 同時多発テロ。B・エーレンライク『ニッケル・アンド・ダイムド』出版。11-25 国土安全保障省設置。12 エンロン不正会計で破綻
2002	国土安全保障法・米国愛国者法。ワールドコム破綻
2003	3-20 イラク侵攻（～2011年12-15），5-1 大規模戦闘集結宣言。5 ビエケス島射爆場閉鎖
2004	2 サンフランシスコ市，5 マサチューセッツ州で同性婚認可。4 アブグレイブ事件発覚。ファルージャ掃討作戦
2005	8 ハリケーン・カトリーナ
2006	5-1「移民のいない日」メーデー。11-7 中間選挙で民主党大勝
2008	リーマン・ブラザーズ破綻。サブプライム・ローン破綻
2009	1-20 オバマ，初のアフリカ系大統領に。GM 破綻で実質国有化。4-5 プラハ演説。12 アフガン増派
2010	3 医療保険改革法成立。アリゾナ州新移民法を政府が提訴，施行差し止め。8-31 イラク戦闘任務終了宣言

Outline

　レーガン＝ブッシュ共和党政権の12年の後，アメリカは1990年代のクリントン，2000年代のブッシュ（子）と，2期8年ごとに政権党が交替する政治状況のなかで20世紀から21世紀への転換期を越えた。外交において多国間協調から単独行動主義による中東への介入など好対照をなす両政権であるが，背後では一貫して，経済におけるネオリベラリズム路線の強化が進行した。国内では貧富の差が深刻化し，多文化主義論争，アファーマティブ・アクションや中絶，同性婚への賛否などが公的政治の場面で論議され，米墨国境を越える移民がアメリカ社会で存在感を増していく。また，WTOなどの先進国主導の枠組みへの批判が高まり，グローバリゼーションへの抗議と反戦運動が，21世紀初頭に新しいスタイルの社会運動を刺激した。

　2008年大統領選挙で，「変化」を唱える民主党のバラク・オバマが勝利し，アメリカ史上初めてアフリカ系アメリカ人の大統領が登場した。財政危機・中東における戦争など困難な課題を抱えつつ，2012年の再選を果たした。

1　1980年代型保守主義の台頭

（1）　HIV の猛威と麻薬戦争

　1981年，後天性免疫不全症候群いわゆる**エイズ**（AIDS）が正式に症例報告された。全米疾病予防管理局（CDC）の2000年報告書によれば，罹患者は1992年までに25万2800人にのぼり，うち22万9205人の死亡が確認された。免疫不全を発症する HIV ウィルスの存在と感染経路が認定され，疾患に対する正確な認識が周知されるまでには時間を要した。恐怖と無知に，因習的な性道徳への固執が加わって感染の拡大をくい止めることを困難にし，また患者に対する偏見と差別を助長した。1960年代の開放的な性から，一転して保守的な一夫一婦制の性道徳が喧伝され，避妊具の使用を推奨するセイファー・セックスの呼びかけは，ローマ・カトリックをはじめとする避妊を認めない宗教観によって浸透を阻害されることもあった。性的志向への差別と偏見が被害を助長していると考えたゲイ・コミュニティによる異議申立は，1987年3月，**アクトアップ**（ACT UP）の名称で組織的な抗議デモとしてニューヨークにおいて姿を現した。この行動は，後に，国際的な患者数の急増とその貧困地域への偏在，先進国製

図12-1 アクトアップによるグラフィカルな AIDSGATE ポスター「AIDS の拡大は政治スキャンダルである」と主張している。

薬会社の権益など，グローバリゼーションの問題へと展開することになる。

1980年代にはまた，コカインの流通増と価格低下，その精製物であるクラックの出現によって，麻薬が深刻な社会問題を引き起こしていた。1971年にニクソンによって宣言された麻薬に対する戦争（麻薬戦争）は，1980年代に入って CIA や軍隊と連携しつつ強化された。1988年，薬物濫用禁止法の制定と薬物管理政策局の設置，コカイン，クラック所持の厳罰化のほか，トラフィックと呼ばれる流通網を絶つ名目で他国への軍事介入が行われた。

福祉など国内問題に向けられるべき予算の切り捨ては，1980年代のアメリカの保守性を典型的に映し出す鏡であった。概してこれらはマイノリティに偏向して起こったのである。

（2）レーガノミックス

1979年，不況にもかかわらず物価上昇が続くスタグフレーションへの対策のため，連邦準備銀行は通貨供給量に積極的に介入し，実質金利上昇と同時に不況と失業をもたらした。マネタリスト，ミルトン・フリードマン（1912-2006）の影響を受けた当時の連邦準備銀行総裁の名を取って「ヴォルカー・ショック」と呼ばれたこの手法は，翌80年に大統領に就任したロナルド・レーガンに踏襲され，レーガノミックスと呼ばれるサプライサイドの経済政策となった。規制緩和と減税，投資銀行など金融市場の拡大と，防衛費を例外とした財政支出の削減により小さな政府をめざすものだった。

しかし，双子の赤字と呼ばれる財政赤字と貿易赤字の増大が起こり，1985年，アメリカは，外国資本の投資と企業進出により，第一次世界大戦以来の債務国に転じたのである。1985年9月，先進国5カ国蔵相・中央銀行総裁会議（G5）において，円高ドル安への誘導を基調とした協調介入，プラザ合意が行われる

こととなった。

　一方，高金利政策はラテンアメリカ諸国などの債務国に深刻な影響を及ぼす。1982年のメキシコを皮切りに，エクアドル，ブラジルの債務不履行，アルゼンチンでは800％のインフレという破綻に対し，**IMF**と**世界銀行**などの国際的枠組みを通じ，融資と引き替えの**構造調整**の勧告が行われた。債務国に債務削減の条件として税制改革，貿易の自由化，民営化を迫るこうした手法は，後に**ネオリベラリズム**として厳しい批判にさらされることになる。

　1988年の大統領選挙は，こうした流れを受け継いだジョージ・H・W・ブッシュ（1924- ，在職1989-93）が勝利した。歴史家エリザベス・ノートンは，80年代の共和党支持層の多様性として，ブルーカラー労働者でレーガンを支持した**レーガン・デモクラット**，公民権運動のリベラリズムを拒否する南部の白人，そしてレーガン政権期に政治的に目覚めた18歳から30歳の青年層を挙げた。さらに，1990年には人口の半分を占めるようになったといわれる郊外に暮らす人々の存在感を，反政府・反増税傾向の高まりに見て取った。

（3）　湾岸戦争とポスト冷戦枠組み

　1990年8月，サダム・フセインのイラク軍がクウェートに侵攻すると，国連のイラク制裁決議をもとに，1991年1月，米軍を主体とした**多国籍軍**が空爆を開始し軍事介入を行った（**湾岸戦争**）。

　ケーブルテレビでニュースを専門に放送していたCNNによって，空爆の様子が生中継放送されたが，報道には厳しい管制が敷かれていた。ステルス戦闘機やパトリオットミサイルなど，ハイテク攻撃が話題となったが，後になって民間人におびただしい数の犠牲者を生んだことや，劣化ウラン弾の使用が指摘されている。3月に停戦協定が結ばれて終結したが，イラクは核開発疑惑について**国際原子力機関（IAEA）**の査察を拒否し，さらに経済制裁がつづくなど，戦後処理は難航し，中東の不安定状況はその後に尾を引くこととなった。

　湾岸戦争は，ポスト冷戦という枠組みで行われた多国籍軍による紛争介入の，ひとつのモデルを示した。他方，1991年ソ連邦の解体のあと，米ロ間では93年1月，核兵器削減をめざして**第二次戦略兵器削減条約（START II）**が調印されたが，ロシア議会の批准は大きく遅れ，後に不調に終わった。

（4）リコンストラクション，アンダークラス，マイノリティへのしわ寄せ

　レーガン＝ブッシュ革命と称されたネオリベラル政策の実施により，国内では，格差の拡大が論じられるようになった。中産階級以上の富裕層による納税者反乱が郊外への資本の逃避をもたらし，郊外にゲイテッド・コミュニティを[1]形成しつつあった。一方で，リコンストラクションと呼ばれる産業構造の変化，主として製造業の域外への拡散が引き起こした空洞化と入れ替わりに，サーヴィス産業，衣服産業に代表される劣悪作業場やインフォーマル・セクターと呼ばれる雇用部門の肥大化が，とくに，ニューヨークやロサンゼルスなどの大都市圏に集中して起こった。

　小さな政府による予算縮減に加えて，税収基盤を失ってスラム化した都心部（インナーシティ）に暮らす人々は，雇用機会と同時にセイフティネットを失ったうえ，コミュニティは麻薬の浸透とギャングの抗争にさらされた。

　ウィリアム・J・ウィルソンは「**アンダークラス**」の語を用いてその貧困を論じた。しかし，経済的側面を強調する傍らで人種差別是正の取り組みを過小評価する文脈に接合された議論に対して，貧困が構造的な人種差別を背景に偏向して起こっているとの批判が高まった。

　ロサンゼルス学派の都市研究者マイク・デイヴィスによれば[2]，アメリカの懲罰制度に**法人資本主義**が進出・台頭した様相は，軍産複合体に倣って，**刑務所産業複合体**（産獄複合体とも）と呼ぶべき状況を呈しているという。1960年代末に全米で20万人だった刑務所・少年院・移民収容施設人口は，2000年代初頭に200万人以上，全世界の収容人口の実に4分の1にのぼるという。法と秩序，麻薬戦争とクラック・コカインの厳罰化，「**三振法**」と呼ばれる再犯の厳罰化[3]など，1980年代の政治状況が，この急増をもたらしたのであるが，ここにはさらに，新しい人種隔離の様相が見てとれる。1990年代に，20代のアフリカ系男性の4人から3人に1人が収監されているなどの驚くべき数値が報告された。「クリティカル・レジスタンス」を設立し，対抗する主張を行うアンジェラ・デイヴィスは，社会的荒廃から利益を引き出し，かつそれらがグローバル企業

---

(1) 敷地全体を塀で囲み監視を強化した住宅地。
(2) 1980年代からカリフォルニア大学を拠点に都市空間を論じる批判的社会地理学。
(3) 野球のスリー・ストライクス・アウトに因んでこのように呼ばれる。軽犯罪を3回重ねると加重量刑が科される制度。

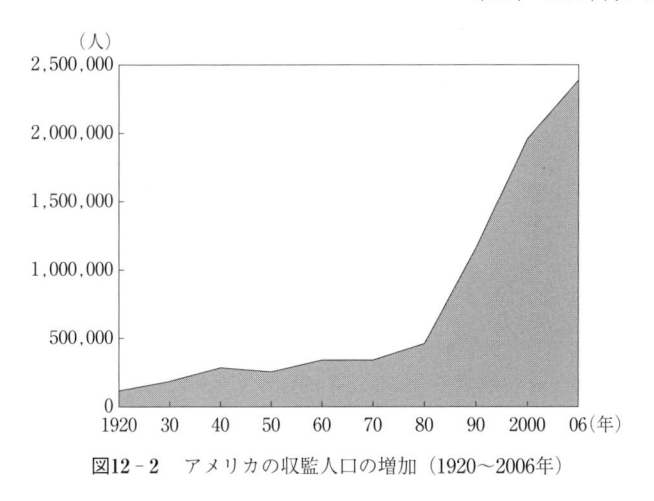

図12-2 アメリカの収監人口の増加（1920〜2006年）

化していることを厳しく批判している。

　マイノリティを犯罪と結び付けて考える排斥主義的な傾向と資本との結びつきは，**移民法**の論議にも表出した。1986年，90年，96年に改訂を繰り返した移民法は，非合法入国者の雇用者罰則規程が盛り込まれ，非合法滞在者への社会保障が切り縮められるなど，移民取締の方向に大きくシフトした。これらが，当時急増したメキシコ側からの非合法入国者をターゲットとしていたことは，国境警備隊の機能が強化され，国境線に沿って延々と続く隔離壁が建設されたことなどからもうかがえよう。

　同時に，部品を無関税で輸入し，組み立ててアメリカへ輸出する**マキラドーラ**（**保税加工工場制度**）により，アメリカとメキシコの国境をまたいだ双子の工場が設けられ，メキシコ側の安価な労働力を利用した製造業を展開した。この点でアメリカの移民政策は，経済格差を利用した労働力の供給管理の様態を伴った。

（5）　ポスト公民権運動の国内政治

　公民権運動以来の努力の成果として，レーガン政権期に達成されたことのひとつは，マーティン・ルーサー・キング・ジュニア・デーの制定（1983年）であった。公的祝日が比較的少ないアメリカで，1月の第3月曜日を個人の名を冠したナショナル・ホリデーと定めたことの意義は大きい。

　もうひとつは，日系人の**リドレス**（**名誉回復**）である。第二次世界大戦中に

行われた強制収容に関する公聴会を経て，連邦議会は1983年，強制収容は不当であったと結論付けた。これを受けて1988年，レーガン大統領による謝罪，ならびに**日系人強制収容補償法**が議会で成立し，90年より，損害補償の支払いが開始された。このリドレスの過程で，アメリカにおけるエスニック・ヒストリー研究としての日系人研究が深められた。強制収容所から徴兵されヨーロッパの激戦を経験した日系人兵士たちの記録から除外されてきた，良心的兵役拒否を主張した日系人の存在など，細部にも光が当てられるようになり，**アイデンティティ・ポリティクス**(4)の課題を拓いた。

1980年代の**日米貿易摩擦**のなか，1982年にはデトロイトで日本人と間違えられたヴィンセント・チンが撲殺される事件が起こった。これは**ヘイト・クライム（憎悪犯罪）**の厳罰化が議論される契機のひとつとなったと同時に，日系人という枠組みに留まらない「アジア系」というアイデンティティ指標の存在意義も論じられるようになった。

女性初にしてアフリカ系で初の大統領指名候補といえば，1972年の民主党予備選挙に登場した**シャーリー・チザム**（1924-2005）であった。その後1984年・88年，民主党の大統領指名候補として大衆的支持を得たのがジェシー・ジャクソン（1941- ）である。牧師として社会問題にも活発に発言を行う彼は，拒否された人々の「虹の連合」を合い言葉に，アフリカ系のみならず，ラテンアメリカ系（ラティーノ）や女性を糾合する訴えを行い注目を集めた。

1981年，レーガン大統領による**サンドラ・D・オコナー**（1930- ）の指名により，女性初の最高裁判事が誕生した。また，1984年の民主党指名候補，ウォルター・モンデールは，ニューヨーク州選出下院議員ジェラルディン・フェラーロを女性初の副大統領候補として指名し，国政の中枢への女性の参加を印象づけた。

中絶論争は選挙政治の様々な場面でその立場を明らかにせざるを得ない重要なイシューのひとつとして採り上げられるようになっていた。**ファンダメンタリスト**あるいは**ニューライト**などと呼ばれる，キリスト教の信仰を厳格に実践しようとする保守主義の登場を背景として中絶禁止を求める**プロ・ライフ派**の法制定が続く。1982年，ERA は不成立に終わった（⇨225頁）。

---

(4) 人種や民族的出自などから自分自身を説明し存在承認を求める行動が，ともすれば政治的に異なる他者を抑圧し本質主義に陥ることを批判する言葉。

第12章　1980年代から21世紀へ

　1991年，退任する連邦最高裁判事サー・グッド・マーシャルの後任として，ジョージ・H・W・ブッシュ大統領は，保守派で知られるアフリカ系アメリカ人のクラレンス・トーマスを指名した。これに対して，オクラホマ大学法学教授のアニタ・ヒルが，上院公聴会において**セクシュアル・ハラスメント**を受けていたとの証言を行ったのである。多方面からの非難を受けながらもハラスメントを申し立てたヒルの行為は，その後のアメリカ社会でセクシュアル・ハラスメント訴訟を劇的に増加させ，女性の地位向上に大きな貢献を果たした。

　1991年，ソ連邦の解体により，米ソ冷戦の終焉に時代の画期を見る論説が相次いで登場した。ポール・ケネディ『**大国の興亡**』(1987年)がベストセラーとなり，アメリカの覇権について評価が分かれた。**フランシス・フクヤマ**が『ナショナル・インタレスト』誌に「**歴史の終焉**」(1989年)を，**サミュエル・ハンティントン**が『フォーリン・アフェアーズ』誌に「**文明の衝突？**」(1993年)を発表するなど，米ソ冷戦の終結が次のどのような世界観の始まりを告げているのか，論争を呼び，それぞれ単著として刊行され幅広い読者を得た。

　総じて，右傾化する1980年代を特徴づけたレーガン＝ブッシュ共和党政権では，国内政治において，HIV，ホームレス，ドラッグ，貧困と格差の拡大などの社会問題が，中産階級の生活水準の低下を伴って蔓延していった。減らない戦費と，福祉予算の削減，公共部門の民営化などネオリベラリズム的手法によってアメリカ国内が一種の実験場と化していったのである。

　他方，1970年代にニューヨークで萌芽した**ヒップ・ホップ・カルチャー**が80年代を席捲した。口承文化の伝統を受け継ぐかのようなMCのラップ，ターンテーブルを駆使するDJスタイル，Bボーイ・Bガールたちの**ブレイクダンス**，廃墟となったビルの壁や地下鉄の車両にスプレーペイントで描く**グラフィティ**など，それは意匠を変えつつ消費文化からライフスタイルの隅々にまで浸透していった。『ドゥ・ザ・ライト・シング』(スパイク・リー監督，1989年)，『ボーイズン・ザ・フッド』(ジョン・シングルトン監督，1991年)，『メナスⅡソサイエティ』(アレン＆アルバート・ヒューズ監督，1993年，邦題「ポケットいっぱいの涙」)など，メジャーシーンに登場した気鋭のアフリカ系アメリカ人映画監督たちの描いた光景は，ニューヨークやロサンゼルスで**ゲットー**と呼ばれ，事実上の人種隔離を受けたアフリカ系コミュニティの若者たちの抑圧と暴力の経験を，フィクションを用いてリアルに，時に預言的に伝えたのである。

2　21世紀転換期のリベラル政権

（1）　1992年

　1992年4月，スピード違反で車の停止を求められたアフリカ系アメリカ人のロドニー・キング（1965-2012）に暴行を加えたとして係争中だった4人の警官に，白人が多数の陪審裁判で無罪の判決が下った。これに抗議する人びとが路上へと向かい，ロサンゼルス市街の暴動へと発展した（ロサンゼルス暴動）。州兵，連邦機動隊の動員で沈静化するまで3日間に及んだこの都市暴動は，53名の死者と2400人の負傷者を出し，逮捕者は1万5200人にのぼった。これは1960年代後半の「長く暑い夏」に頻発した過去の暴動，ワッツ暴動（⇨220頁）の類推で捉えられるだけでなく，ゲットーと呼ばれたサウスセントラル地区のアフリカ系と，隣接して暮らすメキシコ系アメリカ人（チカーノ）たちとの抗争，彼らの居住区画に経済機会を見出しつつあったコリアン系マーケットへの襲撃など，マイノリティ同士の敵対関係が焦点化されるとともに，人種差別に対する「ロサンゼルス反乱」として理解すべきだとの見解も呼び起こした。

　1992年はまた，コロンブスによる「新大陸発見」500年をどのように記念するのか，「発見」という歴史認識に修正を迫った年でもあった。西洋中心主義的な含意が糾され，「邂逅(かいこう)」という言い換えも，引き続いて起こった先住民の虐殺や奴隷制を粉飾すると批判された。非西洋の当事者たちにしてみれば，それは「侵略」の500年にほかならなかったからである。

（2）　ビル・クリントンの内政

　双子の赤字を抱えたブッシュ政権を排して，民主党に1992年大統領選挙の勝利をもたらしたのは，内政に絞った選挙運動を展開した元アーカンソー州知事，民主党のウィリアム（ビル）・J・クリントン（1946- ，在職1993-2001）であった。また，テキサスの資産家ロス・ペローが財力を根拠に無所属で立候補し，官僚主義を批判する実業家の第三局として登場し，この選挙を特徴づけた。1994年の中間選挙で大勝した共和党が，上下院で多数議席を取ると，下院議長に就任したニュート・ギングリッチ（1943- ，在職1995-99）をはじめ，厳しい政権批判がつづき，予算案が通過せず政府機能が停止する事態も起こった。

中産階級の労働者の多くが，被雇用者による負担額の増加のため，**医療保険制度**に加入できず，加入していたとしても高騰する保険料に比して貧しい給付内容に苦しんでいた。そのようななかで期待されていた**健康保険制度改革**は，保険業界の激しい反対によって不成立に終わった。

歴史家の**ハワード・ジン**（1922-2010）は「累進課税と非軍事化とによって毎年4000億から5000億ドルの財源がつくられれば，カナダで行われている保険制度と同じように保険会社による利食いなしに医療が運営され，政府が資金を提供する国民健康保険制度の支払いにあてる基金になったであろう」と嘆く。福祉改革よりも財政赤字削減が優先され，1996年の**個人責任・就労機会調整法**と**貧困家庭一時扶助**（TANF）は，低所得者福祉を縮減し，福祉から勤労福祉への方針により，フードスタンプや失業者への給付に厳しい条件を課すものだった。

クリントン大統領の妥協的性格は，軍隊での**同性愛差別**に関して典型的に現れたといってよい。1993年，「**聞くな，語るな**（Don't ask, don't tell）」政策を掲げ，同性愛を公言しない限りにおいて，軍当局は米兵個人の性的指向について調査をしないことで落着をはかり，双方からの批判を招いた。1996年には，同性婚を認めず，連邦の社会保障制度の対象外とする**婚姻防衛法**が連邦議会で可決された。

1998年，クリントン大統領は自らの不倫について連邦大陪審で証言を行い，下院からは**弾劾訴追決議**を出され，弾劾裁判にかけられた歴史上2人目の大統領となった（1人目はアンドルー・ジョンソン⇨130頁）。結果としては無罪で，2期目の任期を終えた。退職後は，事務所をニューヨーク市ハーレムにおくなどマイノリティへの関心の高さを示し，妻の**ヒラリー・R・クリントン**（1947- ）の支援にまわった。

不成立に終わったものの，保健医療制度改革で特別専門委員会を担当したのが，このヒラリー・クリントンであった。ファースト・レディのイメージを払拭するキャリアの持ち主である彼女は，2000年にニューヨーク州選出の上院議員となり，政界に確固たる地位を築いた。一方，副大統領としてクリントン政権を支えた**アルバート・ゴア**（1948- ）は，**情報スーパーハイウェイ構想**でインターネットの普及を進めるかたわら，環境問題への傾倒を深め，二酸化炭素排出量の問題に積極的に取り組んだ。後に，大統領選で敗れてからは『**不都合**

な真実』の著書とドキュメンタリーを携えて広く講演を行った。

　クリントン大統領は第二次世界大戦を経験していないベビー・ブーマー世代（⇨222頁）であり，ケネディ大統領やベトナム反戦運動に大きく影響を受けた大統領として，民主党の政権奪還への歓迎と期待を受けたが，共和党が多数を占める議会に妥協を余儀なくされ，幅広い支持層を取り付けることに腐心し，中道というよりは保守寄りに大きく舵を切った。

（3）　多国間協調主義

　クリントン期のアメリカは，外交関係においては，**積極的多国間主義，多国間協調主義**の看板を掲げた。

　1993年，ホワイトハウスで**オスロ合意**の調印が行われ，翌年には**パレスティナ暫定自治政府**が発足した。これにより**イスラエル・パレスティナ和平**のプロセスは大きく前進したかに思われたその後も和平達成にはいたっていない。1994年には，アメリカの信託統治下にあったパラオ（ベラウ）がアメリカとの**自由連合盟約（コンパクト）**を結んだうえで独立を達成し，1999年にはカーター大統領時代の新条約を履行して**パナマ運河地帯の返還**が行われ，当地に駐留する米軍基地も撤退した。1998年，プエルトリコのビエケス島では米海軍射爆場で民間人が誤爆死したことを機に保革を超えた反米軍基地運動が活発化し，2003年5月をもって演習を終了する住民投票提案を引き出した（ブッシュ政権の下，2003年5月1日に撤退が実現した）。20世紀の植民地主義的関係は，別の新たな枠組みへ移行しようとしているかに見えた。

　1992年12月，米軍は**国連平和維持活動（PKO）**として多国籍軍の中心となって**ソマリア内戦**に介入したが，激しい抵抗にあって作戦中の海兵隊員が殺害されたことを契機に94年に撤退，これはその後，**ルワンダ内戦**などPKO活動への消極的対応につながった。一方，1995年ボスニア・ヘルツェゴビナ紛争における**サライェヴォ空爆**，99年のコソボ紛争における**ユーゴ空爆**などで，NATO軍を通じた軍事介入に踏み切った。

　1988年，米加自由貿易協定を経て，1992年末に調印された**北米自由貿易協定（NAFTA）**は，政権の支持基盤であるAFL-CIO（アメリカ労働総同盟・産業別組合会議）や環境団体の反対を押し切って批准された。先進国主導の自由貿易枠組みは**WTOシアトル会議**（1999年）が混乱のうちに破綻したことで，大きな

転換期を迎えたことを印象づけた（第4節を参照）。翌2000年に開催された**沖縄サミット**が，さしたる混乱もなく平穏裏に終了したことは，むしろ，それ以後の10年間の**先進国首脳会議**や経済枠組みを議する国際会議への抗議行動を見れば，際立った例外だったことが明らかである。

1996年，日米首脳会談（クリントン＝橋本）では，共同宣言で「**日米同盟**」の語が公式文書で用いられ，**日米安保の再定義**と言われた。日米政府間で沖縄の米軍基地に関する特別行動委員会（SACO）が持たれ，海兵隊普天間飛行場の県内移設や北部訓練場の面積縮減などが合意されたが，移設先となった地域を中心に沖縄県内の反基地運動を刺激し，米軍基地問題が泥沼化した。沖縄サミットを機に，娘チェルシーを伴って訪沖したクリントン大統領は，激戦の**沖縄戦**の惨禍の経験に学び平和を祈念する「平和の礎（いしじ）」に専用ヘリで降り立ち，同盟の重要性と沖縄の役割を強調して，多くの批判を呼んだ。

（4） 多文化主義へのバックラッシュ

1990年の国勢調査を受けて，21世紀の最初の10年間のうちにスペイン語を話すラテンアメリカ系の人々，すなわち**ヒスパニック**の人口が，マイノリティの最大多数を占めるアフリカ系人口を凌駕するだろうとの予測がセンセーショナルに伝えられた。1993年11月の『タイム』誌は「アメリカの新しい顔」と題し，様々な特徴をコンピュータで合成した顔を表紙に配した。人種の多様性は認識を拡げるとともに，ある種の危機感を持って受けとめられていたことが理解できよう。

1995年10月，ネーション・オブ・イスラムの**ルイス・ファラカン**の呼び掛けで，アフリカ系アメリカ人男性による「**100万人の大行進**」が実施された。人種差別への抗議ではあったが，その家父長的性格や自助努力を強調する点ではネオリベラリズム路線にむしろ同調的であると，議論を分けた。

1980年代末から積極的に採り入れられつつあった**多文化主義教育**は，スタンフォード大学の基礎教育科目「西洋文明論」が「C. I. V.（文化，思想，価値）」に変更されるなど，西洋中心主義を脱する努力として結実していたが，90年代

---

(5) イスラム教の影響を受けたアフリカ系アメリカ人の権利擁護を掲げる教団。マルコム X が一時期その唱道者であったことで知られる（⇨220頁）。

以降，バックラッシュが続いた。1996年大統領選挙の際にカリフォルニア州が問うた**住民提案209号**で，アファーマティブ・アクションの廃止が賛成多数を占めたのは，こうした傾向を示していた。また，同年，テキサス大学ロースクールでマイノリティに対して異なる選考基準を設けたのは違憲であるとの地裁，控訴審判決（ホップウッド判決）が下っている。

連続爆弾犯ユナボマー事件（1996年逮捕），カルト教団ブランチ・ダヴィディアンとFBIの武力抗争（1993年），オクラホマシティ連邦政府ビル爆破事件（1995年）など，事件が相次いで社会不安をかき立てた。1999年4月には，コロラド州コロンバイン高校で銃乱射事件が発生し，銃規制など，さまざまな問題を提起した。

民主党政権の誕生と離反するように，ニューヨークでは共和党の**ルドルフ・ジュリアーニ市長**（1944-，在職1994-2001）が誕生していた。マフィア掃討で敏腕を発揮してきた彼は「法と秩序」と厳罰主義をもって市政にあたり，「**割れ窓理論**」を用いた治安回復と並行して，ジェントリフィケーションと呼ばれる都市の再開発に市政として介入した。[6] 1990年代アメリカは景気拡大が長期にわたってつづいたと言われるが，資産所有も含めた90年代の変化を白人と非白人とで比較した際に格差はむしろ拡大し，所得増は高額所得者に偏向して経験されたにすぎない。バーバラ・エーレンライク『ニッケル・アンド・ダイムド』（低賃金暮らし）（2001年）は，家政婦，ウェイトレス，ウォルマート店員など最低賃金で1年間雇用される実体験をもとに，普通のアメリカ人の困窮の実態を活写し，ベストセラーとなった。

SEIU（サーヴィス産業国際労働者組合）で1985年に始まった「ジャニターに正義を」キャンペーンは，合法・非合法を問わず移民労働者が労働組合運動の要（かなめ）であることや，女性の組合組織での指導的活躍などの認識を深化させ，労働組合運動の変革を促す契機となった。大学キャンパスにおいては，働きながら就学する大学院生組合の活発化を背景に，大学も法人として地域の主要な雇用主であることを踏まえた学生たちが，キャンパス内で雇用される清掃，警備

---

(6) ジェントリフィケーションとは，地価の下落を待って区画全体を再開発する手法で，地価の再高騰，ショッピング・モールを備えた高層住宅，地名の改変，不動産投機，古くからのコミュニティの解体などに特徴づけられる。このジェントリフィケーションやスラム街の犯罪取締強化を合理化した政策論が「割れ窓理論」で，廃墟を放置するとその地区の荒廃が一層進むと説いた。

などの労働者の運動に連携した。これらの新しい傾向を促した労働運動が要求に掲げたのは，生活できる賃金，医療手当など諸手当のあるフルタイムの働き口などであり，80年代以降に進行した格差社会を映し出すものであった。

3　ネオ・コンサバティブ政権の誕生

（1）　思いやりのある保守主義

　2000年の大統領選挙では，一般得票数での勝者と，大統領選挙人の得票数のそれとが異なる希有な例となったこと，また，当選を確定するために6週間を要し，判定が最高裁に持ち込まれるなど，アメリカ史上に残る混乱が生じた（⇨ Column 12）。いずれにしても，南部が共和党支持基盤として固まるなど，ポスト公民権運動の勢力地図の変化によって引き起こされた二大政党の伯仲を象徴している。また第三局として緑の党からのラルフ・ネーダー（1934-　）の出馬が，リベラル左派を充分に酌みきれない民主党への批判票となった。最高裁はクリントン政権で副大統領を務めたアル・ゴアではなく，共和党のジョージ・W・ブッシュ大統領と，リチャード（ディック）・チェイニー副大統領の当選を決定した。

　つづく2004年の大統領選も，民主党のジョン・ケリー（1943-　⇨285頁）大統領候補，ジョン・エドワーズ副大統領候補が躍進し票差が伯仲したことから，再集計や両院本会議での審議などの混乱を招いた。しかしイラク戦争開戦後の厳しい批判にもかかわらず，ブッシュ大統領の2期目の当選が確定した。変化の兆しは，大統領選挙に先立つ民主党全国大会で，イリノイ州連邦上院議員候補として基調講演を披露し，幅広い認知を得たバラク・オバマの登場であった。また，2006年の中間選挙では，下院の多数議席を民主党が獲得し，カリフォルニア州選出のナンシー・ペロシ（1940-　）が史上初の女性下院議長（在職2007-11）となった。

　「思いやりのある保守主義」を主張して当選したジョージ・W・ブッシュの内政は，就任後，さっそくブッシュ減税と呼ばれる大幅な所得税率の引き下げを行うなど，レーガン以上にレーガノミックスを推進したと評されるものとなった。また，連邦財源による福祉関連予算を地方へ移転して自己責任を強調するなど，前政権が堀り崩した社会福祉の基盤をさらに大きく解体した。また，

Column 12

大統領選挙（2000年・2004年）の混迷

　2000年大統領選挙は，現職副大統領ゴア（民主党）と，ブッシュ（共和党）が激しく争い，連邦最高裁が介入してブッシュの勝利が確定するという波乱ぶりであった。このため，州選挙人の多数決で州の投票人分の票すべてが勝者にカウントされるという「ウィナー・テイク・オール」と呼ばれる方式や，州ごとに異なる投票・集計方式，票の不正確な読み取りなど，選挙制度そのものの問題や，マイノリティに対する選挙登録と投票の妨害工作などの問題点が指摘されることになった。2004年大統領選挙では，民主党候補として新たにジョン・ケリーが登場するも，再び，同様の混乱のなか，ブッシュの再選が決定している。2000年代を席捲した新しいアクティヴィズムのスタイルは，大統領選挙でも多くの注目を集め，ニューヨーク市マディソン・スクエア・ガーデンで行われた共和党大会に対抗した市民運動家たちが，様々な抗議行動を展開した。

　その2004年大統領選挙は，インターネットが有効であることを決定付けた選挙でもあった。ブログ（画像の貼り付けを容易にしたジャーナルに，検索機能，サブジェクトやキーワードタグを付けた，更新の簡単な日記サイトなどのCMSツール）が，選挙報道や主流メディアが伝えない，もしくは隠蔽する内容を広く伝えるサブメディアとして有効視され，全米各地で候補者の動向をブログで情報発信するブログジャーナリストが現れ，党大会でも，マスメディアとならんで，選挙報道の一角を担った。

　キャンペーンに本格的にインターネットを導入したハワード・ディーン民主党指名候補は，ウェブで極小口の献金を受け付けることで選挙資金やボランティアを集めることに成功し，ブログのコメント機能を利用した支持者とのコミュニケーションで，ネット上に基盤を築いた。

　また，反ブッシュを打ち出すリベラル・キャンペーンとして情報発信したMoveOn.orgなど，多様なウェブサイトが選挙政治への参加関心を高める役割を果たした。たとえば，MoveOnPACはロックコンサートを主催し，リック・スプリングスティーンといったメジャーシーンを彩るアーティストたちが出演した。そのほかsorryeverybody.orgは，選挙後に，ブッシュ落選を果たせなかったことを世界に向けて謝罪するアメリカ市民の画像投稿を集め注目された（図2参照）。

　大統領選挙の投票結果を，共和党対民主党を赤と青で州別に塗り分けて示すやり方の確からしさを疑う人びとも現れた。より微細なグリッドと人口変数などを加味してコンピュータグラフィックスで仕上げられたそれらは「パープルマップ」と呼ばれた。

（阿部小涼）

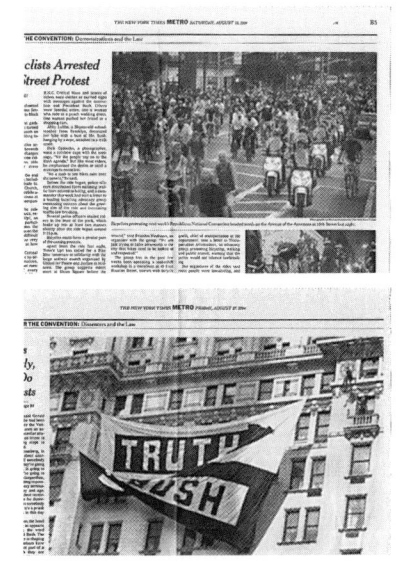

第12章　1980年代から21世紀へ

図1　共和党大会への抗議行動を報道する新聞紙面
「クリティカル・マス」と呼ばれる大量の自転車で道路を埋め尽くす行動，ヌードによる抗議，プラザ・ホテル壁面によじ登り巨大な横断幕を掲示する人々など，多様なスタイルが用いられた．

図2　*Sorry Everybody*（2005）

ボーン・アゲイン・クリスチャン⁽⁷⁾として、家族の価値の強調、中絶の否定などキリスト教右派の超保守的価値観を重視した。2004年2月にサンフランシスコ市、5月にマサチューセッツ州が、同性の婚姻を認める道を拓いていたが、憲法修正でこれに対抗しようとした。最高裁判所判事では、オコナー、レンクィスト2名の後任としてジョン・ロバーツ、サミュエル・アリートを指名し、保守的人事を固めることに成功した。内政においてはこのほか、「子どもを見放さない法」で、予算措置を通じて学校の教育管理責任を強化すると同時に、募兵事務所への情報提供を促した。

ジョージ・W・ブッシュ期の最大の特徴は、チェイニー副大統領、**ドナルド・ラムズフェルド**（1932-）国防長官などネオコンと呼ばれる人脈が主流として台頭したことに現れている。ネオコンサバティズムは、そもそもベトナム戦争後に軍事的にタカ派を構成した民主党の少数派が、共和党保守派へ合流したところに端を発すると言われる。先制攻撃をいとわず、軍事介入主義的で、イスラエル・ロビーと呼ばれる親イスラエル派閥と重なる顔ぶれが、ブッシュ政権を支えた。

また、湾岸戦争で統合本部長を勤めた**コリン・パウエル**（1937-）を国務長官に、コンドリーザ・ライスを大統領補佐官として国家安全保障担当に起用した。ライスはパウエル退任後の2005年から国務長官となっている。日米関係では知日派の**リチャード・アーミテージ**（1945-）が国務副長官として安全保障関係で影響力を持った。

ブッシュ政権の外交は、**単独行動主義**（ユニラテラリズム）を前面に押し出すものであった。**包括的核実験禁止条約（CTBT）**の批准を拒否したほか、ロシアとの間でも**弾道弾迎撃ミサイル制限条約（ABMT** ⇨248頁）を破棄し、第二次戦略兵器削減条約（START II）は頓挫した（⇨263頁）。これらに代えて、2002年5月に**モスクワ条約**（米ロ間の戦略攻撃能力削減条約、SORT）が結ばれた。また、2001年3月、地球温暖化防止について温室効果ガス排出規制の国際的枠組みを約する**京都議定書**からの離脱を表明している。

（2） 同時多発テロからイラク侵攻へ

2001年9月11日、2機の民間旅客機がニューヨーク市ダウンタウンの世界貿

---

(7) キリスト教で霊的な生まれ変わりの体験を指し、極めて篤い信仰態度を示す人々がこのように呼ばれる。

易センタービルに相次いで激突，ふたつのタワーが炎上崩壊した。ほぼ同じ時刻に別の1機がアーリントンの国防総省（ペンタゴン）に激突，さらにもう1機はペンシルヴェニア州の山間地に墜落したと報じられた。同時多発テロ事件，ないしは「セプテンバー・イレブン」「9.11」などと呼ばれるこの惨事は，その後のアメリカと世界に甚大な影響を与えることになる。

　ブッシュ大統領は，**アルカーイダ**によるテロと断定し，明白な関連があるとの理由でタリバーン政権のアフガニスタンに報復の空爆を行った。さらに2002年初頭の大統領一般教書演説でイラク，イラン，北朝鮮を「悪の枢軸」と称し，**テロとの戦い**を推し進めるための先制攻撃の必要を主張した（ブッシュ・ドクトリン）。この間，国内では，2001年10月，**国土安全保障局**を設置，2002年には**国土安全保障法**で省へと格上げした。また，**米国愛国者法**を制定し，捜査権限を強化するなど，戦時体制に向かった。

図12-3　ニューヨークの同時多発テロ事件の跡地（グラウンド・ゼロ）に建設中の「1ワールドトレードセンター」

　そして2003年3月，大量破壊兵器の保有について国連による査察を継続すべきというフランス，ロシア，ドイツ，中国など反対諸国を押し切って先制攻撃が行われ，米英軍が**イラク**に侵攻した。同年5月1日には，ブッシュ大統領は「大規模戦闘終結」を宣言し，占領統治と復興支援段階に入ったとし，日本からは自衛隊が派遣されるなどした。しかし12月になってようやく**サダム・フセイン**（1937-2006）大統領を拘束するにいたるも，2004年にはファルージャ掃討作戦で多数の民間人の死傷者を出すなど，戦闘は断続的につづき，米軍側の死者の数も増えた。

　ブッシュ大統領は，イラクと並ぶ「悪の枢軸」と指定した北朝鮮に対しては，核兵器開発に経済制裁などの報復を講じつつ，米朝韓中露日の六カ国協議の枠組みの一端を構成した。また，対テロ戦争ではフィリピンの「アブサヤフ」，インドネシアの「ジェマ・イスラミア」などをイスラム過激派組織と措定して

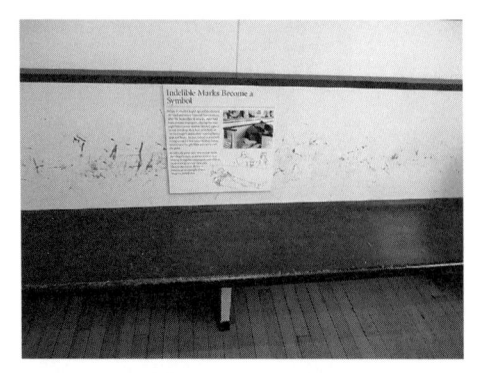

図12-4　同時多発テロによる傷跡が残るベンチ
グラウンド・ゼロに近いセントポール礼拝堂は，事件後，捜索・復旧作業に携わった人々の休憩所として利用され，現在は記念施設としての役割も果たしている。多くの人々が横たわった礼拝所のベンチには，当時の傷跡が生々しく残っている。

強硬姿勢を取った。

イラク侵攻の最中，バグダッドのアブグレイブ捕虜収容所で，米軍による捕虜虐待が行われていることがスクープされた。2004年4月，ベトナム戦争下のソンミ（ミライ）虐殺報道で知られるジャーナリストのシーモア・ハーシュにより，『ニューヨーカー』誌に詳細な記事が掲載されたのである。これに端を発して，イラク占領下での拷問，虐待やレイプが明るみに出ただけでなく，軍隊内部の指揮系統の問題，戦場で収容所管理に起用される民間会社の問題，キューバにあるグアンタナモ米軍基地内の収容所の問題性などが取り上げられた。これらがイラク戦争反対の機運に大きく世論を動かす契機となったことは言うまでもない。

スーザン・ソンタグは『ニューヨーク・タイムズ・マガジン』誌でアフリカ系アメリカ人に対して加えられたリンチを引き合いに出しながら厳しい批評を行い，証拠とされたそれらの残虐行為の写真は，報道写真家組織マグナムの根拠地，ニューヨークの国際写真センターで展示された。

（3）　カトリーナとブッシュ革命批判の高まり

ブッシュ政権が2期目に入った2005年8月，巨大ハリケーンの**カトリーナ**が，ルイジアナ，ミシシッピ，アラバマ一帯を襲い，1800人以上の死者を出す大規模な災害となった。なかでも，ニューオリンズ市は堤防の決壊による浸水と，対策の遅れから，重大な被害に見舞われた。避難所に取り残された人びとの多くが，移動手段を持たない貧困層や高齢者であり，また，アフリカ系アメリカ人の多く住む地域に偏向したことは，露骨な差別的報道とあいまって，人災的側面が問題視された。

ナオミ・クラインは『ショック・ドクトリン』（2007年）を著し，天災・人災

を問わず大きなインパクトを受けた地域に新自由主義的資本が進出していくテクニックを「**惨事資本主義**」として詳らかにしている。民営化でノウハウを蓄積した刑務所産業が，占領下の捕虜収容所や，戦災・天災を問わず被災地の収容施設に応用されるのはその典型である。ニューオリンズの復興資金の多くが，ハリバートンやベクテルなどの関連企業に受注されていった。

図12-5　カトリーナによって破壊されたミシシッピ州ガルフポート

2001年末のエンロンの不正会計による破綻の後も，2002年夏のワールドコム，2008年のリーマン・ブラザーズと，巨額の負債による経営破綻がつづいた。こうしてヘッジファンドなどにより押し上げられていたアメリカ経済の金融バブルが崩壊し，世界的な金融危機を招いた。特に住宅ブームを背景に拡大した低所得者向けの住宅ローン（**サブプライム・ローン**）とその債権の金融商品化の危うさが表面化したのだが，これはそれ以前のレッドライニング[8]によって人種的に偏向してきた住宅販売の問題と併せて考える必要もある。

図12-6　ハワード・ジンの『民衆のアメリカ史』より
本書は，9.11を機に「民衆のアメリカ帝国史」としてコミックブックに描き直された。

　アフガンやイラクにおける軍事行動は，アメリカの**単独行動主義**を国際社会が抑止できない状態を例証した。歴史学・批評理論・植民地主義論などの立場から**エドワード・W・サイード**（1935-2003），スーザン・ソンタグ，ハワー

---

(8) 不動産売買における人種差別。

ド・ジン，ノーム・チョムスキー，ジュディス・バトラーなど多くがユニラテラリズム批判を行った。またネオコン批判は様々なレベルで行われたが，元CIA 職員という経験を持つチャルマーズ・ジョンソンは，「軍事植民地」の語を用い，世界に拠点を持つ米軍基地と第二次世界大戦後の同盟構築によってアメリカの帝国主義的性格を説明した。

4　グローバリゼーションのなかのアメリカ

（1）　グローバリゼーションへの批判

　特に米ソ冷戦状態の終結後，アメリカを単独支配の帝国と見なす傾向が強まる。多国籍企業の進出，GATT・WTO 体制，インターネットや IT 技術が先導する新産業分野，ヘッジファンドに代表される金融市場など，経済面でのアメリカの影響力が強まり，軍産複合，メディア支配なども含めて，グローバリゼーションはしばしばアメリカナイゼーションと同義の語として語られる。

　NAFTA による自由貿易の促進は，アメリカの農産物・製品・企業の一方的な流入という片務性を帯びていた。メキシコでは先住民運動を核としたサパティスタが「ラカンドン密林宣言」を出し，1994年年初の NAFTA 発効日に南部チアパス州で武装蜂起，新自由主義とグローバリゼーションに対抗する嚆矢として注目された。IMF と世界銀行の構造調整の圧力によって公共事業の多くを民営化されたボリビアのコチャバンバでは，2000年，アメリカの多国籍企業ベクテルの子会社が受注した水道事業への抗議が，市民とボリビア政府との間に「水戦争」と呼ばれる紛争を引き起こした。

（2）　シアトル——1999年

　1995年，GATT からの発展的解消として世界貿易機構（WTO）が設立された。先進国主導の貿易自由化や，知的所有権の貿易関連の側面に関する協定（TRIPs 協定）など，この枠組みは先進国に有利に機能した。そのため，多国籍企業化した穀物メジャーや食肉生産加工企業，遺伝子組み換え種子と除草剤をセットで供給する種子会社，新薬の特許を持つ製薬会社などの存在を疑問視する声もあがった。

　こうした反グローバリゼーションの機運のなか，シアトルで1999年に開催さ

れた WTO 国際会議では，抗議する市民が世界中から集合し，既存の労働組合，NPO によるあらかじめ予定された動員や行動とは軸を異にする，デモンストレーションのスタイルを世界に示した。

　アフィニティ・グループと呼ばれる大小雑多な集団が，行動調整会議を通じて直接行動ネットワーク（DAN）に有機的に参加し，様々な抗議行動が展開された。大小の農民運動，環境保護組織，反戦グループによる市街での抗議行動が，最終的にこの国際会議を流会に追い込んだ。

　京都議定書，クラスター爆弾の使用禁止，対人地雷禁止条約，子どもの権利条約など，環境と人権問題において国際社会の水準に追いつかないアメリカへの不満が，オルタ・グローバリゼーション運動の根底にはある。

（3）　オルタナティブの萌芽

　国連軍縮特別総会の1982年6月，セントラルパークで100万人といわれる人々が軍拡競争に反対するデモ行進を行った。80年代軍拡の時代のこうした運動が，後につづくアメリカ国内の反戦運動の高揚を基盤から支える準備をしていた。

　2003年3月，イラク開戦に反対するデモが世界中で起こった。アメリカでは全米規模のネットワーク UFPJ（「平和と正義のための連帯」）や A.N.S.W.E.R.（「今すぐ戦争を止め人種主義を終わらせるための行動」）が形成され，各地で行われた反イラク戦争デモにおいて大規模な動員に成功した。

　軍隊内部においても，ベトナム戦争，湾岸戦争時の取り組みに倣いつつ，イラク戦争の帰還兵と従軍を拒否する現役兵士による反戦運動が活発化した。IVAW（反戦イラク帰還兵の会）は「冬の兵士」と題した証言集会を開催し，兵士の目から見た戦場の不正義を伝える努力をつづけている。

　新しいデモの組織論とスタイルへの関心は，「**オルタナティブ**」（もうひとつの，別の）をキーワードとして展開し，社会運動の側もまた，グローバルな連携を重視したのである。

　環境保護活動家は，インドのガンディーイズムの直接行動の手法に学び，森林保護運動に採り入れていた。大学のネオリベラル化に反対する学生によるキャンパス占拠はしばしば，ギリシャ，フランスで経済難に抗議する市民への連帯やパレスティナの無差別爆撃の批判に言及した。イスラエルのパレスティナ

弾圧に対しては投資の撤退や不買運動が呼び掛けられた。さらに，納税者反乱，郊外住民のゲイテッド・コミュニティ化，監視と警察取締の強化に対して，刑務所産業複合体への批判，環境正義，都市菜園やスクウォッティング（空き家占拠）の再評価がなされるようになった。80年代以降のニューヨークで盛んとなった公園や廃墟ビル占拠と都市菜園運動に参加し，インディメディア・ニューヨーク（後述）の記者としてメキシコ，オアハカ州の抵抗運動を取材中，地元警官の凶弾に倒れたブラッド・ウィルのような人物が登場した。

　また，大手マスコミと一線を画す新しいメディアも台頭した。エイミー・グッドマンの「デモクラシー・ナウ！」などの独立系ニュース放送，1999年WTOシアトル会議の際に誕生したメディアセンターから派生したインターネットによる情報配信ハブ「インディメディア」などが挙げられる。ドキュメンタリー映画も，テレビ放送とは異なる路線で，事実を明らかにする手法として隆盛した。マイケル・ムーア監督の『ボウリング・フォー・コロンバイン』『華氏911』，法人資本主義を厳しく批判する『ザ・コーポレーション』（マーク・アクバー，ジェニファー・アボット監督）など，ブッシュ政権批判やグローバリゼーションを批判する作品が次々と発表されている。

　オルタナティブな公共空間という点では，著作権をめぐる論争も注目に値する。各国法によって規程されている著作権法と，アメリカ企業を中心にWTO体制下で著作権期間の延長と厳罰化が目論まれると，コピー・ライトに対抗する**コピー・レフト**の考えが拡大する。マサチューセッツ工科大学教授のローレンス・レッシグを主導者として，**クリエイティブ・コモンズ**が登場した。著作者の権利擁護という本来の目的を逸脱して企業権益に囲い込まれていく著作権に対して，誰でも利用できる公共空間に創作物という遺産が蓄積されることが，文化的な豊かさを保障し，人類的な創造を育むのだと主張し，インターネット上の創作物にⒸマークとは別の権利指標の表記を実現した。入国管理に依存せずに流通するインターネット上のメディアミックス的な素材が増加するにつれ，このクリエイティブ・コモンズの表記の有効性が高まっている。

　2006年メーデーは「移民のいない日」をテーマに掲げて行われた[(9)]。移民取締に傾斜する政治に対して，移民のアメリカ社会への貢献，社会の構成員として

---

(9) ある日突然，メキシコ人が姿を消したため，アメリカの社会生活が大混乱に陥るというドタバタ喜劇を描いた映画『メキシコ人のいない日』（2004年）に着想を得て行われたといわれる。

史料17　オバマ大統領2期目就任演説（抜粋）
(2013年1月21日，連邦議会議事堂前にて)

　私たち人民は，今日，宣言します。私たちは皆生まれながらに平等である，紛れもないこの真理が，今もなお私たちを導く星です。セネカフォールズ，セルマ，ストーンウォールで先達たちが導かれ，男たちや女たち，名を成した者も成さぬ者も皆が導かれて，この偉大なモールに歩を刻み，そして牧師が語るのを聞きました。私たちは孤独では歩めない。私たちの個人の自由は地上の全ての魂の自由と分かちがたく結ばれているという，キングの宣言を聞いたのです。

　開拓者たちを受け継ぐのは，今日の私たちの世代の務めです。私たちの旅は終わりません。妻や母，娘たちがその努力にふさわしい暮らしを送るまで。私たちの旅は終わりません。ゲイの兄弟姉妹たちが法の下で皆と同じように扱われるまで。もし私たちが真実生まれながらに平等ならば，互いに与え合う私たちの愛もまた平等だからです。私たちの旅は終わりません。投票権を行使するのに何時間も待たされる市民がひとりもいなくなるまで。私たちの旅は終わりません。アメリカを今もなお好機の地と望む勤勉で将来ある移民たちが歓待される良い方法を見つけるまで。私たちの旅は終わりません。デトロイトの路上からアパラチアの山並み，ニュータウンの静まった細道の隅々まで，全ての子どもたちが大切に守られ安全でいられると知るときまで。

　私たちの世代の務めとは，生命，自由，幸福の追求を語るこれらの言葉，諸権利，諸価値が，全てのアメリカ人に実現することです。建国の言葉に誠実であるために，生き方の全てを同じくする必要はありません。それは自由を画一的に定義したり，幸福を求めて寸分違わぬ道筋を辿ることではないのです。いかなる進歩も，政府の役割についての数世紀に及ぶ議論に結着をもたらしてはくれません。それでも，今，行動せよと私たちに求めているのです。

の位置を知らしめるためのアイディアは大きな成果を挙げ，排斥主義に傾きがちなアメリカの労働組合運動に画期的な変革をもたらした。同年3月には，下院移民法案に反対するデモも，ロサンゼルス史上最大の50万人の参加者を集めていたのである。

（4）　変革の始まり・始まりの終わり

　2008年の大統領選挙で，「**変革**」を訴えたバラク・オバマが当選し，アメリ

　　　　　　（就任当初）　　　　　　　　　　　　（1年後）
図12‐7　オバマ就任当初と1年後のグラフィティ
大統領選挙の熱気を残す就任当初のグラフィティも，1年後には「嘘つき」との落書きで上書きされているという様子を撮した写真。

カ史上初めてのアフリカ系アメリカ人大統領が誕生した。副大統領にジョセフ・バイデン，国務長官には，最後まで民主党指名候補を激しく争ったヒラリー・クリントンを起用した。

　オバマ内政における最大の変革は，2010年3月に成立した医療保険改革法である。これによってアメリカは事実上の国民皆保険への道を拓いた。また，GMの経営破綻について，2009年5月末，アメリカ政府が60%株式保有して再建する実質上の国有化に踏み切った。

　人種平等と同時にセクシュアル・マイノリティへの配慮も示したオバマが当選した2008年の大統領選挙で，同性婚を認めない住民提案がカリフォルニア，フロリダ，アリゾナの3州で過半数をとり，バックラッシュが起こっていた。カリフォルニア州ではその後，2009年5月に州最高裁がこの住民提案を追認するも，2010年8月に連邦地裁が違憲と判断した。

　移民問題については，非合法移民の取締強化を主眼とした**アリゾナ州の新移民法**を政府が提訴，2010年7月，連邦地裁は施行の差し止めを命じた。これらマイノリティ政治に関わる課題が今後も引き続き争点となることは必至である。

　外交においては，2009年4月，オバマ大統領がプラハ演説で核兵器のない世界を追求する決意を表明したことが評価され，同年10月にノーベル平和賞を受賞した。翌10年4月にはロシア政府との間で第四次戦略兵器削減条約（START

Ⅳ）を交わしている。

しかし，段階的撤退を睨んだ「出口戦略」と強調しつつ，2009年2月と12月にアフガニスタンの対テロ戦争増派を決定した。また2010年以後，複数回の臨界前核実験の実施も公表されており，軍縮への取組みにおいては民主党や支持者から強く批判されることとなった。

図12 - 8　2011年9月30日のニューヨーク市警察（NYPD）本部前でのデモ

2010年8月末，オバマ大統領によってイラクでの戦闘任務終了が宣言されたが，駐留部隊は残留し，完全撤退が行われ戦争終結を迎えたのは2011年12月のことだった。2003年3月から8年9カ月間にわたるイラク戦で米兵側の死者は4400人を超え（民間軍事会社要員は含まれない），戦費総額は7000億ドルに達した。イラク側の死者についてアメリカ国防総省は数えていないという立場を取るが，民間団体「イラク・ボディ・カウント」は，戦争終結段階でイラクにおける民間人の死者を11万5000人から12万6000人と計測，資料の公開が進めばこの数はさらに増大すると見られる。

オバマ大統領は2012年の大統領選挙で再選を果たし，国務長官にジョン・ケリーを迎えて2期目に入った。国内においては，医療保険改革法の合憲性が問われるなどその実施は難航している。また，2013年には債務上限引き上げを含む財政法案が議会の反発にあい，デフォルト（債務不履行）の危機は辛くも回避されたものの，政府機関の一部閉鎖など，財政不安は解消されないまま課題として残されている。

このほか外交面ではアジア重視外交を掲げて中国へ，アジア太平洋への影響力拡大をはかってオーストラリアへ，それぞれ影響力を強めようとする姿勢を指摘することができる。変革を謳って登場した清新な政権が，2期目を迎えてその厳しい評価の時期にさしかかったところである。

2011年9月，世界の金融市場がひしめくニューヨーク市マンハッタンのウォール街に，「ウォール街を占拠せよ」の呼び掛けに応えた多数の市民の姿があった。貧富の格差が拡大し1％の一握りの富裕層に富が集中していることに抗

議する「私たちは99％だ」をスローガンとするこの占拠運動「オキュパイ」は全米各地に留まらずグローバルに拡散した。ここに，失業や経済格差，金融資本主義やネオリベラリズムなど，今日のアメリカが抱える複雑で多面的な問題を集約的に見て取ることができるだろう。そして，そのようなアメリカを批判すべくオキュパイに集まった市民たちの脱中心的で豊かなスタイルこそは，21世紀のアメリカのもうひとつの相貌を表現して余りあるものであった。

> 文献案内

最も新しい時期を扱う通史は少ないが，M・B・ノートン（本田創造監訳，上杉忍・大辻千恵子・中條献・中村雅子訳）『冷戦体制から21世紀へ（アメリカの歴史第6巻）』（三省堂，1996年），H・ジン（猿谷要監修・富田虎男・平野孝・油井大三郎訳）『民衆のアメリカ史——1492年から現代まで』（上・下）（明石書店，2005年）などが良き入門となる。また明石紀雄・川島浩平編『現代アメリカ社会を知るための60章』（明石書店，1998年），矢口祐人・吉原真里編『現代アメリカのキーワード』（中公新書，2006年）はいずれも用語事典だが，最新の現代アメリカ史を知る有効な手立てとなるだろう。

大統領選挙の混迷であらためて米国の政治構造の特性を考えさせられた。砂田一郎『アメリカ大統領の権力』（中公新書，2004年）が良き手がかりを与えてくれる。国際社会におけるアメリカの位置づけを知るうえで，D・ハーヴェイ（本橋哲也訳）『ネオリベラリズムとは何か』（青土社，2007年）が新自由主義の視角，C・ジョンソン（村上和久訳）『アメリカ帝国の悲劇』（文藝春秋，2004年）が軍事基地から見た視角を，それぞれ提供しており興味深い。

1980年代以降の米国の経済・社会状況を分析したものとしては，大塚秀之『現代アメリカ社会論——階級・人種・エスニシティからの分析』（大月書店，2001年），『格差国家アメリカ——広がる貧困，つのる不平等』（大月書店，2007年），辻内鏡人『現代アメリカの政治文化——多文化主義とポストコロニアリズムの交錯』（ミネルヴァ書房，2001年）を挙げておきたい。また，翻訳書としてはロビン・D・G・ケリー（村田勝幸・阿部小涼訳）『ゲットーを捏造する——アメリカにおける都市危機の表象』（彩流社，2007年），A・デイヴィス（上杉忍訳）『監獄ビジネス——グローバリズムと産獄複合体』（岩波書店，2008年），M・デイヴィス（村山敏勝・日比野啓訳）『要塞都市LA』（青土社，増補新版，2008年）などが，20世紀末のアメリカ社会を批判的に捉えている。

（阿部小涼）

アメリカ史を学ぶための
ウェブサイト・文献案内

アメリカ議会図書館閲覧室

1　アメリカ史を学ぶためのウェブサイト案内

　アメリカ合衆国の歴史を学ぼうとする者は，一昔前ならば，たいていの場合はまず図書館に足を運んだであろう。むろん，書物から知識を得るためであり，目的にかなう文献を入手しようと，いわば足でかせぐのが基本中の基本であった。しかし昨今では，インターネット利用の普及とともに，アメリカ史へのアプローチが多様化している。必要とする情報の多くがサイバースペースから収集できるため，過去の出来事に触れるための出発点として，オンライン検索を試みることが一般的になっているのである。日本に暮らす我々にとって，自宅や大学にいながら，インターネットを通じて遠く離れた——しかし日本との関係は遠くない——国のことを学べるメリットは大きく，その恩恵を利用しない手はないだろう。そこでここでは，アメリカの歴史を知るうえで役に立つウェブサイトを，ごく一部ではあるが紹介しよう。なお，しばしば指摘されるように，無数に存在するウェブサイトは玉石混淆であるから，以下では公的で信頼性が高く，なおかつ幅広い研究テーマに役立つであろうサイトに限定して紹介したい。

アメリカ史に親しむために
　歴史から現代事情まで，幅広くアメリカの情報を知るには，在日米国大使館（http://japanese.japan.usembassy.gov/）のウェブサイト，とりわけ大使館レファレンス資料室およびアメリカンセンター・レファレンス資料室が運営する「アメリカ早分かり」（http://aboutusa.japan.usembassy.gov/）が便利である。このサイトでは，政治経済や文化のさまざまなテーマごとに基本的な情報が紹介され，日本語でも英語でも閲覧が可能となっている。各テーマ別に，関連する文書やデータ，ウェブサイトへのリンクが整備されているため（リンク先はいずれも英文），より詳細な情報へのアクセスも容易である。また，大使館は日本国内4カ所にレファレンス資料室を設けており，そこでは各種データベースを利用したり，大統領や議会関連の資料を閲覧することができる。利用できる素

材の一覧は，大使館ウェブサイト内「資料室」のページ (http://japanese.japan.usembassy.gov/j/ircj-main.html) で紹介されているので，訪問するならば事前に確認しておきたい。

アメリカのウェブサイトに目を転じると，ワシントン D. C. を拠点とする博物館複合体かつ研究機関であるスミソニアン協会 (http://www.si.edu/) が興味深い。国立アメリカ歴史博物館をはじめ，同協会が運営する博物館・美術館には，アメリカの歴史を物語る数々の遺産が所蔵されており，ウェブ上で閲覧できるコレクションも膨大である (http://www.si.edu/Collections)。写真も豊富なので，ぜひ関心のあるテーマを検索してみてほしい。

内務省国立公園局 (http://www.nps.gov/index.htm) では，アメリカ国内の重要な史跡について学ぶことができる。同局は，その名のとおりアメリカの国立公園を管理し，文化財の保護にも尽力する機関であるが，公園とは自然公園ばかりでなく，国家の歴史に深くかかわる史跡も多いのである。現在，国立公園の分類の中でも，数の上では史跡が最多となっている。それぞれの史跡のウェブサイトで見られる写真や映像などの資料は，視覚的な効果も相まって理解を深める手助けとなるので，ぜひとも活用したい。

商務省センサス局 (http://www.census.gov/) は，国勢調査の結果や種々の統計資料などの膨大なデータを，過去のものから現代のものまで提供している。フェドスタッツ (FedStats) (http://www.fedstats.gov/) では，犯罪，人口，労働など幅広いテーマ別に，センサス局も含めた100以上の連邦政府機関がそれぞれに作成した統計データを検索でき，それらのなかには歴史的なデータも数多い。長年にわたるデータを眺めることで，アメリカという国のさまざまな側面が浮き彫りになるであろう。

また，日本にいながらアメリカ史への理解を深めるためには，国内の主要な学会のウェブサイトもチェックしたい。たとえば，アメリカ学会 (http://www.jaas.gr.jp/) と日本アメリカ史学会 (http://www.jaah.jp/) のウェブサイトには，開催予定の大会や例会の情報はもちろんのこと，学会誌（アメリカ学会の『アメリカ研究』および *The Japanese Journal of American Studies*，日本アメリカ史学会の『アメリカ史研究』）の目次も掲載されており，日本国内におけるアメリカ史研究の最新情報が得られる。

参考文献へのアクセス

　インターネットだけでは必要な情報が得られない場合，あるいはもっと詳しく知りたい場合には，やはり専門書や論文など参考文献（二次文献）を渉猟することを避けては通れない。そこで，文献の入手に役立つウェブサイトについても，簡潔に述べておきたい。文献に当たる場合は，まずはグーグル・スカラー（http://scholar.google.com/）でタイトルや著者名を検索してみるとよい。論文によっては，紙媒体で出版されるとともに，ウェブ上で全文を閲覧・ダウンロードできるものも少なくないし，図書であれば，内容の一部をウェブ上で閲覧できるものも見つかるだろう。また，著作権の保護期間を過ぎた図書であれば，グーグル・ブックス（http://books.google.com/）などで全文を自由に閲覧できるものもある。なお，有料データベースで公開されているために閲覧できない論文は，所属機関がデータベースのアクセス権を購入している場合には，そのサーバーを経由してアクセスすることで閲覧できるので，確認してほしい。また，論文・図書の書誌情報を知りたい場合も，グーグル・スカラーで調べることができる。

　ワールド・キャット（http://www.worldcat.org/）では，「オンライン・コンピューター・ライブラリー・センター（OCLC）」というネットワークに参加する世界170ヵ国の図書館・文書館・博物館の蔵書を検索できる。図書や論文だけでなく，各施設が所有する電子媒体（ディスクなど）の検索も可能である。グーグル・スカラーと同様に，電子化され公開されている論文へのリンクも整備されている。

　日本国内であれば，国立情報学研究所のジーニィ（GeNii）（http://ge.nii.ac.jp/genii/jsp/index.jsp）が，全国の大学図書館を対象に，論文の所在を調べるサイニィ（CiNii）（http://ci.nii.ac.jp/）や，図書・雑誌の所在を調べるウェブキャット・プラス（Webcat Plus）（http://webcatplus.nii.ac.jp/）へのポータルサイトとなっている。目当ての文献を所属機関が所蔵していなければ，図書館の複写依頼サービスや相互貸借制度を通じて入手できるだろう。国立国会図書館，および全国の公共図書館の蔵書を知りたいならば，国立国会図書館サーチ（http://iss.ndl.go.jp/）を利用するとよい。

一次史料・公文書へのアクセス

　ウェブサイトや参考文献からアメリカ史を学んだうえで，自らも同時代の史料に接してみたくなったならば，やはりそのために利用すべきウェブサイトがある。というのもアメリカでは，史料の電子化（デジタル化）が急ピッチで進められており，先進諸国のなかでも群を抜いている。それらデジタル史料が少なからずオンラインで公開されている（時にはCDロムの形式で提供される）ため，必ずしも現地に足を運ばなくても研究が可能となっているのである。ウェブ上のデジタル史料の多くは全文（フルテクスト）データベースであり，求める情報を特定の史料のなかから探し出したり，複数の史料から横断検索することもできる利便性の価値は，計り知れない。紙媒体の史料集成で，索引に掲載されていない語なども，デジタル史料となればたちどころに検索することができるのである（ただし，キーワード検索の正確さが100％ではないという課題は依然として残る）。以下に，デジタル史料を公開するウェブサイトをいくつか紹介するが，閲覧にアクセス権の購入を必要としない，誰もが平等に利用できる無料公開（オープンアクセス）のサイトを優先して取り上げよう。

　ワシントン D. C. にある連邦議会図書館（LC）（http://www.loc.gov/index.html）は，言うまでもなく世界最大級の図書館であり，ウェブサイトの利用価値も極めて高い。このサイトには同館が所蔵する史資料のオンライン・カタログがあり，実際に現地を訪問するならば，事前のカタログ検索による下調べは必須で，史料の複写の取り寄せを依頼することもできる。場合によっては，訪問・閲覧の予約を入れておくことも大切であろう。ホームページ（トップページ）からアクセスできる「アメリカの記憶（アメリカン・メモリー）」（http://memory.loc.gov/ammem/index.html）では，現地を訪れることなくウェブ上でデジタル史料を閲覧することができる。「アメリカの記憶」は議会図書館が推進する一大プロジェクトであり，文書，写真，音源，映像，出版物，地図など，現在にいたるまでのアメリカの歩みを物語るさまざまな形態の記録を，テーマ別に公開するデジタル・コンテンツである。現在は900万点を超える史料へのパブリック・アクセスを提供しており，コレクションの数は刻々と増え続けている。同じく議会図書館の提供する「トマス」（http://thomas.loc.gov/home/thomas.php）は，第3代大統領トマス・ジェファソンにちなんで名づけられたオンライン・データベースで，法案や議事録などを中心に，連邦議会に関連する比較的近年の記録を公開

291

している。また，議会図書館と全米人文科学基金（NEH）が分掌するデータベース「クロニクリング・アメリカ」（http://chroniclingamerica.loc.gov/）では，1836年から1922年に発行された新聞を検索・閲覧でき，ダウンロードも可能である。目下，36の州で発行された1105紙が収録されており，データベースは今後も拡大される。

　アメリカの国宝ともいえる独立宣言書，合衆国憲法，権利章典の原本を所蔵・展示することで知られる国立公文書館記録管理局（NARA）（http://www.archives.gov/）は，連邦政府にかかわるあらゆる記録のなかでも，特に価値の高いものを保管している。所蔵する記録は紙媒体に限らずフィルムや電子媒体まで多岐にわたり，毎年，連邦政府による公務の過程で作成された全記録の1～3％が新たに保管される。ウェブサイトでは，所蔵する史資料のカタログを検索でき，すでに電子化が完了したおよそ100万点については閲覧が可能である。

　政府印刷局は，「連邦デジタルシステム」（FDsys）（http://www.gpo.gov/fdsys/）を通じ，1829年以来の連邦政府の全部門（立法・行政・司法）の刊行物を一括検索できるデータベースを提供しており，オンラインで閲覧できる。将来的には，建国期のものまでさかのぼって，データベースに収録される予定となっている。

　スミソニアン協会のウェブサイトでは，そのコレクションを閲覧できることはすでに述べたが，同協会に属する研究機関も，貴重なリソースを提供している。たとえば国立アメリカ歴史博物館のアーカイヴズ・センター（http://amhistory.si.edu/archives/b-1.htm）は，テクノロジーや音楽，ジェンダーなどの歴史を語る，同館に寄贈された貴重な史料を所蔵していて，その一部の出版物，写真，動画，音源などが，「アメリカの物語」（アメリカン・ストーリーズ）（http://amhistory.si.edu/archives/f-1.htm）と題するページで公開されている。

　ところで，アメリカに関する史料は，アメリカ国内の施設のみが所蔵しているとは限らない。たとえばイギリス植民地だった時代のアメリカに関しては，イギリス国立公文書館（http://www.nationalarchives.gov.uk/）や大英図書館（BL）（http://www.bl.uk/）など，イギリスの施設もまた，重要な史料を所蔵している。両館ともにオンライン・カタログを提供しているのはもちろん，所蔵史料の電子化も進めており，そのなかにはアメリカに関連するものもある（た

だし，一部のデジタル史料の閲覧は有料）。関心のあるテーマによっては，史料収集のために他国の施設のウェブサイトもチェックしておきたい。

　また，上記のような国営のアーカイヴズだけでなく，州や市のレベルでも，インターネット・リソースの整備は着実に進んでいる。同様に，ウェブサイトで史料を公開している大学の研究室や図書館も数多く，一例を挙げると，ヴァージニア大学図書館は，ヴァージニア人文科学財団との共同プロジェクトにより，大西洋奴隷貿易に関する同時代の絵画や地図を公開している（http://hitchcock.itc.virginia.edu/Slavery/index.php）。自らの関心に沿って，全米各地の文書館，図書館，博物館，歴史協会，大学などのウェブサイトを確認してみてほしい。

　ここまでの情報は，すべて2013年11月現在のものである。上に掲載した各機関のウェブサイトでは，ここに紹介しきれないほど，ほかにもさまざまなサービスを提供している。実際にアクセスして，ぜひとも自らの目で確かめてもらいたい。ただし，そもそもあらゆるオンラインの情報とは移ろいやすいものであり，周知のとおり，ウェブサイトの内容が更新されたり，URLが変更されたりするのは珍しいことではなく，サイト自体の閉鎖もありうる。インターネットを利用する際には，情報の非永続性というリスクを心得ておかねばならない。ともあれ，インターネットがわれわれの文献・史料へのアクセスを異なる次元へといざなったのは，紛れもない事実である。その一方，オンラインでの調査を実施したうえで，実際に図書館や文書館におもむく機会は決して少なくないのであり，足でかせぐ調査方法が淘汰されたのではない。もちろんその価値が減じたわけでもなく，各地をめぐって文献や史料を収集することにこそ，歴史研究の醍醐味があるのではないだろうか。このような伝統的なアプローチで歴史に触れることを尊重し，実践しつつ，それと並行して，目的に応じてさまざまなウェブサイトを活用することが肝要であろう。

（笠井俊和）

2 アメリカ史を学ぶための文献案内

アメリカ史概説

有賀貞『ヒストリカル・ガイド　アメリカ』改定新版（山川出版社，2012年）

有賀貞・大下尚一編『概説アメリカ史——ニューワールドの夢と現実』新版（有斐閣，1990年）

有賀貞・大下尚一・志邨晃佑・平野孝編『アメリカ史（世界歴史大系）』全2巻（山川出版社，1993-94年）

有賀夏紀・油井大三郎編『アメリカの歴史——テーマで読む多文化社会の夢と現実』（有斐閣，2003年）

遠藤泰生編『アメリカの歴史と文化』（放送大学教育振興会，2008年）

紀平英作編『アメリカ史』（山川出版社，1999年）

ジン，ハワード（富田虎男・平野孝・油井大三郎訳）『民衆のアメリカ史——1492年から現代まで』上・下巻（明石書店，2005年）

『新書アメリカ合衆国史』全3巻（①安武秀岳『大陸国家の夢』，②野村達朗『フロンティアと摩天楼』，③上杉忍『パクス・アメリカーナの光と影』）（講談社現代新書，1988年-89年）

ノートン，メアリー・ベスほか（本田創造監訳）『アメリカの歴史』全6巻（三省堂，1996年）

野村達朗編『アメリカ合衆国の歴史』（ミネルヴァ書房，1998年）

モリソン，サムエル（西川正身翻訳監修）『アメリカの歴史』全5巻（集英社文庫，1997年）

研究入門

阿部斉・五十嵐武士編『アメリカ研究案内』（東京大学出版会，1998年）

有賀夏紀・紀平英作・油井大三郎編『アメリカ史研究入門』（山川出版社，2009年）

五十嵐武士・油井大三郎編『アメリカ研究入門』第3版（東京大学出版会，2003年）

今津晃・池本幸三・高橋章編『アメリカ史を学ぶ人のために』（世界思想社，1987年）

亀井俊介編『アメリカ文化史入門——植民地時代から現代まで』（昭和堂，2006年）

古矢旬・遠藤泰生編『新版アメリカ学入門』（南雲堂，2004年）

望田幸男・野村達朗・藤本和貴夫・川北稔・若尾祐司・阿河雄二郎編『西洋近現代史研究入門』第3版（名古屋大学出版会，2006年）

アメリカ史の全体にわたる文献

『アメリカ史のフロンティア』全2巻（①常松洋・肥後本芳男・中野耕太郎編『アメリカ合衆国の形成と政治文化——建国から第一次世界大戦まで』，②肥後本芳男・山澄亨・小野沢透編『現代アメリカの政治文化と世界——20世紀初頭から現代まで』）（昭和堂，2010年）

綾部恒雄ほか編『USA Guide』全9巻（弘文堂，1992年）

有賀貞『アメリカ史概論』（東京大学出版会，1987年）

ウォルツァー，マイケル（古茂田宏訳）『アメリカ人であるとはどういうことか——歴史的自己省察の試み』（ミネルヴァ書房，2006年）

川島正樹編『アメリカニズムと「人種」』（名古屋大学出版会，2005年）

斎藤眞『アメリカとは何か』（平凡社，1995年）

笹田直人・野田研一・山里勝己編『アメリカ文化　55のキーワード』（ミネルヴァ書房，2013年）

猿谷要編『アメリカ史重要人物101』新装版（新書館，2001年）

シュレージンガー，アーサー，Jr.（都留重人監訳）『アメリカの分裂——多元文化社会についての所見』（岩波書店，1992年）

『シリーズ・アメリカ研究の越境』全6巻（①上杉忍・巽孝之編『アメリカの文明と自画像』，②古矢旬・山田史郎編『権力と暴力』，③秋元英一・小塩和人編『豊かさと環境』，④久保文明・有賀夏紀編『個人と国家のあいだ〈家族・団体・運動〉』，⑤紀平英作・油井大三郎編『グローバリゼーションと帝国』，⑥荒このみ・生井英考編『文化の受容と変貌』）（ミネルヴァ書房，2006-07年）

猿谷要・城山三郎・常盤新平編『People America——人物アメリカ史』全8巻（集英社，1984-85年）

ティレル，イアン（藤本茂生・山倉明弘・吉川敏博・木下民生訳）『トランスナショナル・ネーション——アメリカ合衆国の歴史』（明石書店，2010年）

富田虎男・鵜月裕典・佐藤円編『アメリカの歴史を知るための62章』第2版（明石書店，2009年）

野村達朗『アメリカ労働民衆の歴史——働く人びとの物語』（ミネルヴァ書房，2013年）

樋口映美・中條献編『歴史のなかの「アメリカ」——国民化をめぐる語りと創造』（彩流社，2006年）

フォーナー，エリック（横山良・竹田有・常松洋・肥後本芳男訳）『アメリカ　自由の物語——植民地時代から現代まで』上・下巻（岩波書店，2008年）

古矢旬『アメリカニズム——「普遍国家」のナショナリズム』（東京大学出版会，2002年）

本間長世『アメリカ史像の探求』（東京大学出版会，1991年）

油井大三郎・遠藤泰生編『多文化主義のアメリカ——揺らぐナショナル・アイデンティティ』（東京大学出版会，1999年）

歴史学研究会編『南北アメリカの500年』全5巻（青木書店，1992-93年）

鷲尾友春『20のテーマで読み解くアメリカの歴史——1492〜2010』（ミネルヴァ書房，2013年）

史料集

アメリカ学会編訳『原典アメリカ史』第1〜9巻，社会史史料集（岩波書店，1950-2006年）

大下尚一・有賀貞・志邨晃佑・平野孝編『史料が語るアメリカ1584-1988——メイフラワーから包括通商法まで』（有斐閣，1989年）

亀井俊介・鈴木健次監修『史料で読むアメリカ文化史』全5巻（東京大学出版会，2005-06年）

斎藤眞・久保文明編『アメリカ政治外交史教材』第2版（東京大学出版会，2008年）

歴史学研究会編『世界史史料』第7・10巻（岩波書店，2008年）

事典・統計・歴史地図

荒このみ・岡田泰男・亀井俊介・久保文明・須藤功・阿部斉・金関寿夫・斎藤眞監修『アメリカを知る事典』新版（平凡社，2012年）

大下尚一・小田健・釜田泰介・中村春次・松山信直編『アメリカハンディ辞典』（有斐閣，1989年）

合衆国商務省編（斎藤眞・鳥居泰彦監訳）『アメリカ歴史統計』新装版，第1・2巻，別巻（東洋書林，1999年）

川島浩平・小塩和人・島田法子・谷中寿子編『地図でよむアメリカ——歴史と現在』（雄山閣出版，1999年）

ギルバート，マーティン（池田智訳）『アメリカ歴史地図』（明石書店，2003年）

ドイル，ロジャー編（高橋伸夫・田林明監訳）『アメリカ合衆国テーマ別地図』（東洋書林，1995年）

フェレル，ロバート・H.（猿谷要監修・谷中寿子・岩本裕子・斎藤元一訳）『図説アメリカ歴史地図』（原書房，1994年）

政治史・外交史

有賀貞・宮里政玄『概説アメリカ外交史——対外意識と対外政策の変遷』新版（有斐閣，1998年）

久保文明・砂田一郎・松岡泰・森脇俊雅『アメリカ政治』新版（有斐閣，2010年）

ハーツ，ルイス（有賀貞訳）『アメリカ自由主義の伝統』（講談社学術文庫，1994年）

ホーフスタッター，リチャード（田口富久治・泉昌一訳）『アメリカの政治的伝統——その形成者たち』全2巻（岩波書店，1959-60年，2008年再版）

村田晃嗣『アメリカ外交』（講談社現代新書，2005年）

現代史

有賀夏紀『アメリカの20世紀』上・下巻（中公新書，2002年）

長沼秀世・新川健三郎『アメリカ現代史』（岩波書店，1991年）

福田茂夫・野村達朗・岩野一郎編『アメリカ合衆国——戦後の社会・経済・政治・外交』（ミネルヴァ書房，1989年）

福田茂夫・野村達朗・岩野一郎・堀一郎編『現代アメリカ合衆国——冷戦後の社会・経済・政治・外交』（ミネルヴァ書房，1993年）

本間長世・亀井俊介・新川健三郎編『現代アメリカ像の再構築——政治と文化の現代史』（東京大学出版会，1990年）

矢口祐人・吉原真里編『現代アメリカのキーワード』（中公新書，2006年）

渡辺靖編『現代アメリカ』（有斐閣，2010年）

経済史・社会史・地域史

秋元英一『アメリカ経済の歴史1492-1993』（東京大学出版会，1995年）

浅羽良昌『アメリカ経済200年の興亡』（東洋経済新報社，1996年）

岡田泰男『アメリカ経済史』（慶應義塾大学出版会，2000年）

岡田泰男編『アメリカ地域発展史——諸地域の個性と魅力をさぐる』（有斐閣，1988年）

岡田泰男・須藤功編『アメリカ経済史の新潮流』（慶應義塾大学出版会，2003年）

中屋健一『アメリカ西部史』（中公新書，1986年）

本田創造編『アメリカ社会史の世界』（三省堂，1989年）

森孝一『宗教からよむ「アメリカ」』（講談社，1996年）

エスニック・移民史

明石紀雄・飯野正子『エスニック・アメリカ——多文化社会における共生の模索』第3版（有斐閣，2011年）

タカキ，ロナルド（富田虎男監訳）『多文化社会アメリカの歴史——別の鏡に映して』（明石書店，1995年）

野村達朗『「民族」で読むアメリカ』（講談社現代新書，1992年）

ハイアム，ジョン（斎藤眞・阿部斉・古矢旬訳）『自由の女神のもとへ——移民とエスニシティ』（平凡社，1994年）

黒人史・女性史・先住民史

有賀夏紀・小檜山ルイ編『アメリカ・ジェンダー史研究入門』（青木書店，2010年）

上杉忍『アメリカ黒人の歴史——奴隷貿易からオバマ大統領まで』（中公新書，2013年）

ウッドワード，C. V.（清水博・長田豊臣・有賀貞訳）『アメリカ人種差別の歴史』新装版（福村出版，1998年）

エヴァンズ，サラ・M.（小檜山ルイ・竹俣初美・矢口祐人・宇野知佐子訳）『アメリカの女性の歴史——自由のために生まれて』第2版（明石書店，2005年）

カーバー，リンダ・K., ジェーン・シェロン・ドゥハート編（有賀夏紀ほか編訳）『ウィメンズ・アメリカ』資料編，論文編（ドメス出版，2000-02年）

川島正樹『アメリカ市民権運動の歴史——連鎖する地域闘争と合衆国社会』（名古屋大学出版会，2008年）

クォールズ，ベンジャミン（明石紀雄・岩本裕子・落合明子訳）『アメリカ黒人の歴史』（明石書店，1994年）

清水知久『米国先住民の歴史——インディアンと呼ばれた人びとの苦難・抵抗・希望』増補版（明石書店，1992年）

デグラー，カール・N.ほか（立原宏要・鈴木洋子訳）『アメリカのおんなたち——愛と性と家族の歴史』（教育社，1986年）

富田虎男『アメリカ・インディアンの歴史』第3版（雄山閣出版，1997年）

フランクリン，ジョン・H.（本田創造監訳）『人種と歴史——黒人歴史家のみたアメリカ社会』（岩波書店，1993年）

資料編

1940年の国勢調査への協力を呼びかける政府のポスター

図1　アメリカ合衆国50州

資料編

アメリカ合衆国の地図(州名・州都・主要都市)

- ミネソタ 1858
- ウィスコンシン 1848
- ミシガン 1837
- ヴァーモント 1791
- メイン 1820
- ウェストヴァージニア 1863
- ニューハンプシャー
- ニューヨーク
- マサチューセッツ
- ロードアイランド
- コネティカット
- ペンシルヴェニア
- ニュージャージー
- デラウェア
- メリーランド
- オハイオ 1803
- インディアナ 1816
- イリノイ 1818
- ヴァージニア
- ケンタッキー 1792
- テネシー 1796
- ノースカロライナ
- サウスカロライナ
- ミズーリ 1821
- アーカンソー 1836
- ミシシッピ 1817
- アラバマ 1819
- ジョージア
- ルイジアナ 1812
- フロリダ 1845

主要都市:
- セントポール
- マディソン
- ミルウォーキー
- デモイン
- ジェファソンシティ
- セントルイス
- リトルロック
- ランシング
- デトロイト
- シカゴ
- スプリングフィールド
- インディアナポリス
- フランクフォート
- ナッシュヴィル
- メンフィス
- ジャクソン
- モンゴメリー
- バトンルージュ
- ニューオリンズ
- タラハシー
- マイアミ
- アトランタ
- コロンビア
- チャールストン
- ローリー
- コロンバス
- チャールストン
- リッチモンド
- ワシントンD.C.
- アナポリス
- ドーヴァー
- フィラデルフィア
- トレントン
- ハリスバーグ
- オルバニー
- ニューヨーク
- ハートフォード
- プロヴィデンス
- ボストン
- コンコード
- モントピリア
- オーガスタ

凡例:
- ◉ 州都
- ● その他の主要都市
- 数字は州昇格年

の州都と主要都市

301

図2 アメリカ合衆

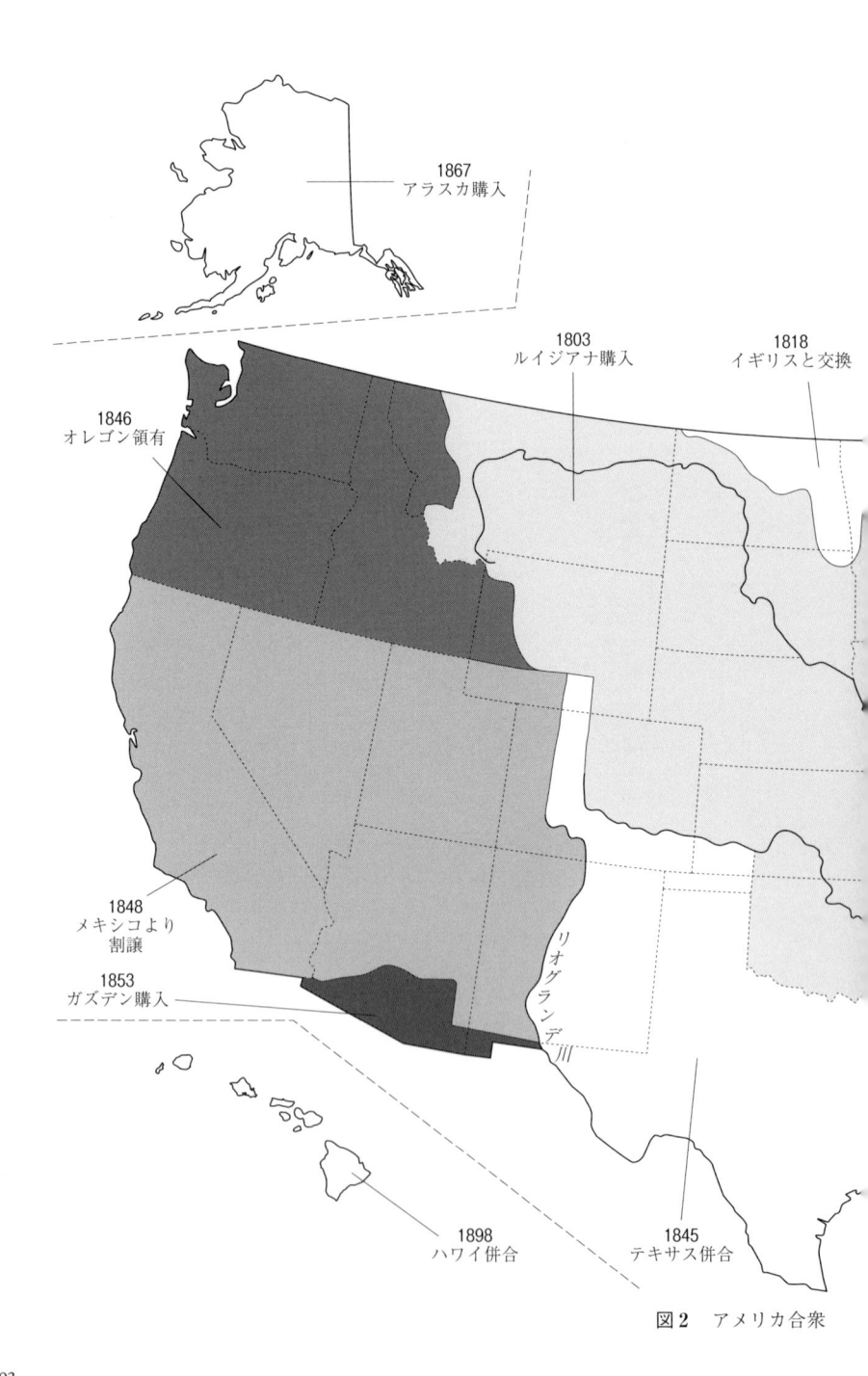

資料編

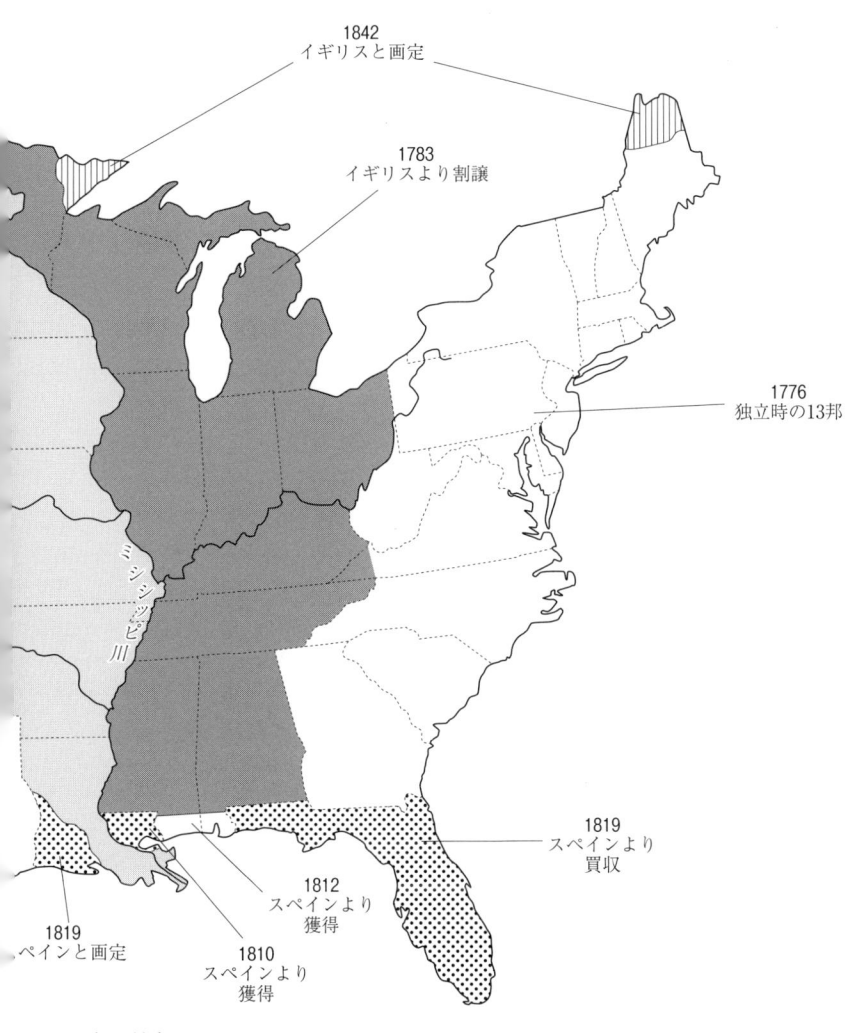

1842
イギリスと画定

1783
イギリスより割譲

1776
独立時の13邦

ミシシッピ川

1819
スペインより
買収

1812
スペインより
獲得

1810
スペインより
獲得

1819
スペインと画定

国の領土拡大

303

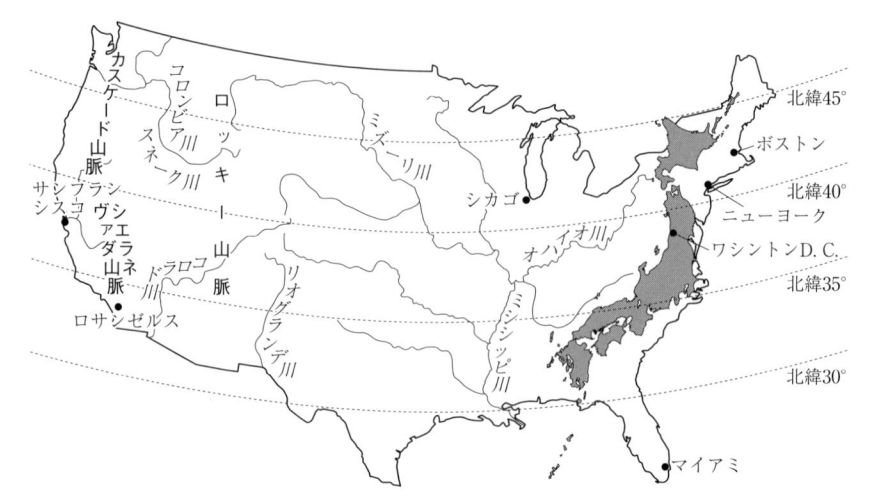

図3 アメリカの地図に，同縮尺・同緯度で重ね合わせた日本列島

資料編

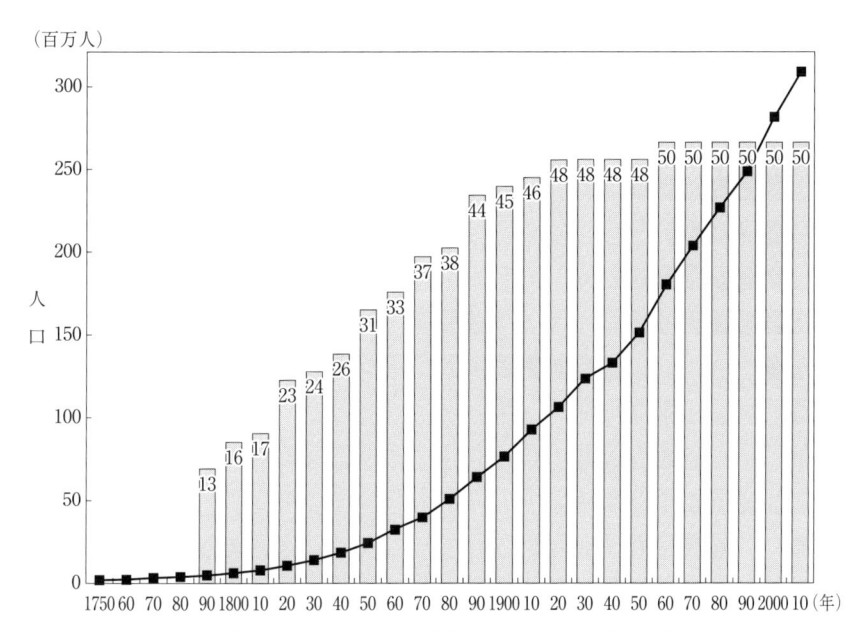

図4　13植民地およびアメリカ合衆国における人口増加と州の数

注：州の数は，各年の年末時点のもの。

出典："Colonial and Pre-Federal Statistics"（http://www2.census.gov/prod2/statcomp/documents/CT1970p2-13.pdf）（1750～1780年の人口）；"Population, Housing Units, Area Measurements, and Density: 1790 to 1990"（http://www.census.gov/population/www/censusdata/files/table-2.pdf）（1790～1990年の人口）；"Census 2000 Gateway"（http://www.census.gov/main/www/cen2000.html）（2000年の人口）；"2010 Census Data"（http://www.census.gov/2010census/data/）（2010年の人口）。

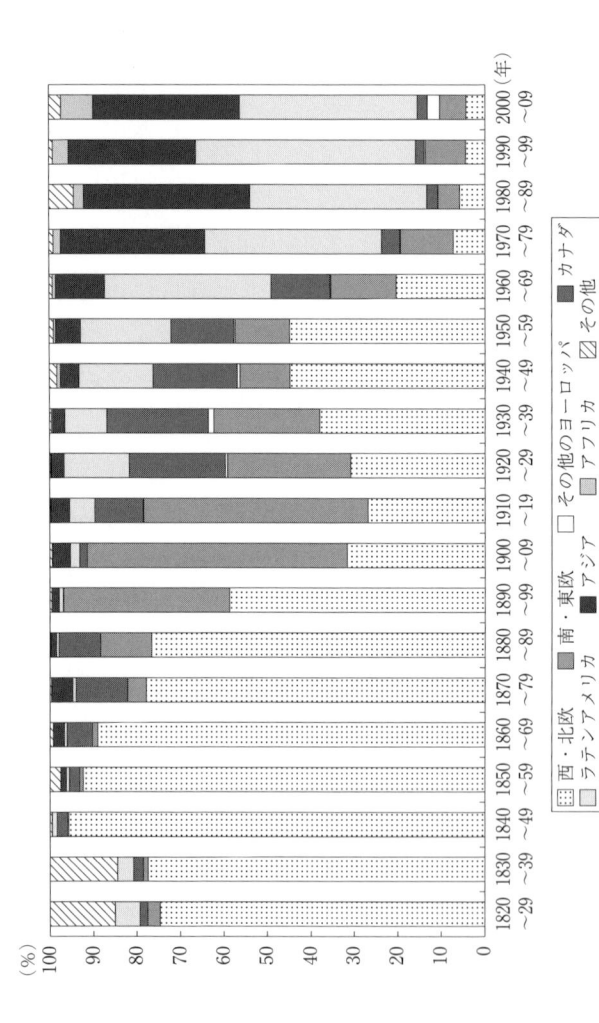

図5 移住前の居住地域別にみるアメリカ合衆国への移民の割合

注：西・北欧はアイルランド、イギリス、オーストリア、オランダ、スイス、スウェーデン、デンマーク、ドイツ、ノルウェー、フィンランド、フランス、ベルギー。
南・東欧はイタリア、旧ユーゴスラヴィア、ギリシア、スペイン、スロヴァキア、チェコ、ハンガリー、ブルガリア、ポーランド、ポルトガル、ルーマニア、ロシア。
カナダにはニューファンドランドを含む。その他にはオセアニアを含む。

出典："Yearbook of Immigration Statistics: 2012" (http://www.dhs.gov/yearbook-immigration-statistics-2012-legal-permanent-residents).

306

表1 アメリカ歴代大統領・副大統領・国務長官

代	大統領	政党	就任年	副大統領	政党	就任年	国務長官	就任年
1	ジョージ・ワシントン	(連邦派)	1789	ジョン・アダムズ	(連邦派)	1789	トマス・ジェファソン エドモンド・ランドルフ ティモシー・ピカリング	1789 1794 1795
2	ジョン・アダムズ	連邦派	1797	トマス・ジェファソン	共和派	1797	ティモシー・ピカリング ジョン・マーシャル	1797 1800
3	トマス・ジェファソン	共和派	1801	アーロン・バー ジョージ・クリントン	共和派 共和派	1801 1805	ジェイムズ・マディソン	1801
4	ジェイムズ・マディソン	共和派	1809	ジョージ・クリントン エルブリッジ・ゲリー	共和派 共和派	1809 1813	ロバート・スミス ジェイムズ・モンロー	1809 1811
5	ジェイムズ・モンロー	共和派	1817	ダニエル・D・トンプキンズ	共和派	1817	ジョン・クインジー・アダムズ	1817
6	ジョン・クインジー・アダムズ	共和派	1825	ジョン・C・カルフーン	共和派	1825	ヘンリー・クレイ	1825
7	アンドルー・ジャクソン	民主党	1829	ジョン・C・カルフーン マーティン・ヴァン・ビューレン	民主党	1829	マーティン・ヴァン・ビューレン エドワード・リヴィングストン ルイス・マクレイン ジョン・フォーサイス	1829 1831 1833 1834
8	マーティン・ヴァン・ビューレン	民主党	1837	リチャード・M・ジョンソン	民主党	1837	ジョン・フォーサイス	1837
9	ウィリアム・ヘンリー・ハリソン	ホイッグ党	1841	ジョン・タイラー	ホイッグ党	1841	ダニエル・ウェブスター	1841
10	ジョン・タイラー	ホイッグ党,民主党	1841			—	ダニエル・ウェブスター ヒュー・S・レガール エーベル・P・アプシャー ジョン・C・カルフーン	1841 1843 1843 1844
11	ジェイムズ・K・ポーク	民主党	1845	ジョージ・M・ダラス	民主党	1845	ジェイムズ・ブキャナン	1845
12	ザカリー・テイラー	ホイッグ党	1849	ミラード・フィルモア	ホイッグ党	1849	ジョン・M・クレイトン	1849
13	ミラード・フィルモア	ホイッグ党	1850			—	ダニエル・ウェブスター エドワード・エヴァレット	1850 1852
14	フランクリン・ピアス	民主党	1853	ウィリアム・R・キング	民主党	1853	ウィリアム・L・マーシー	1853
15	ジェイムズ・ブキャナン	民主党	1857	ジョン・C・ブレッキンリッジ	民主党	1857	ルイス・キャス ジェレマイア・S・ブラック	1857 1860
16	エイブラハム・リンカン	共和党	1861	ハンニバル・ハムリン アンドルー・ジョンソン	共和党 民主党(ユニオン)	1861 1865	ウィリアム・H・シュワード	1861

307

代	大統領	政党(ユニオン)	就任年	副大統領	就任年	政党	就任年	国務長官	就任年
17	アンドルー・ジョンソン	民主党(ユニオン)	1865	—	—	—	—	ウィリアム・H・シュワード	1865
18	ユリシーズ・S・グラント	共和党	1869	スカイラー・コルファクス ヘンリー・ウィルソン	1869 1873	共和党 共和党	1869 1873	エリヒュー・B・ウォッシュバーン ハミルトン・フィッシュ	1869 1869
19	ラザフォード・B・ヘイズ	共和党	1877	ウィリアム・A・ホイーラー	1877	共和党	1877	ウィリアム・M・エヴァーツ	1877
20	ジェイムズ・A・ガーフィールド	共和党	1881	チェスター・A・アーサー	1881	共和党	1881	ジェイムズ・G・ブレイン	1881
21	チェスター・A・アーサー	共和党	1881	—	—	—	—	フレデリック・T・フリーリングハイゼン	1881
22	グローヴァー・クリーヴランド	民主党	1885	トマス・A・ヘンドリックス	1885	民主党	1885	トマス・F・バイアード	1885
23	ベンジャミン・ハリソン	共和党	1889	リーヴァイ・P・モートン	1889	共和党	1889	ジェイムズ・G・ブレイン ジョン・W・フォスター	1889 1892
24	グローヴァー・クリーヴランド	民主党	1893	アドライ・E・スティーヴンソン	1893	民主党	1893	ウォルター・Q・グレシャム リチャード・オルニー	1893 1895
25	ウィリアム・マッキンリー	共和党	1897	ギャレット・A・ホバート セオドア・ローズヴェルト	1897 1901	共和党 共和党	1897 1901	ジョン・シャーマン ウィリアム・R・デイ ジョン・ヘイ	1897 1898 1898
26	セオドア・ローズヴェルト	共和党	1901	チャールズ・W・フェアバンクス	1905	共和党	1905	ジョン・ヘイ エリヒュー・ルート ロバート・ベイコン	1901 1905 1909
27	ウィリアム・H・タフト	共和党	1909	ジェイムズ・S・シャーマン	1909	共和党	1909	フィランダー・C・ノックス	1909
28	ウッドロウ・ウィルソン	民主党	1913	トマス・R・マーシャル	1913	民主党	1913	ウィリアム・J・ブライアン ロバート・ランシング ベインブリッジ・コルビー	1913 1915 1920
29	ウォーレン・G・ハーディング	共和党	1921	カルヴィン・クーリッジ	1921	共和党	1921	チャールズ・E・ヒューズ	1921
30	カルヴィン・クーリッジ	共和党	1923	チャールズ・G・ドース	1925	共和党	1925	チャールズ・E・ヒューズ フランク・B・ケロッグ	1923 1925
31	ハーバート・C・フーヴァー	共和党	1929	チャールズ・カーティス	1929	共和党	1929	ヘンリー・L・スティムソン	1929
32	フランクリン・D・ローズヴェルト	民主党	1933	ジョン・N・ガーナー ヘンリー・A・ウォレス ハリー・S・トルーマン	1933 1941 1945	民主党 民主党 民主党	1933 1941 1945	コーデル・ハル エドワード・R・ステティニアス	1933 1944
33	ハリー・S・トルーマン	民主党	1945	アルベン・W・バークリー	1949	民主党	1949	ジェイムズ・F・バーンズ ジョージ・C・マーシャル ディーン・G・アチソン	1945 1947 1949

代	大統領	政党	就任年	副大統領	政党	就任年	国務長官	就任年
34	ドワイト・D・アイゼンハワー	共和党	1953	リチャード・M・ニクソン	共和党	1953	ジョン・F・ダレス クリスチャン・A・ハーター	1953 1959
35	ジョン・F・ケネディ	民主党	1961	リンドン・B・ジョンソン	民主党	1961	ディーン・ラスク	1961
36	リンドン・B・ジョンソン	民主党	1963	ヒューバート・H・ハンフリー	民主党	1965	─	─
37	リチャード・M・ニクソン	共和党	1969	スパイロ・T・アグニュー ジェラルド・R・フォード	共和党	1969	ウィリアム・P・ロジャーズ ヘンリー・A・キッシンジャー	1969 1973
38	ジェラルド・R・フォード	共和党	1974	ネルソン・A・ロックフェラー	共和党	1974	ヘンリー・A・キッシンジャー	1974
39	ジェイムズ(ジミー)・E・カーター	民主党	1977	ウォルター・F・モンデール	民主党	1977	サイラス・R・ヴァンス エドマンド・S・マスキー	1977 1980
40	ロナルド・W・レーガン	共和党	1981	ジョージ・H・W・ブッシュ	共和党	1981	アレグザンダー・M・ヘイグ ジョージ・P・シュルツ	1981 1982
41	ジョージ・H・W・ブッシュ	共和党	1989	J・ダンフォース(ダン)・クエール	共和党	1989	ジェイムズ・A・ベイカー ローレンス・S・イーグルバーガー	1989 1992
42	ウィリアム(ビル)・J・クリントン	民主党	1993	アルバート(アル)・A・ゴア	民主党	1993	ウォーレン・M・クリストファー マデレーン・K・オルブライト	1993 1997
43	ジョージ・W・ブッシュ	共和党	2001	リチャード(ディック)・B・チェイニー	共和党	2001	コリン・L・パウエル コンドリーザ・ライス	2001 2005
44	バラク・H・オバマ	民主党	2009	ジョセフ(ジョー)・R・バイデン	民主党	2009	ヒラリー・R・クリントン ジョン・F・ケリー	2009 2013
45	ドナルド・J・トランプ	共和党	2017	マイケル(マイク)・R・ペンス	共和党	2017	レックス・W・ティラーソン マイケル(マイク)・R・ポンペオ	2017 2018

表2 アメリカ大統領選挙結果

年	州数	候補者	政党	得票数 (一般投票)	得票率 (一般投票)	得票数 (選挙人投票)
1789	11	ジョージ・ワシントン	——			69
		ジョン・アダムズ	——			34
		その他	——			35
1792	15	ジョージ・ワシントン	——			132
		ジョン・アダムズ	——			77
		ジョージ・クリントン	——			50
		その他	——			5
1796	16	ジョン・アダムズ	連邦派			71
		トマス・ジェファソン	共和派			68
		トマス・ピンクニー	連邦派			59
		アーロン・バー	共和派			30
		その他	——			48
1800	16	トマス・ジェファソン	共和派			73
		アーロン・バー	共和派			73
		ジョン・アダムズ	連邦派			65
		チャールズ・C・ピンクニー	連邦派			64
		ジョン・ジェイ	連邦派			1
1804	17	トマス・ジェファソン	共和派			162
		チャールズ・C・ピンクニー	連邦派			14
1808	17	ジェイムズ・マディソン	共和派			122
		チャールズ・C・ピンクニー	連邦派			47
		ジョージ・クリントン	共和派			6
1812	18	ジェイムズ・マディソン	共和派			128
		デウィット・クリントン	連邦派			89
1816	19	ジェイムズ・モンロー	共和派			183
		ルーファス・キング	連邦派			34
1820	23	ジェイムズ・モンロー	共和派			231
		ジョン・クインジー・アダムズ	無所属			1
1824	24	ジョン・クインジー・アダムズ	共和派	108,740	30.5	84
		アンドルー・ジャクソン	共和派	153,544	43.1	99
		ヘンリー・クレイ	共和派	47,136	13.2	37
		ウィリアム・H・クローフォード	共和派	46,618	13.1	41
1828	24	アンドルー・ジャクソン	民主党	647,286	56.0	178
		ジョン・クインジー・アダムズ	国民共和党	508,064	44.0	83
1832	24	アンドルー・ジャクソン	民主党	688,242	54.5	219
		ヘンリー・クレイ	国民共和党	473,462	37.5	49
		ウィリアム・ワート	反メイソン党	101,051	8.0	7
		ジョン・フロイド	民主党			11
1836	25	マーティン・ヴァン・ビューレン	民主党	765,483	50.9	170
		ウィリアム・ヘンリー・ハリソン	ホイッグ党			73
		ヒュー・L・ホワイト	ホイッグ党	739,795	49.1	26
		ダニエル・ウェブスター	ホイッグ党			14
		ウィリアム・P・マンガム	ホイッグ党			11
1840	26	ウィリアム・ヘンリー・ハリソン	ホイッグ党	1,274,624	53.1	234
		マーティン・ヴァン・ビューレン	民主党	1,127,781	46.9	60
1844	26	ジェイムズ・K・ポーク	民主党	1,338,464	49.6	170
		ヘンリー・クレイ	ホイッグ党	1,300,097	48.1	105
		ジェイムズ・G・バーニー	リバティー党	62,300	2.3	

年	州数	候補者	政党	得票数（一般投票）	得票率（一般投票）	得票数（選挙人投票）
1848	30	ザカリー・テイラー	ホイッグ党	1,360,967	47.4	163
		ルイス・キャス	民主党	1,222,342	42.5	127
		マーティン・ヴァン・ビューレン	自由土地党	291,263	10.1	
1852	31	フランクリン・ピアス	民主党	1,601,117	50.9	254
		ウィンフィールド・スコット	ホイッグ党	1,385,453	44.1	42
		ジョン・P・ヘイル	自由土地党	155,825	5.0	
1856	31	ジェイムズ・ブキャナン	民主党	1,832,955	45.3	174
		ジョン・C・フリーモント	共和党	1,339,932	33.1	114
		ミラード・フィルモア	ノーナッシング党	871,731	21.6	8
1860	33	エイブラハム・リンカン	共和党	1,865,593	39.8	180
		スティーヴン・A・ダグラス	民主党	1,382,713	29.5	12
		ジョン・C・ブレッキンリッジ	民主党	848,356	18.1	72
		ジョン・ベル	立憲連邦党	592,906	12.6	39
1864	36	エイブラハム・リンカン	共和党	2,206,938	55.0	212
		ジョージ・B・マクレラン	民主党	1,803,787	45.0	21
1868	37	ユリシーズ・S・グラント	共和党	3,013,421	52.7	214
		ホレイショ・セイモア	民主党	2,706,829	47.3	80
1872	37	ユリシーズ・S・グラント	共和党	3,596,745	55.6	286
		ホレス・グリーリー	民主党	2,843,446	43.9	66
1876	38	ラザフォード・B・ヘイズ	共和党	4,036,572	48.0	185
		サミュエル・J・ティルデン	民主党	4,284,020	51.0	184
1880	38	ジェイムズ・A・ガーフィールド	共和党	4,453,295	48.5	214
		ウィンフィールド・S・ハンコック	民主党	4,414,082	48.1	155
		ジェイムズ・B・ウィーヴァー	グリーンバック党	308,578	3.4	
1884	38	グローヴァー・クリーヴランド	民主党	4,879,507	48.5	219
		ジェイムズ・G・ブレイン	共和党	4,850,293	48.2	182
		ベンジャミン・F・バトラー	グリーンバック党	175,370	1.8	
		ジョン・P・セントジョン	禁酒党	150,369	1.5	
1888	38	ベンジャミン・ハリソン	共和党	5,477,129	47.9	233
		グローヴァー・クリーヴランド	民主党	5,537,857	48.6	168
		クリントン・B・フィスク	禁酒党	249,506	2.2	
		アンソン・J・ストリーター	統一労働党	146,935	1.3	
1892	44	グローヴァー・クリーヴランド	民主党	5,555,426	46.1	277
		ベンジャミン・ハリソン	共和党	5,182,690	43.0	145
		ジェイムズ・B・ウィーヴァー	人民党	1,029,846	8.5	22
		ジョン・ビドウェル	禁酒党	264,133	2.2	
1896	45	ウィリアム・マッキンリー	共和党	7,102,246	51.1	271
		ウィリアム・J・ブライアン	民主党	6,492,559	47.7	176
1900	45	ウィリアム・マッキンリー	共和党	7,218,491	51.7	292
		ウィリアム・J・ブライアン	民主党・人民党	6,356,734	45.5	155
		ジョン・C・ウーリー	禁酒党	208,914	1.5	
1904	45	セオドア・ローズヴェルト	共和党	7,628,461	57.4	336
		アルトン・B・パーカー	民主党	5,084,223	37.6	140
		ユージン・V・デブズ	社会党	402,283	3.0	
		サイラス・C・スワロー	禁酒党	258,536	1.9	
1908	46	ウィリアム・H・タフト	共和党	7,675,320	51.6	321
		ウィリアム・J・ブライアン	民主党	6,412,294	43.1	162
		ユージン・V・デブズ	社会党	420,793	2.8	
		ユージン・W・チャフィン	禁酒党	253,840	1.7	

年	州数	候補者	政党	得票数 (一般投票)	得票率 (一般投票)	得票数 (選挙人投票)
1912	48	ウッドロウ・ウィルソン	民主党	6,296,547	41.9	435
		セオドア・ローズヴェルト	革新党	4,118,571	27.4	88
		ウィリアム・H・タフト	共和党	3,486,720	23.2	8
		ユージン・V・デブズ	社会党	900,672	6.0	
		ユージン・W・チャフィン	禁酒党	206,275	1.4	
1916	48	ウッドロウ・ウィルソン	民主党	9,127,695	49.4	277
		チャールズ・E・ヒューズ	共和党	8,533,507	46.2	254
		A・L・ベンソン	社会党	585,113	3.2	
		J・フランク・ハンリー	禁酒党	220,506	1.2	
1920	48	ウォーレン・G・ハーディング	共和党	16,143,407	60.4	404
		ジェイムズ・M・コックス	民主党	9,130,328	34.2	127
		ユージン・V・デブズ	社会党	919,799	3.4	
		P・P・クリステンセン	労農党	265,411	1.0	
1924	48	カルヴィン・クーリッジ	共和党	15,718,211	54.0	382
		ジョン・W・デイヴィス	民主党	8,385,283	28.8	136
		ロバート・M・ラフォレット	革新党	4,831,289	16.6	13
1928	48	ハーバート・C・フーヴァー	共和党	21,391,993	58.2	444
		アルフレッド・E・スミス	民主党	15,016,169	40.9	87
1932	48	フランクリン・D・ローズヴェルト	民主党	22,809,638	57.4	472
		ハーバート・C・フーヴァー	共和党	15,758,901	39.7	59
		ノーマン・トマス	社会党	881,951	2.2	
1936	48	フランクリン・D・ローズヴェルト	民主党	27,752,869	60.8	523
		アルフレッド・M・ランドン	共和党	16,674,665	36.5	8
		ウィリアム・レムケ	連合党	882,479	1.9	
1940	48	フランクリン・D・ローズヴェルト	民主党	27,307,819	54.8	449
		ウェンデル・L・ウィルキー	共和党	22,321,018	44.8	82
1944	48	フランクリン・D・ローズヴェルト	民主党	25,606,585	53.5	432
		トマス・E・デューイ	共和党	22,014,745	46.0	99
1948	48	ハリー・S・トルーマン	民主党	24,179,345	49.6	303
		トマス・E・デューイ	共和党	21,991,291	45.1	189
		J・ストロム・サーモンド	州権民主党	1,176,125	2.4	39
		ヘンリー・A・ウォレス	革新党	1,157,326	2.4	
1952	48	ドワイト・D・アイゼンハワー	共和党	33,936,234	55.1	442
		アドリー・E・スティーヴンソン	民主党	27,314,992	44.4	89
1956	48	ドワイト・D・アイゼンハワー	共和党	35,590,472	57.6	457
		アドリー・E・スティーヴンソン	民主党	26,022,752	42.1	73
1960	50	ジョン・F・ケネディ	民主党	34,226,731	49.7	303
		リチャード・M・ニクソン	共和党	34,108,157	49.5	219
1964	50	リンドン・B・ジョンソン	民主党	43,129,566	61.1	486
		バリー・M・ゴールドウォーター	共和党	27,178,188	38.5	52
1968	50	リチャード・M・ニクソン	共和党	31,785,480	43.4	301
		ヒューバート・H・ハンフリー	民主党	31,275,166	42.7	191
		ジョージ・C・ウォレス	アメリカ独立党	9,906,473	13.5	46
1972	50	リチャード・M・ニクソン	共和党	47,169,911	60.7	520
		ジョージ・S・マクガヴァン	民主党	29,170,383	37.5	17
		ジョン・G・シュミッツ	アメリカ独立党	1,099,482	1.4	
1976	50	ジェイムズ(ジミー)・E・カーター	民主党	40,830,763	50.1	297
		ジェラルド・R・フォード	共和党	39,147,793	48.0	240

年	州数	候補者	政党	得票数 (一般投票)	得票率 (一般投票)	得票数 (選挙人投票)
1980	50	ロナルド・W・レーガン	共和党	43,901,812	50.7	489
		ジェイムズ(ジミー)・E・カーター	民主党	35,483,820	41.0	49
		ジョン・B・アンダーソン	無所属	5,719,437	6.6	
		エドワード・E・クラーク	リバタリアン党	921,188	1.1	
1984	50	ロナルド・W・レーガン	共和党	54,451,521	58.8	525
		ウォルター・F・モンデール	民主党	37,565,334	40.6	13
1988	50	ジョージ・H・W・ブッシュ	共和党	47,917,341	53.4	426
		マイケル・S・デュカキス	民主党	41,013,030	45.6	111
1992	50	ウィリアム(ビル)・J・クリントン	民主党	44,908,254	43.0	370
		ジョージ・H・W・ブッシュ	共和党	39,102,343	37.4	168
		H・ロス・ペロー	無所属	19,741,065	18.9	
1996	50	ウィリアム(ビル)・J・クリントン	民主党	47,401,185	49.0	379
		ロバート(ボブ)・J・ドール	共和党	39,197,469	41.0	159
		H・ロス・ペロー	アメリカ改革党	8,085,295	8.0	
2000	50	ジョージ・W・ブッシュ	共和党	50,455,156	47.9	271
		アルバート(アル)・A・ゴア	民主党	50,992,335	48.4	266
		ラルフ・ネーダー	アメリカ緑の党	2,882,738	2.7	
2004	50	ジョージ・W・ブッシュ	共和党	62,040,610	50.7	286
		ジョン・F・ケリー	民主党	59,028,444	48.3	251
2008	50	バラク・H・オバマ	民主党	69,456,897	52.9	365
		ジョン・S・マケイン	共和党	59,934,814	45.7	173
2012	50	バラク・H・オバマ	民主党	65,899,660	51.1	332
		W・ミット・ロムニー	共和党	60,932,152	47.2	206
2016	50	ドナルド・J・トランプ	共和党	62,984,824	46.1	304
		ヒラリー・R・クリントン	民主党	65,853,516	48.2	227
		ゲーリー・E・ジョンソン	リバタリアン党	4,489,221	3.3	
		ジル・E・スタイン	アメリカ緑の党	1,449,542	1.1	

注：一般投票得票率が1.0％未満の候補者は省略。

出典：George Brown Tindall and David Emory Shi, *America: A Narrative History*, 5th Edition (New York: Norton, 1999). ただし2000年以降のデータは，カリフォルニア大学のアメリカ大統領プロジェクト（http://www.presidency.ucsb.edu/elections.php）より。

図版・史料出典一覧

第1章
章扉図　Colin G. Calloway, *First Peoples*, 2nd ed., Boston, 2004, p. 60.
図1-1　Geoffrey Turner, *Indians of North America*, New York, 1992, p. 7.
図1-2　筆者作成。
図1-3　Janet C. Berlo and Ruth B. Phillips, *Native North American Art*, New York, 1998, p. 45.
図1-4　Calloway, *op. cit.*, p. 58.
史料1　Le Page Du Pratz, *History of Louisiana*, 1758, pp. 314-315.

第2章
章扉図　Colin G. Calloway, *New World for All*, Baltimore, 1997, p. 160.
図2-1　Pauline Maier, *et al.*, *Inventing America*, New York, 2003, p. 57.
図2-2　*Ibid.*, p. 123.
図2-3　*Ibid.*, p. 87.
図2-4　T. H. Breen, *The Marketplace of Revolutione*, Oxford, 2004, p. 186.
図2-5　P. J. Marshall, ed., *The Oxford History of the British Empire: Vol. II: The Eighteenth Century*, New York, 1998, p. 278より筆者作成。
史料2　大下尚一・有賀貞ほか編『史料が語るアメリカ』有斐閣, 1989年, 1-3頁。

第3章
章扉図　3葉とも筆者所蔵。
図3-1　筆者所蔵・撮影。
図3-2　筆者撮影。
図3-3　筆者撮影。
図3-4　筆者所蔵・撮影。
図3-5　Philip Davies, *et al.*, *The History Atlas of North America*, New York, 1998, p. 37などより筆者作成。
図3-6　筆者撮影。
図3-7　George B. Tindall and David E. Shi, *America*, 5th ed., New York, 1999, p. 271より筆者作成。
図3-8　筆者所蔵・撮影。
図3-9　筆者撮影。
Column 3　図1　Edward W. Richardson, *Standards and Colors of the American Revolution*, Philadelphia, 1982, p. 17.
　　　　　図2　*Ibid.*, p. 14.
　　　　　図3　筆者所蔵。
　　　　　図4　筆者所蔵。
史料3　荒このみ編『史料で読むアメリカ文化史2』東京大学出版会, 2005年, 38-43頁。
史料4　大下尚一・有賀貞ほか編『史料が語るアメリカ』有斐閣, 1989年, 270-271頁。

第4章
章扉図　筆者撮影。
図4-1　筆者撮影。
図4-2　Computer-Assisted Reproduction of Pierre Charles L'Enfant's 1791 Manuscript Plan

図4-3　　図4-2と同じ。
図4-4　　Gordon S. Wood, *Empire of Liberty*, New York, 2009, p. 360; Eric Foner, *Give Me Liberty! An American History*, New York, 2005, p. 298より筆者作成。
図4-5　　筆者撮影。
史料5　　Francis Scott Key, "The Star-Spangled Banner" (1814). キーの手書き原稿を含むオリジナルの詩は, http://amhistory.si.edu/starspangledbanner/the-lyrics.aspx

第5章
章扉図　　「アラモの教会の廃墟」（手彩色の銅版画, 1854年作製）, 筆者所蔵。
図5-1　　Eric Foner, *Give Me Liberty!*, vol. 1, Second Seagull Edition, New York, 2009, p. 308より筆者作成。
図5-2　　「ロックポートのエリー運河」（銅版画, 1840年作製）, 筆者所蔵。
図5-3　　Daniel Walker Howe, *What Hath God Wrought*, New York, 2007, p. 713より筆者作成。
図5-4　　筆者所蔵・撮影。
図5-5　　アルバート・ビアスタッド（1830-1902）の油彩画「オレゴン・トレイル」（1869年）(http://commons.wikimedia.org/wiki/File:The_Oregon_Trail.jpg)。
図5-6　　筆者所蔵・撮影。
図5-7　　Howe, *op. cit.*, p. 804より筆者作成。
Column 5　「1827年のファイブポインツ」（リトグラフ, 1837年作製）, 筆者所蔵。
史料6　　歴史学研究会編『世界史史料（第7巻）』（岩波書店, 2008年）, 史料117。
史料7　　*The United State Magazine and Democratic Review*, vol. 17, pp. 5-10.

第6章
章扉図　　Harper's Weekly, January 24, 1863 "The Emancipation of the Negroes, January, 1863 - The Past and the Future."
図6-1　　Publicity of *Uncle Tom's Cabin*.
図6-2　　筆者作成。
図6-3　　Civil War Academy Website (http://www.civilwaracademy.com/images/Black-Soldiers.jpg)。
図6-4　　Lincoln's address at the dedication of the Gettysburg National Cemetery, November 19, 1863.
図6-5　　*Harper's Weekly*, November 20, 1869.
図6-6　　Library of Congress (http://www.loc.gov/pictures/item/98501907/)。
図6-7　　*Harper's Weekly*, September 5, 1868.
図6-8　　*Frank Leslie's Illustrated Newspaper*, August 5, 1876.
史料8　　Library of Congress (http://www.loc.gov/rr/program/bib/ourdocs/EmanProc.html)。
史料9　　Library of Congress (http://www.loc.gov/rr/program/bib/ourdocs/CivilWarRecon.html)。

第7章
章扉図　　Socialist Party Poster in 1904.
図7-1　　川島浩平ほか編『地図でよむアメリカ』雄山閣出版, 1999年, 87頁。
図7-2　　Gary B. Nash and Julie Roy Jeffrey, eds., *The American People*, 7th ed., New York, 2007, p. 592より筆者作成。
図7-3　　国勢調査データより筆者作成。
図7-4　　Chicago Public Library Website (http://www.chicagohs.org/hadc/visuals/59V0460v.jpg)。

図7-5　川島ほか，前掲書，92頁．
図7-6　川島ほか，前掲書，97，103頁．
図7-7　George Eastman House, photo by Lewis Hine, in James G. Green and Hugh Carter Donahue, *Boston's Workers*, Boston, 1979, p. 65.
図7-8　国勢調査データより筆者作成．
史料10　大下尚一・有賀貞ほか編『史料が語るアメリカ』有斐閣，1989年，122-123頁．

第8章

章扉図　Wired New York Website（http://wirednewyork.com/forum/showthread.php?t=5010）．
図8-1　States Library of Congress's Prints.
図8-2　"I Want You for U. S. Army," poster.
図8-3　Public Domain
図8-4　Public Domain.
図8-5　Autoguide Website（http://www.autoguide.com/auto-news/tag/ford-model-t-assembly-plant?w3tc_preview=1）.
図8-6　Public Domain.
図8-7　Library of Congress.
史料11　The World War I Document Archive Website（http://wwi.lib.byu.edu/index.php/President_Wilson's_Fourteen_Points）.

第9章

章扉図　DefenseImagery. mil（US Department of Defense）.
図9-1　Walter Stiern Library Website（http://www.csub.edu/library/images/dustbowl.jpg）.
図9-2　Public Domain
図9-3　Blue Eagle, poster.
図9-4　"Gone with the Wind," poster.
図9-5　Pattaya-Times Website（http://pattaya-times.com/images/en/806.jpg）.
図9-6　The Churchill Center Website（http://www.winstonchurchill.org/images/images/ussarizona_pearlharbor%201941.jpg）.
史料12　Yale Law School Lillian Goldman Law Library Website（http://avalon.law.yale.edu/20th_century/froos1.asp）.
史料13　Franklin D. Roosevelt Presidential Library and Museum Website（http://www.fdrlibrary.marist.edu/pdfs/fftext.pdf）.

第10章

章扉図　Photo Serial No. MUS73.2549.1, Lyndon B. Johnson Presidential Library Website（http://www.lbjlibrary.net/collections/photo-archive.html）.
図10-1　Appleton Public Library Website（http://apl.org/content/mccarthy-committee-hearing）.
図10-2　Civil Rights Movement Veterans Website（http://crmvet.org/images/imgyoung.htm）.
図10-3　National Park Service Website（http://www.nps.gov/nr/twhp/wwwlps/lessons/crandall/CRvisual5.htm）.
図10-4　Accession No. AR6561-O, John F. Kennedy Presidential Library Website（http://www.jfklibrary.org/Research/Search-Our-Collections.aspx）.
図10-5　Atlanta Journal Constitution Website（http://www.ajc.com/gallery/news/national/scenes-1963-march-washington/gCCz6/#3766535）.
図10-6　Images of American Political History Website（http://bill.ballpaul.net/iaph/main.php?g2_itemId=1441）.
図10-7　Photo Serial No. B1274-16, Lyndon B. Johnson Presidential Library Website（http://www.lbjlibrary.net/collections/photo-archive.html）.

図10-8　Library of Congress Website（http://memory.loc.gov/ammem/pihtml/pi057.html）.
史料14　Martin Luther King, Jr., "I Have a Dream," 1963, National Archives Website（http://www/archives.gov/press/exhibits/dream-speech.pdf）.

第11章
章扉図　John F. Kennedy Presidential Library and Museum Website（http://www.jfklibrary.org/Asset-Viewer/Archives/JFKWHP-KN-C29210.aspx）.
図11-1　Harry S. Truman Library and Museum Website（http://www.trumanlibrary.org/photographs/displayimage.php?pointer=14687）.
図11-2　George Mason University Website（http://www.gmu.edu/library/specialcollections/acsrmn2_9_1f.jpg）.
図11-3　Ronald Reagan Presidential Library and Museum Website（http://upload.wikimedia.org/wikipedia/commons/8/8d/Reagan_and_Gorbachev_signing.jpg）.
図11-4　Public Domain（http://en.wikipedia.org/wiki/File:Thefalloftheberlinwall1989.JPG）.
史料15　Department of State, *Bulletin*, March 23, 1947, p. 536.
史料16　*Public Papers of the President of the United States, Richard Nixon*, 1970, pp. 118-119.

第12章
章扉図　筆者撮影。
図12-1　ACT UP: AIDS Coalition to Unleash Power, "Reagan's AIDSGATE"（www.actupny.org/reports/reagan.html）.
図12-2　"Justice Policy Institute Report: The Punishing Decade, & U.S. Bureau of Justice Statisitics Bulletin NCJ 219416-Prisoners in 2006".
図12-3　Every Stockphoto（http://estock.s3.amazonaws.com/wwtfc1/30/38/79/estock_commonswiki_303879_o.jpg）.
図12-4　森丈夫撮影。
図12-5　久田由佳子撮影。
図12-6　Howerd Zinn, Mike Konopacki and Paul Buhle, *A People's Hisotry of American Empire*, Metropolitan Books, 2008.
図12-7　（左）Cain and Todd Benson, "McCain Obama 2010"（Feb. 18, 2010）.
（http://www.flickr.com/photos/cainandtoddbenson/5070159259/）（CC some rights）.
（右）Cain and Todd Benson, "Uncle Obama Sticker"（May 13, 2009）（http://www.flickr.com/photos/cainandtoddbenson/3529307591/）（CC some rights）.
図12-8　Photo by David Shankbone（http://ja.wikipedia.org/wiki/%E3%83%95%E3%82%A1%E3%82%A4%E3%83%AB:Day_14_Occupy_Wall_Street_September_30_2011_Shankbone_51.JPG）.
Column 12　www.sorryeverybody.com, *Sorry Everybody: An Apology to the World for the Re-eelection of George W. Bush*, New York: Hylas Publishing, 2005.
史料17　The Joint Congressional Committee on Inaugural Ceremonies Website（http://www.inaugural.senate.gov/swearing-in/address/addr-address-by-barack-obama-2013）.

アメリカ史を学ぶためのウェブサイト・文献案内
扉図　Library of Congress Website（http://www.loc.gov/pictures/resource/highsm.11604/）.

資料編
扉図　Herman J. Viola, *The National Archives of the United States*, New York, 1984, p. 150.

人名索引

ア 行

アーミテージ，リチャード　276
アイゼンハワー，ドワイト・D.　210, 213-215, 217, 223, 240, 241, 243
アダムズ，アビゲイル　58
アダムズ，サミュエル　46
アダムズ，ジェイン　155
アダムズ，ジョン　35, 50, 58, 60, 67, 69, 73-76, 78
アダムズ，ジョン・クインジー　67, 99, 101
アルジャー，ホレイショ　142
アンソニー，スーザン　133, 156
ヴァン・ビューレン，マーティン　101, 108
ウィルソン，ウィリアム・J.　264
ウィルソン，ウッドロウ　165-169, 171, 174
ウィンスロップ，ジョン　24
ウォーレン，アール　214
エカチェリーナ2世　54
エリザベス1世　21
オサリヴァン，ジョン・L.　106, 107
オバマ，バラク・H.　218, 273, 283-285

カ 行

ガーヴィー，マーカス　172
カーター，ジェイムズ（ジミー）・E.　226-228, 252-254, 270
カーネギー，アンドルー　142, 144
カーマイケル，ストークリー　220
カポネ，アル　178
カルフーン，ジョン・C.　34, 82, 102
キー，フランシス・スコット　65, 83, 84
キッシンジャー，ヘンリー　248, 252
ギャリソン，ウィリアム　95, 105
ギルバート，ハンフリー　21
ギルマン，シャーロット・パーキンズ　156
キング・ジュニア，マーティン・ルーサー　133, 136, 214-219, 223
キング，ロドニー　268
ギングリッチ，ニュート　268
クーリッジ，カルヴィン　176
グリムケ，アンジェリーナ　105
グリムケ，セイラー　105

クラーク，ウィリアム　79
グラント，ユリシーズ　126, 132
グリーリー，ホレス　123, 132
グリーン，ナサニエル　55
クリントン，ウィリアム（ビル）・J.　268-271, 273
クリントン，ヒラリー・R.　269, 284
クレイ，ヘンリー　82, 99, 112, 117
グレンヴィル，ジョージ　45
クロケット，デイビー　108
ケナン，ジョージ・F.　235
ケネディ，ジョン・F.　205, 216-218, 220, 226, 227, 231, 241, 243, 270
ケネディ，ロバート・F.　223
ゴア，アルバート　269, 273
コーンウォリス，チャールズ　55
コシチューシコ，タデウシュ　54
ゴルバチョフ，ミハイル　255-257
コロンブス，クリストファー　3, 21
ゴンパーズ，サミュエル　146, 149, 170

サ 行

サイード，エドワード・W.　279
サカジャウイア　79
サムナー，ウィリアム・G.　144
サンタ・アナ，アントニオ・ロペス・デ　108
ジェイムズ2世　25, 28
ジェファソン，トマス　35, 49, 50, 59, 60, 67, 69-73, 75-79, 81, 82
ジェロニモ　149
シャーマン，ウィリアム　125
ジャクソン，アンドルー　83, 97, 99-104, 108
シュトイベン，フリードリッヒ・ヴィルヘルム・フォン　54
ジュリアーニ，ルドルフ　272
シュレジンガー・ジュニア，アーサー・M.　226
蒋介石　201
ジョージ3世　44, 49, 50
ジョージ，ヘンリー　144
ジョンソン，アンドルー　127-131
ジョンソン，リンドン・B.　205, 218-220,

223, 224, 243-245
ジン, ハワード　269, 279
スターリン, ヨシフ　183, 193, 201, 234
スタインベック, ジョン　193
スタントン, エリザベス　105, 133, 156
スティムソン, ヘンリー　187
ストーン, ルーシー　156
スレイター, サミュエル　93
ソンタグ, スーザン　278, 279

タ 行

タイラー, ジョン　108
ダグラス, フレデリック　95, 133
タッパン, アーサー　105
タッパン, ルイス　105
タフト, ウィリアム　154, 164, 165
タブマン, ハリエット　95, 118
タレーラン, シャルル=モーリス・ド　74
チェイニー, リチャード (ディック)　273, 276
チザム, シャーリー　266
チャーチル, ウィンストン　183, 200, 201
チャールズ 1 世　24
チャールズ 2 世　25
チャップリン, チャールズ (チャーリー)　178
チョムスキー, ノーム　280
デイヴィス, ジェファソン　122, 125
テカムセ　82, 83
デブズ, ユージン・V.　148, 149, 158, 170
デュボイス, W. E. B.　159
トルーマン, ハリー・S.　201, 202, 208-210, 212, 213, 234-236, 238, 239

ナ 行

ナポレオン・ボナパルト　74, 79, 81
ニクソン, リチャード・M.　223, 224, 226, 245, 248, 249, 252, 262
ネーダー, ラルフ　273

ハ 行

バー, アーロン　75
パークス, ローザ　214
バーゴイン, ジョン　53, 54
ハーディング, ウォーレン　171, 174, 176
バード 2 世, ウィリアム　33
パウエル, コリン　276
ハクルート, リチャード　21, 22

パソス, ジョン・ドス　193
ハミルトン, アレグザンダー　59, 60, 61, 69-72, 75, 99
ハリソン, ウィリアム・ヘンリー　82, 84
ハル, コーデル　192
ハンコック, ジョン　50
ハンティントン, サミュエル　267
ビアード, C. A.　62
ヒトラー, アドルフ　193, 194, 197, 201
ビドル, ニコラス　103
ピンクニー, チャールズ・C.　74, 75
フィッツジェラルド, F・スコット　181
フーヴァー, ハーバート　175, 181, 185-188, 191, 192
フェラーロ, ジェラルディン　266
フォークナー, ウィリアム　181, 194
フォード, ジェラルド・R.　226
フクヤマ, フランシス　267
フセイン, サダム　277
ブッシュ, ジョージ・H. W.　257, 263, 267, 268
ブッシュ, ジョージ・W.　270, 273, 276-278, 282
ブラウン, ジョン　120
フランクリン, ベンジャミン　34, 39, 54, 55, 60, 61
ブラント (タイエンダネギー), ジョセフ　58
フリーダン, ベティ　224
フリードマン, ミルトン　262
フルトン, ロバート　91
フルブライト, J・ウィリアム　223
プレスリー, エルヴィス　212
ベイリン, B.　62
ペイン, トマス　49, 53
ヘミングウェイ, アーネスト　181, 194, 196
ベラミー, エドワード　145
ペン, ウィリアム　26
ヘンリー, パトリック　47
ホイットニー, イーライ　94
ポーク, ジェイムズ　108, 109
ホプキンソン, フランシス　65

マ 行

マーシャル, ジョン　78
マキァヴェリ, ニコロ　62
マッカーサー, ダグラス　239
マッカーシー, ジョセフ・R.　212, 213

人名索引

マッキンリー，ウィリアム　152, 164
マディソン，ジェイムズ　43, 60, 61, 69-72, 75, 77, 82, 83, 98
マルコムX　220, 271
マン，ホーレス　105
ムーア，マイケル　282
ムッソリーニ，ベニート　194
メレディス，ジェイムズ・H.　217
モーガン，ダニエル　54
モース，サミュエル　92
モット，ルクレシア　105
モリス，ロバート　57, 70
モンロー，ジェイムズ　50, 74, 98, 99

ラ 行

ライス，コンドリーザ　276
ラッシュ，ベンジャミン　80
ラファイエット，マリ＝ジョゼフ・ポール・イヴ・ロシュ・ジルベール・デュ・モティエ　54
ラムズフェルド，ドナルド　276
ランファン，ピエール　76, 77
リー，スパイク　267
リー，ロバート・エドワード　120, 123, 125
リヴィア，ポール　47
リンカン，エイブラハム　118, 120, 122-128, 133, 135, 218

リンドバーグ，チャールズ　179
ルイス，ジョン　190
ルイス，メリウェザー　79
ルヴェルチュール，トゥサン　79
ルース，ベーブ　179
レーガン，ロナルド・W.　228, 251, 254-256, 262, 265-267, 273
レッシグ，ローレンス　282
ローズヴェルト，セオドア　152, 154, 164, 165
ローズヴェルト，フランクリン・D.　183, 187-192, 195, 197, 198, 200, 201, 207, 209, 210, 212
ローリー，ウォルター　21
ロシャンボー，ジャン＝バティスト・ド　55
ロス，ベッツィ　64
ロストウ，ウォルト・W.　242
ロック，ジョン　36, 49, 62
ロックフェラー，ジョン・D.　142, 144
ロッジ，ヘンリー・C.　169, 170
ロルフ，ジョン　23

ワ 行

ワシントン，ジョージ　35, 48, 52-55, 60, 61, 64, 67, 69, 72-74, 76
ワシントン，ブッカー・T.　159

事項索引

ア 行

愛国派　48, 50, 54, 58
アイデンティティ・ポリティクス　266
青鷲（ブルー・イーグル）　189
アクトアップ　261, 262
アドービ　11
アファーマティブ・アクション　227, 228, 272
アブグレイブ捕虜収容所　278
アボリショニスト　95, 105, 123
アメリカ・イギリス戦争　→1812年戦争
アメリカ・インディアン　3
アメリカ革命　43, 62
アメリカ合衆国憲法　50, 61
アメリカ社会党　139, 158, 170
アメリカ植民地協会　95
アメリカ・スペイン戦争　→米西戦争
アメリカ第一委員会　198
アメリカ体制　99
アメリカ独立戦争　43
アメリカ・メキシコ戦争　108-110, 117
アメリカ連合国　→南部連合
アメリカ労働総同盟（AFL）　146, 149, 158, 170, 190, 270
アラモ砦　87, 108
アルカーイダ　277
『アンクル・トムの小屋』　118
安全保障理事会　202, 257
アンテベラム　133, 134
硫黄島　201
イギリス第一帝国　44
違憲立法審査権　78
偉大な社会　219, 223
移民
　移民法（1875年, 82年, 1917年, 21年, 24年）　173
　移民法（1986年, 90年, 96年）　265
　新移民　155, 158, 163
　新移民法（アリゾナ州）　284
イラク侵攻　278
イラン・コントラ事件　255
イロクォイ五部族連合（イロクォイ連合）　13, 30
イロクォイ神話　14
印紙法　44, 45, 73
インディアン強制移住法　101
インディアン・テリトリー　101
インディアン保留地　149, 150
インディメディア　282
ヴァージニア案　60
ヴァージニア王朝　69
ヴァージニア会社　22
ヴァージニア決議　75
ヴァリーフォージ　54
ヴァンデンバーグ決議　238
ウィスキー反乱　72
ウィナー・テイク・オール　274
ヴィンソン法　195
ウーンデッド・ニーの虐殺　150
ヴェルサイユ条約　169
ウォーターゲート事件　225-227, 249
ヴォルカー・ショック　262
失われた世代　181
エイズ（AIDS）　261, 262
HIVウィルス　261, 262, 267
エクス・ラ・シャペル条約　39
エスキモー（イヌイット）　5, 10
XYZ事件　74
NSC68　238-241
エリー運河　91-93, 97
エンロン　279
欧州復興計画（ERP）　236, 247
欧州防衛共同体（EDC）　240
沖縄サミット　271
オキュパイ　286
オスロ合意　270
思いやりのある保守主義　273
オルタ・グローバリゼーション運動　281
オルタナティブ　281, 282
オルバニー連合案　35
オレゴン領有　109

カ 行

カーター・ドクトリン　254
カーペット・バッガー　130

322

事項索引

外国人・治安諸法　74-76
外国人法　74
会衆派　25
解放民局　127
カイロ会談　201
カウペンズの戦い　55
カウンター・カルチャー（対抗文化）　222, 223
核拡散防止条約　242
革新主義　158, 163-165, 170
革新主義学派　62, 137
革新党　165
学生非暴力調整委員会（SNCC）　215, 217, 220
革命協議会　48
隔離演説　195
カサブランカ会談　200
『風と共に去りぬ』　180, 193, 194
ガダルカナル島　200
合衆国銀行　71
カトリーナ（ハリケーン）　278, 279
カホキア　1, 7, 8, 13
カンザス・ネブラスカ法　118-120
ガン条約　83
環大西洋革命　62
カンバーランド国道　90
帰化法
　──（1790年）　128, 129, 134
　──（1798年）　74
「聞くな，語るな」政策　269
北大西洋条約機構（NATO）　237, 239, 240, 254, 270
奇妙な戦争　197
逆コース　237
キャンプ・デイヴィッド合意　253
9・11　→同時多発テロ事件
キューバ　151, 152, 192, 193, 241, 243, 249, 278
キューバ危機　241, 242
強圧的諸法　46
共産党（ドイツ）　186
京都議定書　274, 281
共和国の母　58, 80, 85
共和主義　62, 145
共和党　118-120, 122, 124, 128, 130-134, 165, 169, 171, 174-176, 187, 190, 210, 213, 223, 228, 240, 241, 263, 267, 268, 270, 272, 273, 275, 276

共和党急進派　124, 128, 130, 131, 137
共和派　61, 72, 73-75, 77, 82, 98
拒否教書　102, 103
キリスト教ファンダメンタリズム　173
ギルフォード・コートハウスの戦い　55
キングズマウンテンの戦い　54
銀行戦　103
禁酒運動　105, 106, 163, 178
禁酒法　177, 178
近代化論　242
緊張緩和（デタント）　248, 249, 252-255
金ぴか（金メッキ）時代　142
グァダルーペ・イダルゴ条約　109
グアム　151, 245
グアム・ドクトリン　245, 248
グアンタナモ米軍基地　278
クー・クラックス・クラン（KKK）　132, 172, 218
クエーカー教徒（フレンド派）　26, 55
クリエイティヴ・コモンズ　282
クレイトン反トラスト法　165
敬意の政治　32, 57
ゲイテッド・コミュニティ　264, 282
刑務所産業複合体（産獄複合体）　264, 282
毛皮　13, 15, 25, 26, 31, 79
ゲットー　267, 268
ゲティスバーグ演説　125, 126
ケベック法　46
健康保険制度改革　269
原子爆弾　202, 234, 235, 238
ケンタッキー決議　75
憲法修正
　──第13条　70, 127, 129
　──第14条　129, 130, 133
　──第15条　129, 132
　──第19条　177
憲法制定会議　59, 60
権利革命の時代　224
権利章典　61, 69
航海法　26, 27
好感情の時代　98
『公信用に関する報告書』　70
交通革命　90
後天性免疫不全症候群　→エイズ
公民権法（1964年）　218, 219
公有地条例　59
声なき多数派（サイレント・マジョリティ）　223

323

ゴールドラッシュ　112, 117, 154
国王宣言　44, 48
国際原子力機関（IAEA）　263
国際通貨基金（IMF）　201, 263, 280
国際連合　201, 202, 235, 239, 249, 263, 277, 281
国際連盟　167, 169, 170, 171, 174, 194, 195
黒人回教団（ネーション・オブ・イスラム）　220, 271
黒人公民権運動　214, 218-222, 224
黒人差別（ジム・クロウ）制度　159
黒人取締法（ブラック・コード）　128
国土安全保障省（国土安全保障局）　277
国土安全保障法　277
国防総省秘密報告書事件　224
『国民の創生』　136
国連平和維持活動（PKO）　270
互恵通商協定法　192
個人責任・就労機会調整法　269
国家安全保障会議（NSC）　236
コピー・レフト　282
『コモン・センス（常識）』　49
孤立主義　208, 238
コルビー声明　174
コロンブスの交換　20
婚姻防衛法　269
コンセンサス（新保守主義）学派　62
コンセンサスの時代　211, 213
コントラ　255
「棍棒」外交　152

サ　行

サーヴィス産業国際労働者組合（SEIU）　272
再建諸法（憲法修正第13条, 14条, 15条）　129
再建法　130
再建の時代　126, 133, 136
裁判所詰め替え（コート・パッキング）　190
『ザ・コーポレーション』　282
サッコ・ヴァンゼッティ事件　171
砂糖法　44
サパティスタ　280
『ザ・フェデラリスト』　61
サブプライム・ローン　279
サムター要塞　122
サライェヴォ空爆　270
サラトガの戦い　54, 55

産業革命　93
産業別労働者組織委員会（CIO）　190
惨事資本主義　279
サンドマング　74, 79
サンフランシスコ会議　202
サンフランシスコ講和条約　239
シェアクロッピング（分益小作）制度　131
ジェイ条約　72
シェイズの反乱　59
ジェイムズタウン　22
シェクター判決　189, 190
市場革命　89, 93-95, 103-105
七年戦争　→フレンチ・インディアン戦争
市民権法　129
シャーマン反トラスト法　144, 149, 152
社会進化論　144
社会的福音運動　145
社会保障法　190
ジャクソン・ヴァニック修正　252
『ジャズ・シンガー』　178, 180
上海コミュニケ　248
自由州　107, 112, 117, 120
自由土地党　97, 105, 119
「柔軟反応」戦略　241
自由の息子たち　45, 64
「14ヵ条」（ウィルソン）　167, 168
出港禁止法　81, 84
ジュネーヴ会談　241
ジュネーヴ協定　244, 250
準州（准州）　59, 118
上院政府内共産主義活動調査小委員会　213
常態への復帰　171
情報スーパーハイウェイ構想　269
勝利なき平和　167
所感宣言　106
植民地会議　48
女性参政権運動　156
新経済政策　246
人権外交　253
信仰復興運動　105
人種隔離（セグリゲーション）　136, 137
人種平等会議（CORE）　200, 217
真珠湾　198-200
新世界秩序　257
進歩のための同盟　243
人民党　147-149, 158
枢密院　28
スキャラワッグ（ごくつぶし）　130

スコープス裁判　173
スクエア・ディール　152, 164
スタグフレーション　262
スティムソン・ドクトリン　187
スペインドル　56
スペイン内戦　195, 196
スミソニアン体制　247
スムート・ホーリー関税法　191
スラム　154, 155, 264, 272
座り込み運動　215
生産者主義　145, 149
星条旗　64
「星条旗」（詩）　65, 82-84
西漸運動　89, 92-95, 97, 107
世界銀行　263, 280
世界経済会議　191
世界産業労働者組合（IWW）　158, 170
世界貿易機構（WTO）　280, 282
世界貿易センタービル　276
セクシュアル・ハラスメント　267
積極的多国間主義　270
セツルメント・ハウス　155
セネカフォールズ会議　106
ゼネラル・モーターズ（GM）　176, 284
セルフ・メイド・マン　100
セルマ　219
全欧安全保障協力会議（CSCE）　249
宣言法　45
全国アメリカ女性参政権協会　156
全国黒人地位向上協会（NAACP）　214
全国産業復興法（NIRA）　188-190
全国戦時労働委員会　170
戦争権限法　249
尖頭器　4, 5
先買権法　96
選抜徴兵法　170, 198
1812年戦争　83, 84, 89, 93, 95, 98, 99, 101-103, 106, 108, 110
1850年の妥協　112, 117
1877年の妥協　133
全米女性機構（NOW）　223
戦略兵器削減交渉（START, スタート）　256
―― START I 条約　257
戦略兵器制限交渉（SALT, ソルト）　248
―― SALT I 協定　248
戦略防衛構想（SDI）　254
善隣外交　192

相互確証破壊（MAD）　248
ソマリア内戦　270
ソンミ（ミライ）虐殺報道　278

タ 行

第一次インドシナ戦争　239, 244
第一次政党制　61, 72
第一次世界大戦　65, 166, 167, 170-177, 179, 181, 186, 194, 207, 262
第一次バーバリ戦争（トリポリ戦争）　77
第一次ベルリン危機　236
大恐慌　181, 185, 191-194, 200, 235
大西洋クレオール　38
大西洋史（アトランティック・ヒストリー）　62
大統領諮問委員会（公民権に関する）　209, 210
第二合衆国銀行　99, 102, 103
第二次政党制　72, 104
第二次世界大戦　177, 193, 197-199, 202, 207-209, 221, 235, 242, 265, 270, 280
第二次戦略兵器削減条約（START II）　263, 276
第二次戦略兵器制限交渉（SALT II）　248, 249
―― SALT II 条約　253
第二次没収法　123, 124
第二戦線　200, 201
大平原地帯（グレート・プレーンズ）　10, 12, 13
太平洋安全保障条約（ANZUS）　239, 240
大陸横断鉄道　118, 141, 154
大陸横断鉄道法　125
大陸会議
　第一次――　47
　第二次――　48, 60
大陸旗　64
大陸軍　48, 52-55
大陸紙幣　56, 57
大陸ドル　56, 57
大陸連盟　47, 48
台湾海峡危機　240
台湾決議　240
タウンゼンド諸法　45, 46
耐えがたき諸法　46, 47
唾棄すべき関税　101
多国間協調主義　270
多国籍軍　255, 257, 263, 270

WTOシアトル会議　270, 281, 282
多文化主義教育　271
男女平等権憲法修正条項（ERA）　225, 228, 266
弾道弾迎撃ミサイル制限条約（ABM制限条約，ABMT）　248, 276
単独行動主義（ユニラテラリズム）　276, 279
ダンバートン・オークス会議　201
治安法（1798年）　74, 75
治安法（1918年）　170
地下鉄道　95, 118
知的所有権の貿易関連の側面に関する協定（TRIPs協定）　280
茶法　46
中央情報局（CIA）　236, 243, 262, 280
中距離核戦力（INF）削減交渉　256
中距離核戦力（INF）全廃条約　256
中国人移民排斥　145
中国人排斥法　154
忠誠審査令　209
忠誠派　48, 54, 58
中絶論争　266
中立法　194
朝鮮戦争　239, 240, 245, 250, 251
直接行動ネットワーク（DAN）　281
沈黙の世代　212
通貨法　44
通商禁止法　81, 82
通商拓殖院（商務院）　27
ティーピー　12, 13
ティーポットドーム事件　176
ティピカヌーの戦い　82
テキサス共和国　108
テキサス併合　106, 109
敵性外国人法　74
テヘラン会談　201
デモクラシー・ナウ！　282
同時多発テロ事件　276-278
『統治二論』　49
東南アジア条約機構（SEATO）　244
投票権法（1965年）　219, 220
東部文明五部族　101
逃亡奴隷法　118
トウモロコシ　4, 6-9, 11, 12, 15, 29, 72, 92
ドーズ案　175
ドーズ法　149
トーテムポール　10
土器　6, 7, 9-11, 15

独立宣言　43, 49-52, 64, 80, 106, 126, 216, 226
土地改革運動　96
ドナー隊　98
ドミニオン・オブ・ニューイングランド　27, 28
ドミノ理論　244, 245, 251
トラスト　144, 152
トルーマン・ドクトリン　208, 209, 236, 237, 245
ドル外交　164
奴隷解放宣言　124, 125, 127, 136, 218
奴隷解放予備宣言　123, 124
奴隷州　107, 112, 117, 122, 124
奴隷輸入禁止　81
ドレッド・スコット判決　120
トレントンの戦い　53
トンキン湾決議　244, 249

ナ　行

ナイ委員会　194
内国消費税法　73
ナチェズ　8
ナチス　186, 194
ナット・ターナーの乱　95
ナポレオン戦争　81, 82
涙の旅路　101
南部キリスト教指導者会議（SCLC）　214
南部連合　121-123, 125, 126, 214
ニカラグア　164, 166, 175, 192, 193, 253, 255
ニクソン・ドクトリン　247, 248
日米安全保障条約　239
日米紳士協定　154, 164, 173
日米貿易摩擦　266
日系移民　154, 173
日系人強制収容補償法　266
日系人の強制退去　199
日中戦争　195, 197
ニュージャージー案　60
ニューディール　187-191, 208, 210
ニューネーデルランド　25
ニュー・フリーダム　165
ニューフロンティア　217
ニューヨーク徴兵暴動　124
ネイティヴィズム　119
ネーション・オブ・イスラム　→黒人回教団
ネオコンサバティズム　276, 280
農業調整法（AAA）　188, 189

農民同盟　147
ノーナッシング党　110, 119
ノルマンディー上陸作戦　201

ハ 行

ハートフォード会議　83
バイソン（バッファロー）　4, 12, 15
ハイチ革命　74, 79, 80
ハイチ共和国　79, 166, 192
白人性（ホワイトネス）　129, 134
パクストンボーイズの反乱　34
8レアル銀貨　56, 57
バッキー判決　227
パナマ運河　152, 166, 253, 270
パナマ運河条約　253
パネイ号事件　195
ハミルトン体制　71
ハリウッド　136, 178, 209
パリ講和会議　167
パリ条約（1783年）　43, 55, 56, 57, 59
パリ和平協定　245
バルーク案　235
ハル・ノート　199
ハワイ　151, 199
パン・アメリカン会議　175, 192
パン・アメリカン条約構想　167
バンカーヒルの戦い　48
ハンガリー動乱　241
反戦イラク帰還兵の会（IVAW）　281
反帝国主義運動　151
反連邦派（アンチ・フェデラリスト）　61
ビート族（ビート世代）　212
東インド会社　45, 46
ピッグズ湾事件　243
ヒップ・ホップ　267
百日議会　188
ピューリタン　24, 25
貧困家庭一時扶助（TANF）　269
フィリップ王戦争　29
フィリピン　151, 243, 248, 253, 277
フーヴァー・モラトリアム　186
封じ込め　235, 238, 239, 241, 244, 245, 248, 251
フェアディール　210
プエブロ　9, 11, 12, 15
プエルトリコ　151, 270
フォード方式　176
フォードニー・マッカンバー関税法　179

武器貸与法　193, 197, 201
復員兵再適応法（GIビル）　208
婦人キリスト教禁酒同盟　156
武装中立同盟　54
双子の赤字　257, 262, 268
復興金融公社（RFC）　186
『不都合な真実』　269
部分的核実験禁止条約　242
ブラウン判決　214, 215, 221
プラザ合意　262
ブラック・パワー　220
プラット修正条項　152
プラハの春　241
フランス革命　43, 55, 62, 72, 74, 81
プランテーション　23, 26, 38, 67, 94, 95, 100, 107, 123, 127, 175
フリー・スピーチ運動　222
フリーソイル党　→自由土地党
フリーダム・ライド運動　217
プルマン・ストライキ　148
プレッシー対ファーガソン事件判決　158
ブレトン・ウッズ会議　200
フレンチ・インディアン戦争　39, 44
プロ・チョイス（選択尊重派）　224
プロ・ライフ（生命尊重派）　224, 266
フロンティア　72, 82, 89, 96, 173
フロンティア・ライン　89, 151, 163
米英戦争　→1812年戦争
米国愛国者法　277
米州相互援助条約（リオ条約）　237
米西戦争（アメリカ・スペイン戦争）　151, 152, 164
ヘイト・クライム（憎悪犯罪）　266
米比戦争　151
米墨戦争　→アメリカ・メキシコ戦争
ヘイマーケット広場事件　146
平和と正義のための連帯（UFPJ）　281
ベーリング陸橋（ベーリンジア）　3, 13
ヘッジファンド　279, 280
ベトナム戦争　220, 222-224, 226, 244, 248, 250, 251, 276, 277, 281
ベトナム反戦運動　222, 270
ベビー・ブーマー　222, 270
ベルリンの壁　231, 241, 257
ペレストロイカ　256
ペンシルヴェニア幹線運河　91
ホイッグ左派　36
ホイッグ党　104, 117-119

包括的核実験禁止条約（CTBT） 276
邦憲法（州憲法） 50, 51
防諜法 170
ポーツマス条約 164
ホームステッド争議 148
ホームステッド法 59, 97, 119, 125, 147
北西部条例 59
北爆 224, 245
北米自由貿易協定（NAFTA） 270, 280
ボス政治家 158
ボストン・アソシエーツ 93
ボストン虐殺事件 46
ボストン茶会事件 41, 43, 46
ポツダム会談 202
ポトラッチ 10
ボルティモア・オハイオ鉄道 92
ホワイト・フリート 164

マ 行

マーシャル・プラン →欧州復興計画
マーベリー対マディソン事件 77
マウンド 5-7, 14
マキラドーラ（保税加工工場制度） 265
マクナリー・ホーゲン案 181
マシーン（集票組織） 104, 158
マッカーシズム 212, 238
マッカラン治安法 213
マックレイカー 158
マッシブ・レジスタンス 221
マニフェスト・デスティニー 106
マフィア 110, 272
麻薬戦争 262, 264
満州事変 186, 194
マンハッタン計画 202
ミーの時代 227
ミシシッピ・オハイオ水系 91
ミシシッピ夏期計画 218
ミシシッピ大学事件 217
ミズーリ妥協（ミズーリ協定） 107, 108, 112, 117, 118, 120
水戦争 280
ミッドウェー海戦 199
民主共和派（デモクラティック・リパブリカン党） →共和派
民主的社会のための学生同盟（SDS） 221
民主党 104, 108, 118-120, 124, 132-134, 149, 165, 187, 189, 207, 213, 216-218, 223, 225, 226, 238, 252, 266, 268, 270, 272, 273, 276,

284
MoveOnPAC 274
無効化宣言 102
名誉革命 27, 28, 37
メキシコ割譲地 112
メキシコ戦争 →アメリカ・メキシコ戦争
メサ 11
綿花 9, 94, 95, 96, 100, 106, 112, 117, 123, 131
綿花王国 94, 96
モカシン 12
モスクワ条約 276
門戸開放通牒 151
モントゴメリー・バス・ボイコット運動 214, 215, 217
モンロー主義 98

ヤ 行

野球 179, 264
ヤルタ会談 183, 201
ヤング案 175
有益なる怠慢 28, 44, 48
ユーゴ空爆 270
ユートピア運動 105
ヨークタウンの戦い 55
四つの自由 197, 198
49年者（フォーティーナイナーズ） 112

ラ 行

ライスラーの反乱 28
リーマン・ブラザーズ 279
陸軍・マッカーシー公聴会 213
リトルロック事件 215, 217
リドレス（名誉回復） 265
リパブリカン党 →共和派
リベリア 95
『リベレーター』 105
流血のカンザス 118
猟官制度（スポイルズ・システム） 104
リンチ（私刑） 112, 124, 132, 159, 278
ルイジアナ購入 78, 79, 107, 112
ルイス・クラークの探検 79
ルート・高平協定 164
ルシタニア号 166
ルワンダ内戦 270
レーガノミックス 262, 273
レーガン・ドクトリン 255
レキシントン・コンコードの戦い 47
レギュレーター運動 19, 34

レッドスケア（赤の恐怖）　171, 172, 174
レッドライニング　279
連合会議　51, 52, 58-61
連合規約　51, 52, 58, 60, 61
連合政府　58, 59
連邦援助ハイウェー法　211
連邦下院非米活動調査委員会　199, 209
連邦準備銀行法　165
連邦徴兵法　123
連邦取引委員会　165
連邦派（フェデラリスト）　61
連邦派（フェデラリスト党）　61, 72-75, 77, 98
労働騎士団　145-147, 149
ローズヴェルト・コロラリー　152, 164, 175
ロー判決　225
ロサンゼルス暴動　268
ロシア革命　43, 167, 171, 191
炉辺談話　188, 198, 209
ロングハウス　14
ロンドン軍縮会議　194

ワ 行

ワグナー法（全国労働関係法）　190, 191
ワシントン（首都）　50, 76, 77, 83, 126, 128, 148, 186, 216, 222, 225, 227, 235, 251
ワシントン会議　174
ワシントン大行進　133, 218
「私には夢がある」演説　216, 218
ワッツ暴動　220, 268
ワムパノアグ族　30
湾岸戦争　253, 257, 263, 276, 281

略　語

AAA　→農業調整法
AFL　→アメリカ労働総同盟
AIDS　→エイズ
ANZUS　→太平洋安全保障条約
CIA　→中央情報局
CIO　→産業別労働者組織委員会
CORE　→人種平等会議
CSCE　→全欧安全保障協力会議
DAN　→直接行動ネットワーク
EDC　→欧州防衛共同体
ERA　→男女平等権憲法修正条項
ERP　→欧州復興計画
GM　→ゼネラル・モーターズ
IAEA　→国際原子力機関
IMF　→国際通貨基金
IVAW　→反戦イラク帰還兵の会
IWW　→世界産業労働者組合
KKK　→クー・クラックス・クラン
MAD　→相互確証破壊
NAACP　→全国黒人地位向上協会
NAFTA　→北米自由貿易協定
NATO　→北大西洋条約機構
NIRA　→全国産業復興法
NOW　→全米女性機構
NSC　→国家安全保障会議
PKO　→国連平和維持活動
RFC　→復興金融公社
SALT　→戦略兵器制限交渉
SALT II　→第二次戦略兵器制限交渉
SCLC　→南部キリスト教指導者会議
SDI　→戦略防衛構想
SDS　→民主的社会のための学生同盟
SEATO　→東南アジア条約機構
SEIU　→サーヴィス産業国際労働者組合
SNCC　→学生非暴力調整委員会
START　→戦略兵器削減交渉
START II　→第二次戦略兵器削減条約
TANF　→貧困家庭一時扶助
UFPJ　→平和と正義のための連帯
CTBT　→包括的核実験禁止条約
WTO　→世界貿易機構

執筆者紹介
(執筆分担，所属，アメリカ史を学ぶ読者へのメッセージ)

和田光弘（わだ・みつひろ）編者，第3章 
名古屋大学大学院人文学研究科教授
アメリカという外国の歴史を学ぶことで，時間軸・空間軸の中で自分自身が位置する「いま，ここ」を相対化する視座を手に入れましょう。

内田綾子（うちだ・あやこ）第1章 
名古屋大学大学院人文学研究科教授
アメリカ先住民の軌跡を振り返ると，また違ったアメリカ史像が浮かび上がってきます。

森　丈夫（もり・たけお）第2章 
福岡大学人文学部教授
いろいろな要素がせめぎ合って展開していくのがアメリカ史の面白さだと思います。

久田由佳子（ひさだ・ゆかこ）第4章 
愛知県立大学外国語学部教授
19世紀以前のアメリカ社会が抱えていた問題が，現代社会の諸問題につながっていることもしばしばあります。

森脇由美子（もりわき・ゆみこ）第5章 
三重大学人文学部教授
歴史を学ぶ中で，現代アメリカ社会からは窺い知れない世界を発見してもらいたいと思います。

貴堂嘉之（きどう・よしゆき）第6章 
一橋大学大学院社会学研究科教授
日本にとっても重要なアメリカの歴史を学ぶことは大事なこと。両国が生まれ変わる幕末維新期と南北戦争・再建期を比較して語ってみましょう。

大森一輝（おおもり・かずてる）第7章 
北海学園大学人文学部教授
歴史は「未知」の世界です。本書が，多様な切り口のあるアメリカ史を探訪する手がかりになれば，嬉しく思います。

山澄　亨（やまずみ・とおる）第8章・第9章 
椙山女学園大学現代マネジメント学部教授
本書を読んで，アメリカの歴史を学ぶ意味とは何かを考えてください。

片桐康宏（かたぎり・やすひろ）第10章 
九州産業大学・大学院教授
読者の皆さんにとって本書が，「知米」者となるひとつのきっかけとなることを，心より願っています。

小野沢透（おのざわ・とおる）第11章 
京都大学大学院文学研究科教授
超大国アメリカの力と苦悩を理解することを通じて，ひろく現代世界の成り立ちについても考えてもらいたいと思います。

阿部小涼（あべ・こすず）第12章 
琉球大学人文社会学部教授
第二次世界大戦後の日本を規定したこの国の歴史を，批判的に学ばずに済ませてもよい理由はもはや見当たらないと思います。

笠井俊和（かさい・としかず）アメリカ史を学ぶためのウェブ・文献案内，資料編 
群馬県立女子大学文学部准教授
他国の歴史を知ることは，異文化理解の一環でもあります。歴史を学び，現代アメリカを客観的に見る目を養ってください。

《編著者紹介》

和田光弘（わだ・みつひろ）
　1961年　広島県生まれ。
　現　在　名古屋大学大学院人文学研究科教授。
　主　著　『紫煙と帝国』名古屋大学出版会，2000年。『タバコが語る世界史』山川出版社，2004年。『記録と記憶のアメリカ』名古屋大学出版会，2016年。『歴史の場』（共編著）ミネルヴァ書房，2010年。『アメリカ合衆国の歴史』（共著）ミネルヴァ書房，1998年。

　　　　　　　　　　　　大学で学ぶアメリカ史

2014年4月30日　初版第1刷発行　　　　〈検印省略〉
2020年8月10日　初版第8刷発行
　　　　　　　　　　　　　　　　　　　定価はカバーに
　　　　　　　　　　　　　　　　　　　表示しています

　　　　　　　編 著 者　　和　田　光　弘
　　　　　　　発 行 者　　杉　田　啓　三
　　　　　　　印 刷 者　　江　戸　孝　典

　　　　　発行所　株式会社　ミネルヴァ書房
　　　　　607-8494 京都市山科区日ノ岡堤谷町1
　　　　　　　　　　電話代表　(075)581-5191
　　　　　　　　　　振替口座　01020-0-8076

　　　　© 和田光弘, 2014　　　　共同印刷工業・藤沢製本

ISBN978-4-623-06716-9
Printed in Japan

野村達朗 編著
アメリカ合衆国の歴史　　　　　　　Ａ５判・368頁
　　　　　　　　　　　　　　　　　本　体 2800円

笹田直人・野田研一・山里勝己 編著
アメリカ文化 55のキーワード　　　　Ａ５判・298頁
　　　　　　　　　　　　　　　　　本　体 2500円

巽　孝之・宇沢美子 編著
よくわかるアメリカ文化史　　　　　Ｂ５判・244頁
　　　　　　　　　　　　　　　　　本　体 2500円

鷲尾友春 著
20のテーマで読み解く アメリカの歴史　Ａ５判・408頁
　　　　　　　　　　　　　　　　　本　体 4200円

服部良久・南川高志・山辺規子 編著
大学で学ぶ 西洋史［古代・中世］　　Ａ５判・376頁
　　　　　　　　　　　　　　　　　本　体 2800円

小山　哲・上垣　豊・山田史郎・杉本淑彦 編著
大学で学ぶ 西洋史［近現代］　　　　Ａ５判・424頁
　　　　　　　　　　　　　　　　　本　体 2800円

中井義明・佐藤專次・渋谷　聡・加藤克夫・小澤卓也 著
教養のための西洋史入門　　　　　　Ａ５判・328頁
　　　　　　　　　　　　　　　　　本　体 2500円

南塚信吾・秋田　茂・高澤紀恵 責任編集
新しく学ぶ 西洋の歴史　　　　　　　Ａ５判・450頁
　　　　　　　　　　　　　　　　　本　体 3200円

金澤周作 監修
論点・西洋史学　　　　　　　　　　Ｂ５判・340頁
　　　　　　　　　　　　　　　　　本　体 3200円

木畑洋一・秋田　茂 編著
近代イギリスの歴史　　　　　　　　Ａ５判・392頁
　　　　　　　　　　　　　　　　　本　体 3000円

若尾祐司・井上茂子 編著
近代ドイツの歴史　　　　　　　　　Ａ５判・372頁
　　　　　　　　　　　　　　　　　本　体 3200円

北村暁夫・伊藤　武 編著
近代イタリアの歴史　　　　　　　　Ａ５判・284頁
　　　　　　　　　　　　　　　　　本　体 3200円

─────── ミネルヴァ書房 ───────
https://www.minervashobo.co.jp/